战略管理

艺术与实务

项保华 刘丽珍 ◎ 著

THE ART
AND PRACTICE
OF STRATEGIC
MANAGEMENT

机械工业出版社
China Machine Press

图书在版编目(CIP)数据

战略管理：艺术与实务/项保华，刘丽珍著．－－北京：机械工业出版社，2022.5
ISBN 978-7-111-70576-5

I. ①战… II. ①项… ②刘… III. ①企业管理－战略管理 IV. ①F272.1

中国版本图书馆 CIP 数据核字（2022）第 063342 号

  战略管理的本质就在于，围绕"建设并扩大或稳定使企业盈利的回头及引荐型顾客群"这一重心，通过"三高"（高妙、高效、高兴，即方向正确、运作高效、心情舒畅）修炼，解决战略中心命题"三做"（做什么、如何做、由谁做）的综合决策问题，以实现企业组织或个人的"三活"（活得了、活得好、活得久）之目标。本书紧扣战略管理本质，给出了进行"三高"修炼的战略疑、思、解运作模式，并以此为基础，剖析了战略分析所涉及的外部环境、使命宗旨、自身实力三个前提假设，讨论了战略形成需关注的持续经营优势构建、业务演化路径选择、竞合互动关系处理三大实践主题，研究了与战略实施相关的决策、变革、激励三类支撑行动。

  本书采用实践导向而非理论导向的研究思路，主要围绕企业经营实践中所遇到的关键战略问题展开，特别针对我国各类工商管理本科、硕士（EMBA、MBA）研究生的战略管理课程的学习要求而写。本书附录还提供了与战略管理领域相关的研究、咨询、教学、案例资料，可以满足更广泛层面的各类战略实践与理论研究者的需要。

出版发行：机械工业出版社（北京市西城区百万庄大街 22 号　邮政编码：100037）
责任编辑：李晓敏　　　　　　　　　　　　　　责任校对：殷　虹
印　　刷：北京诚信伟业印刷有限公司　　　　版　　次：2022 年 6 月第 1 版第 1 次印刷
开　　本：185mm×260mm　1/16　　　　　　印　　张：23.25
书　　号：ISBN 978-7-111-70576-5　　　　　　定　　价：59.00 元

客服电话：（010）88361066　88379833　68326294　　投稿热线：（010）88379007
华章网站：www.hzbook.com　　　　　　　　　　　读者信箱：hzjg@hzbook.com

版权所有·侵权必究
封底无防伪标均为盗版

PREFACE 自　序

最近几十年，在我国管理理论与实践的探索研究中，"战略"一直属于热门话题。成亦战略，败亦战略，战略似乎已成为一个大口袋，什么都能往里装。谈论战略的人越来越多，战略相关的文章满天飞，搞得战略既什么都是又什么都不是，既谁都懂又谁都不懂。但是只要涉及具体企业的经营实践，就会发现成败相依、祸福相随，对于其中所涉及的事关企业或组织兴衰存亡的战略密码，至今仍未有效破解。

讨论战略问题，必须弄清"战略到底是什么"。对此，理论上不无争议，观点颇多。实践中，战略就是至少需要回答"做什么、如何做、由谁做"（简称"三做"）这样三个层面的综合决策问题，以实现组织与个人"活得了、活得好、活得久"（简称"三活"）之目标。战略实践需回答的三个层面问题互应共生，构成企业战略的完整体系。许多企业在战略上成为"理论巨人、行动矮子"，很大程度上就是因为只重视战略的"做什么"，而忽视了战略的"如何做、由谁做"。

如果将"做什么、如何做、由谁做"作为战略构思与运作的中心命题，那么"做什么"涉及经营方向抉择，"如何做"涉及运作方式遴选，"由谁做"涉及行为主体确定。而战略中心命题作为整体，所解决的就是企业经营实践所面临的最根本的方向正确、运作高效、主体投入的有机结合问题，这既是战略管理的出发点，也是其最终落脚点。

本书试图围绕战略中心命题，为破解事关企业生存的战略密码提供思路、手段与方法。在研究思路上，大致存在着"理论导向型"与"实践导向型"两种不同倾向，相对而言，前者体现在经典的战略管理著作中，更多关注的是战略理论分类的精妙性，而隐含牺牲了指导实践的操作性；后者反映在鲜活的战略实务论著中，更多重视的是实践应用的适用性，而较少考虑理论观点表述的系统性。

本书遵循的是"实践导向型"研究思路，就是按照企业在经营实践中所遇到的战略问题的不同，对可能存在的各种解答进行归类阐述，而不像一般战略管理著作那样沿着"理论导向型"的思路，纯粹按照战略理论的分类要求，把针对同一实践问题但角度不同的解答分散到不同的理论部分中去阐述。之所以采用这种思路，是希望如此展开的战略内容叙述能更有助于管理实践者迅速掌握与运用。

本书的副书名为"艺术与实务"，是基于这样一种认识，即从"管理就是让人做事并取得成果"这一简洁的经典定义出发，可对管理的科学性、艺术性与道德性做如下解释：科学性就在于让人高效地做事，艺术性就在于让人愉快地做事，而道德性就在于让人做正确的事。因此，可对战略管理做简单而又不失严谨的定义：战略管理就是研究如何让人愉快、高效地做正确的事，即高效、高兴地做高妙的事，简称"三高"。

综上所述，战略管理的本质可表述为：通过"三高"修炼，解决"三做"问题，实现"三活"目标（见战略启示 0-1）。有鉴于此，战略管理适合各类社会组织与个人广泛运用，在本书中所提到的"企业"一词，将不再局限于一般含义上理解的营利性组织，也可包括非营利组织在内的各类社会团体。从"实务"的角度看，战略管理不在于知而在于行，更在于行有所依、行有成效。当然，本书研究意图的明确与实现，还需有适当的方法来保障。

战略启示 0-1
战略管理本质

通过"三高"（高妙、高效、高兴）的修炼，解决"三做"（做什么、如何做、由谁做）的综合决策问题，实现组织与个人的"三活"（活得了、活得好、活得久）目标。

在研究方法上，本书隐含借鉴吸收了哲学、宗教、社会、经济、政治、伦理等领域，以及人类学、演化论、生态学、心理学、脑科学等学科的成果，通过不断提问的方式，试图给出战略管理所需的"解剖刀"与"万能胶"。借助"解剖刀"，可将战略整体解构，还原成基本要素，从而进行活动与行为细节的分析；借助"万能胶"，可将战略要素整合，综合成有机整体，从而进行事关组织生存的静态结构与动态过程的构建。

本书中的许多观点，就是运用上述解构还原与综合构建的研究方法，基于对战略理论成果与实践经验的梳理提炼而成的。这里的理论资料，主要出自本书资料来源及注释中所列的相关战略管理图书及 *Strategic Management Journal*、《哈佛商业评论》、*The McKinsey Quarterly* 等国际期刊。联系我国实际的内容，主要源自作者的战略咨询实践，所任教的各类班级学员的课内讨论、平时作业与考试答卷，还有报纸杂志、数字媒体的时事文章等。

就具体做法而言，本书先以战略理论综合与实践总结为基础，通过归纳、分析提出假设性框架；然后吸收各类实践管理者参与讨论，对该假设性框架做正反两方面的理论与实践论证，提出修改意见；再以修改后的内容作为新的假设性框架，进行下一轮的讨论修订。本书正是运用这种与时俱进的假设、修正、再假设、再修正方法，不断汲取理论与实践两方面的精华，构思完善内容构架，提升理论内涵水平。

本书的文字表达，努力追求"学者型思考、平民化语言"风格，尽量选取那些简洁易懂、少有歧义的措辞。书中的许多用语都是经过反复推敲，并在教学实践中多次试用考验过的。本书章节目录标题文字的设计，希望能起到战略研究问题索引的作用，读者可以据此方便地寻找到相应战略管理实践问题的讨论内容。作者试图借此达到让更多的人读懂、理解并运用战略思维与方法，最终实现提升组织的战略成效之目的。

本书实际上是第 6 版，初版（《企业战略管理：概念、技能与案例》，1994 年）主要是对国际流行的战略管理过程构架与我国管理实践的融合，第 2~5 版（《战略管理：艺术与实务》，2001 年、2003 年、2007 年、2012 年）实现了从初版"理论导向型"框架到"实践导向型"框架的转变，通过内容的不断迭代更新形成了现在这本书。相对于此前各版而言，本书在逻辑严密性、理论完整性、论述简洁性、实用便捷性等方面均有进一步改进。例如，在每章开始增加了"学习目标"提示，删调新补了正文中部分"战略启示""专题实例"及章末"拓展思考题"，特别地，还对全书内容及文字进行了全面修订，隐含吸纳了有关个体以及群体潜意识方面的研究成果，使战略管理研究从关注有意识的行动与思考，进而深入到决策者的无意识。这些修订，不仅有助于提高读者的阅读兴趣，更有助于加深读者对本书内容的理解。

本书给出的"实践导向型战略管理构架"，从某种意义上看，相对平衡地兼顾了理论体系完备性与实践操作可行性的要求，其核心内容主要反映在以下几个层面。

第一，就战略修炼的行思模式而言，本书的第 1 篇作为全书的理论指导，围绕"三做"这一战略中心命题，提出了"疑、思、解"运作框架，给出了自我能力与德行超越的方法，讨论了基于事实规律的企业做事科学观的定位原理，从而为进行"三高"修炼、实现"三活"目标奠定了基础。

第二，从战略前提的假设论证来看，本书第 2 篇给出了企业使命宗旨、外部环境、自身实力分析的思路与方法。比如，它讨论了基于使命观、绩效观、行为观体系的企业为人价值观的定位原理，在波特五力竞争模型的基础上，提出了企业经营环境探析的六力互动模型，明确了企业战略重心在于建设并扩大或稳定使企业盈利的回头及引荐型顾客群，给出了基于流程、结构、行为以及资源、能力、信誉视角的企业实力研究框架。

第三，在战略出路的三维构架方面，本书第 3 篇围绕特色、取舍、组合战略三出路，给出了帮助企业构建"学不了、学不全、难替代"之持续经营优势的差异化、低成本、专门化战略，讨论了"进得去、站得稳、有发展"的业务拓展与集团管理框架，揭示了竞合互动关系演化的规律，明确了最优合作对策的"善良、报应、宽容、清晰"四特征。这些内容为解决企业面临的战略实践难题提供了广泛的理论指导与实务手段。

第四，就战略实践的行动管理来说，本书第 4 篇紧扣战略中心命题，给出了进行企业变革、转型、升华等战略执行过程管理的实用指南。比如，以不确定人生、多样化世界、互适应关系为根本假设，提出了追求企业凝聚力、环境敏感性、行为宽容性三个战略决策基点，讨论了兼容并蓄、小步前进、柔性模块三个战略变革宗旨，并围绕愿力、能力、助力与成就、成员、成长，研究了企业活力源泉的开发问题。

第五，作为正文内容的补充，为满足不同读者的需要，本书提供了四个探索性附录。对于特别关注战略理论发展的人员，附录A提供了有关战略研究方法的探索思路。对于希望开展战略实践咨询的人员，附录B讨论了进行战略咨询的参考框架。对于拟将担任战略管理教学任务的教师，附录C给出了如何结合本书附录D中的案例，组织课内战略讨论的建议。附录D则为各类读者进行战略理论的实践演练提供了案例基础。

应该说，本书凝结了作者近40年的管理研究之心得与近30年的战略探索之感悟；融汇了作者所任教的各类班级数以千计学员的集体智慧；吸纳了许多与我们有深度交流的企业家的战略思考精髓及众多学术先贤历久弥新的闪光哲思。有鉴于此，我们坚信，本书是有其特别存在价值的，尤其是对那些希望打开企业战略密码、化解企业生死劫难的经理人来说，本书更能起到一定的智慧启迪、驱散迷雾的作用。

当然，作为学术探索，一如本书前几版的自序所言，本书尽管已经做了多次更新再版，但也只是代表着研究的新起点而不是终点。应该说明，以有限个人之认知，探无限战略之奥妙，长路漫漫，永难穷尽。好在研究过程本身充满谐趣，只要虚心静气、随缘自适，以欣赏、专注、感恩的心态去探思、体验、领悟，纵使最终未能修成正果，至少也能感受到蕴含其中的愉悦与快乐，从而生发出有恒的研究激情与动力。

是为序，谨以此与各位同道共勉！

目　录

自序

引言 ······································· 1

第1篇　战略修炼：行思模式

第1章　战略运作框架 ············· 11
1.1　战略中心命题 ················ 12
1.2　战略实践质疑 ················ 17
1.3　战略理论探思 ················ 21
1.4　战略对策求解 ················ 27
拓展思考题 ························ 35
资料来源及注释 ···················· 35

第2章　战略思考基准 ············· 37
2.1　关注隐含假设 ················ 37
2.2　重视自我超越 ················ 43
2.3　化解伦理困境 ················ 50
2.4　走出战略误区 ················ 53
拓展思考题 ························ 57
资料来源及注释 ···················· 57

第3章　战略定位原理 ············· 59
3.1　外部机遇影响 ················ 60
3.2　内部优势作用 ················ 63
3.3　内外环境匹配 ················ 66
3.4　主客互动整合 ················ 71
拓展思考题 ························ 75
资料来源及注释 ···················· 76

第2篇　战略前提：假设论证

第4章　明确使命宗旨 ············· 81
4.1　企业立身之本 ················ 82
4.2　顾客理念核心 ················ 87
4.3　使命愿景构想 ················ 92
4.4　目标与价值观 ················ 97
拓展思考题 ························ 103
资料来源及注释 ···················· 103

第5章　了解外部环境 ············· 105
5.1　外部战略要素 ················ 106
5.2　行业发展格局 ················ 108
5.3　六力互动模型 ················ 114
5.4　顾客分类对策 ················ 121
拓展思考题 ························ 124
资料来源及注释 ···················· 125

第6章　认清自身实力 ············· 127
6.1　活动任务流程 ················ 128
6.2　组织软硬结构 ················ 132
6.3　特异生存条件 ················ 136
6.4　内外要素综合 ················ 141
拓展思考题 ························ 144
资料来源及注释 ···················· 145

第3篇　战略出路：三维构架

第7章　持续经营优势 ············· 149
7.1　价值构成剖析 ················ 150
7.2　经营优势提升 ················ 154
7.3　优势持续评判 ················ 161
7.4　经营优势创新 ················ 166
拓展思考题 ························ 173
资料来源及注释 ···················· 174

第8章　业务演化路径 ············· 176
8.1　企业发展轨迹 ················ 177

8.2　纵向整合拓展 ················ 183
　　8.3　专精多元抉择 ················ 188
　　8.4　经营模式重构 ················ 197
　　拓展思考题 ························ 203
　　资料来源及注释 ···················· 205

第9章　竞合互动关系 ············ 207
　　9.1　竞合进化原理 ················ 208
　　9.2　现实合作对策 ················ 214
　　9.3　博弈理论启示 ················ 219
　　9.4　动态价值定位 ················ 223
　　拓展思考题 ························ 228
　　资料来源及注释 ···················· 229

第4篇　战略实践：行动管理

第10章　战略决策管理 ············ 233
　　10.1　战略决策基点 ··············· 233
　　10.2　一般工作程序 ··············· 236
　　10.3　当下理性原则 ··············· 241
　　10.4　知行关系协调 ··············· 245
　　拓展思考题 ························ 251
　　资料来源及注释 ···················· 251

第11章　战略变革管理 ············ 253
　　11.1　战略变革透视 ··············· 254
　　11.2　管理悖论突破 ··············· 259
　　11.3　领导作用发挥 ··············· 264
　　11.4　制度文化构建 ··············· 271
　　拓展思考题 ························ 279
　　资料来源及注释 ···················· 280

第12章　战略激励管理 ············ 282
　　12.1　企业活力源泉 ··············· 283
　　12.2　战略激励准则 ··············· 287
　　12.3　跨期报酬体系 ··············· 291

　　12.4　行为调节杠杆 ··············· 298
　　拓展思考题 ························ 303
　　资料来源及注释 ···················· 304

附录　研究·咨询·教学·案例

附录A　战略研究方法探索 ········ 309
　　A.1　研究对象与问题性质 ········· 309
　　A.2　理论标准与构建方法 ········· 310
　　A.3　现有理论与方法评述 ········· 312
　　A.4　本书思路与框架介绍 ········· 314
　　资料来源及注释 ···················· 318

附录B　战略咨询参考框架 ········ 320
　　B.1　战略咨询基本依据 ··········· 320
　　B.2　战略咨询访谈技巧 ··········· 321
　　B.3　战略咨询价值定位 ··········· 323
　　B.4　战略咨询报告撰写 ··········· 325
　　资料来源及注释 ···················· 328

附录C　战略案例教学指南 ········ 329
　　C.1　战略课程教学缘起 ··········· 329
　　C.2　案例教学组织实施 ··········· 332
　　C.3　案例教学效果调控 ··········· 335
　　C.4　案例教学成功关键 ··········· 336
　　资料来源及注释 ···················· 338

附录D　战略教学案例六则 ········ 339
　　D.1　亚德公司创业管理 ··········· 339
　　D.2　智仪公司深层发展 ··········· 343
　　D.3　商城公司成功之谜 ··········· 348
　　D.4　络绎控股多元经营 ··········· 352
　　D.5　思盟集团竞合互动 ··········· 356
　　D.6　松泉医院业绩衡量 ··········· 359
　　资料来源及注释 ···················· 361

结语 ································ 363

引　言

为了展开对于战略管理的讨论，在本引言中，将着重说明三个方面的问题。一是从剖析管理的含义与特性入手，给出本书所使用的战略管理定义，以便在此基础上阐明研究战略管理对于个人、组织及社会所具有的特别意义。二是在简单回顾战略管理的研究发展历史的基础上，阐明本书写作的根本指导思想、研究过程所遵循的总体思路与所采用的具体方法。三是提供一个有关本书内容全貌的示意图——实践导向型战略管理构架，以此说明全书的体系结构、篇章重点及内在逻辑。

管理是什么？这是一个既简单但又很难回答的问题。其简单在于，人们对什么是管理、涉及哪些内容，心中大概都有一个基本的认识；其复杂在于，从各种管理专论中找答案，众说纷纭，莫衷一是。实际上，管理是一个内涵基本清楚，但外延不甚清晰的概念。本书无意也没有能力对此做严格的界定，只采用一种较为流行的说法——"管理就是让人做事并取得成果（即通过别人完成任务）"。

对于这一流行的"管理"说法，可做进一步的展开分析。例如，"让"字涉及的管理风格到底是命令式、启发式还是其他混合式？一部有关赞誉杰出统治者的民间格言词典中写下这样一句话："让人畏惧比受人爱戴好。"[1] 马基雅维里认为："让人畏惧与受人爱戴，最好两者兼而有之，否则，让人畏惧比受人爱戴好。因为，人们爱戴君王，是出于自愿；而畏惧君王，是出于君王的意愿。"[2]

管理者应该建立自身的权威，以掌握事态的主动权。当然，管理者的境界在于，具备让人畏惧的力量，又能做到让人由衷地爱戴。真正的强者应该惠人而不害人，这就如李嘉诚所说"做人如果可以做到'仁慈的狮子'，就成功了。"[3] 就企业经营而言，就是管理者要能拥有主宰业态的话语权，而又能平衡处理好各方面的互惠共生关系，从而推动行业生态的长期、持续、良性发展。

又如，"人"字涉及如何营造识别、吸引、选聘、使用、培育、留住关键人才的组织环境。"做"与"取得"均涉及达成管理目标的措施与手段的选择问题。"事"字涉及做什么的选择。松下幸之助认为，"大事和小事都是我应该做的，那些普通的事情则可以授权"。丘吉尔觉得，"成功而有效的领导者，同样体现在大事和小事上"。[4] 领导者要做到既站在高处统揽全局，又深入一线了解细节，以保持对总体及细节信息的敏感性。

战略目标＝"三活"（活得了、活得好、活得久）

再如，"成果"二字涉及管理目标的确定。总体上看，任何组织与个人所追求的根本目标不外乎"活得了、活得好、活得久"，即"三活"，从而要求管理者探讨组织或个人兴衰的因由，从理论与实践上回答企业组织如何才能实现安全、盈利、速度，个人如何确保健康、长寿、快乐。显然，基于个人需求与社会伦理标准多元性的考虑，在各类社群组织中，如何就成果的具体衡量标准达成共识，这对管理者来说是一个挑战。

管理必须管得有"理"。从理论内涵的角度看，管理之"理"主要反映在以下三方面的特性上。

第一，科学性，这体现在如何让人高效地做事上。20世纪初，泰勒、甘特、吉尔布雷斯等人所做的动作、时间、计划研究，培训工人，以提高个体生产率等；法约尔、韦伯等人提出的组织管理原理，分工、专业化、机械、非人性的职能设计，以改善组织生产率。[5] 这些都倾向于从生理层面出发，将人看成是客观、理性的被动工具。

第二，艺术性，这体现在如何让人愉快地做事上。20世纪中期，梅奥、卡耐基、马斯洛、麦格雷戈等人所做的人际关系、群体合作、行为科学、人性假设、人力资源等研究，还有如临床心理学中的动力、行为、认知、人文等各种心理疗法，[6] 都是以解决"人们总在忙碌，而不能轻松地工作"的问题为主要目标的。这些都倾向于从心理层面出发，将人看成是情感丰富的能动主体。

第三，道德性，这体现在如何让人做正确的事上。20世纪末以来，人们对大企业的存在意义、使命目标、共同愿景，非营利组织的作用，以及竞争合作互动关系进行反思；对跨国经营、环境生态、技术两难、企业伦理、社会责任、人类前景、全球命运、宇宙未来积极关注。这些都倾向于从精神层面出发，将人看成是伦理道德意义上的存在。

鉴于以上三方面的管理特性，可以认为，战略管理的核心就在于"让人愉快、高效地做正确的事并取得成果"。实际上,这也正是战略管理所关注的重点。有鉴于此,可对战略管理做如下简单定义。

战略管理 = 方向正确 + 运作高效 + 心情舒畅

根据这一定义,狭义的"战略"概念是指方向的确定,而广义的"战略"概念,不仅要确定方向,还要包括选择沿着方向前进的方法与途径,顾及人们在执行战略时的过程体验。这意味着,在方向正确的情况下,朝此方向努力的效率提升问题,以及人们对于过程的投入精神,也就自然上升成为决定成败的关键战略。

上述关于战略管理的简单定义,既描述了战略的目标要求,又揭示了战略的过程特征。就目标而言,没有一个企业家会觉得自己的企业已完全达到方向正确、运作高效、心情舒畅的状态,这是一个可以不断努力、有恒追求的境界。就过程而言,尽管通常很难同时兼顾战略管理的方向正确、动作高效、心情舒畅三个方面,但只要心中不时想一想这三个方面,就总能给人带来一些不同的思维视角与心理感受。进一步,若将方向正确称为"高妙",运作高效简化为"高效",心情舒畅表达为"高兴",也许可以得到如下更为简洁的战略管理定义。

战略管理 = "三高"(高妙、高效、高兴)

战略管理的焦点就在于平衡处理好"三高"之间所存在的长短期协同关系,营造一个整体持续发展、个体自愿投入的做事氛围。因此,关注战略管理问题,对个人而言,有助于做到"忙而忙得有意义,忙能忙到点子上",防止无意中进入"工作太忙而没时间思考"或"思考太多而没时间工作"的自我成长陷阱;对组织来说,有助于形成共同愿景,明确使命与目标,从而保持方向的正确性与操作的灵活性;对社会而言,通过明确共同的价值准则,建设良好的制度环境,可以确保经营生态的良性循环,维护社会商圈的和谐进化,促进整个社会的持续发展。

从研究发展过程来看,战略管理作为一门课程,它的提出与设置,主要是为了满足企业界对于跨职能、综合性管理技能的需求。比如,1911 年,哈佛大学商学院就开设了名为"经营政策"的课程。[7] 到了 20 世纪 60 年代末期,美国的绝大多数商学院都开设了经营政策之类的课程。20 世纪 70 年代,国际精英商学院协会(AACSB)的管理教育资格认证标准正式提出要求,在管理类课程教学中,不论学生所学的具体专业是什么,在其所学课程中都必须包括一门经营政策与战略这样的综合性课程,[8] 以便提供一条能将散落在各门管理课程中的珠子串起来的主线。

作为理论研究,战略管理的内容涵盖了社会责任、企业伦理、非营利组织、动态环境、全球竞争等热点领域,一直处于思想的丛林发展过程之中。早在 20 世纪末，就形成了设计、计划、定位、创业、认知、学习、权力、文化、环境、结构等十大战略流派，涉及了战略的过程、产业、资源、能力、竞合、风险、生态等众多领域。[9] 在研究视角与方法上，战略管理运用了管理、政治、经济、人类、生态、社会、历史、心理等众多学科的成果，[10] 如综合进化论、复杂性科学、VUCA 应对等。[11]

  这里需要说明的是，有鉴于本书定位于战略管理的艺术与实务，主要针对 MBA、EMBA 以及其他各类高管研修班学员的需要而写，考虑到这些学员都是战略实践者，他们面对着超载的信息与剧变的环境，更需要简洁清晰、明白易懂、直奔主题的论述，以真正解决所面临的实践问题，而无暇顾及太多的名词概念与理论观点。因此，在本书的正文中，不打算对前面提及的有关战略理论概念做考证式的评述，对此有兴趣者，请关注本书的附录 A 与资料来源及注释，从中可找到相关的参考资料。

  就国内外战略管理研究现状而言，所存在的问题主要就是理论导向、应用困难。这里所谓的"理论导向"，就是按照战略管理理论体系的分类要求，阐述不同层面所面临的战略管理问题。这种做法，正是由于追求理论体系的内在精妙性而牺牲了指导实践的外在可用性。例如，为了保持理论流派及观点的完整性，往往大量使用专业术语，结果不利于人们听懂与理解；对于同类战略实践问题的多种解答，分散于不同理论部分的内容阐述之中，从而妨碍了实践者的综合与应用。

  从方便实际运用的角度出发，为克服"理论导向型"研究思路之不足，必须采用"实践导向型"的研究方式。这就是按照战略实践所可能面临的主要问题进行分类，将针对同类问题的多种解答归成一类，从而使其具有"易懂便用"的特点。通常，"实践导向型"研究方式会打破战略理论体系的完整性，因此必须探讨新的战略理论构架，以解决实践指导性与理论完美性的兼容问题。这正是本书关注的重点所在。

  21 世纪以来，伴随着国内外对于战略的热切关注，相关理论渐趋成熟；我国改革开放不断深入发展，实践探索初见成效。这些都为进行战略理论的融会贯通、整合提高、简化操作提供了理论与实践基础。在此背景下，本书的推出，试图以中西兼融、理论综合、实践总结为途径，实现中国传统哲学思想与西方战略管理理论的结合；以不言自明的标题与平实措辞的阐释为手段，实现战略管理构架的简洁易懂、重点明确、知行合一；以便于操作、实践导向、整体思考为思路，实现所提战略对策的实践可用性。作为作者内心的一种学术追求，希望创建能体现有机整合思想特色的战略管理构架，为此，有必要先弄清战略管理的研究对象的性质。

  企业组织与高管团队作为战略管理的研究对象，明显具有如下的复杂社会人文系统的特点。[12] 第一，时空与情境依赖性。这就是其中的人、事、物之间的关系会随时间、空间与情境的不同而变化，有时很难甚至根本不可能做因果推断，而只能对系统演化过程做历史描述。第二，突现性（emergence）。这就是系统的整体特性不可能由构成整体的部分来推断，即使对其中的各部分或其局部不完全组合的特性均已完全研究清楚，也仍然如此，因为整体总会显露出不同于其组成部分的特征。[13] 第三，有机整体论（holism-organscism）。这就是系统等级结构中，较高层次单位不同于其各部分之和，每一层次的问题与学说具有独立自主性；将整体分解为它的组成部分，总会留下未分解的残存物。第四，高度组织化。这就是系统由多个层次或局部构成，其中的每个层次与局部离开其他部分的配合将变得毫无意义，它们既服务于自身目的，又需有相互适应性。

基于以上认识，在探讨战略管理构架时，本书所运用的是"假设-演绎"研究方法，就是先假设，再验证，然后再假设，再验证，以此试探前行。具体来说，就是先以理论文献与实践经验为基础，提出一个试探性的框架，然后通过集思广益与应用探索，考察该框架是否多了什么或缺了什么，并据此对原框架进行因素增减修正，再以修正后的框架作为新框架，做进一步的理论与实践探索、修正，借此向着更为简洁、完备、可行的理论建构体系推进。从这个意义上看，可以认为，本书提出的所有构架都带有理论假设性，而不具终极结论性，只在给定前提的范围内才有效。

本书写作的根本指导思想，是力图将复杂的理论简约化，这意味着，就所写的内容而言，隐含追求这样几个依次深化的目标。首先，要能让大家都看懂、看明白，这是应用的前提。至少从战略理论需要指导实践的要求看，如果让人看不懂，就不可能使用，从沟通的角度看，就是表达没有到位，而绝不像通常有人认为的那样只是由于内容太深奥。其次，部分内容能被人真正理解，这就是引起共鸣、有所触动甚至产生顿悟，从而觉得对相关内容经过改造可以马上或在今后进行正向或反向运用，以指导战略实践。再次，极少数人在看懂、理解的基础上，产生强烈共鸣，不仅观念变、态度变，而且立即结合实际付诸行动，从而促使战略行为与业绩的改变。最后，在自身实践探索与理论思考的基础上，认识到一切知识终极都是实用的，而实用的又都是有限的，[14] 必须与时俱进、动态更新，以推动战略实践的不断升华。

本书的内容框架如图0-1所示。其中，双线框所表示的为本书的核心内容。第1篇给出战略修炼模式，第2篇讨论战略论证方法，第3篇提供战略形成思路，第4篇研究战略实施过程。这里，除了第1篇主要提供战略管理的整体运作模式与相关概念思路外，其余各篇的内容分别涉及战略管理过程的前提论证、方案构建、措施落实这样几个行动环节。特别是对于这些环节之间所存在的内在因果或时序联系，以及如何在实践操作中因应具体的企业及情境进行分析，如图 0-2 所示，本书做了较为深入的细化探索。此外，作为正文的补充，本书附录为战略管理的理论研究与实践应用提供了多种备选。书中各章的开头给出全章要点提示，以满足没有时间详细阅读全文的读者快速浏览与把握全书梗概的需要。至于各章最后所附的拓展思考题，是为加深对战略管理理论与实践问题的理解而写的，主要用作开放式讨论的交流资料，以进一步拓宽战略思路。

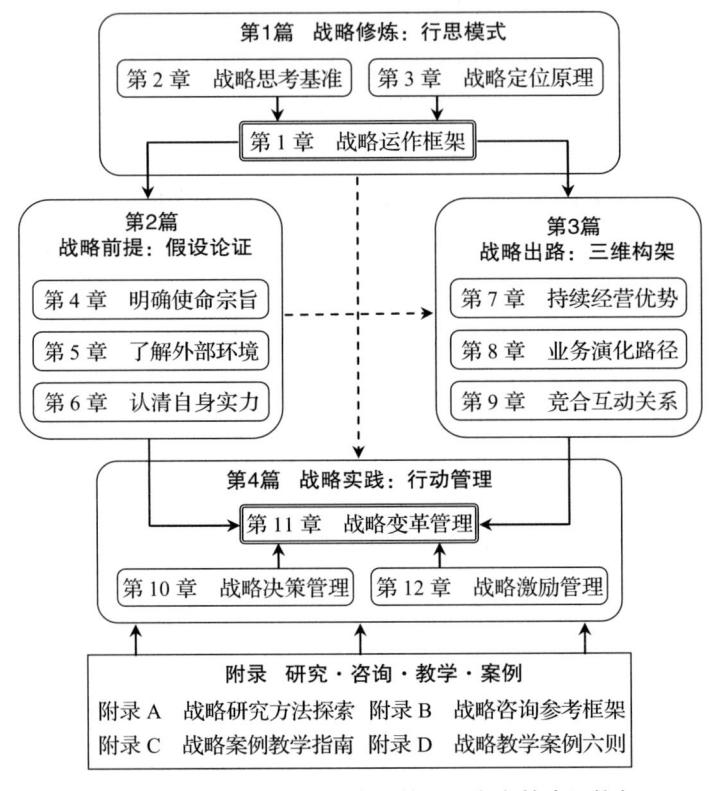

图 0-1　实践问题导向型战略管理（全书篇章）构架

就本书的使用方式而言，对于更为关注战略实践运作的 MBA、EMBA 研究生，建议阅读顺序为：先是附录 B "战略咨询参考框架"，后是第 1 章 "战略运作框架"，再是根据自己所遇到的或特别感兴趣的实践问题类型，选读相应章节的内容。对于更为关注战略理论研究的硕士、博士研究生，建议阅读顺序为：先是附录 A "战略研究方法探索"，后是第 1 篇 "战略修炼：行思模式"，再是结合自己的研究方向，选读其他章节的内容。当然，如果对战略的咨询实务与课程教学有兴趣，还可选读附录 B "战略咨询参考框架" 与附录 C "战略案例教学指南"。

对于本科生，建议按照本书写作的内容顺序，先做浏览式的阅读，此时不要求精研每句话，也无须阅读本书的附录内容。在完成初步浏览后，可精读本书第 1 章 "战略运作框架"及各篇的篇首语,接着据任课教师的教学安排或个人兴趣,选读相关章节及附录的内容。对于其他有兴趣于战略理论或实务的人士,可参考以上几类建议,确定自己喜欢的阅读顺序,或者视本书的目录为索引,将相应的篇、章、节标题看成是战略理论探索或实践操作的专题,自由组合或随意跳读其中自己特别感兴趣的相关战略理论或实践主题。

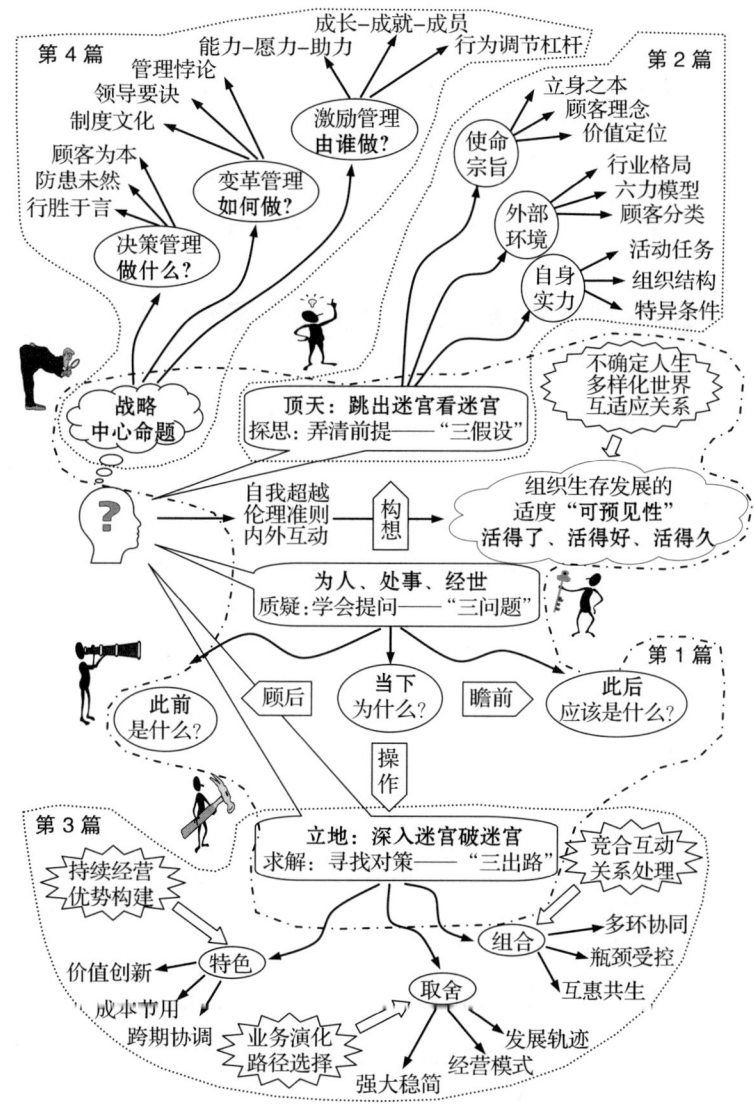

图 0-2 实践问题导向型战略管理(全书逻辑)构架

当然,考虑到本书是作为整体来写的,且为了节约篇幅,书中又较少有前后重复阐述的内容,无论是哪类读者,对本书提出的实践问题导向型战略管理构架若想做全面、系统的了解,建议还是通读一遍全书。此外,作为阅读本书的补充,欢迎访问 http://blog.sina.com.cn/xiangbaohua,浏览作者所写的有关管理随笔，随时了解作者的新近感悟；更欢迎通过邮箱 xbh1957@yeah.net 或 lizhenliu928@126.com，对本书提出宝贵意见。

最后，在此需要说明，本书研究所依赖的长期理论与实践资料的积累得益于国家自然科学基金（70072026、70272018、70672044）、国家教育部"跨世纪优秀人才培养计划"基金与"面向 21 世纪经管系列课程建设"基金的资助，得益于国际上战略研究领域许多学者的独到见解，得益于中国传统哲学思想家的睿智妙语，得益于众多管理以及其他人文学科同道的帮助指点，得益于与作者有过深度咨询交流的企业界朋友的实践感悟，得益于名义上由作者任教或指导的各类硕士及博士研究生的互动讨论、课程作业及理论探索。本书的最终编辑出版，还得益于机械工业出版社华章分社的大力支持，得益于作者家人的关心理解与鼎力相助。衷心感谢所有曾给予我们启迪、帮助与支持的组织和个人！

资料来源及注释

[1] 梅德韦杰夫. 让人畏惧比受人爱戴好 [N]. 参考消息，2000-03-22（14）.

[2] 马基雅维里. 君主论 [M]. 潘汉典，译. 北京：商务印书馆，2011.

[3] 刘佩修，曾如莹. 李嘉诚：57 年不败秘诀——90% 时间先想失败 [J]. 商业周刊，第 1047 期.

[4] 井润田. 领导者的大事与小事 [J]. 管理学家，2009（4）.

[5] 罗宾斯，库尔特. 管理学 [M]. 刘刚，程熙鎔，梁晗，等译. 北京：中国人民大学出版社，2017.

[6] 亨特. 心理学的故事：源起与演变 [M]. 寒川子，张积模，译. 北京：外语教学与研究出版社，2019.

[7] CHRISTENSEN C R, ANDREWS K R, BOWER J L, et al. Business policy : text and cases[M]. Richard D. Irwin, Inc., 1982.

[8] DITTRICH J E. The general manager and strategy foundation [M]. John Wiley & Sons, Inc., 1988.

[9] MINTZBERG H, AHLSTRAND B, LAMPE J. Strategy safari: a guided tour through the wilds of strategic management[M]. Free Press, 1998.

[10] GRANT R M. Contemporary strategy analysis: concepts, techniques, applications [M]. 4th ed. Blackwell Publishers Inc., 2002: 23.

[11] VUCA 指动荡（volatile）、不确定（uncertain）、复杂（complex）、模糊（ambiguous）。有关 VUCA 时代的战略应对，参见：索萨，雷纳. 未知：将不确定转化为机会 [M]. 北京：北京联合出版公司，2015；TALEB N N. Antifragile: things that gain from disorder[M]. Random House Publishing Group, 2012.

[12] 迈尔. 生物学思想发展的历史 [M]. 涂长晟，等译. 成都：四川教育出版社，2010.

[13] 整体不同于它各部分的总和，常被误传为"整体大于它各部分之和"。参见：杰克逊. 大脑的奥秘：人类如何感知世界 [M]. 北京：电子工业出版社，2017：89.

[14] 郑石岩. 禅悟与实现 [M]. 北京：文化艺术出版社，1998.

[15] COSTIN H. Readings in strategy and strategic planning [M]. Harcourt Brace & Company, 1998.

The Art and Practice of
Strategic Management

第 1 篇
战略修炼：行思模式

第 1 章　战略运作框架
第 2 章　战略思考基准
第 3 章　战略定位原理

本篇共分三章，分别讨论以下内容。

第 1 章"战略运作框架"，基于"不确定人生、多样化世界、互适应关系"的环境预设与"生存发展的适度可预见性：活得了、活得好、活得久"的组织宗旨，围绕战略中心命题"做什么、如何做、由谁做"，提出以"疑、思、解"循环为核心的战略"三问题""三假设""三出路"管理构架，并通过进一步引入时间维度的"此前、当下、此后"概念，给出了便于实践操作的战略管理综合分析框架。

第 2 章"战略思考基准"，介绍了战略思考所涉及的三个隐含假设，讨论了体现在为人、处事、经世背后能对战略决策产生重要影响的现实伦理准则，给出了以改变假设为核心的自我超越原理，探讨了走出战略思考与操作误区的"顺势、循道、善术"对策。本章试图揭示存在于现实战略的形成、实施、评价与控制过程背后的各种内隐与外显的关键影响因素，以便从根本上拓宽战略研究思路。

第 3 章"战略定位原理"，在剖析外部机遇影响、内部优势作用、内外环境匹配这三种常见的战略定位观点的基础上，明确提出了基于企业内外部、主客观动态认知互动整合的战略定位原理，以作为企业战略构想的思路来源。本章试图借鉴心理学、社会学有关成果，为本书研究确定更具实践操作性的时变、能动、演化的战略定位指导思想。

第 1 章　战略运作框架

【学习目标】

知识目标：理解战略的基本概念、战略的中心命题和战略核心理念。

技能目标：掌握战略运作行思框架，理解"三问题""三假设""三出路"。

能力目标：围绕"三活"，修炼"三高"，更好地解决"三做"问题。

【要点提示】

战略中心命题、环境预设、组织宗旨

战略中心命题：做什么？如何做？由谁做？（"三做"）

环境预设：不确定人生、多样化世界、互适应关系。

组织宗旨：生存发展的适度可预见性——活得了、活得好、活得久（"三活"）。

战略"疑、思、解"框架

实践质疑：因为什么能赚钱？赚钱为了什么？（企业存在的理由）

业务是什么？应该是什么？为什么？（"三问题"）

理论探思：外部环境、使命宗旨、自身实力（"三假设"）。

对策求解：特色、取舍、组合（"三出路"）。

战略核心理念

企业战略：通过取舍决策与活动组合创造顾客所需的特色。

战略管理：朝着"方向正确、运作高效、心情舒畅"（"三高"）努力的系列行动的集合。

战略行思过程：通过"疑、思、解"的"三高"修炼，解决"三做"问题，实现组织及个人的"三活"目标。

1.1 战略中心命题

战略，作为一种人们探寻世界、打造未来的实践活动，可以认为其产生及存在具有与人类同样悠久的历史。但是作为理论思考，有文字记载的可见书面资料却并不多，现存的只有一些古希腊与古罗马有关情境研判、理性决策与行动的文献，以及印度、中国有关修养心性、经世治国等的文献。对于这些文献，尽管近年来国内外管理学界多有解读、引用，但就其本质而言，也只是对于历史记录所做的一种现代阐释。考虑到世事变迁、今昔互异，就给出能真正切合并指导当今世界管理实践的说法而言，对战略命题做过多的历史考证，事实上既无必要也无可能。

一般来说，按字面的意思分析，战略可指事先考虑的用于指导全局工作或行动的原则、方法及具体内容、步骤，它既包括人际争斗，也涉及自我改进。而与战略相近的策略，[1]指的是审时度势确定的行动或斗争的方向、方式和目标，似乎带有较强的计谋色彩。为叙述简便，本书后文的讨论将统一采用战略的提法，具体所指视情形不同而会有所差异。与战略或策略相对，战术是指用于指导解决局部问题或战斗的原则和方法，它更关注在战略或策略的指导下操作层面的标准、规则与程序的制定及实施。至于实践中常提到的"对策"一词，包含了战略与战术两个层次，意指应对特定人、事、物的策略或方法，因此比较强调相互博弈性。

战略，按政治区域范围分，如国内（本土）、国际（全球）战略等，这里涉及的是地理疆界的选择问题；按业务与管理层次分，如职能（部门）、单业务（企业）、多业务（公司、集团）战略等，在此涉及的是决策单元的确定问题；按手段途径与工具方法分，如竞争（输赢）、合作（多赢）战略等，其中涉及竞合关系的定位问题；按使命目标分，如紧缩、稳定、增长战略等，由此涉及业务发展未来态势的判断问题。必须注意，其中的每一种分类提法都隐含着某些潜在的价值取向，这本身就是需要借助战略判断与选择来加以确定的。因此，实际讨论中，在"战略"一词前要慎加限定语，以免未经论证就对战略的范围、层次、目标等做了预设，从而在无意中造成此后战略分析上的思维定式与创意受限。战略管理内涵见战略启示 1-1。

战略启示 1-1

战略管理内涵：探求组织及个人整体生存之道

加强"三高"修炼，解决"三做"问题，实现"三活"目标。

追求目标：可预见性"三活"（活得了、活得好、活得久）。

解决方案：有机整体"三做"（做什么、如何做、由谁做）。

行动过程:平衡兼顾"三高"(高妙、高效、高兴)。

战略是一个过程:战略是你所做的事,而不是你有的事,你不可能拥有一个战略。[2]

说明:战略中心命题"三做"是作为一个整体提出的,其中的"做什么"涉及目标抉择,"如何做"涉及过程变革,"由谁做"涉及动力激发。战略管理研究的重点不在于简单地回答中心命题,而在于揭示体现在回答中心命题背后的隐含及外显的原理、方法与实践艺术。

一般地,若将战略看成是企业整体运行的指导思想,看成是对处于动态变化的内外部环境之中的企业在当前及未来将如何行动的一种总体表述,那么战略管理就将涉及企业整体经营的理念管理、常规运行、层级互适三方面的问题。在这里,理念管理涉及持续经营优势构建、业务演化路径选择、竞合互动关系处理,常规运行包括为人过程愉快体验、处事方向动态把握、经世变革节律设定,层级互适事关组织上下位瓶颈突破、跨职能协同做事、多部门相互制衡的关系调控。本书以战略理念管理问题为主线展开讨论,融贯了常规运行、层级互适的管理原理。

另外,作为一种约定(除特别说明外),本书中所提到的"企业",泛指各类营利及非营利组织。这主要是因为战略管理的研究除涉及常规的公司、商社等营利性组织的经营问题外,还大量涉及政府机构、慈善社团等非营利组织的运作问题。对于这些组织统一用"企业"来指代,一方面是因为这样做可以免去对各类组织做区别描述时,可能在文字表达上引起的麻烦,从而起到简化叙述的作用;另一方面更由于实际上许多战略原理无论是对营利性组织还是非营利组织,均具有普遍适用性,可以涵盖并指导这两类组织的整体运作分析。

以上关于战略定义的讨论,基本上都是从理论的内涵属性着眼的,而不是从实践的操作应用入手的。实际上,一个概念或学科领域的真正定义,在许多情况下不能用属性而只能用实践操作来给出,也就是根据作为方法的一整套有序操作来界定。[3] 这一点,对于战略领域的探讨也不能例外。由战略的研究对象所决定,战略研究关注动态变化的过程甚于静态稳定的结构,因此更需要有关实践操作程序与方法的描述。从实践运用的角度看,正如本书自序所指出的,战略至少涉及"做什么、如何做、由谁做"这样三个层面,并由此构成"战略管理"的相互补充与加强的完整体系。有鉴于此,对战略中心命题,本书特别地做如下定义。

战略中心命题 = 做什么 + 如何做 + 由谁做

必须看到,战略中心命题是作为整体存在的,任何忽视其中一个或几个层面的做法,最终都会使得战略成为写在纸上、贴在墙上、说在嘴上的花架子,从而很难产生实效。这一点,对小企业来说,不存在什么问题,因为在小企业里，战略中心命题的三个方面通常是由同一个人或同一批人来回答与实施的，因此不存在"做什么、如何做、由谁做"之间的不协调问题。但对大公司来说，情况就有所不同了，在大公司里，回答与实施战略中心命题可能涉及不同的部门或人员，需要解决相互之间的认知与沟通问题。许多大公司完成的战略"规划"，犹如看不懂、做不来、没人做的"鬼话"，主要就是因为在讨论战略的"做什么"时，相对忽视了战略的"如何做、由谁做"的问题（见战略启示1-2）。从这个意义上看，一个无法实施的战略不是好战略，甚至根本不能称其为战略，而仅仅是一个企业自挖的浪费时间、精力与财务资源的陷阱。

战略中心命题的三个层面，正好对应于本书引言给出的战略管理简洁定义"让人愉快、高效地做正确的事并取得成果"中所涉及的方向正确、运作高效、心情舒畅这几个问题。从战略管理过程看，中心命题作为一个整体，其中的"做什么"涉及目标抉择，"如何做"涉及过程变革，"由谁做"涉及动力激发。当然，这里需要说明，将中心命题划分为三个层面，主要是为了简化表达而做的一种人为选择，若想对其做进一步的细化划分也未尝不可。比如，将"做什么"分成"做些什么"与"做成什么"，将"如何做"分为"何时、何地、哪些先做、哪些后做"等，将"由谁做"分成"谁动脑""谁动口""谁动手"等。还有人认为，战略所表述的只是实现目标的途径，而一个可以付诸实施的战略至少需要阐明这样几个问题：必须完成什么任务？每项任务由谁负责？需要何时、何地开始以及完成？每项任务可用的时间、精力和财务等资源情况如何？如何确定各项任务的先后顺序及相互联系，以确保达成整体目标？[4]

战略启示1-2
中心命题剖析："老鼠开会"的启示

有一群老鼠在开会，商量如何对付其天敌——猫。会议运用"头脑风暴"等创造性技法，老鼠们广开言路，积极献计献策，结果五花八门的建议提了一大堆。在这些建议中，有一条最受欢迎，那就是"在猫的脖子上挂一个铃铛"。因为这样，猫走到哪儿，铃铛就会响到哪儿，而老鼠们只要一听到铃铛声，就可以在猫出现之前逃跑，藏到洞中。乍一听，这一建议立足于预警防患，真是妙不可言，自然博得了大多数老鼠的热烈掌声。这时，一只一直坐在那儿闷声不语的年迈老鼠突然站起来说要提一个非常非常简单的小小问题："请问在座的各位，究竟有谁堪当给猫挂铃铛的重任呢？"[5]

战略实践中，人们常常更关注"做什么"问题的回答，而相对忽视"如何做"与"由谁做"问题的解决，致使战略构想最后演变成了不着边际的"空想""幻想"甚至"妄想"。回答"如何做"与"由谁做"的问题，涉及战略实施的途径、方法与动力、能力。现实中出现的有时没人做，不一定就意味着没法做或做不成，完全有可能是由于激励不到位。常言道"重赏之下必有勇夫""不怕做不到，只怕想不到"。在激励到位的情况下，可能会有人真正开动脑筋去想办法，继而找出切实可行的方法；还有人会愿意去试一试，看看自己能否闯出一条前人从未走过的新路。

亨利·明茨伯格曾经说过："伟大的战略家或者有创造性，或者有雅量，遗憾的是，这两种类型的人都太少了。我们把具有创造性的那些人称为梦想家——他们看到的是其他人熟视无睹的世界。他们通常有自己独特的行为方式，人们很难与之打交道。有雅量的人则相反，他们从其他人那里汲取战略，他们建立的组织鼓励质询和创造。"[6]现实中，也许没有领导真的不想听建议，更没有领导在面对无法解决的棘手问题时，如果有人提出可行的解决对策而会不采纳，问题在于，当下属提出并为新建议付出艰苦努力后，领导并未给予适当、及时、积极的正面回应。

任何组织中，为解决棘手问题，提出并实施一个富有新意的建议直至真正取得成效，不仅需要经验的积累，还需要付出额外的甚至加倍的努力，更何况其间还常常会面临经营环境的变化不确定的挑战。如果企业中存在着严重的成败激励不对称现象，也就是领导在下属"做成事时忘激励，事没做成多指责"，那么下次再遇到什么难题，就肯定不会有人心甘情愿地去担责出主意。长此以往，领导召开的"诸葛亮会"将变得无人提建议、谈想法。一些老总反映，自己的企业里没有人才，让人们出主意时，很少有人愿意发言，可能就是以上现象长期累积导致的。

实际上，许多事只要有人真正愿做、想做、肯做，就有可能找到解决方案。即使如上述的"挂铃铛"例子，至少可以尝试给猫打麻药的方法，或者利用广告引导猫自己去挂铃铛。现代时尚产业的运作，不就是如此借助各种手段，引导人们积极给自己"挂铃铛"的吗？从这个角度看，伟大战略家的"雅量"，不仅体现在听得进好想法，更体现在对于探索者——不论其结果成或败——的扶持与帮助，对于积极投入者的认同与关心，例如，对于做成事者的及时表扬与奖励，对于没做成事者的真心宽容与理解。

战略中心命题普遍存在于组织功能结构的各个层次，存在于组织生存过程的各个阶段，它的解决受到众多因素的影响，如当事者对于当前与未来损益关系的时序偏好，其在组织中所处的层次位置等。而战略管理研究的关键，不在于简单地回答中心命题，而在于揭示体现在回答中心命题背后的隐含及外显的原理、方法与实践艺术。因此，探讨企业战略问题，必须先弄清问题产生的背景与讨论的基点，特别是出于怎样的宇宙人生判断与带有怎样的存在演化宗旨。有关这方面的判断与宗旨，尽管有时仅仅是人们内心深处存在的无意识的主观预设，但是却会对中心命题的构思与解决产生无法估量的潜移默化的影响。

关于宇宙人生与存在演化的外显或内隐看法，在许多情况下既不能证伪，又无法证实，因此只能作为研究预设。也正因为如此，在哲学、宗教、心理、社会、政治、文化甚至科技等众多学科领域的研究中，基于各种可能相互矛盾冲突的预设，难免会出现一些富有争议甚至带有类似个人信仰性质的观念。当然，就战略管理的研究而言，问题不在于能不能弄清或提出这些判断与宗旨，关键在于它有点类似于公理的基础假设,即"元假设",是天然存在的,这构成了研究的基石,任何进一步的深入研究都摆脱不了此类外显或内隐存在的判断与宗旨的影响。为此,在这里先特别说明,本书的研究将接受如下的关于宇宙人生的环境预设。

环境预设:不确定人生、多样化世界、互适应关系

显然,以上环境预设只是本书对于企业面临的运行环境的本质特征所做的一种简约表述。在这里,不确定人生指的是组织中的人作为一种生命主体,个体的持续性具有不确定的性质,很容易遭受各种天灾人祸的打击。多样化世界指的是各种人、事、物关系的特异性及其表现形式的丰富性,它既体现了多物种生态共存的本质要求,也为人类生存提供了多种可能的形式。互适应关系指的是个人、团队、部门、公司、社区、国家等同层次个体及各层次之间存在着主动或被动的相互调适性。[7]

从宇宙人生预设出发,可见企业经营自然面临复杂多变的动态演化过程。在这里,"演化"只是想尽可能客观地描述从一种状态到另一种状态的变化。作为中性词,演化不涉及价值判断,而若用"进化",就明显带有向目标推进的意思。这种用词上的选择,体现了本书研究的指导思想,尽量回避价值预设,采用较为客观的描述性词语,减少较为主观的规范性断言。[8] 例如,在企业战略研究中,将"竞争战略""合作战略""增长战略""国际战略"等看成是"战略",把"适者生存"称为"优胜劣汰",就有以规范评判代替实证描述,未做客观分析而先下主观断语之嫌。这里提到的"复杂"是指所涉及互动关系及其影响因素的多维性,"多变"是指多种因素之间关系及其变动的不确定性,"动态演化过程"是指企业经营状态会随时间推移,呈主动或被动的漂移改变。

基于以上环境预设,面对复杂多变的动态演化过程,本书的研究接受以下关于组织或个人的存在演化预设。[9]

组织宗旨:生存发展的适度可预见性——活得了、活得好、活得久

显然,在以上关于企业组织或个人的存在演化预设中,"三活"(活得了、活得好、活得久)作为组织整体运行的指导思想,依次描述了任何一个正常的组织或个人所追求的三个不同层次的根本目标,会对战略中心命题的解答起到重要的方向性的引导作用。"可预见性"实际上隐含了"目的性"或"过程性"指导原则与标准的设定,这是战略管理研究的主要内容之一。在"可预见性"前面加"适度"二字修饰,主要是想说明,一方面由于人类的认知能力有限,环境存在着不确定的变化,不可能做到完全可预见;另一方面还由于对有些人来说,内心更喜欢一定程度的不确定所带来的挑战性,并能从中体验到更为奇妙的丰富人生。

由上述讨论可知，战略管理的关键就在于，围绕战略中心命题，把握好战略演化的速度、广度、深度、跨度与节律，通过增强企业凝聚力以应对人生的不确定性，保持行为宽容性来迎接世界的多样化，提升环境敏感性来改善系统各部分之间的互适性，以最终实现组织或个人的"三活"目标。当然，如图 1-1 所示，就现实的企业组织的经营而言，人们在解决"三做"、追求"三活"的过程中，必然会受到外在诱惑、环境压力、认知陷阱等众多因素的干扰，结果有可能妨碍预想目标的实现。在这里，外在诱惑指的是并非人们内心所认同的名、利、权、流俗等的吸引，环境压力指的是对于他人的智慧、财富、强权等的屈从，认知陷阱指的是由于受个人的知觉、情绪、意志等因素的局限而造成的思维及行为偏差。因此，为做好战略管理工作，必须注意加强战略行思的"三高"修炼。

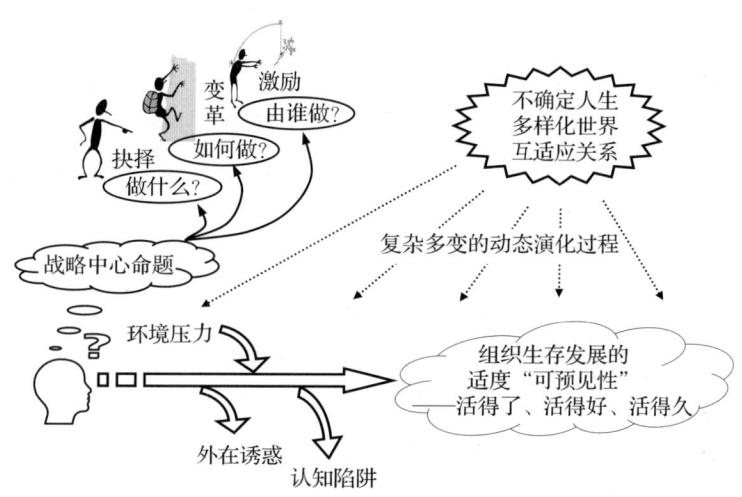

图 1-1 环境预设、组织宗旨与战略中心命题

1.2 战略实践质疑

进行战略行思的"三高"修炼，关键在于组织或个人的动态学习能力的建设、提升与传承，以实现战略思维突破与行动创新。这里"学习"二字，体现的是实践出真知的思想，包括了内在的心智"思考"与外在的切实"行动"。就思考而言，指的是"学会提问"，也就是通过不断地自我及事实质疑，提升对于实践问题的认识水平；就行动而言，指的是"习惯养成"，也就是通过有意识的行思历练、反馈迭代，达成深入无意识的技能习得，提升对于实践问题"内化于心、外化于行"的操作水平。

就具体如何开展这些修炼而言，可如图 1-2 所示，围绕战略中心命题，将战略管理过程分解成逻辑上紧密联系的三部分——"质疑""探思""求解"（简称"疑、思、解")。通过"疑、思、解"的不断实践演练，可提高人们确保战略"三高"的思维与行动的能力。为此，本章以下内容就将对此做详细的展开讨论，以阐明其中的内在逻辑。

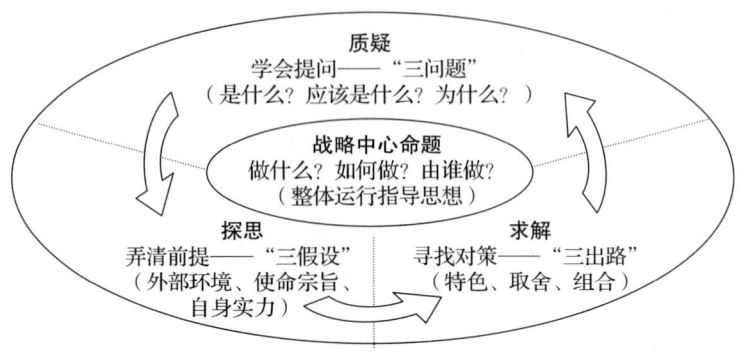

图 1-2 "三问题""三假设""三出路"战略管理构架

战略问题通过对于实践的质疑提出。质疑的关键在于，学会如何正确地提问，以抓住人、事、物的本质，揭示其中所存在的特征与原理。质疑，重在弄清事理，而不在于挑战别人、证明自己，可以通过借鉴古希腊哲学家苏格拉底的反诘法，提出类似"是什么""应该是什么""为什么"这样的有关人、事、物存在的三个根本性问题，以帮助人们厘清对于现状、目标、依据等方面的认识，从而求得相应问题的对策。

就战略管理而言，如果一般地使用"业务"一词来泛指企业乃至各类组织所开展的活动与需完成的任务，则可将战略质疑的切入点放在企业的业务"是什么""应该是什么""为什么"这样的"三问题"上。事实上，"三问题"也是人际沟通中最常使用的提问方式。比如，"最近你在做什么？""你觉得怎么做更好？""为什么要这样做？"这些也是人们相互询问时最常用的基本句式。

需要说明的是，这里提到的"业务"一词，等同于英文的 business。从英文的原意看，business 除了有"经营""生意"的含义外，还可泛指各种事务。考虑到战略管理所涉的"企业"泛指各类营利与非营利组织，而习惯上理解的"经营""生意"主要是指营利性活动，不包括非营利性活动，本书特别选用"业务"一词泛指各类组织的运行活动。

深入剖析战略质疑提出的"三问题"，可以发现，其中的业务"是什么"涉及现状评估，"应该是什么"事关目标定位，"为什么"引出选择依据。显然，认清现状是企业战略制定的出发点，明确目标可为企业战略制定提供根本性的方向指南。作为战略思考，如果对现状与目标的认识模糊不清，是很难给出有关企业拟做什么的建议的，就更不要说为企业的未来发展确定适当的行进路线及具体日程了。

"三问题"的核心是"为什么"之问。连续巧问多个"为什么",可以引发对于现状及目标的存在理由的真正思考。例如,在现实中,许多人为"赚钱"而办企业,结果却有人赚有人赔。对此,若能学会正确地发问,例如,在办企业的过程中,能特别思考一下"因为什么能赚钱"这一问题,而不是仅仅停留在"为什么办企业?为了赚钱!"这样的简单问答上,也许就更容易导出正确的结论,从而弄清企业经营的战略本质。

回答企业"因为什么能赚钱"或"为什么能够得到回报"及"赚钱为了什么"的问题,就是要阐明企业存在的根本理由(见战略启示1-3)。现实中,能对企业的存在产生影响的不仅有企业的顾客,还有股东、员工、供应商及社会团体等,这可用含义更为广泛的"利益相关者"一词来描述。这里提到的企业"利益相关者",通常是指企业内外部环境中,那些在利益上与企业决策及运行结果的好坏休戚相关,也就是各类会受企业经营影响,或能影响企业经营的个人与社群。[10]因此,在回答"因为什么能赚钱"的同时,关注"赚钱为了什么",从而注意平衡兼顾"利益相关者"的目前与未来需要,实现与各方面主体的良性互动,将自然成为保证企业长期可持续生存发展的根本之所在。

战略启示 1-3

战略实践质疑

企业存在的理由:因为什么能赚钱?赚钱为了什么?

"三问题":企业的业务是什么?应该是什么?为什么?

说明:回答战略"三问题",就是要从根本上阐明企业的经营现状、未来目标与存在理由——因为什么能赚钱及赚钱为了什么。

从方法论的角度剖析"三问题",可见,回答"是什么",往往基于过去的既成事实,需要科学的研究方法;解答"应该是什么",通常依靠前瞻的未来评判,需要人文的研究方法;了解"为什么",更多地凭借当下的综合判断,以建立此前(过去)与此后(未来)的联系。此外,对于"为什么"这一问题,还可以进一步分解成两个子问题,这就是上行的"为了什么目的"与下行的"基于什么原因"。[11]也正因为如此,在回答企业为什么能生存这一问题时,既需探讨上行的目的,如为了实现顾客、股东、员工、社会的"四满意"等,也要研究下行的原因,如凭借企业的客观资源、活动潜能、品牌信誉、个人激情等方面的综合优势或实力。

当然,这里需要指出,回答"应该是什么"与"为了什么"的问题,属于道德选择的范畴,似乎更带有主观的价值判断性;而回答"是什么"与"基于什么"的问题，属于科学探索的领域，更侧重于客观的事实描述性。由这两类问题的性质所决定，科学的思考无法代替人文的反思，人文的选择也不能超越科学的制约。科学与人文各有其自身的特别适用范围，同时也带有其特别的学科局限性。企业经营涉及主客观多种因素的共同作用，对于战略实践的质疑思考，需要人文道德与科学探索两方面的精神的指导，以帮助进行创新思考与专业行动。

从质疑的方式看，前面所提出的"三问题"都属于封闭性或收敛性的，其中隐含着存在确定性答案的预设，也就是说，人们在试图回答这些问题时，会不由自主地在脑子里寻找最为合适的标准答案，而不是寻找尽可能多的创新答案。因此，为了拓宽战略思维，作为"三问题"的补充，不妨引入这样两个开放性或发散性的问题，即企业的业务"可能是什么？""还会有什么？"显然，对于开放性的问题，不存在隐含的确定性答案，回答这类问题不能只依赖于脑子里现有的记忆，而需要突破思维的局限，眼睛向外地去观察、去探索，以发现尽可能多的备选方案，从而为实现战略创新，特别是为发现如没事找事等防患性问题打下良好的基础。

进行战略的开放性思考，必须改变时时处处想找标准答案的习惯。应该说，解答绝大多数战略问题都需要先进行开放性思考，它要求人们掌握解剖与探索问题的思路和方法，学会有效思考，懂得通过不断试探以找到合适方案的实践艺术，而不只是死记硬背、生搬硬套那些所谓的研究结论。[12] 从这个角度看，我国以前的人才培养教育体系影响了一些人的学习情况，这些人学习就如挖洞，挖的洞越深，人在洞中的思维就越受限。为了进一步完善我国的人才教育体系，要强调开放性思维，让学习变成如登山那样，站得越高视野就越开阔，从而更易突破思维定式，消除封闭性思维的局限。

例如，对一个长期从事机械手表生产的企业来说，简单地进行战略实践质疑，提出类似"业务是什么、应该是什么、为什么"的封闭性问题，人们可能很容易给出答案：业务现状及目标都是生产机械手表，因为机械手表有市场，企业有能力、乐于并习惯生产这类手表。而一旦对此做开放性的提问，如手表市场"可能是什么、还会有什么"，也许人们能比较容易地看到电子表市场兴起，并且正在受到更多人的喜爱，可能具有更大的市场增长潜力，从而得到新的启示，做出新的战略推论，企业的业务应该是：在生产机械手表的同时兼顾增加电子表的生产，甚至还可能是逐步放弃原有机械表的生产，全力转向电子表的生产。

现实中，受个人过往知识、经历、信念或情感的影响，人们总在一定程度上带有内隐的预设观念或成见，往往容易听进肯定或证明自己观念的意见，而相对忽视否定或反证自己观念的意见。而质疑有可能打破这些成见，对人们内心的肯证、否证倾向构成冲击，从而会在无意中激发出抗拒心态。这意味着，人们特别是那些处于权威或领导地位的人，若缺乏自我质疑的精神，没有允许他人质疑的胸怀与勇气，要开展质疑是有困难的。因此，开展战略实践质疑，不只需要互信基础和一定文化氛围的支撑，更需要讲究语气、方式、方法，以减少其可能引发的负面效应。

为此，建议在质疑中采取对事不对人的做法，秉持"不要假设自己是超人，不要觉得别人是傻瓜"的态度，对人多一点倾听与肯定，以保持积极、开放的心态，注意借鉴、吸收；对己多一点存疑与反思，以突破思维定式，不断超越自我。这样，也许更有利于在组织内部形成良好的习惯——乐于欣赏他人，海绵式地吸收各种不同意见；善于挑战自我，淘金式地扬弃陈腐、过时的观念；勤于务实探索，创新式地建构组织与人生的美好未来！[13]

从战略实践操作的角度看，提出并回答"三问题"，当然不仅仅局限于从理念上阐明企业存在的理由，更为重要的是，需要在实务上为从现状向目标过渡提供切实可行的操作建议，也就是为企业存在理由的落地提供可行的思路、方法与途径指导。在这里，若对"业务"做较为广义的理解，则战略"三问题"的思路与方法就可方便地推广应用到更为广泛的管理及人生领域（见战略启示1-4）。显然，在做任何事时，都应注意自我发问：到底在做什么？应该做什么？为什么？长此以往，如果能变成一种下意识的工作与思考习惯，定会有助于透过现象抓住问题的本质。

战略启示1-4
宗教、哲学、伦理、战略的基本问题比较

宗教问题——人从何处来？到哪儿去？为什么？

哲学问题——人是什么？应该是什么？为什么？

伦理问题——道德是什么？应该是什么？为什么？

战略问题——业务是什么？应该是什么？为什么？

说明：对于这些基本问题的深入思考，涉及人、事、物的存在意义的探索，这是关乎企业及人生的存在的本质问题。

1.3 战略理论探思

以上讨论表明，对于战略实践"三问题"，特别是"为什么"的质疑思考，可以帮助人们弄清人、事、物这三者存在的本质意义，并找到从现状到理想之间过渡的适当途径与方式。考虑到人是借助感知来理解与评判现实的，而受自身认识世界的能力与水平的局限，所得出的有关企业战略的观念、看法、态

度、意见等与真实情况可能存在偏差，因此，从本质上看，感知只是各种主客观因素在人们头脑中的反映，它的构成基础仅仅为各种外显与内隐的假设。由此可知，对于战略"三问题"的回答，最终给出的有关企业战略的理论解释，实际上所代表的也就是此类基于有限信息与主观判断做出的"假设"，而既然是假设，就有论证、推敲之必要。

战略理论探思的核心在于，弄清这些外显与内隐假设，对假设所依据的各种信息来源的可靠性进行论证。例如，对于一个生产铅笔的企业，若问"业务是什么、应该是什么"，可能获得的直接回答是"生产铅笔"。若再问"铅笔是什么"，也许回答是"写字工具"。若再继续问"写字做什么"，可能回答是"记录信息"。以此穷究下去，自然可以获得较为适当的业务定义。至于这种"适当"的程度如何，也就是到底该如何定义其"业务"，不同的企业就会有不同的考虑与选择。但若接着问"为什么"，此时要求回答的就将是做出选择的依据是什么。

就"为什么觉得业务是或应该是生产铅笔"而言，可能得到的回答是"能赚钱"。但若接着问"因为什么能赚钱"，也许回答为"铅笔有市场"，这就是对企业的外部环境所做的一种判断或假设。若再问"芯片也有市场，为什么做铅笔而不做芯片"，可能回答是"我们做得了铅笔，但做不了芯片"，这就是对企业的自身实力所做的一种假设。若再继续问"对你们企业来说，有市场也能做的事情还有很多，为什么最终选择做铅笔"，或许能进一步得到的回答是"这已成为我们生活的一部分，大家都觉得做铅笔很有意思"，这就是对企业的使命宗旨的一种假设。

以上讨论表明，回答战略"三问题"所涉及的是外部环境、使命宗旨、自身实力这样的"三假设"[14]（见战略启示1-5）。考虑到人们对于现实的认识都是由各种外显或内隐的假设所构成的，假设决定了人们的认知与态度，从而最终影响了人们的判断、选择与行动。在战略分析中，需特别关注提出战略"三假设"的最终依据到底是什么，这是战略决策需要弄清的真正前提之所在。为此，对于得到的"三假设"，若能多做一些"为什么、凭什么、真的吗"之类的追问，就更有可能确保"三假设"的基础扎实牢靠，否则一旦出现对于"三假设"前提的误解、误判，就很容易导致企业战略决策的失败。

战略启示 1-5

战略理论探思："三假设"

外部环境：符合实际；
使命宗旨：上下共识；
自身实力：动态更新。

说明：体现在"三假设"背后的实际上是企业战略决策者对于企业运行指导思想的认识，它影响与决定了企业的战略选择与行为。企业战略决策者需随时关注"三假设"所涉及的主客观环境的动态变化,适时调整运行指导思想以实现企业外部环境、使命宗旨、自身实力的有机匹配。

第一,就环境假设而言,可以泛指企业对于外部的社会、市场、顾客、技术等因素的认识与把握。例如,早年美国电话电报公司的贝尔实验室发明了蜂窝电话技术,专门请外部咨询公司做顾客调查,结果被认为没有市场。为此,公司决定暂缓,实际上最终放弃了这一项目。但在8年后,为赶上蜂窝电话发展潮流,美国电话电报公司只好通过购并重新进入蜂窝电话业务领域。[15] 显然,这种情况如果发生在一个实力不强的小企业身上,也许一旦错过初始的机会,就不太会有再次成功进入的可能。

第二,就使命假设而言,涉及了对于企业长短期发展宗旨与前景目标等方面的考虑。这里的关键不在于所提出的宗旨目标是否一定能达到,而在于要让企业利益相关者等对此达成共识,愿意为此积极投入。比如,国内某公司30多岁的创始人提出,要在30年内让公司进入世界500强。问其缘由,他说他研究过世界500强的发展历史,其中不乏由创业者在30多岁办企业,因技术领先、产品适销、市场巨大,然后经过30年的努力而成功的。听起来,这在逻辑上并没有什么错,而且只要公司员工认同,大家齐心协力,即使最后进不了世界500强,进入国内前几强却也不是没有可能。但问题在于,该公司的员工私下议及此事,认为这是老总在吹牛。显然,缺乏上下共识的使命表述将无助于企业战略的推行。

第三,就实力假设而言,它与企业对于自身实力的正确认识相关。比如,国内曾有企业在短短的5年时间内规模扩大了约1万倍,从创业时3 000元发展到3 000万元,因而提出在未来的5年时间内再扩大约1万倍,从3 000万元发展到3 000亿元。这一提法,除了需考虑企业做大可能遇到的市场容量、同行竞争挑战外,实际上还涉及了对于自身潜能可否无限同步增长的判断。以挑担为例,对能挑150千克的人来说,第一天挑1千克,可健步如飞;第二天挑10千克,仍健步如飞;第三天挑100千克,还是健步如飞。那么能否由此得出结论,他的力气每天增长约10倍,第四天挑1 000千克的担子也能健步如飞呢?这显然是不行的。要挑更重的担子,无法仅靠个人勇力完成,而要学会如何团队协同努力。因此,企业规模小时玩得转,并不一定意味着规模大时也玩得转。企业小规模发展中所积累的能力,会不同于大规模经营时所需的能力,有时甚至还会成为企业做大后进一步发展的无形拖累,反而妨碍企业大规模经营的成功。

作为企业的战略决策者,在企业发展过程中,需随时关注"三假设"所涉及的主客观环境的动态变化,适时调整运行指导思想,以确保企业外部环境、使命宗旨、自身实力能够符合实际、相互匹配,从而形成上下共识、积极投入、灵活权变的企业生态。在此需要特别说明一下,本书的讨论中,企业战略决策者泛指企业内外所有能对战略决策起决定性作用的个人或高管团队,而不管其正式的称谓是董事长、总裁还是顾问等。

由战略"三假设"之间所存在的相互匹配性可见,即使是很好的战略也需要针对具体的"三假设"。这正如就治病而言,即使有特效药,首先还得诊断无误,要不然,好药不对症,还是会害人的。比如专题实例1-1所描述的"红高粱"快餐店经营失利的情况,就清楚地表明,投资规模的快速扩张,一旦超越创业者能力提升与企业资源供应的支撑,必将导致经营失控,使得快速增长变成快速灭亡。

专题实例1-1

"红高粱"快餐店经营失利

曾被国内上百家媒体连续报道、国外数十家媒体转载的"红高粱"快餐连锁店,创业初始由于成功地捕捉到了商机,抓住国人的消费心理,经营策划大胆,从而获得了相当的效益。

1995年4月,"红高粱"快餐店在郑州首次登场,生意红火,引来了媒体关注的目光。次年5月,"红高粱"快餐店进军北京,开出了王府井分店,更因新闻媒体的追捧与炒作而红极一时,因此引来许多加盟投资者,使其规模快速膨胀。

1997年前后,"红高粱"快餐店在全国投资新开了许多分店,不仅投资过程浪费严重,引发资金链紧张,更因经营管理不善,导致难以为继。结果到了1998年底,几乎所有的分店都关门倒闭,20多家加盟店也大半夭折,余下的也只是强撑门面。

对于经营失利,创始人乔赢做了十大反思。宣告破产10年后,"红高粱"快餐店再次开业。以烩面起家的"红高粱",扩大了经营品种。乔赢表示:"有信心把'红高粱'打造成中式快餐主流第一品牌!"[16] 2022年,"红高粱"快餐店仍在经营中。

管理对人、时空、情境的依赖,决定了每个企业都是一种特殊的个体,都具有或面临着与其他组织不同的"三假设",所以,不能一窝蜂似的采用同一种战略做法。例如,大家都采取品牌输出等零资产扩张做法,或者都采取购并建厂等重资产扩张的做法,一味地追求经营规模的快速膨胀。适当的做法应该是,结合各自企业的特点,在不断自我超越上下功夫。例如,采取重视研发创新、注意产品质量、关注顾客口碑、加强成本控制等一些不同于其他企业的战略对策,以促进企业的长期健康发展。忽视这一点,过分关注方法的改善,盲目强调向他人学习,就有可能影响企业自身优势与特长的建设与发挥。

尽管不能完全排除借鉴、吸收先进经验的必要性,但就取得企业战略的长期成功而言，是不可能仅仅依靠向先进企业学习而实现的，特别是一些实战者所写的成功技巧，往往都是一些不可重复的一次性体验，也许其中的某些做法可以仿效，但这些所谓的先进企业曾经面临的天时地利是无法重现的，内外部环境也不可能照搬，还有些鲜为人知的微妙因素也很难模仿。正因为如此，针对管理案例教学，有人认为"有影响力的企业家是创造与改进案例，而一般的企业家则学习与模仿案例"。

"运用之妙，存乎一心"。其一，由于市场竞争的存在，先进企业所掌握的真正经营诀窍不一定会放心地让其他企业学，因而可能在介绍经验时有所保留。其二，不同的企业有各自不同的具体情况，先进企业的经验可能学不了、学不全，或者即使学到了也只是外表，甚至学了也不一定管用。其三，简单地通过学习他人的经验不仅不可能使企业成为领先者，还有可能由于过度强调跟在人家后面学，结果因此而耗费了过多的资源与精力，反而影响了企业自身长处的发挥与特色的建立。其四，在有效需求不足的市场上，不求特色的相互攀比学习，不仅会造成竞争趋同，无助于整个行业生存状况的改善，甚至还有可能引发行业自毁式的市场恶性竞争。

应该看到，通用理论与技法的学习只能解决与做事方法选择相关的效率改善问题，不能解决与战略方向选择相关的效益提高问题。我国许多成功的改革经验往往是实践先于理论而出现的，因为明智的一线实践者实际上更清楚"三假设"的本质，更明白战略中心命题的解答，从而也就有可能通过"干中学"找到更有效的"做什么、如何做、由谁做"方案。因此，如果在战略指导思想上忽视不同企业之间所存在的"三假设"差异，在具体战略决策上就更容易出现经验主义、盲目跟随、缺乏主见、狂妄自大、放任自流等失误，如"过去怎么着，今后也怎么着""人家怎么着，我也怎么着""媒体爆炒怎么着，我就追随怎么着""我自己想要怎么着，就怎么着"，甚至是"脚踩西瓜皮，滑到哪里算哪里"。

显然，在动态变化的环境中，靠学总是慢一拍。以方法学习代替方向把握，以技巧改善代替价值创新，关注效率提升甚于关注效益提升，就不可能走出竞争趋同的陷阱，更无法解决如何错位竞争的问题。简单的运行效率改善，缺乏特色与创新，同行很容易快速跟进与仿效，因而不足以获得超额利润。相互简单模仿，还会使企业市场定位变成企业间的相互残杀。例如，在市场饱和的情况下，运行技法的改善尽管能带来全行业的成本节约，但丝毫不能减缓各企业所面临的降价竞争等市场争夺压力，实际上此时的关键也许是新的市场机会的开拓。

另外，基于"三假设"的相互匹配要求，考虑现实中的企业制度建设，应该是不同的企业采取不同的做法。就如简单地批判家族制，肯定无法解释为什么有的家族制企业发展良好，做得很大，而有的非家族制企业却亏损累累，危机重重。由此可见，实际上企业的性质是不是家族制，并非判别一个企业经营成败的决定性因素。对小企业来说，采用家族制形式，往往无须进行各种复杂的制度建设，其管理成本相对较低，只是需注意防止个人在权力与责任、利益与风险方面的不对称可能带来的弊端而已。

事实上，家庭、家族制是个体、私企与生俱来的自然形态。有资料显示，[17]全球企业中约有80%不同程度地带有家族色彩。理由很简单，真正成为跨国公司的大企业毕竟是少数，占总量90%以上的中小企业其寿命大多也超不过一代人，还没来得及形成走出家族制管理的客观需求，企业法人便告终结。更何况，即使大企业也不会一味地抛弃家族化管理，而只是对它进行扬弃。例如，能建立真正家庭般的和睦与信任关系，以成员间的团结、宽容、敬业等为基础，借助适当的互信、互赖、互让的制度文化建设，实现对外部人才开放，从而确保代际传承的成功。

再如，从"三假设"的动态变化看，早年的IBM公司作为计算机行业的巨人，正是由于忽视了个人电脑的市场需求，将所有赌注都押到了大型机上，结果在个人电脑革命前遭受重创。华尔街人士认为，忽视客户要求、自高自大、机构臃肿、缺乏活力，是当时IBM公司市场受创的主要原因。[18]当时有一专项调查表明，IBM公司的推销员跟客户在一起的时间不到其工作时间的1/3。后来，郭士纳担任IBM公司的首席执行官，他当时所面临的最迫切问题之一，就是赢回一度忠诚的客户。他上任后做出的一项重大决策，是IBM公司不再花费大量时间在内部辩论应开发什么技术，而把重点放到了解客户真正需要什么产品上。他坚定地认为，IBM应该把客户放在第一位，IBM及其各项业务放在第二、三位。郭士纳认为，听取客户意见是最重要的，因为"只有他们最知道自己的需要"，满足了客户就等于满足了市场。

基于以上关于战略"三假设"的讨论，最后需要特别强调两点：一是未来环境与市场变化的复杂与不确定性，带来了战略实施过程的动态调适困难，为此有必要做出这样的判断，即"关于未来的所有假设都有可能改变"，从而保持积极、开放的心态，以主动迎接各种变化的到来；二是与经济学、生物学、心理学、社会学、人类学、宗教学等学科一样，管理需要与人打交道，会有意无意地涉及隐含的人性假设，为此需特别注意，"所有的人性假设都有例外"，而且存在着"人性假设，信者则灵"的情况，从而使人们对个体的差异、特色保持高度的敏感性，以真诚、善意的行为引导良性互动，创造美好的未来。

对未来及人性保持开放的心态，有助于消除思维定式对于战略对策求解的束缚。例如，对于许多名企所遭遇的"打假"难题，若仔细分析"假冒"现象屡禁难止的原因，可以发现其面临的战略"三假设"为：有旺盛的市场需求，有强大的赚钱动机，有不灭的制假能力。这意味着，要想杜绝造假行为，基本上不可能。基于这种判断，如果将初始的打假做法转变为"改造、收编"造假者，化不利为有利，变威胁为机遇，就有可能获得更好的社会与企业效果。当然，这里需要说明，采取这种改良造假厂商的做法，品牌企业必须谨慎评估与选择可能的收编对象，制定严格的管理制度，以保持收编后产业链各环节的可控性，防止被改造企业"挂羊头卖狗肉"，在正规渠道中走假冒货，结果致使自己的正宗品牌形象受损。

再如，有企业老总提到，他在招聘员工的过程中，对履历、笔试等初选合格者做最后面试时，主要就是看这些应聘者的面相，只要顺眼的就录用，结果发现这样选中的人，使用过程中个个得心应手。这种看似神秘的现象背后所体现的心理与社会机制，其实并不神秘。正是由于看着顺眼才录用，老总对其态度甚至行为在无意中就会显得更关心与欣赏些，而这些很容易被员工所感知，他们就更可能做出积极的回应，从而双方也就更容易形成良性互动；反之，如果对录用的员工看着不顺眼，老总对其态度甚至行为在不经意间就会显得更疏离与冷漠些，而这些同样很容易被员工所感知，他们就更可能变得工作起来有所顾忌，结果自然也就无法充分展示其应有的水平。正是人们的初始心态及受此影响的相互作用行为，带来了"信啥有啥"的后果。

1.4 战略对策求解

战略管理围绕战略中心命题，涉及实践质疑、理论探思、对策求解这样三个相互紧密联系的环节，由此构成一个完整的思维与行动过程。从实践操作的角度看，作为寻找对策的求解环节，要求其最终所导出的结论能够符合战略"三假设"，从而为企业从"现状"向"目标"过渡提供思路、方法与途径的指导。考虑到现实中不可能存在两家具有完全相同战略"三假设"的企业，例如，对甲、乙两家企业来说，至少它们之间互为环境，其使命、实力与具体企业经营者的个体特征与创新能力等相关，更不可能完全相同。因此，对策求解必须根据各企业的情况量身定制。

国内外理论界经常一阵风地介绍与推广某种所谓的先进理论或技法，试图让所有的企业都去学习、掌握、运用。实际上，根据战略"三假设"来判别，这样的普适理论根本不存在，许多貌似先进的东西，其内涵往往并无实质性突破，常常只是老话新说、无话假说、空话实说、假话真说、胡话乱说，听起来新鲜、看起来时髦、做起来热闹，至于真正实施效果如何，则真的是谁都不知道，显然更经不起时间的推敲，但至少能把企业界搞得晕头转向、无所适从。

走出以上所述的战略操作误区，关键在于根据各自的战略"三假设"，导出符合企业实际情况的、切实可行的战略"三出路"——特色、取舍、组合（见战略启示 1-6）。

战略启示 1-6
战略对策求解："三出路"

1. 特色：以独特性赢得顾客。

"三特殊"：特殊的产品或服务、特殊的顾客群或市场面、特殊的切入途径或方式。

2. 取舍：权衡跨期利弊得失。

"三层次"：有所为有所不为、鱼和熊掌难兼得、为他人留有生机。

3. 组合：多个环节默契配合。

"三协同"：内部管理群体、前向市场网络、上游资源保障。

说明：战略"三出路"作为整体，互为补充，构成了企业战略的完整框架。

特色是指以独特性赢得顾客，也就是做与竞争对手不同的活动，或以不同于对手的方式完成类似的活动，以特别的活动能力为基础，创造顾客所需的独特的有价值地位。具体来说，创造特色可以从这样三个方面出发去考虑，即为顾客提供特殊的产品或服务、满足特殊顾客群或市场面的需要、采用特殊的切入途径或方式来满足顾客需要。[19]

采取特色做法的关键，是要做别人不做的事，有所创新，有所不同，并让顾客切切实实感受到其所需的主观及客观特色。随着我国逐渐融入全球经济，放眼世界去考虑，许多企业都只能算是小企业。对小企业来说，要与大企业竞争，应减少正面冲突，防止硬打死拼，尽量采取错位竞争，关注与众不同，依靠特色取胜。当然，要做到与众不同，不仅需要勇气，更需要智慧，需要对内外环境保持适度的敏感性与响应性，以便更好地把握市场需求的变化，使得所创造出来的特色能够适应顾客的真正需要。

关于特异性与多样性的关系，20 世纪三四十年代，实验生态学家发现，能共存的物种，必定具有生态学上相异的特性，或者说只在生态学上相异的物种才能共存，由此可得所谓的"竞争不相容原理"，[20] 这就是说"两种以相同方式谋生的物种不可能共存"。由此可以得到有关企业特色战略的推论，在资源有限且至少有两个竞争者存在的系统中，维持相对力量稳定平衡的前提，是每个竞争者会在某特定领域具有一个优势，否则将只有一个竞争者能存活下来，也就是出现"赢者通吃"的情况。当然，这里提到的所谓特别优势，必须是为适合环境生存所必需的。

为了创造顾客所需的特色，需要平衡处理长期创新与短期效率之间的矛盾，解决好有恒专注与激情创新的冲突。在此必须注意到，模仿容易原创难，创新容易持续难。现实中，如果假设其他企业或个人的智商与能力均不弱，则企业太过急功近利，就不可能形成他人所难以学习、仿效的持续优势，而只有通过长期、专注的积累，聚焦于企业能做、觉得有价值做也有兴趣做的事，才有可能创造出顾客所需，而他人又一时难以迅速仿效的特色优势。特别是若想在专注的同时做到不断创新，以保持企业对于市场需求变化的敏感性，从而更好地满足新老顾客的需要，就必须注意根据"三假设"的动态发展，及时做好战略的取舍判断。

战略"三出路"的第二个方面是取舍，即权衡跨期利弊得失，确定做什么与不做什么，特别是多人、多目标冲突而无法同时兼顾时的轻重缓急排序原则。必须做出战略取舍，主要基于这样三点考虑。一是决策者及企业的资源、能力、时间有限，只能结合特色建设做出选择，有所为有所不为。二是只有围绕自身特色做出取舍，才有可能使竞争对手欲学不能，若想仿效就会鱼和熊掌难兼得，也就是在有所得的同时必然会有所失，如商业形象、活动方式、内部协调等方面，与其原有的做法产生冲突等。三是让人活，自己才能活。取舍在为他人留有生机的同时，可为自身长期发展奠定基础。在一个有许多竞争者共存的领域中经营，有时会比在一个只存在少数竞争者的领域中经营更容易，更何况，只要行业盈利前景良好，即使能打垮一个弱势同行竞争者，也会接着引来更多新的强势竞争者的进入。

取舍问题不仅在企业的战略决策中会碰到，甚至在每个人的职业生涯设计与选择中也会遇到。例如，每个人在做事时都需平衡考虑"当下"与"此后"的利弊得失的取舍关系，并有权利在"选你所爱"或"爱你所选"这两种人生态度中至少选择一种。著名导演冯小刚就坦承，自己是相当功利的导演，电影的艺术性和商业性对他来讲只是一个取舍问题，很难同时兼顾，而他的选择是商业。他说："因为我明白自己是个娱乐圈的人，不是文艺界的人，更不是专家。我只是喜欢电影，喜欢把自己感兴趣的老百姓的生活拍入电影，让观众喜欢，让观众接受。只要观众接受，票房自然也不成问题。"[21]

关于取舍，许多初始成功的大企业在面对众多机会时，无意之中往往表现为取多舍少，甚至常常是只取不舍，最后资源、精力等不堪重负，导致经营危机甚至企业败落。而就刚刚起步的小企业而言，似乎更多面临的是机会不足的困境，通常感觉到的是有点饥不择食，根本没有必要考虑取舍问题。若进一步考虑到受多变环境的影响，有时人们真的很难确定，到底是自己选择了路，还是路选择了自己。但是如果能紧扣战略中心命题，就比较容易做出适当判断，如有公司就曾自觉地提出这样的投资原则："没钱赚的事不干，有钱赚但投资不起的事不干，有钱赚也投得起但是找不到合适的人去做的事也不干！"

实际操作中，取舍的难题主要表现在"舍"的方面。面对各种市场机会的诱惑，人们总有机不可失、时不我待的紧迫感，从而在无意中过高地估计了个体及企业的实际运作能力。但是，这种情况下个体的锲而不"舍"，放弃了自我的主动选择，并不一定能保证真的可以做到只取不舍。短期内也许不容易看出这一点，但带着过重的包袱，行得了一时，却支撑不了一世。因此，从长期看，对于一直只取不舍者，最终的结局可能是，由主客观环境的自然淘汰性选择代替原来可由个人做出的自主选择，从而在事实上还是被动"做出"了取舍。当然，有时出于任务的时间紧迫，或者面临众多的不确定因素，或者无法准确把握各种人、事、物关系，使得人们既无法自主取舍，又必须做点什么，因而只能被动接受未来的取舍，表现出较为典型的"为事在人，成事在天"的特点。

表面上存在于两个方案之间的取舍选择，在某些情况下，最终有可能转换成可以并行操作的新方案。例如，对于这样的一种假想情况，某公司计划开挖隧道修路，以便通过收取道路通行费最终实现自身的盈利，结果在挖隧道的过程中挖到了金矿。[22]此时，该公司到底是继续修隧道还是开金矿？显然，在这里盈利是目标，而挖隧道或开金矿是战略手段。乍一看，这里似乎涉及战略手段的取舍问题，但实际上，对于挖金矿与修隧道的选择，若采取两者兼容并蓄而不是非此即彼的做法，可能最后的效果会更好。这里的关键在于，采取兼容的方案，是否会受到资源有限的约束？决策者个人对兼容是否有偏好？环境对兼容方案是否有需求？显然，在不违背战略目标的情况下，统筹兼顾至少也是一种可选途径。

战略"三出路"的第三个方面是组合，这就是使多个环节默契配合。通常情况下，企业的顾客服务及生产任务活动都是由多个环节构成的，采取加强各环节有机组合的做法，有可能实现以普通员工构建优秀的团队，用平凡的工作创造非凡的业绩，从而为企业带来整体战略优势。借助组合，也可以创造出令竞争同行很难模仿的优势，例如，对于一项需要五个环节环环相扣才能完成的活动，若以领先企业每个环节达到的水平作为100%计，其五个环节所完成的活动的总体水平也是100%，而跟随企业向领先企业学习，每个环节可以达到领先企业的80%的水平，结果其五个环节相乘的整体活动能达到的水平就只有32.768%。这意味着，利用组合战略，若多个环节能工作到位、配合默契，则创出企业自身的特色很容易，而跟随学习模仿领先企业，要做到完美复制却非常困难（见战略启示1-7）。

战略启示 1-7
缺乏目标协同的战略"组合"[23]

某人驱车到加油站，加完油，付了账，买了罐可乐站在车旁喝，结果看到两个人正沿着路边一前一后地干活，前面的人在不停地挖坑，每挖一个一米左右深的坑，就往前移些距离，再接着挖另一个坑；而跟在他后面的人，与其相隔七八米，却在不停地将这些坑一个一个地填平。

喝可乐的人看到这种奇怪的现象十分困惑，于是在这两个人从其身旁经过并准备沿路继续干下去时，终于忍不住了，边将可乐罐扔进垃圾箱边叫道："我就是容不得这种事。"他追上了这两个人，并对他们说，"请先停一下，你们能否告诉我，这样一边挖一边填，到底是怎么回事？""噢，我们在为政府干活，只是每个人完成自己的本分工作而已。"其中一人回答。"可是你们一个人挖、一个人填，什么也没干成，这不是在浪费纳税人的钱吗？""噢，你不明白，先生，"其中一个人撑着铁锹、擦着头上的汗回答："通常我们是三个人一组干活，一个人挖坑，一个人栽树，另一个人填土。只是今天恰好栽树的人病了，但这并不意味着我们两人就不能继续各自的工作了。"

就整个企业而言，组合可以从管理团队、市场网络、资源保障三方面入手，加强企业内部、产业链上下游及相互之间的协同。特别地，从内部管理群体力量的发挥来看，只是简单地具有一般的经验直觉、逻辑推理、创意构想的能力还不充分，战略开发还必须使得这些能力与知识的存量充分积累，直至最终达到能产生某些感悟或突破的临界水平。从市场网络与资源开发来看，组合必须跨越企业边界，基于顾客价值创造，考虑整个增值过程的工作，以提升产业链上下游关于整个产品或服务的功能。例如，某设计院与外单位合作，参与一个大型工程项目的投标。该设计院负责技术标，外单位负责商务标。最后，因外单位商务标中财务数字小数点搞错一位的小疏忽，整个标书成为废标，导致设计院技术人员几个月时间的辛苦白费了。显而易见，在这种多方协作的工作中，成功需要大家工作到位，失败则只要其中一环掉链子。作为类似大型项目的主要负责人，必须注意加强全过程各互补环节的有效组合，以从整体上确保整个项目的成功运作。

从广义上看，组合可以泛指生产要素的重组，如要素构造的改变及相互匹配性的改善，生产函数的变化与技术、工艺、产品创新等，它不仅涉及简单的形式变化，更涉及成本节约、功能提升、价值创造等经营活动的内涵改进，甚至还包括人际关系的融洽与个人心情的舒畅等。现实中，企业综合优势的发挥在很大程度上就涉及了战略组合问题。例如，在谈到企业发展时，经常听人说"我们企业，人与技术都不缺，就缺资金"，或者"我们企业，资金与人才都不缺，就缺好项目"。实际上，这里缺的就是战略组合能力。网络时代涉及较多的电商经营，其发展所依靠的线上信息、资金交易平台，线下的商品、商人、商场、物流，以及市场信号、信任关系、企业信誉的形成机制等，均必须经过战略组合才能发挥作用。

战略中心命题的有效解决也需重视组合问题。中心命题中的"做什么、如何做、由谁做"这三个问题，如果涉及多重主体，他们之间又相互独立决策，自然就会出现沟通时滞（即时间延迟），在市场环境变化缓慢的情况下，通过对这些相互割裂行动的时滞进行组合，似乎仍可解决问题，而一旦企业面临快速变化的市场环境，就必须将三个主体的活动迅速地组合为一体，才有可能解决战略的快速动态响应问题。此时，通常的做法就是将"做什么"与"如何做"的决策权下移，从而使得一线人员成为"做什么、如何做、由谁做"的终极决定者。特别地，如战斗机飞行员所面对的激烈空战情形，中心命题的三方面就绝对不能分开来一步步规划，而必须紧密结合才可迅速决策与行动。否则，在一个部门决定了"做什么"后，经过一段时间传递到另一个部门再想出"如何做"，决策所面对的情形可能已经变化，原来考虑的"做什么"可能已不再有效。这里提及的这种应对不确定环境的思路，其根本在于分散决策，以多样性的自主行动来迎接多变性，并以此后对生存下来的适者做法的快速精确复制来推动企业的发展壮大。[24]

如果将企业及其所在的业态作为一个生命有机系统来看待，在运用组合做法时，必须关注其中各组成部分的内在联系，重视在保持整体功能正常的情况下，切实解决组织所存在的问题。一般来说，探讨企业战略有两种最基本的思路：一是解构分析，尽管可由此归纳出典型企业的诸多成功经验或失败教训，但无法回答企业做些什么就一定能确保成功或防止失败的问题；二是综合建构，它通过界定管理情境，提出解决具体问题的可行方案。解构分析似乎能解释所有事情，但无法预测任何事；综合建构有助于结合具体企业的使命宗旨、内部实力及外部环境等的动态变化，给出及时、有效的解决方案，但只能一事一议，视具体情况而定。

战略启示 1-8 表明，通常在对战略实践进行质疑并得出"三假设"时，往往涉及的只是类似将"活猪变香肠"的战略解构分析过程；而在进行战略"三出路"探讨时，更多涉及的是类似将"香肠变活猪"的战略综合建构过程。企业战略乃至管理领域的所有理论与实践探索都会面临平衡兼顾解构分析与综合建构这两方面的要求的挑战，都需注意所提出的看法或解答的基点是什么，到底是为企业已有的实践提供事后的解释说明，还是为企业未来的行动提供事前的预测指导。

战略启示 1-8

神奇的机器：解构与综合 [25]

张三与李四碰到一起，开始吹牛。张三说："我看到了一种非常先进的机器，只要把一头活猪从这边推进机器，然后转动把手，香肠等产成品就能从另一边不断滚出。"

李四听后，微微一笑说："这有什么稀奇的，我看到了这种机器的改进版，如果发现出来的香肠等产品不合口味，只要倒转把手，一头活猪就会重新从原先那边跑出来。"

显然，对于"解释说明"，可以思维发散，百花齐放，抱更为宽容的态度，允许多种多样的看法存在；如果所谈的观点实在很不中听，人们只要将其当耳边风即可。而对于"预测指导"，需要抱更为严谨的态度，做到脚踏实地，方案明确，操作可行；如果所提的建议无法有效施行，就必须迅速加以修正调整。事实上，战略实践所面临的挑战就是需要更多地回答这样的综合建构问题：加进什么、做些什么、或者不加什么、不做什么，才能养出一个企业"活猪"而不是"死猪"。若考虑到人们的认知有限、环境多变，从科学的角度看，综合建构的问题至今未能获得有效解决，也许根本就不可能找到一劳永逸的解决方案。

实际上，解决现实企业所面临的战略问题的难点还在于，人们面对的是类似于生命系统的有机复杂性，而不是类似于航天飞机之类的机械复杂性。由战略启示 1-9 可知，处理机械复杂性问题，只要经过充分的训练，尚有可能做到拆得开、装得回；而处理有机复杂性问题，不仅可能遇到拆得开、装不回的困难，还会面临更大的实时响应难题，这就是需要在发现问题、对问题进行拆装的过程中仍能继续保持机体的正常运行。这一点，对战略管理者提出了很大的挑战。因此，在考虑采取组合战略的做法时，需要特别注意以下几个方面的问题。

战略启示 1-9
机械师与心脏外科医生 [26]

一名机械师正在从一辆哈雷摩托上卸掉气缸盖时，认出了店里的一个人，是世界闻名的心脏外科医生。那位医生正在等着服务部的经理给他检查一下自行车。

这名机械师朝着修车间那头的医生激动地喊道："嗨，医生，我能问你个问题吗？"尽管对此觉得有点惊讶，但那位医生还是来到了正在修理摩托的机械师的身边。

机械师站直了身子，边用抹布擦手边问："医生，看看这个发动机，我也能打开它，把阀门（'valves'，也有心脏'瓣膜'的意思，这里一语双关）取出来，把它修好，再重新装回去。当我完工时，它也能像新的一样运转。你看看，我们干着基本上一样的活儿，为什么你报酬丰厚，而我却薪水微薄呢？"

医生想了一下，微笑着倾过身子，悄悄地对机械师说："试着在它工作的时候这样做！"

第一，在处理多环互赖关系时，若无法保障每个环节的人达到 100% 敬业或做事到位，就需建立检查纠偏与冗余弥补机制。例如，借助飞行检查、神秘顾客等制度，促使人们重视工作，将工作做到位；通过留有充分安全余地的设计，确保所有环节及整体项目具备内在容错功能。

第二，在处理多环瓶颈约束时，注意到瓶颈不可能消除而只会转移。例如，随着企业的不断发展，资源、产能、需求最终总会成为增长瓶颈，因此，要把瓶颈看成是系统的控制点，通过寻找、发现、创造、掌控瓶颈，让瓶颈受制于管理者的能力与精力。

第三，在处理多环匹配关系时，要特别关注组织内外部多环节、多部门、多活动之间的战略协同，防止出现战略思路冲突。例如，上游大批量、低成本、少品种产能，下游快响应、高灵活、多样性促销；希望确立高端品牌形象定位，却使用一般的中低端大众连锁超市的渠道。显然，高端品牌的价值构成中，若要求客观功能上质优卓越，主观感觉上物美愉悦，象征意义上品珍难得，那么市场上就必须销售限量，以匹配高价稀缺。

第四，在处理多环共生关系时，要注意解决好做事合作与利益分享机制，特别是要防止产业链出现受到强环挤压的薄弱环节，以免因弱环爆裂而引发整个产业的经营危机。例如，就三家连锁店的不同做法而言，一家将过期面包退给供货商，另一家在 16～22 点降价促销，还有一家控制每天进货略小于当天销售需求。显然，最后一家尽管可能销量最低，但有助于实现上下游的总体成本最低，确保产业链的持续多赢共生。

总之，战略运作框架的完整内容，如本章开始"要点提示"所说明的，作为企业战略的"三出路"，其中的特色是目标，取舍是本质，组合是手段，它们作为整体，相互补充，相互加强，从不同侧面出发，给出了企业战略的完整内涵。最后，作为本章内容的总结，图 1-3 提供了融合中心命题及"疑、思、解"循环的战略管理综合分析框架。这一分析框架体现了有机整体论的思想，要求人们即使在进行解构分析时，也仍需关注对解构结果进行整合时其可能出现的不同于其解构局部的特征，以减少从局部到整体的推论中可能出现的"合成谬误"。框架引入了时间维度，指出战略分析需要立足"当下""瞻前顾后"，既不能简单地以历史描述代替未来构想，也不能随意地以"此前"态势妄推"此后"变动趋势及远景，以减少从过去到未来和推论中可能出现的"后此谬误"。

当然，这里需要说明，上面提到的"合成谬误"是指逻辑推理上将对局部成立而对整体不成立的结论简单地解释成对整体也成立。例如，在成熟市场上，若单个企业降价能显著提升该企业产品的销量，就以为所有同行企业都降价也能显著增加各自产品的销量，其中就存在"合成谬误"问题。"后此谬误"是指在逻辑推理上将恰巧先后发生但没有因果联系的事件解释为有内在因果联系的事件。比如，许多 MBA 毕业后进入优秀的大公司工作，后来发现这些大公司的业绩均有所下降，若没有注意到这些大公司可能当时正处于盛极而衰的顶点，此后走下坡路则是业态自然规律使然，就贸然得出聘用 MBA 会使公司业绩恶化的结论，则可以认为此类推论存在着明显的"后此谬误"问题。

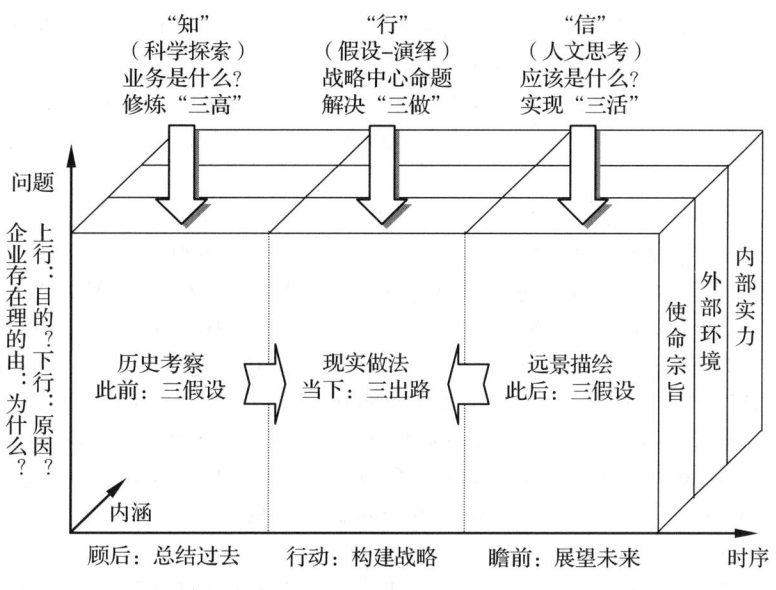

图 1-3　企业战略管理综合分析框架

拓展思考题

1. 从对战略所涉及的外部环境、使命宗旨、自身实力"三假设"等情况的了解看,应该说企业高层管理人员要远比外部咨询者清晰。既然如此,现实中为什么还有那么多的企业要请咨询公司做咨询?

2. 走访一些民营企业发现,经常存在这样的情况:与下属员工交谈,似乎老板一无是处,企业管理问题很多,发展前景堪忧;而与老板一聊,觉得员工太过悲观,企业运作情况良好,前途一片光明。请问对于同一企业的运作,为什么会产生如此不同的两种看法?

3. 用一句话概括企业战略,可以认为企业战略就是通过有恒持续的取舍决策与活动组合,以创造顾客所需的产品或服务之特色。请结合你个人的长期工作经验,说明为做出适当的"取舍"决策,管理者可能面对的最大挑战是什么?为什么?

4. 创造顾客所需的特色是企业应对竞争趋同的有效手段。特色建设既需要激情专注的持续积累,又需要不断创新的自我突破。显然,专注与创新是企业战略所涉及的看似冲突的两个重要方面。请问:该如何平衡兼顾这两方面的关系?

资料来源及注释

[1] "策略"一词与"战略"对应于同一个英文 strategy,但在中文的理解中,策略与战略之间有细微的差别。

[2] 汉迪. 超越确定性:组织变革的观念 [M]. 徐华,美云,译. 北京:华夏出版社,2000:194.

[3] 何世岚. 心理学方法 [M]. 姜志辉,译. 北京:商务印书馆,1998:2.

[4] ARMSTRONG J S. Strategic planning and forecasting fundamentals[M]// ALBERT K J. The Strategic Management Handbook. McGraw-Hill Book Company,1983:2-7.

[5] "老鼠开会"故事的部分,写作思路参考了:伊索. 伊索寓言 [M]. 北京:译林出版社,2016;王玉北. 古希腊的智慧:想并说documented [M]. 北京:华夏出版社,2002:198.

[6] 明茨伯格,陈阳群. 关于管理的冥想(上) [J]. IT经理世界,2003(23):101-102;

明茨伯格，陈阳群.关于管理的冥想（下）[J].IT经理世界，2003（24）：88-90.

[7] 迈尔.生物学思想发展的历史[M].涂长晟，等译.成都：四川教育出版社，2010；德赫斯.长寿公司：商业"竞争风暴"中的生存方式[M].王晓霞，刘昊，译.北京：经济日报出版社，1998.

[8] 何兆武.西方哲学精神[M].北京：清华大学出版社，2002：75-76.

[9] 史蒂文森.以预见创造未来：企业生存之道[M].北京：中国人民大学出版社，2000.

[10] WELSH T，McGINN N. Toward a methodology of stakeholder analysis [C]//Harry Costin. Readings in strategy and strategic planning. The Dryden Press，1998.

[11] 何兆武.西方哲学精神[M].北京：清华大学出版社，2002：40-41.

[12] 汉迪.超越确定性：组织变革的观念[M].徐华，美云，译.北京：华夏出版社，2000：166-167.

[13] 布朗，基利.走出思维的误区：批判性思维指南[M].修订9版.马昕，张晓辉，译.北京：世界图书出版公司，2012：1-13.

[14] DRUCKER P F. The theory of the business [J]. Harvard Business Review，1994（5）.

[15] WAH L. The almighty customer [J]. Management Review，1999（2）.

[16] 江华，马树军.折断的"红高粱"：一个商业"神话"的幻灭[N].杭州日报，2000-12-28（6）；齐亚琼.红高粱快餐店开业[EB/OL].（2009-04-22）[2022-03-01]. http://wenda.tianya.cn/question/28e96943bd3a16a3；佚名.中式快餐"红高粱"失败的10大反思[EB/OL].（2016-02-18）[2022-03-01]. https://www.sohu.com/a/59314093_205416.

[17] 温文.私企且慢"走出家族化"：吴敬琏等认为对小企业而言没什么不好[N].文汇报，1999-04-26（6）.

[18] 傅强.IBM大船也调头[N].科技日报，2000-09-03（5）.

[19] PORTER M E.What is strategy？[J]. Harvard Business Review，1996（6）.

[20] 竞争不相容原理，见 HENDERSON B D.The concept of strategy [C]//ALBERT K J. The strategic management handbook. McGraw-Hill Book Company，1983：1-4.

[21] 赵蕾.冯小刚掏心窝：我是商人，不是艺术家[N].新闻晨报，2000-09-21（14）.

[22] ARMSTRONG J S.Strategic planning and forecasting fundamentals[M]. ALBERT K J. The strategic management handbook，McGraw-Hill Book Company，1983：2-5.

[23] 佚名.趣味英语：政府在工作[N].参考消息，2002-05-20（11）.此处引用时，文字有修改。另外在此需说明，作者引用此例，无意否认以解决经济萧条为目标的政府财政政策的有效性。

[24] 威尔逊.社会生物学：新的综合[M].毛盛贤，孙港波，刘晓君，等译.北京：北京理工大学出版社，2008：36-47.

[25] 陈硕.欧美幽默与漫画杰作[M].成都：四川文艺出版社，1999：12.此处引用时，文字有增删调整。

[26] 佚名.趣味英语：心脏外科医生[N].参考消息，2004-12-15.此处引用时，文字有修改。

第 2 章　战略思考基准

【学习目标】

知识目标：关注战略隐含假设，理解基本的伦理准则。
技能目标：掌握化解伦理困境的方法，规避战略误区。
能力目标：加强自我超越 16 字修炼，提升心身涵养。

【要点提示】

战略隐含假设

当下：视角多元性；时序：影响跨期性；建构：层级互适性。

自我超越 16 字

改变假设、观察倾听、感悟运用、交流提高。

化解伦理困境

寻求或创造能同时或顺次兼顾多重伦理准则要求的解决方案。

道德自律＋制度约束：为人有德，淡定睿智，抗诱惑，活得好。

走出战略误区

理解人（顺势）、弄清事（循道）、善用物（善术）。

2.1　关注隐含假设

第 1 章基于宇宙人生的"不确定人生、多样化世界、互适应关系"与生存演化的"追求组织生存发展的适度可预见性"预设，围绕战略中心命题——

"做什么、如何做、由谁做",提出了以"疑、思、解"循环为核心的战略"三问题""三假设""三出路"运作构架,并在此基础上给出了战略管理综合分析框架。框架以"知、信、行"为切入点,通过引入时间维度的"此前、当下、此后"概念,采用有助于融"科学探索"与"人文思考"为一体的"假设-演绎法",为从整体上把握战略管理的实践问题、理论内涵与时序逻辑建立了较为扎实的方法论基础,提供了新的有可能兼顾解构与综合两方面要求的战略分析思路。

考虑到企业是由人运作的,而本书所做的宇宙人生与生存演化预设实际上隐含着这样的逻辑推论:不确定的人生与多样化的世界存在着各种必然,但更主要的是或然变化的复杂关系,使得人生作为个体充满变数,在很大程度上具有自我不可控性,而战略就试图认清"此前"与"此后"的联系,借助于个人与组织"当下"的主观努力,在或然变化中把握一定程度的必然性,也就是在不确定变化中寻求适度的未来"可预见性"。实际上,这一推论给出了战略思考的方法论,并在某种意义上成为本书界定战略内涵、检验与评价战略成败的基准。为使以上推论更具操作性,如果对推论做深入剖析,可见其中主要涉及三个方面的隐含假设(见战略启示2-1),并可以此作为判定一个战略是不是真战略的实践依据。

思考企业战略问题,首先必须关注"视角多元性",这是隐含假设的第一方面。视角多元性要求在探讨战略管理时,时刻注意从不同角度与维度考察问题,以便更为全面、系统地了解体现在战略背后的外部环境、使命宗旨、自身实力三假设。一个没有建立在多元视角思考基础上的战略,在思路上很容易出现这样的问题:要么管中窥天,以偏概全,自以为是;要么不知变通,一叶障目,不见泰山。这样,在旁观者看来,就会显得似乎有点固守己见,执迷不悟。为实现多角度观察,必须先分清视角与见解的关系。考虑到不同的个体受其成长经历与环境等因素的综合影响,对同一事物可能会得出不同的观察结论,这主要由于不同的人观察角度存在差异。尽管在进行战略分析时几乎所有的人都希望尽量客观,但没想到的是,客观事物千变万化,到底如何解释,以及选择哪些来作为制定战略的依据,最终很大程度上还是由人来主观决定的。注意到现实中存在的这种个人观察角度的主观性,在处理不同观点的分歧时,关键在于弄清各自观察角度与出发点的差异,也就是导出结论的前提假设有什么不同,而不要随意地对基于不同前提的结论进行简单直接的对错划分。

战略启示 2-1

战略思考:三个隐含假设

当下:视角多元性。　　　　　　　　　　　　时序:影响跨期性。

建构：层级互适性。

说明：视角多元性要求拓宽与提升"当下"战略分析的角度与维度，影响跨期性涉及战略管理过程的"时序"关联，层级互适性阐明现实战略"建构"需兼顾解构与综合两方面的要求。是否考虑了以上相互补充的三个方面的作用，可以作为检验与决定一个战略是否有效的现实依据。

许多事物是可以从多个角度观察的，这些角度以及相应所得到的局部观察结论之间实际上不存在所谓的绝对优劣对错，它们相互补充才描绘出了事物的完整特征。在现实战略决策中，每个参与者实际上都具有自身特色，代表着一个不同的观察角度，如果不允许不同看法的存在，或者强行对这些不同看法做对与错的划分，就很容易在决策者内部造成互不服气或相互矛盾的现象。所谓"仁者见仁，智者见智"，战略思考上的多角度观察，就是要从局部、个别的角度，转变到全局、整体的观点上来，唯此才有可能考察组织的全面发展问题。应该说，通过变换角度，实际上并没有也不需要改变客观事实及企业资源本身，但有可能起到这样的作用，就是通过改变人们对事实及资源的认识与看法，从而引发工作态度、思路及行为的变化。

战略的多角度观察，不仅要站得高、看得远，更要看得清、想得透。站得高，但是如果看不清或看得稀里糊涂，还是不能解决战略问题。而要做到看清想透，必须拓展战略思考的维度。战略管理涉及复杂的人文社会系统，除非能站在更高的系统层次上，否则甚至可能连"到底问题是什么"也弄不清。[1]例如，若将战略比喻为"大象"，[2]试图采取盲人摸象的办法，仅仅利用解剖刀去了解大象的结构，以求获得对大象的整体认识，这是根本不可能的。显然，认识作为生命整体的大象，仅靠二维的触觉或三维的解剖而不对大象的功能进行动态过程考察以获取时间维度的信息，就不可能从功能与结构两个层面真正把握大象的本质特征。

很多情况下，人们看不清战略这头"大象"的本质，主要不是由于眼力问题，而是由于所处的位置与所站的角度有问题。正如作为假想的一维空间中的动物，由于受自身一维认知能力的局限，是不可能看到也难以理解二维空间的现象的。如果人们事先不知大象为何物，想只凭二维触觉形成对大象的整体认识，这也是不太可能的，因为不睁开眼睛的话，人们很难判定是否真的摸到了大象，也许摸到的只是一头健硕的水牛。因此，突破认识论上的局限，突破原有观念的制约，需采用高维度的分析视角与方法。人们经常说的"位置决定脑子""吃哪家饭说哪家话"，指的就是受部门利益与观念的严重影响坐井观天，视角受限。

现实中，妨碍战略决策者正确观察的因素之一是许多人戴着有色眼镜，无法穿透情感上所存在的烦恼障与理智上所存在的所知障，从而限制了自身对于内在心理及外部现象的观察感知能力。在这里，所谓的"烦恼障"，主要是指受情绪与情感的主观影响，妨碍了对于不同观点和信息的有效理解；"所知障"是指以一己之见为绝对真理，从而导致无意之中的抗拒学习，在理智与知识上难以突破现状的束缚。[3] 必须看到，强调战略思考的视角多元性，其主要目的就在于认清战略的时空与情境依赖性，以获得关于战略所涉人、事、物的适当知识。当然，这里所说的知识不是指简单信息的堆砌，从概念上说，信息与知识的区别有点像字典和语言，如何利用信息获得知识，在很大程度上需要的是一种创造性的艺术。[4]

隐含假设的第二方面是"影响跨期性"，也就是要特别注意平衡处理眼前生存与未来发展的关系。如果将企业看成是一个生命有机体，则所谓的影响跨期性就是指不仅"当下"要活，而且"此后"也要活，从而实现当下与此后皆活。任何今天的战略行为都必须在考虑一时一刻有效运作的同时，顾及其对企业此后运作的潜在影响。对于战略思考的影响跨期性所提出的这种平衡长期与短期关系的要求，可用医生对危重病人的救治处理做比喻。《黄帝内经》载："急则治标，缓则治本。"面对突发的急诊重症病人，一方面，为从根本上医治好该病人，医院需要设计周全的手术抢救方案；另一方面，不能放弃常规的紧急抢救工作，以使患者病情稳定，最终能经受住手术过程的考验。而一旦紧急抢救工作失败，则事先设计的进一步手术方案也就自然失去了存在的意义。

许多企业重视新产品开发，并将此看成是一项战略性任务，但在实际操作上，由于过分强调产品创新，将摊子铺得太大，致使短期内实力消耗过甚，结果没有等到新产品开发成功那一天的到来企业就支撑不下去了。这里的关键是，在考虑进行新产品开发时，企业现有的产品组合有没有能力与实力支撑到其成功的那一刻，因为新产品开发成功并得到市场认可是需要时间的，这一过程考验的是企业的耐久力。实际上，尽管加强人才培训、提升市场占有率、改善顾客服务等措施对企业发展可能都具长效影响，但会对企业的短期减支增收形成一定程度的负面压力。也正因为如此，杰克·韦尔奇认为，"作为领导者，仅关注长期或仅重视短期，都容易做到，困难在于如何平衡兼顾长期发展与短期生存"。[5]

当然，对于战略的这种跨越不同时期的考虑，其中所涉及的时间跨度到底有多长，这是一个见仁见智的问题。关于什么是长期，人们对它的理解是模糊的，其含义会因人、因环境等情况的不同而异。例如，在企业战略考虑方面，对于一位任期仅仅三年的经理，若要求其在任期内有显著的业绩表现，则他所能做的最长期的打算也许不会超过三年；而对一个刚刚自主创业的年轻企业家来说，长期的含义可能至少会涉及十多年。但不管怎样，作为企业战略思考，如果丝毫不考虑跨期影响，就有可能导致企业时序行为的混乱。其中，比较典型的就是只顾眼前、不顾未来，缺乏前瞻、恣意妄为，结果导致企业经营朝兴暮衰、大起大落。

正是由于对长短期时间跨度的界定存在着如上述这种不确定性，在判定一个行动是否具有战略影响跨期性特点时，本书倾向于采用这样的观点：只要人们在采取"当下"行动时，实际上考虑了这种行动对于"此后"的影响，就认为这种行动的设计隐含了影响跨期性假设，具有某种事实上的战略特性，而不管这里提到的"当下"与"此后"之间的实际时间跨度到底有多长。对于这一点，正如凯恩斯所指出的："在长期里，我们大家都必死无疑。"[6] 如果生命都已终止，那又有什么战略可言呢？从这个角度看，似乎再长期的战略思考也难以超越个人的生命，毕竟人换事迁，战略也需重新决策。尽管企业组织有点不同于纯粹的个人，可能具有超越个人的前赴后继性质，但还是需要解决不同经营者之间的代代相传问题。为了突破个人生命的有限性，对于人类行为短期化的影响，各种宗教都提出了自己的来世信仰体系，试图建立更为长期、连续的人生行为模式。显然，对此如果引导得当，是有可能进一步拓宽人类战略思考的时间跨度，从而使其行为更具长期合理性的。

关于影响跨期性的战略隐含假设，在此还必须说明，这既不是考虑的时间跨度越长越好，也不是想长期就一定能做到长期。特别是在面临不确定环境时，战略只能走一步看一步，也就是事先只需确定大致方向，而在实施过程中，则随时根据变化了的情况进行动态调整。这意味着，此时战略考虑的时间跨度相对来说比较短。企业所面临的环境越不确定，就越需要高层领导共同参与战略决策的制定，而不能交由专设的战略发展部门，作为例行公事般地运作。对于极度动荡的环境，有人甚至认为不可能制定战略。严格地说，在环境多变、剧变的情况下，战略重点将更多地转到企业内部对于外部环境的动态学习、适应、调整能力的培养上。

有鉴于企业现实经营所面临的常常是不断变化的环境，所以，除了需要注意"视角多元性"与"影响跨期性"，战略思考还必须兼顾"层级互适性"的要求，这是隐含假设的第三方面。这里的"层级"，是指组织管理体系中所存在的等级层次，"互适"指的是其中所存在的功能与结构的内在联系。例如，就前面提到的医生对危重病人的抢救而言，若需要多个科室的医生共同配合，那么在进行手术时必须防止出现这样的情况：各个科室相互独立、自行其是地进行手术，结果似乎大家的手术都成功了，但病人却因不堪承受同时展开的多个手术而死亡。

根据"层级互适性"隐含假设要求，有效的战略必须能应对复杂性，具备从局部看整体的洞察力，切实解决好现实管理中所面临的内外部多层次关系的协同处理问题。第一，企业作为整体存在，在其内部可以对战略中心命题进行逐级分解，但必须注意保持各层次间的纵向与横向的相互匹配性。第二，企业作为社会整体的构成细胞，需要与外部产业链上下游以及宏观大环境等保持稳定的良性互动关系，从而真正做到稳者生存、适者生存。第三，互适性实际上反映的是企业对于内外部各种要素变化的敏感性与响应性，显然，这是企业应对不确定变动的生存法宝。

考虑战略的层级互适性，特别需处理好做事与做人的关系。从企业生命周期来看，在其发展的初期，往往是企业家身先士卒，领着全体员工创业打天下。当发展到一定规模后，开始出现职能分工，企业家需考虑如何用人、如何授权、如何激励等问题，能否培养一支优秀的干部与员工队伍，此时将成为决定企业成败的关键。也就是要从做好人的工作入手，实现做好事的目的。因此，考虑到体现层级互适性的要求，战略必须将人看成是一个能动的主体，注意做好一个个带有自身特色的人的工作，这与以制造产品或提供产品及服务为中心的见物不见人的做事战略有着本质的不同。

如果将人看成是能动的生命主体，管理者就必须关注人的心态，以及其对行为以至对业绩的影响。积极的心态、坚定的信念，如果能坚持下去，即使是平凡的员工，也有可能创造出非凡的业绩。因为人的不断努力的投入精神可能会改变环境，并在努力探索中增强自身实力，凸显更具雄心壮志的使命目标，最终在无形中为自身及企业的生存开拓出更大的发展空间。如何营造能促进良性互动的氛围，开发与人的意志力相关的心理潜能，为企业发展提供持续的创新动力，这是企业战略的层级互适性假设必须关注的重点所在。

事实上，正是对人、事、物的不同侧重考虑，构成了不同学科的研究特色（见战略启示 2-2）。玛丽·居里认为，"在科学上，我们应该感兴趣的是物，而不是人"。[7] 她在此强调的是自然科学研究的客观性，希望能消除个人的主观性对于研究的影响。凯恩斯认为，经济学是一门有关手段而不是目的的科学，其宗旨在于解决"经济问题"，以便人类能"明智、惬意和富足地"生活。[8] 因此，经济学只对商品及其等价物的行为感兴趣。德鲁克则认为，管理看起来似乎与商品有关，但实际上则完全与人相关，"这是一门人与人的业务"。[9] 他感兴趣的是人的行为，并把人看成是互不相同的有特色的个体。

战略决策者必须看到，战略管理所需要的"三高"修炼都需从做好人的工作入手。松下幸之助认为，公司首先是"制造人"，即培养优秀的员工。三洋公司的前董事长井植薰认为，首先是"制造社长与总经理"，即培养优秀的领导。[10] 索尼公司前总裁盛田昭夫认为，如果说日本式经营真有什么秘诀的话，那么"人"就是这一切秘诀最根本的出发点。[11] 而作为战略思考者，强调重视人的作用发挥与潜能开发，必须注意处理好自身与环境的互适关系，人类与经济组织需要警惕与防止出现这样的倾向，即在追求效率与增长的过程中，个人只顾整天忙碌而逐渐失去自我，组织与个人同时成为大机器上的一个齿轮，除了不停地转动，其生命别无意义！[12] 这种情况如果持续发展下去，人类是否会不自觉地成为现代社会组织的奴隶？对此必须引起人们的高度重视。因此，在考虑战略层级互适性时，有必要思考企业与人生根本的存在价值与意义，以便从这一角度出发，真正破解事关企业长期可持续生存发展的战略密码。

战略启示 2-2
科学、经济学、管理学兴趣重点比较

科学感兴趣的是物，而不是人。

经济学感兴趣的是商品及其行为。

管理学感兴趣的是人与人之间的行为。

综合以上讨论，可以认为：一个实践导向的战略，如果没有弄清以上三方面的隐含假设，至少不能认为是一个真正含义上的战略，因为它在思考逻辑上存在着疏漏，也就是在有意无意中忽略了构成有效战略分析基础的一个或多个方面。当然，在此需要说明，这只是基于本书研究的一种判断。考虑到隐含假设带有个人主观选择的色彩，基于不同的隐含假设，可以导出不同的战略结论，因此，不同的战略研究或决策者在进行相互交流时，关键是要先弄清楚各自的陈述都是出于何种隐含假设，否则只是就事论事地直接讨论各自结论的差异可能会引发许多无谓的争论，毕竟引起分歧与争议的真正根源常常在于隐含假设，而不在于结论乃至结论的推导过程。进一步地，许多情况下，隐含假设会受到战略研究或决策者个人的角色、偏好、价值观的影响，通常不太可能在短期内为他人的说理所轻易改变，因此，进行战略研究必须在关注此类隐含假设的基础上，积极寻求切实有效的途径与方法，借助于战略研究或决策者的自我超越修炼，以突破此类假设对于战略创新思考的局限。

2.2 重视自我超越

战略"三出路"可从对"三假设"的剖析中导出，由于每个企业都面临着不同的外部环境、使命宗旨、自身实力，因此，不可能通过简单地借鉴其他企业的经验获得自身的成功。战略成功的关键在于不断地自我超越，特别是对行业中的领先企业来说，情况更是如此。作为行业中的领先企业，不像其他企业那样，可以看看比自己发展得更好的企业在做些什么，以便从中找到一些战略方向感，而是需要自己去探索新的战略方向，用自己的努力去踏出一条前人没有走过的路。要做到这一点，在战略思维上，战略决策者必须注意"视角多元性、影响跨期性、层级互适性"这三个隐含假设的要求，突破自我设限的思维

定式。为此，特提出"自我超越16字"（见战略启示2-3），以作为行动与思考的依据。

战略启示 2-3
自我超越 16 字

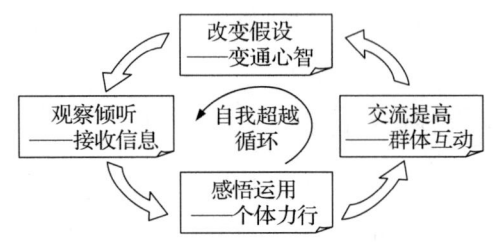

说明：认识自我、改变自我、超越自我，实现自身能力与人格的提升，这体现的是一种不断升华的有恒循环，经历的是一个态度转变—观念更新—方案完善的连续演化过程。

自我超越的第一句话是改变假设，通过变通心智来开创战略思考的新途径。战略决策受观念或看法的影响，而观念受假设的影响。只有改变假设，换角度思考，才有可能清除内心的成见，实现真正的观念转变。在自然科学中，人们通过不断地提出假设，证伪假设，再提出新假设，证伪新假设，不断加深对客观规律的认识，推动科学的进步与繁荣。在人文科学中，同样也可以借鉴这种科学研究的思路。正因为如此，战略的自我超越也可以首先从改变假设开始，只不过这里的假设所涉及的主要是对于人和事的判断，而不仅仅局限在对于自然客观规律的解释上。

管理领域由于涉及人，而人与人之间存在着相互作用的关系，对于人与事的假设的改变，会导致相关人员心态与行为的改变，最终带来人际互动关系与战略行为结果的改变。教育学与心理学中的"皮格马利翁效应"与"人际自我实现预言"表明：一个人对于另一个人的行为的善意预期，会真的产生所预期的结果，这主要是由于人们的预期本身就成为决定他人及自身行为的一种因素。[13]例如，一位营销员若觉得某顾客不好相处，相对来说就会在行为上对其采取比较冷淡的做法，结果多是爱搭不理；该顾客肯定会感受到这一点，从而以故意找碴儿等负面做法回应。这样，双方真的就相处不好了。反之，如果另有一位营销员觉得该顾客很好相处，对其真诚相待，顾客也感受到这一点，就有可能以感激之情回报。这样，双方就比较容易相处好了。

以上提到的一个人对他人行为的预期，在很大程度上只是一种基于主观心理认知的假设。它自觉或不自觉地受人们的过往经历及经验背景的影响，从而对人们的自我超越产生不可低估的影响。例如，一个总认为自己想法高明的人是绝对听不到也听不进好想法的，因为事实上他是不会认真去听的。关于是否可以给人提供劝告，管理上存在这样一种说法："听得进劝告的人，也是不用劝告的人。"事实上，正是由于听得进劝告的人对于环境具有自我调适能力，因此，不管是否得到他人的提示，他们都会十分注意不断学习、改进提高，反而不用他人劝告。当然，在此还必须提及的是，在现实的企业中所存在的潜规则，如核心理念、价值观等，也会在无意中影响人们的心理假设，给人戴上变形眼镜，无形之中使人看什么都走样，结果失去对人、事、物本来面目的真正了解。

从拓宽战略思考的思路来看，战略决策者改变假设，有必要提及孔子的"三人行，必有我师焉。择其善者而从之，其不善者而改之"。特别是其中的"其不善者而改之"，是人们容易忽视的。许多人在看到他人的不足时，只是作为自己比他人好的一种证明，而没有想到自己在无意中可能也会犯类似的错误，所以也不会注意从中吸取教训以积极改进。例如，从话多的人那里学静默，从褊狭的人那里学宽容，从残忍的人那里学仁爱。[14] 另外，还需谨记孟子的一句话——"人之患在好为人师"。只有这样，才有可能真正做到人贵有自知之明，并听得进不同意见。从这个角度看，如果说"做学问"的关键是学会提问，那么学会提问的前提在于在内心深处改变假设，觉得有必要且也值得去问，然后才是如何通过有效倾听，从他人的回答中获得自己所需的信息。只有如此，才有可能打开更为广泛的学习渠道。

自我超越的第二句话是观察倾听，通过广泛接受源自各种不同途径的信息来拓宽战略视野。"兼听则明，偏听则暗"，实际上，还可以在后面再加上一句"不听则迷"。相对来说，成功的企业家往往更习惯于发号施令，而相对忽视观察倾听。长此以往，其身边愿意提建议的人必将变得越来越少，最后该企业发展的潜力就完全受制于该企业家个人的能力。令人庆幸的是，从理智上看，真正不愿观察倾听的企业家是很少的。其根本问题在于，人们一方面很难排除自己心中存在的各种内隐的主观假设，结果在有意无意中干扰了有效的观察倾听（见专题实例2-1）；另一方面真的不知道如何正确引导，以使人们愿意提出与自己不同的看法。

专题实例2-1
心理假设妨碍有效倾听

1959年，当时任三洋电机社长的井植薰准备赴美取经，临行前，需要到美国领事馆办签证。由于他一点英语也不懂，事先便有人告诉他诀窍："你去办签证时，领事可能会问你一些话。对此你不必紧张，注意听他讲话。在他讲话停顿时，你就答'Yes'，反正不要说'No'就行了。"

谁知到了领事馆，接待他的是位金发碧眼的女士，井植薰一下子心里就有点发慌。他原以为接待者会是男士，大家都是男士，厚着脸皮糊弄一下也就算了，而面对一位漂亮的异国女士，他觉得不太好意思乱说。这时，这位接待他的女士已开始不停地说起来，他只好傻愣愣地看着她，希望她快点停下来，以便能礼貌地插上一句事先练了很多遍的"Yes"。

他紧张地听着，但她好像根本没有停下来的意思，一口气说个没完。好不容易，他觉得她的话似乎有了一个停顿，连忙勇敢地说了声"Yes"。谁知，那位女士听后却"扑哧"一声笑了起来。她说："井植先生，今天到了这里，您好像连日语也听不懂啦。"实际上，她压根儿就没说英语，她同他说的是日语。

由此，井植先生总结出一条经验："关上你的心扉，世界将成为一片空白。"如果你无心去听人家的话，即使是金玉良言，也只不过是一阵耳边风。如果你戴着有色变形眼镜去看人，将根本看不到原本你可能看到的人。[15]

曾有位企业老总谈到，他每次召开公司中层干部会议前都反复提醒自己要特别注意多听各方面的不同意见，但其与会下属却反映，他一点也听不进别人的意见。这种认知上的反差，其产生的根源就在于该老总平常主持会议有一个并不自觉的习惯做法，就是一听到谁发表了不同意见马上就想与其争论，希望借此机会弄清到底谁对谁错。这种做法导致的长期不良后果显而易见，一方面，由其作为企业老总的地位所决定，下属一般不太愿意与其争论太多。开始时由于不明就里，下属往往会与老总争论，后来发现老总有点认"死理"，就只好表面"服输"，再后来遇上类似情况就以沉默回应了。另一方面，诚如前面所讨论的，受人们的观察角度与思维假设的影响，不同观点在许多情况下是无所谓对错，此时若一定要分出对错，表面上就总是老总对、下属错，这样久而久之，就容易在人们内心深处形成看法——老总从不认错，听不进不同意见。

另有位民营企业老总谈到，他很想听下属的意见，可有些人似乎故意作对，就是不愿谈他希望听的内容。他举例说，有一次专门召开公司中层干部会议，计划围绕"员工如何以企业为家"这一主题展开讨论，以提升员工对于企业的向心力。但是发言一开始，马上就有个干部提出，要让员工以企业为家，首先企业要像个家。他一听就觉得这个干部是心中有意见，故意借机捣乱，于是马上接口说"今天先不讨论企业如何像个家的问题"。此话一出，原本设计良好的讨论会一下子就陷入了僵局。事实上，在这里，只要该老总适当地启发一下，问一句"你觉得企业怎样才能像个家"，也许最终得到的讨论结果对于回答老总提出的"员工如何以企业为家"的问题并不矛盾。

领导要做到真正的倾听，除了需要注意"学问"（这两个字要求的是学会提问，而不是总想"解答"），还需要有一定的自知之明与自我约束精神。对核心领导来说，有太多的机会表达自己的看法，有太多的人倾向于揣摩与迎合其观点，要想实现自我超越，可能最大的挑战就在于如何约束自己，真正做到少说多听，有雅量与耐心，允许下属发表各种不同的意见。例如，在召开讨论会时，做到不听完其他人的意见之前决不先发言，以免自己的发言被下属误以为领导已做出决定，结果在无意中阻碍了下属表达可能存在的不同看法，甚至使得初始设想的讨论会演变成下属支持领导观点的表态或表决心会。

领导能否注意观察倾听,做到从善如流,不在于其如何说,关键在于其如何做,也就是行为所传递的信息。现实中,作为领导往往更愿意"说"而不是"听"。有的领导征求下属对某事的看法,但一听到不同意见,往往下属才讲一句,他却用十句来解释自己观点的正确性,试图以此来说明下属意见的不正确。这向下属传递的信号就是,领导不是来征求意见(倾听)的,而是来提供指导(说教)的。还有的领导,当下属找他谈问题时,他一面故作姿态,嘴里说着"请讲,请讲",一面却目不正视,心不在焉,其无意识的肢体语言向人发出了强烈的不想听的信号。当然,还有一些领导,可能只是由于不懂沟通技巧,从而造成倾听困难。例如,有的领导想找员工交流,了解他们真正想的是什么,但当实际面对员工时,首先就不着边际地对公司未来的发展构想等高谈阔论一番,然后请员工发表意见,也就是谈一谈对自己刚才所发表的"长篇大论"的看法。显然,这些做法都是有碍真正潜心倾听的(见战略启示2-4)。

战略启示 2-4
价值判断妨碍观察倾听[16]

北欧的一座教堂里有一尊耶稣被钉在十字架上的苦像,大小和一般人差不多。因为有求必应,专程前来祈祷、膜拜的人特别多,几乎可以用门庭若市来形容。教堂里有位看门人,见耶稣被整天钉在十字架上,觉得于心不忍。

有一天,看门人在祈祷时表明了自己的心愿,希望能分担耶稣的辛苦。结果意外地传来一个声音说:"好哇!我们换个角色,我下来当看门人,你上来钉在十字架上,但你必须答应我一个条件,那就是无论你看到、听到什么,都不可以说话。"看门人觉得这个条件很简单,就爽快地答应了。

于是耶稣下来,看门人上去。信徒们未察觉情况有异,来膜拜的人还是络绎不绝。信徒们的祈求既有合理的,也有不合理的,千奇百怪,不一而足。开始几天,看门人信守诺言,强忍着不说话,只是注意观察信徒的行为,聆听他们的心声。直到有一天,看门人看到了这样的情况:那天,教堂里先是来了一个富商,祈祷完毕离开时,把一个钱袋遗忘在地上。接着,来了一个三餐不继的穷人,祈祷后准备离开时,发现地上有一个钱袋,于是拿起钱袋就走了。紧接着,来了一个年轻人,还未祈祷完毕,富商急匆匆地返回,问他是否拿了自己遗忘的钱袋。年轻人说:"我刚进来,没见着钱袋。"富商说:"我刚离开,马上就返回,这钱袋就没了,如果不是你拿的,那么还有谁会拿?"就这样,两人吵了起来。

十字架上的看门人终于忍不住了,他开口说话,事情也就清楚了。富商急忙离开,去找真正拿了钱袋的穷人;年轻人也匆匆走了。这时,伪装成看门人的耶稣指着十字架上的看门人说:"你下来吧!你破坏了诺言,那个位置你没有资格待了。"看门人说:"我主持公道,说出真相,难道不对吗?"耶稣说:"你知道事情后来的演变吗?"看门人如实回答:"不知道"。耶稣告诉看门人事情背后的情况是:"那个富商并不缺钱,他用那袋钱只是吃喝玩乐而已;那个穷人家中有三个快要饿死的小孩,本来得到那袋钱正好可用来救命;最冤枉的是那个年轻人,今天他出海远航,是来祈祷保佑他一路平安的,本来被富商一直缠下去,可以让他赶不上出海时间,但被你这么一搅和,他正好赶上了所搭乘的船,而这条船现在正沉入大海。"

  当然,影响人们观察倾听的最大问题还在于人们是有价值观的,总倾向于按自己的观念去关心人,根据自己的过往经验、观察及个人判断下结论,觉得不能这样、应该那样等,但由于对事态的背景信息及未来演化缺乏全面的洞察力,可能出现好心办坏事的情况。正如战略启示 2-4 所述的故事所表明的那样,人们对于未来的认知存在着严重的局限性,本来以为自己主持了公道,但在无意中造成了伤害。类似地,战略需要提供指导人们前行的方法,但人们通常采取的习惯做法是,试图通过回头看来寻找前进的参照点。显然,在环境变化的情况下,这种做法可能失效。

  自我超越的第三句话是感悟运用,通过个体力行,将借助于改变假设、观察倾听接收到的真知灼见与自己面对的具体情况相结合,以积极的行动来促进战略业绩的改变。这里的"感悟"要求的是用心去体会,用脑去思考。"业精于勤而荒于嬉,行成于思而毁于随"(《韩愈·进学解》),其意在学业靠勤奋而精进,因嬉游而荒废;德行靠深思熟虑而成就,因随俗而毁败。还有人认为,业"神于好、精于勤、成于悟"[17],这意味着,对业务经营来说,喜好才有可能将其做得出神入化,勤奋才有可能将其做得熟练精通,悟性才是决定其能否取得最终成功的关键。在这里,喜好决定了能够积极投入,勤奋决定了能够工作深入,而感悟决定了能够选准方向。因此,对战略思考来说,自我超越需要借助于长期的积累与直觉的感悟,以便对观察倾听到的东西加以有效的分析、归类与筛选凝练。

  当然,作为自我超越实践,仅仅停留于改变假设、观察倾听以及感悟还是不够的,毕竟战略业绩的取得还需要坚持不懈的行动。古语说:"不闻不若闻之,闻之不若见之,见之不若知之,知之不若行之。学至于行之而止矣。"(《荀子·儒效篇》)。听过不如见过,见过不如认知理解,而知道不如真正做过。从这个意义上看,管理是行胜于言,心动不如行动。现实中,好想法的供给并不稀缺,稀缺的是将好想法转变成为人们可接受的实践的能力。许多情况下人们不愿行动,问题在于觉得战略太玄虚或太高大,让人有点无从下手。对此,可引用老子的一段话作为解决之道:"图难于其易,为大于其细。"这种"千里之行,始于足下"的小步前进思想,可以方便地解决战略行动中万事开头难的自我激励与投入启动问题。

  从实践的角度看,没有行动支持的理想是空想,对此人们在理性上均有深刻的认识与体会，只是在感性上要将知变成行通常会面临较大的困难与挑战。从管理上看，真正落实行动，必须调动资源，投入时间与精力，而且还需有恒持续达到一定程度，才能真正见效。古语说："非知之难，行之为难；非行之难，终之斯难。"(《贞观政要·慎终》) 行动之难，难就难在需要有始有终，它挑战着人们的恒心与毅力。对人类行为的研究表明，认知上的理性思考与行为上的感性判断经常会出现不一致。人们在进行一般性的原则思考时，会更多地受理性分析的支配，做出是否真需要、该不该的判断；在实际行为的判断选择过程中，则会更多地受到当下情感上很想要、喜欢做的影响。[18]受短期欲望、动机强烈支配的行动，有可能偏离长期价值评估认定的方向，对此，必须引起战略决策者的高度重视。

自我超越的最后一句话是交流提高，通过群体互动，分享个体感悟所得到的经验教训，从而加速团队或组织的学习提高。如果说前三句话主要涉及的是独立个体的自我超越，那么最后一句话所关注的则是社会组织作为整体的自我超越。通过"交流"，可以更好地了解他人所知的与共生谋事相关的信息和知识，从而有助于促进聚合创新；同时，了解他人所知本身也会推动竞争性"赶超"，从而产生新的成果，带来新的知识体系和行为习惯（实践规范）。[19]对于学习型组织的问题，曾一度为人们所热议，而学习型组织建立的关键就在于能否在组织内形成真正的相互信息交流、知识共享、群体提高的机制。例如，在组织内建立起宽容的文化，从而在制度上为人们畅所欲言提供激励与保障。

显然，在一个采取类似末位淘汰做法、内部竞争激烈的公司中是很难形成真正的成功经验交流氛围的，可能更易出现的是报喜不报忧等妨碍及时吸取失败教训的情况。当然，在大家愿意交流的氛围中，需要注意防止的是另一种极端的情况，那就是由于团队中的个别成员特别擅长发表"高见"，结果在无意中将原本需要的多向沟通变成了实际上的单向发布或传播。任何个人的体验与经历总是有限的，个人的学习也有局限性，再加上网络时代的信息爆炸与泛滥，大大增加了原本就是战略创新瓶颈的信息识别处理环节的压力，常常让人有如面临信息真空时一样困惑与无助，也许积极的群体互动交流可以有效地缓解个人及组织的这种瓶颈压力，从而提升组织的整体战略创新能力。

从交流提高的方法看，重点在于增进人际沟通能力。从交流提高的内容看，核心在于加强组织内意会性知识的共享。从增强沟通能力考虑，在读书、知事、识人三个层次上，更多地需要加强对人与事的了解，不仅要学会读懂有字书——编码化知识，如关于是什么与为什么的科学与事实，更要学会读懂无字书——非编码化知识，如关于如何做事和了解人的意会性技能与艺术。这里的关键在于，需要培养对于语言、文字、事物、人类的敏感性，特别是提升识别他人的情感与情绪的能力,以形成良好的人际互动关系。正是从这个角度看,"见人说人话,见鬼说鬼话"实际上属于一种比较高超的沟通技巧,其本身不带价值判断性,因为如果反其道而行之,可能会谁也听不懂,说了等于没有说。问题的核心在于,人们这样做的目的是什么,依据的原则是什么,是为了让对方更容易听清,从而有助于沟通,还是为了让对方放松警惕,从而更有助于为自己谋利。

必须看到,未来决定企业战略经营优势的,将是对非编码化知识或智慧的开发利用。"世事洞明皆学问,人情练达即文章",[20]实际上就涉及了对非编码化知识的掌握与运用,这更多地需要通过"干中学"的途径习得。即使是在信息时代,如何选择相关信息、摒弃不相关信息,如何识别信息、解读信息,如何学习新的忘掉旧的技艺,也需要意会性知识的指导。现有信息技术的发展主要是为了满足处理编码化知识的需要,它推动了知识编码化的进程和编码化知识的传播,但如何将意会性知识转化为编码化知识,使之更好地用来指导实践,进而发展出新的意会性知识,这是在落实交流提高中需要特别关注的。[21]

2.3 化解伦理困境

如果说通过改变假设,重视自我超越,有助于拓宽战略思路,从而为战略中心命题的解答提供更为广泛的可选方案,那么化解伦理困境所讨论的主要问题是依据什么标准选择最终的战略方案,也就是个人或组织做出价值取舍决策的内隐原则有哪些。显然,拓宽思路更多涉及的是科学探索方法,而化解困境更多关注的是人文价值判断。人文价值判断带有很强的主观性,它反映与体现的是人们看问题时所采用的伦理道德准则。伦理道德准则具有多元性,其中的每一种说法都提供了一种价值评价的尺度,为人们如何看待过去、解释现在、描绘未来,最终解答战略中心命题提供了多种判据。[22]讨论伦理道德准则,可以起到这样几个方面的作用:揭示组织或个人的基本价值取向,检验组织或个人对于社会所做承诺的力度,塑造组织或个人的未来属性。

一般来说,现实中存在着四类最基本的伦理准则,可作为判别一个行为是否道德的标准。一是道义伦理。如果将人们的所说、所为放到报纸头条,或者直面媒体的采访话筒,仍觉得心中坦然,就可认为符合道义伦理。二是功利伦理。如果对人们的所说、所为进行利弊得失权衡,觉得很合算,就可认为符合功利伦理。三是直觉伦理。如果人们说了某些话或做了某些事,事后能更舒畅,睡觉更踏实,就可认为符合直觉伦理。四是环境伦理。如果人们的言行在现实中更具操作性与可行性,并且在同样情况下,其他人反过来对其采取同样做法也被认为可接受，则这种做法就可认为符合环境伦理。道义伦理、功利伦理、直觉伦理、环境伦理所提供的道德判别准则可用话筒、损益、睡眠、可逆四类测试来大致识别，所涉及的是"该不该、值不值、想不想、行不行"的判断与选择（见战略启示2-5）。

战略启示 2-5

战略伦理思考

道义伦理：报纸头条（话筒测试）。　　**环境伦理**：现实操作（可逆测试）。
功利伦理：实用价值（损益测试）。　　**基本问题**：该不该？值不值？想不想？
直觉伦理：内心感受（睡眠测试）。　　行不行？

以上提出的道义伦理，从企业责任义务、过程合理、权利平等的角度出发，试图实现所谓的公平、公正、公开这一"三公"原则。功利伦理，从经济价值、企业目的、实用可行的角度出发，试图达到效率、效益、结果的最佳。直觉伦理，涉及行为者心灵深处的本能，与通常人们所说的"天理良心"相近。环境伦理，作为人们应对竞争压力与生存挑战的思考，更多地关注所采取的做法或手段能否达成目标，从而在竞争与生存挑战中胜出，而相对忽略做法或手段本身的道德性。这里的问题在于，每一种伦理准则所提供的似乎都是"正确"的建议，但这些建议之间却常常是相互矛盾的。显然，若"该不该、值不值、想不想、行不行"难以同时兼顾，就会在决策者中或在社会上引发有关轻重缓急排序选择的争论。

例如，2011年3月，日本发生大地震，引发海啸并导致福岛核电站危机，危机引起了人类对于核电发展利弊的反思。从道义伦理和直觉伦理来看，对于核电所潜藏的危险，以目前的技术水平与人类能力而言，尚不可能完全避免或加以控制，对于未来可能出现的生命甚至生态灾难，发展核电的做法显然通不过话筒测试及睡眠测试。而从功利伦理和环境伦理来看，若人类不愿改变目前的生活方式，则基于现有的能源技术与能力考虑，会受功利伦理和环境伦理的制约，也就是目前人类除了利用核电似乎别无选择，否则就将面临当前环境污染与未来不可再生能源穷尽的挑战。现实中存在的类似这种顾此失彼、互为消长的两难选择困境，在伦理学上被称为"脏手"问题。要做事就会弄脏手，而不做事又不可能，这使得战略决策者经常面临在对与对、错与错、大善伴小恶或长短期对错矛盾中做出取舍的冲突选择。

之所以会产生战略决策上的伦理冲突，除了因为人们各自所掌握与感知的信息不同外，还由于在这些分歧意见的背后，不同的决策者之间存在着深层的主观道德标准选择上的差异。另外，伦理准则本身具有鲜明的时代特征，如何准确把握道德尺度，在现实操作中极具挑战。例如，有许多在历史上看起来是离经叛道并受当政者惩处的观念与做法，在后来却成为被公众及社会所接受的通行准则或行为典范。有鉴于此，面对动态变化的不确定环境，在战略决策上，不宜太过武断或随意地使用伦理准则，强行划分人、事、物的对错，更为合适与可行的做法是，注意加强企业内部战略决策者之间的意见沟通，以便在充分交流与相互理解的基础上，达成一定程度的战略共识。

当然，这里需要说明，伦理准则始终只是企业战略的一种自我道德考虑，它与法律的要求不同，在本质上不具有强制性。有一种观点认为，道德要求就低不就高，法律考量就高不就低。这就是说，社会以公认的最低道德准则来要求，低于最低道德准则的行为，应该受到道义的谴责；而执行法律，以是否违背法律作为判别准则，不分违背程度的高低，只要违背就应追究法律责任，实际上就是以最低触犯法律就须惩处的高标准来要求的。由此可见，在法律要求与道德要求之间存有很大的战略选择空间，需要战略决策者灵活把握。作为战略思考的伦理准则，长期来看，应该从建立有社会责任感的一流企业出发，去考虑企业的战略选择。

关于战略选择的伦理准则，在现实运作中，更多是以潜规则的形式表现的。这些潜规则作为一种未经公开声明但又无处不在的隐含价值预设与时间偏好，会在无意中影响人们的心理假设，进而对战略决策与行为产生潜在的重要影响。具体地，就隐含的价值预设而言，尽管市场体系的运行更多关注的是规则而不是伦理，但若考虑到规则是由人制定与执行的，则作为战略思考，可从个人与组织两方面提出要求。对个人而言，作为道德自律，必须追求过程与程序的公正，做到即使目标高尚也不能不择手段，而需要考虑手段的道德性。对组织来说，作为环境营造，必须尽量用制度来保障高尚的道德行为，而不是仅仅依赖于人们的觉悟，以此促使更多的人按良知行事。就时间偏好而言，本质上涉及了长期与短期利弊得失关系的跨期权衡。任何个人或组织的当下行为都需要考虑其滞后的影响，也就是在关注当下有效运作的同时必须顾及对于未来运作的潜在影响。正因为如此，弄清人们在做出战略选择时所隐含的跨期时间偏好，对于达成战略共识与实现创新突破十分必要。

总之，化解伦理困境的关键在于，寻求或创造能同时或者顺次兼顾多重伦理准则要求的解决方案（见战略启示 2-6）。关注战略选择的伦理道德问题，要求管理者清醒地认识到，没有制度约束的权力很容易导致道德沦丧，缺乏道德自律的制度很容易滋生伦理陷阱。而就战略决策者个人来说，成为有德之人，能具有更为超脱与通透的心境，从而做到不为一己、一时、一地的眼前私利、权欲、名望、流俗所惑，对人、事、物的内在规律及其变化具有更强的洞察力，也即拥有战略能力修炼所特别要求的，基于人情练达与世事洞明的前瞻眼光。就企业组织来说，借助于制度约束与道德自律的共同作用，为人处世讲究伦理道德，可使企业及个人的决策行为变得更为淡定，从而能做到抗诱惑不烦恼，做决策不急躁，稳立市场潮头"活得好"。

战略启示 2-6

化解伦理困境

寻求或创造能同时或顺次兼顾多重伦理准则要求的解决方案。

道德自律＋制度约束：为人有德，淡定睿智，抗诱惑，活得好。

2.4　走出战略误区

基于第 1 章 1.1 节所做的"不确定人生、多样化世界、互适应关系"与"追求组织生存发展的适度可预见性"这两个预设的自然推论，本章 2.1 节讨论了"视角多元性、影响跨期性、层级互适性"三个战略思考的隐含假设，为企业实现战略上的自我超越、化解决策中的伦理困境奠定了方法论的基础，可以作为贯穿于战略的形成、实施、评价（与控制）这一整个管理过程最根本的指导思想。从动态过程的角度来看，管理与战略管理的概念内涵均具有时序演化、情境依赖的特点，可以认为："战略不是名词，而是一个动词；它是你所做的事，而不是你有的事。你不可能'拥有'一个战略。"[23] "管理有永恒的问题，没有终极的答案。"[24] 探讨战略实践，"理论可输入，问题需土产"，否则将无助于推进具体单位的工作。

为了研究企业在战略思考上可能出现的误区，有必要先对常见的战略管理过程体系及其所面临的任务进行简单介绍。图 2-1 描述了一般战略管理过程。从单一业务战略的管理过程看，它由战略的形成、实施、评价（与控制）三个基本阶段组成，分别大致对应于战略中心命题的"做什么""如何做""由谁做"。在战略的三个基本阶段之间，存在着相互制约、相互影响、相互作用的反馈联系，正确处理好这些阶段之间的关系，对于提高战略管理过程的运行效率至关重要。对多种业务战略并行运作的公司来说，在每一特定时刻，实际上可以观察到不同业务的战略正运行于战略管理过程的不同阶段的情况。

从战略管理的实际流程来看，三阶段战略管理过程中的每一阶段工作通常对应于一个行为主体，而各阶段之间存在着从战略形成到实施、再到评价的时序连线，从战略评价到实施或到形成的反馈连线，还有从战略实施到形成的反馈连线，其中的每一连线均分别对应于一定的操作时滞。在环境变化相对缓慢，从而无须企业做出快速响应时，这种时滞也许不会对企业战略的运行质量产生显著的影响。而一旦环境变化加剧，需要企业据此做出快速的行动响应时，这种不同阶段之间所存在的时滞可能就是致命的，因为它会拖累企业战略的调整节奏，使之落后于形势的变化，结果跟不上环境快速变化的要求。

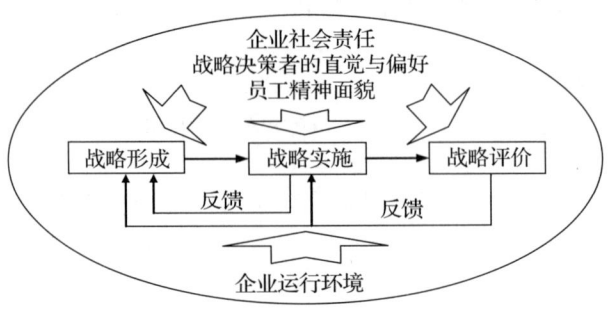

图 2-1 战略管理过程：三阶段 [25]

正因为如此，面对快速变化的不确定环境，战略管理过程的各环节如果仍相互割裂、独立运行，就必须采取适当的措施，以设法缩短各阶段工作之间所存在的信息沟通及联系上的时滞，否则将无法适应环境动态变化的要求。而为了缩短这种存在于不同阶段之间的时滞现象，可供选择的做法是，要么加快各环节之间的信息流通速度，要么加快各阶段内部工作的行动响应频率，从而起到缩短时滞时间，提高组织动态学习与响应能力的作用。还有一种更为有效的做法，就是通过调整企业的责权关系与组织结构，采取项目小组之类的形式，将战略各阶段的工作一站式地整合集中到一个较小的快速响应中心或业务单元，实现战略形成、实施、评价（与控制）三个阶段工作的一体化，从而真正做到能根据环境变动需要，战略想到哪儿，工作就做到哪儿，人员也配置到哪儿。

另外，对于战略管理过程的描述，在有些书中将其分为五项基本活动，即构想战略使命与愿景、设定目标、形成战略、实施战略、评价与控制。[26] 比较五项基本活动与战略管理过程的三阶段图，可见五项活动实际上仅仅是三阶段过程的一种变形表述。只是在这里，从三阶段的战略形成阶段中进一步分解出了构想战略使命与愿景、设定目标这两项活动而已。采取这样的细化分解的做法，也许会有助于引起人们对于战略形成阶段所涉及的各个活动环节的特别重视。

必须指出，以上讨论所进行的对于战略管理过程的活动阶段的划分，纯粹只是出于理论探讨上的需要。就战略实践而言，在许多情况下，战略管理的各阶段及活动很难截然分割。例如，在实施战略时，可能会考虑对使命与目标进行修正；在制定战略时，也会自然地联想到可能由谁来实施的问题。特别是在环境动态变化的情况下，更是如此。正是由于这一原因，在本书第 1 章的图 1-2、图 1-3 所示的战略管理构架中已不再试图做这种划分，这里对于战略管理过程情况做简单介绍，只是为了便于人们对常见的战略管理过程分析体系框架有一个大概的了解。

基于以上对于战略管理过程的说明，就一个具体企业的实际经营发展过程而言，到底应该是战略指导先行，还是实践探索先行，或是战略思考与实践行动之间呈动态调整、相互适应的关系，事后才最终逐渐显现出较为清晰的战略态势？对此，由于各个企业所面临的外部环境、使命宗旨、自身实力三假设情况不同，不存在统一的模式。有些企业家声称，先有目标再做大，这属于"先立志、再创业"；另有些企业家声称，做大过程逐渐突显出目标，这属于"先创业、再立志"；还有些企业家声称，目标并不固定而呈动态变化，这属于"干中学、学中干"。显然，在环境稳定性相对可预见的情况下，企业战略可能更多地需要重视实力建设与规划，在不断解决现实问题中求进步；而在环境剧变难以预测的情况下，企业战略只能更多地关注外在环境及变化，在迅速把握机会中求发展。

当然，为了准确做出战略选择判断，关键是要充分掌握战略决策所需的相关信息。为此，战略决策者必须注意利用各种正式及非正式信息渠道，如与关键下属交谈、阅读书面报告、浏览有关最新运行结果的统计资料、搜集顾客反馈意见、观察竞争对手的反应、分析小道传闻、了解员工思想、实地考察等，积极搜集与获取关键战略信息。这里需要指出的是，从了解战略"三假设"的资料要求看，也许其中的大部分都可以从企业内部获得。美国麻省理工学院的一项研究表明，"不管是哪个领域，80%的必要信息都存在于企业内部"。[27] 互联网的发展丰富了信息获取的手段，现在从企业内部可以获得的信息已占到了信息需要量的90%，有人甚至认为"95%的直接信息都可以在市场上随意获得"。因为所有一手的源头性的信息都会从信息相关的人员身上首先表现出来，所以要了解最新信息，可从企业内部员工关联的社会网络与人际接触入手。

基于以上战略管理过程的描述，如果说战略需要富有激情的憧憬、异常冷静的思考、深入细致的行动、随缘有度的收获，那么对照本章前面各节关于战略思考基准的讨论，可以发现，在企业实践中较容易出现的战略思考误区主要还是表现为背离"视角多元性、影响跨期性、层级互适性"这三个战略思考的隐含假设。比如，对于战略管理过程三阶段的机械理解，致使三阶段的工作互不衔接，从而导致管理失调；对于完全理性决策的自觉或不自觉追求，使得企业较为依赖各种数量化方法做战略决策，结果导致战略有数量而无质量，战略操作思路受限；对于战略行为宽容性的忽视，没有采取以个体特异性应对整体多样性，可能致使战略创新后劲乏力。

走出以上战略思考误区，首先，注意将战略管理过程三阶段与战略中心命题作为有机整体来看待，加强"三高、三做、三活"之间的协同。尽管战略分析可以解构讨论，但战略实践必须综合运用，否则面临环境迅速变化时，会由于各环节之间时滞的存在，致使战略管理过程的整体效能下降。其次，注意到企业运行本质上具有非决定论的演化性质，需针对环境不确定程度的不同，采取不同的战略思考方法，先根据所掌握的有限信息做决策，再用小步前进的干中学方式，进行动态补充调整，以此提高战略决策的响应速度与效益。最后，特色战略的形成需以特色人才为基础，而特色人才的养成需以行为宽容为前提，宜通过保持公司资源的相对冗余性，为员工的个性化发展提供物质基础，为企业应对多样化环境提供最根本的人才保障。对于以上各点，在实践操作中，关键还在于度的把握，要注意的是，防止不顾内外环境变化，从一个极端走向另一个极端。

从本质上看，如果说做好战略管理工作需要"理解人、弄清事、善用物"，那么走出战略误区的关键就在于弄清战略思考与决策所依据的事实、偏好、价值观三种判断之不同，对于涉人活动采取"顺势"而为的做法，对于涉事规律采取"循道"施行的做法，对于涉物调度采取"善术"节用的做法。在这里，事实是指有客观规律可循的情况，如关乎怎样或哪个方案更能解决问题（即达成既定的目标）的判断；偏好是指内在美感，涉及主观价值、目标预设，如关乎选哪个方案更喜欢、更愉悦的判断；价值观是指在多属性发生冲突而无法兼顾时的轻重缓急排序原则，如关乎哪个目标或要求应该更优先考虑的判断。

当然，现实操作的问题在于，对于事实、偏好、价值观这三种判断的区别，作为"旁观者"，也许比较容易看清楚、想明白，而一旦涉及模糊、不确定，掺杂进了个人情绪、政治领地等考虑，情况就会变得异常复杂，而难有一般结论。例如，在战略决策中，谁说了算的问题，若涉及面子得失、权力象征等，就没有客观事实可言了。更何况人类还有可能在无意行动中偏离自己所预想的目标。因此，走出战略误区，必须清醒地认识到：重大战略决策，冲动是魔鬼；日常行动过程，大意失荆州；少受过往羁绊，轻装才行远（见战略启示2-7）。需要时刻牢记"顺势、循道、善术"，以回归战略本源，在解决"三做"问题时，不忘"三高"追求与"三活"目标！[28]

战略启示 2-7
走出战略误区

理解人（顺势）、弄清事（循道）、善用物（善术）。

克服人性的贪婪、恐惧、无知与短视。

战略管理过程需要：

激情憧憬、冷静思考、细致行动、随缘收获。

重大战略决策，冲动是魔鬼；
日常行动过程，大意失荆州；
少受过往羁绊，轻装才行远。

拓展思考题

1. 请结合专题实例 2-2 的情况，谈谈产生这种现象的根源是什么。该情况的出现对于进行战略思考可吸取什么教训？

专题实例 2-2
战略假设与人才招聘互动关系

某企业受其所处地理位置及实力状况的影响，在引进科技人才方面存在着这样一种指导思想：最优秀的人才不可能来企业工作，即使引进了也难以长期扎根，而较差的人才尽管愿意来企业工作，对企业发展也起不了什么作用。因此，该企业觉得自己只能招聘中等水平的人才。该企业领导在招聘面谈中向应聘者开诚布公地谈了本企业只准备招聘中等水平人才的想法。结果每次招聘结束时都发现，企业招聘小组满意的人选不愿意来企业工作，而愿意来企业工作的人选又常常被认为属于水平较差的应聘者。

2. 战略决策的核心是思考跨期影响，权衡长短期的利弊得失关系，最终做出该做什么与不做什么的取舍。请结合自己的个人经验，谈谈做出取舍决策所面临的主要挑战。
3. 对企业经营来说，在"活得了"的基础上考虑如何才能"活得好"通常比较容易出现观点分歧，毕竟对于怎样才算"好"，不同的人可能会有不同看法。基于本章对于战略决策伦理准则的讨论，请问：一般来说，可以用来衡量企业"活得好"的标准到底有哪些？实践中，面对可能出现的标准争议，怎样才能形成达成共识的整体战略方案？
4. 某商业连锁企业在城区内设有若干分店，同一商品在所有分店里均实行相同价格。但是，分销经理故意把同样品牌而质量较差的商品送到位于人均收入最低地区的分店。这主要是由于受规模经济，留不住优秀员工，存在偷窃与故意损坏公物等因素的影响，该分店的管理费用高居所有分店之首，在实行单店业绩独立考核的体系中，为维持该店的持续经营，才不得不采取这种做法。你是否赞同该分销经理的做法？为什么？

资料来源及注释

[1] 克里克. 狂热的追求：科学发现之我见 [M]. 吕向东，唐孝威，译. 合肥：中国科学技术大学出版社，1994：171. 该书作者为 DNA 双螺旋结构的发现者，曾因此获诺贝尔生理学或医学奖。

[2] MINTZBERG H，AHLSTRAND B，LAMPEL J. Strategy safari：a guided tour through the wilds of strategic management[M].Free Press, 1998. 该书中译本见明茨伯格. 战略历程：原书第 2 版 [M]. 魏江，译. 北京：机械工业出版社，2020.

[3] 郑石岩. 清凉心、菩提行 [M]. 北京：文化艺术出版社，1998：32-33.

[4] 萨维吉. 简朴生活读本 [M]. 蒋显璟，译. 北京：光明日报出版社，2000：60-61.

[5] 韦尔奇，拜恩. 杰克·韦尔奇自传 [M]. 曹彦博，孙立明，丁浩，译. 北京：中信出版社，2017：117.

[6] 佚名. 思想与世界：凯恩斯传记作者谈凯恩斯 [N]. 参考消息，2000-12-20～23（4）.

[7] 马修斯. 为科学献身的女性 [N]. 参考消息，2000-03-29（10）.

[8] 佚名.思想与世界:凯恩斯传记作者谈凯恩斯[N].参考消息,2000-12-20～23(4).

[9] 贝蒂.管理大师德鲁克[M].吴勇,译.上海:上海交通大学出版社,1999:13.

[10] 井植薰.我和三洋:成功源于探索[M].陈浩然,编译.上海:上海译文出版社,1992:3-4.

[11] 盛田昭夫.经营之神:日本·索尼·AKM[M].陈建,译.北京:经济管理出版社,1988:145.

[12] 许云翀.填满那件空雨衣[N].中国经营报,2000-08-29(40).

[13] 罗森塔尔,雅各布森.课堂中的皮格马利翁:教师期望与学生智力发展[M].唐晓杰,崔允漷,译.北京:人民教育出版社,2020.

[14] 姜夔.涵养与智慧[N].中国财经报,2001-11-17.转引自报刊文摘,2001-11-22(3).

[15] 井植薰.我和三洋:成功源于探索[M].陈浩然,编译.上海:上海译文出版社,1992:106-107.此处引用时,对原文有局部的增删改动,特此说明。

[16] 佚名.活在当下[J]读者,2001(13):17.此处引用时,已对原文进行了部分改写。

[17] 转引自钱江晚报,1999-05-12(11).

[18] 巴泽曼.管理决策中的判断[M].杜伟宇,李同吉,译.北京:人民邮电出版社,2007.

[19] 哈默.战略柔性:变革中的管理[M].朱戎,译.北京:机械工业出版社,2000:18-25.

[20] 曹雪芹,高鹗.红楼梦[M].北京:人民文学出版社,1990:71.

[21] 经济合作与发展组织(OECD).以知识为基础的经济[R].北京:机械工业出版社,1997:8-12.

[22] 巴达拉克.界定时刻:两难境地的抉择[M].李伟,译.北京:经济日报出版社,1998:第5章.本节其余部分内容的讨论,在思路上也受到该书的很大启发。

[23] 德赫斯.长寿公司:商业"竞争风暴"中的生存方式[M].王晓霞,刘昊,译.北京:经济日报出版社,1998:194.

[24] 克雷纳.管理百年:20世纪管理思想与实践的批判性回顾[M].邱琼,等译.海口:海南出版社,2003,封面.此处引用时,文字上略有改动。

[25] 在一般文献的此类图中,通常没有标出从战略实施到战略形成之间的反馈连线,如 DAVID F R.Strategic management [M]. Merrill Publishing Company,1989:16,Figure 1.2;WHEELEN T L, HUNGER J D. Strategic management and business policy [M]. Addison-Wesley Publishing Company, Inc., 1983: 15, Figure 1-5. 这里加上这一反馈连线,可以更客观地反映战略管理过程的实际情况。因为在战略实践中,为将形成的战略真正付诸实施,通常还需要对所选的战略进行多次反复的动态调整与修正。

[26] THOMPSON A A, STRICKLAND Ⅲ A J.Crafting & implementing strategy: text and readings [M]. 6th ed. Richard D. Irwin, Inc., 1995.

[27] 佚名.经济情报学在欧洲觉醒[N].法国回声报,1999-06-09.转引自参考消息,1999-06-20(4).

[28] 有关这方面的详细讨论,可参见项保华.决策管理:疑难与破解[M].北京:华夏出版社,2011.

第3章 战略定位原理

【学习目标】

知识目标：了解外部机遇影响因素、内部优势作用要素。
技能目标：掌握内外部战略环境匹配的战略定位方法。
能力目标：形成自身实力提升与外部机会拓展良性循环。

【要点提示】

外部机遇影响：产品 – 市场 – 行业

外部机遇影响，可以说明同类企业间短期盈利之差异，但不能解释为什么有些企业初始起步状况相似，后来的发展却差异很大。这意味着常用的行业结构分析方法无法解答动态战略定位问题。

内部优势作用：资源 – 能力 – 信誉

资源代表现实状况，能力体现未来潜力，信誉反映历史沿革。资源可帮助增强能力，能力可用来创造资源，而这两者都仅当为外部所接受时，才能为企业未来的经营赢得信誉。

内外环境匹配：机遇 – 优势 – 组合

战略定位的关键，不在于对现有内外因素的静态匹配组合，因为这些组合可能谁都能看到，而在于如何改变与拓展战略选择范围，即看到或开发出他人看不到或无法开发的新机会。

主客互动整合：内外 – 能动 – 演化

利用企业内外部各方之间所存在的主客观多向互信、互动、互赖关系，通过企业的能动努力，在动态演化中形成自身实力提升与外部机会拓展这两者相互加强的良性循环。

3.1 外部机遇影响

前面两章讨论了战略一般运作模式与思考基准，本章着重分析战略定位原理。战略定位原理主要讨论到底由于什么因素的作用才最终造成了企业间经营业绩的差异。对于这一问题的回答，构成了企业战略思路构想的来源，实际上也是战略理论与实践研究的核心所在。[1]关于这一点，主要有两种最基本的研究思路：一是试图抛开特定的公司、竞争者及行业市场，探讨对一般企业普遍适用的定位原理；二是研究影响特定企业战略定位的因素，找出其中的关键因素，最终上升提炼成定位理论。[2]在这两种思路中，前一种重视产品-市场结构的研究，关注外部机遇的寻找；后一种重视资源-能力的研究，关注内部优势的建设。当然，从战略实践看，内外部之间密切联系，不可能截然分开，因此，实际上还存在着第三种思路，即内外匹配战略定位，特别重视机会-实力有机结合的研究。迈克尔·波特认为，导致企业之间业绩差异的因素，最终可归结为两类：一是企业内部学习调适能力，二是企业外部区域竞争优势。[3]

以上提到的是目前常见的三种战略定位思路，本章将在深入探讨这些思路的特征与局限性的基础上，重点研究企业内外互动关系，试图给出更具实践解释性与操作性的主客互动整合战略定位原理，以指导战略构建与实施。本节接着要讨论的就是第一种战略定位思路，即外部机遇定位。它采用眼睛向外的分析方法，特别关注企业的外部环境，从剖析企业所提供的产品或服务的市场，特别是产业结构入手，考察一个行业的市场容量、成长速度、持久潜力等，试图从中找到有利于企业发展的契机。显然，这是一种由外到内的战略定位方法。体现在这种方法背后的思路逻辑是，对企业来说，找到资源与能力不是主要问题，取得好业绩的关键是决定生产什么产品以及将产品卖到什么市场。因此，找到存在于企业外部的各种机遇，是确保企业取得好业绩的前提。

从战略理论的外部环境、使命宗旨、自身实力三假设的角度看，外部机遇定位思路的研究重点是环境。在我国从计划经济向市场经济转轨的过程中，企业环境里就曾依次出现过多种发展机遇，可大致划分为政策、技术、管理等类型。这里需要特别指出的是，其中每次"发财"机遇的表现形式是不一样的，它对企业的资源与能力所提出的要求也有所不同。另外，从中还可看出的一点是，随着我国市场开放程度的不断提高，那种完全依赖于个人的初始禀赋差异就能盈利的机遇将会越来越少，对机遇的把握也将越来越倾向于依赖各个企业长期积累起来的特别实力。

一般来说，从纯粹寻找与发现外部机会的角度看，关键是要了解企业可能进入的市场及其所在行业的结构情况，如卖主与买主的数量、相对规模、销售渠道、经营特点等，还有涉及整个行业的市场容量、规模经济、发展前景、区域分布、进入与退出障碍、成本状况、产业链整合趋势等。需要说明的是，这里提到的"行业"泛指由于所生产的产品或所提供的服务类似而相互竞争，以满足同类顾客需要的企业群体。通过分析行业结构要素，可以大致了解行业内企业间所面临的竞争状况，从而事先把握拟进入行业可能的盈利水平。这种所谓的行业结构分析方法，从行业结构情况推断行业中企业的市场行为，再从市场行为推断行业中各企业的业绩表现，属于早期产业组织理论讨论的重要内容，[4]是从经济学领域入手研究企业战略时人们所采用的主流方法。[5]对于这种结构－行为－业绩（SCP）方法，可用一句俗话来概括，即"人怕入错行"。显然，这句话的潜台词至少包含这样两层意思：一是只要选择好行业，就一定能盈利；二是要成功进入一个好行业和积累经验并不容易。因此，一旦选错行业，要想全身而退其代价也会很高。

对于选上了好行业就一定能盈利的说法，实际上又涉及了两个问题，即如何选及选好后是否一定能盈利。就如何选而言，通常认为，只有先对众多行业的情况进行全面的比较分析，才有可能从中判断与选择较好的切入行业。但令人遗憾的是，一方面，受时间、精力甚至资源所限，事实上人们不可能进行这样的多行业全面情况的分析，因而也就不可能以此为基础做比较选择；另一方面，即使具备资源与实力可以做全面分析，实际上行业结构是动态变化的，在很大程度上存在着内在的不确定性，似乎无法得出确定的优劣评价结论。另外，就选好后是否一定能盈利而言，一旦企业介入某个行业并有所作为，事实上就改变了该行业原有的结构状况，从而就会对该行业的盈利性产生影响。更何况现实中有许多企业在同时寻求机遇，可能基于几乎同样的资料进行类似的行业分析，并且得出事实上相差无几却相互保密的战略定位方案。结果，当大家都将方案付诸行动，在市场上相遇时，却发现行业结构已根本不同于原先的分析，这样，此后的经营结果令人遗憾自然也就不足为奇了。

从纯粹的实践操作来看，对于进入或退出一个行业是否容易，可用行业进入与退出障碍来描述。图 3-1 就表示了是否该进入一个行业的取向分析矩阵，借此可以大致了解一个行业的进入与退出障碍的高低状况，其最终对行业盈利水平及风险程度可能产生的影响程度。这里，进入障碍泛指一切可能会对企业到该行业开展业务造成困难的因素，如规模经济、产品差异、资本需要、转换成本[7]、供销网络、政府调控政策、不受规模支配的成本劣势（如商业秘密、产供销关系、经验积累等）、自然资源、地理环境（如造船厂只能建在海

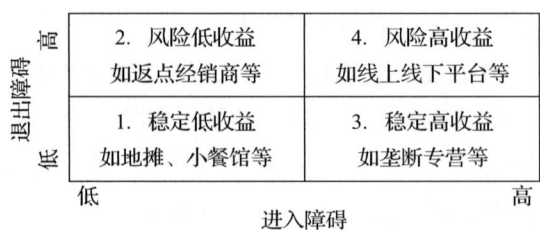

图 3-1　行业障碍与盈利水平的关系[6]

滨城市）等。显然，其中有些障碍是很难借助复制或仿造的方式来突破的。退出障碍泛指一切会对企业退出现有业务经营领域造成困难的因素，包括出于经济、战略、感情以及社会政治关系等方面综合考虑的影响因素，具体有资产专用性、退出费用、战略牵制、情感联系、政府和社会的各种限制等。

利用如图 3-1 所示的行业取向分析矩阵考察一个行业的盈利水平与经营风险，关键在于对行业的进入与退出障碍的高低情况的判定。实际上，即使是面对同样的行业，不同的个人或企业由于其所具有的实力不同，可能会得出不同的有关进入与退出障碍高低的评判结论。也正是存在着这种基于不同个体的互异看法，才使得现实中出现了企业间的购并与被购并、退出与进入的丰富多彩的选择。当然，只要弄清了行业进入与退出障碍的高低情况，则根据图 3-1，就可方便地判断所在行业的盈利及风险情况。比如，处于区域 1 的企业，对应的是进入障碍与退出障碍都低的行业，更可能面临稳定低收益的经营状态；处于区域 2 的企业，对应的是进入障碍低而退出障碍高的行业，更可能面临风险低收益的经营状态；处于区域 3 的企业，对应的是进入障碍高而退出障碍低的行业，更可能面临稳定高收益的经营状态；处于区域 4 的企业，对应的是进入障碍与退出障碍都高的行业，更可能面临风险高收益的经营状态。

以上根据行业的进入与退出障碍的高低情况，对处于相应行业中的企业的可能盈利水平与经营风险做了大致的划分。在此必须说明，这种划分只具有短期静态的意义。从长期动态的角度来看，行业的进入与退出障碍的高低情况是变动的，还会随着不同企业的进入与退出而改变。进一步考虑到企业产权的转让交易，可见对于那些通过资本市场收购获得原有高收益行业中企业的所有权从而开展经营的企业来说，由于收购时支付的价格已经反映在这种高收益能力的资本化价值中，因此实际接盘经营时就不可能获得真正意义上的高收益。这意味着，获利能力的资本化有可能带来不同行业收益的平均化，试图通过行业选择寻找更好的盈利机会的想法，实际上将会变得越来越不可能实现。

正因为如此，对于外部机遇定位涉及的三个根本性问题（见战略启示 3-1），人们基本上倾向于做出否定的回答。这意味着，仅仅考虑外部机遇的影响，尚无法完全解释企业战略定位中产生的各种问题。例如，有些企业之间，在创业时机与当时条件方面几乎无差异，也即初始的资源与能力状况相当，但经过若干年的经营后，却在业绩水平与发展潜力上表现出惊人的差异。另外，我国改革开放以来，面对相同的外部环境、几乎同样的起跑线，有许多人进行了创业探索，但最终有人成功有人失败。显然，其中涉及不同企业对于资源与能力的组合运用能力。机会是动态变化的，战略定位经历的是一个不断探索的过程，不可能一劳永逸。尽管进入一个好行业短期内在其中经营可能会轻松些，但从长期经营考虑，如何寻找与抓住瞬息万变的机会，甚至如何主动创造机会，这些会对企业是否具备内在的环境洞察及应变能力提出较高的要求。以下对话就形象地说明了这一点，[8]"请问，投机的秘诀在哪里？""这个嘛……例如，有人见鸡蛋涨价了才开始养鸡，可是天却连连下大雨，把鸡都淹死了。真正擅长投机的人，却能事先看透这一点，而去养鸭子。"这意味着，发现并利用机会，还是有赖于企业内部优势或自身实力的作用。

战略启示 3-1
外部机遇影响：三个难题

找到好的行业是否就一定能盈利？　　　　　高盈利行业能否长期维持高盈利？
在不好的行业中经营是否必困难？

3.2　内部优势作用

由于市场竞争加剧，不同行业间的盈利快速平均化的现象日趋明显，垄断行业利润的资本化或根本消失，行业内不同企业之间的盈利水平差异逐渐变得大于行业间不同企业的盈利水平差异，这意味着仅仅从外部寻找较好的机会将变得越来越难，甚至根本不可能选到可以长期赚钱的特别行业。这一切都使得企业越来越重视自身实力的建设，更为关注从内部优势出发进行战略定位。重视内部优势作用的定位思路认为，"是金子总会闪光"，外部市场需求客观存在，关键是看企业是否拥有满足这些需求的实力，从而在竞争中创造出能吸引并留住顾客的经营优势。因此，内部优势定位的关键，是找到影响企业优势或实力的因素，通过改变对这些因素的组合，增强企业自身相对于其他企业的优势。

对于到底什么是企业的优势或实力，在西方语境下存在着多种不同的表述，[9]例如，在中文翻译中就有"核心能力""竞争优势""稀缺资源""专用资产""生存能力"等，[10]这些概念基本上都涉及了企业实力的有形与无形两方面的因素，包括设备能力、顾客忠诚、生产经验、技术领先、管理技能等。这些概念引进到我国战略研究领域后，在中文语境下产生的最大问题就是出现了许多同义反复,似乎有点分类混乱,语焉不详。本书认为,在中文语境下,对于企业实力或优势的表述本来就比较清晰,可从资源、能力、信誉三方面来考察。这里的资源、能力、信誉,分别体现了企业的现实状况、未来潜力与历史沿革,它们相互补充,构成了企业实力或优势的完整体系。

考察个人与企业的资源、能力、信誉及其相互关系,可见:当个人能力的充分发挥必须依附于企业整体的特定资源、信誉的支撑时,比如,某些品牌产品的销售更多地依赖于企业整体声誉的拉动而不是销售员的个人技巧,此时,只要企业掌控了整体资源、信誉,就有了持续发展的保障。反之,当个人能力离开了企业整体资源、信誉的支撑,仍能充分发挥作用时,企业只有留得住关键人才,才有持续发展的可能,例如,一些非常依赖员工个人创意的高科技公司就设计了多种多样的改善工作环境以吸引人才的办法,让员工在公司有宾至如归的感觉。企业的资源、能力、信誉到底是个人依赖还是组织依赖?组织因优秀员工的存在而显得有实力,还是员工因优秀的组织而显得有力量?对于这些问题的清醒认识将直接影响企业战略的具体实施。最后,当企业整体的资源、能力、信誉具有稀缺、专用的特征,又不依赖于特定的个人而存在时,这样的企业必将具有强大的持续生命力(见战略启示 3-2)。

战略启示 3-2
内部优势分解:资源、能力、信誉

低头看当下:资源
抬头看未来:能力
回头看过去:信誉

当个体能力必须依附于企业的特定资源、信誉才能发挥作用时,只要拥有该资源、信誉,企业就能持续发展。

当个体能力离开企业资源、信誉的支撑,仍能充分发挥作用时,只有留得住人心的企业,才有持续发展的可能。

当企业的资源、能力、信誉具有稀缺、专用特征,并且不依赖于特定的个体而存在时,企业整体将具有强大的生命力。

具体地说,以上所讨论的资源,是指那些可以"当下"评估其价值,并基本上能为管理者完全掌控的外显、静态、有形的客观"使役对象";能力是指那些只有通过"此后"运用才能显现出价值,也就是最终需要体现在具体的个人或群体身上的潜在、动态、无形的可以胜任某项工作或活动的主观"能动条件";信誉是指那些只有经过"此前"的行为投入方可产生价值,最终表现为综合、累积印象的内外部、主客观"认知关系"。从这里所界定的资源、能力、信誉概念的内涵来看,资源价值具有"当下"的性质,它既不同于过去,也不同于未来;能力价值在于"此后",从过去与现在可以一定程度推知未来,但不等于就是未来;信誉价值在于"此前"的投入,从"从善如登、从恶如崩"

来看，信誉建立难而破坏易，要想始终保持良好的口碑形象，必须持之以恒、不断努力、永不松懈。

从操作的角度来看，资源需要通过能力去实现增值，能力只有通过使用资源为顾客提供了价值才得以表现。特别是在现代经济全球化趋势不断加强的情况下，资源的供给有可能突破地理区域、国家政治的局限，但对于资源的善用能力，还需要企业自己去建设。在资源、能力方面几乎无差异或很难判别是否有差异的情况下，人们往往倾向于根据这些企业在过去做得如何，也就是根据信誉的好坏来区别企业实力的强弱。考虑到企业战略研究对于企业优势的关注重点在于优势的可持续性，从这一角度出发，分析资源、能力、信誉的特性，可见资源的持续性将体现在稀缺、专用方面，能力的持续性将体现在动态更新上，而信誉的持续性则表现在小处着手、做事到位的行动过程中。

从资源、能力、信誉各要素对企业整体优势建设的影响来看，一个拥有丰裕的存量资源的企业，可能会在一定时期内表现出较强的人才集聚能力。因为在这样的企业里，人才可以拥有更好的条件，更能发挥自身的潜能，做出更大的贡献，并在此过程中使自己的能力获得进一步提升。这样，在这些企业内，最终就更有可能形成人才集聚与能力提升这两者之间不断相互促进的良性循环。正因为如此，这里需要特别指出，对于目前人们耳熟能详的"人力资源"一词，如果不注意正确理解，可能会在无意中成为制约企业能力提升的瓶颈。例如，若将人看成是企业的资源，内心深处更多是从"使役对象"上去理解人力资源，结果就会更多地关注如何提高使用效率，在行为上就更有可能采取节省投入费用、提高工作强度等做法；而若将人看成是企业的能力，内心深处更多是从"能动条件"上去理解人力资源，结果就会更多地关注如何开发人的潜能，在行为上就更有可能采取改善工作环境、提供发展机会等做法。显然，将人看成是被动工具还是能动主体，其最终对于企业能力提升的影响的确有天壤之别。

应当指出，以上关于人力资源的看法，在实际运用中还需视具体企业所面临的外部环境、使命宗旨、自身实力三假设情况的不同而相应采取不同的做法。那种不顾企业所处的区域文化、行业特色、内部运作等环境土壤的不同，盲目照搬所谓先进的人力资源观点的做法，无疑是有害无益的。实际上，在人力资源管理中，若将每个人看成是有特色的不同个体，就不存在统一普适的做法。比如，面对激烈的市场竞争，员工只是作为生产线上一个可随时替换的环节而存在，对这样的企业来说，员工就更倾向于被看成是一种简单的生产资源；而对以员工个人智慧为基础，凭此创造顾客价值的高技术企业来说，员工更主要的是作为一种企业能力而存在。更多企业所面临的情况可能介于以上两者之间，在这些企业中，同时存在资源层面与能力层面两类不同的员工，还存在作为资源与能力复合体的员工群体。

从时间截面来看,尽管可能有些企业的发展更倾向于以资源为主,也有些企业的发展倾向于以能力为主,还有些企业的发展则处于资源与能力某种程度的结合点上,但任何一个企业的发展都离不开资源与能力这两个要素的共同作用。讨论基于内部优势的战略定位思路,必须认清决定企业优势存在与否的关键资源与能力。这里,若将关键资源看成是一种存量,则关键能力更多地表现为一种利用存量开发流量的活动。拥有资源,但不具备识别该资源价值或运用该资源创造增值的能力,则最终不能表现为企业实力。有能力,若不用于加强资源的开发利用、增进企业未来的资源存量,也无法起到保持企业优势的作用。作为战略思考,在资源与能力的关系处理上,必须注意围绕战略中心命题,从加强能力建设入手,实现资源增值,确保企业"活得了、活得好、活得久"目标的实现。

考虑到资源可帮助增强能力,能力可用来创造资源,而这两者都仅当为市场所接受时,才能为企业未来的经营赢得信誉。因此,增强企业优势,需处理好现有资源的利用与新资源的开发的关系;能力与信誉的建设,要从改善眼前可做的事情入手。现实中,任何个人与企业都可能碰到这样的情况,即面对动荡变化的环境,在某段时间里会对未来的发展感到迷茫,不清楚今后到底要做什么及该做什么。在这种情况下,如果无所事事,希望等到事态明朗,在看清形势的基础上再采取行动,则不仅会浪费眼前的时光,还可能在事态明朗后由于反应不及时而错失良机。而此时如果能以"敬业但不一定爱岗"的思想为指导,注意做好目前所必须做的工作,努力达到业内一流水平,则实际上可在无形中培养出一种特殊的能力。有了这种能力作为基础,自然而然就更有可能抓住更多、更好的发展机会,这也就是内部优势定位思路的根本之所在。需要说明的是,这里所说的"敬业"是指对工作抱认真负责、积极投入的态度,"爱岗"是指传统观念上的干一行爱一行、不主动要求调换工作。因此,"敬业但不一定爱岗"意味着人才能流动、岗位可轮换,相对于"敬业爱岗"的说法,可能更适应人才流动加强、资源配置优化的发展大趋势。

3.3 内外环境匹配

外部机遇定位,强调的是只要找到市场及市场所需的产品或服务,就能求得企业的生存与发展,而向市场提供产品或服务本身并无困难,其中隐含着由外而内的"需求拉动"思路。内部优势定位,重视的是加强企业自身的资源、能力、信誉等实力,认为只要有实力,市场机会总是会有的,其中隐含着由内而外的"供给推动"思路。就现实企业定位而言,抓外部机会与建内部优势这两者是相互关联、密不可分的。外部机遇的差异尽管无法完全解释不同企业之间可能存在的长期业绩差异，却至少能部分说明短期内这些企业之间可能存在的业绩差异。内部优势的不同尽管不能完全解释跨行业的企业之间所存在的业绩差异，却可以部分阐明同行业企业之间可能存在的业绩差异。本节所讨论的内外环境匹配定位思路，进一步关注机会与优势的有机结合，其中所体现的是内外兼顾的"供求匹配"思想；下一节将讨论的主客互动整合定位思路，所体现的是一种对内外部、主客观因素有机兼顾的"供求协同"思想。

事实上，外部的机会如果不与内部的优势结合，那么机会将永远都不可能转化为企业的现实获利，而优势也就只能停留在潜在的可能状态之中。从上一节对企业优势所做的资源、能力、信誉三要素分解来看，对个人和企业来说，只有与机会匹配的资源、能力、信誉才构成企业现实优势；如果没有资源、能力、信誉的全面支撑，机会甚至还有可能成为威胁，因为它可能会被竞争对手抓住并加以有效利用，将其转化成为他们竞争优势的源泉。应该看到，在市场经济条件下，机会均等并不是指每一不同的个人或企业都一定能得到属于其自身的机会，而常常是指许多拥有不同综合实力的个人或企业面临相同的有限机会。也正是在这个意义上，机会常常偏爱那些有准备、有实力的个人或企业。

现实中，诸如技术突破、需求变化、竞争加剧等事件都会给强者增加机会，给弱者带来威胁。对具体的个人和企业来说，绝不会如通常所说的机会与威胁共存。从战略上考虑，真正的强者不仅仅属于那些能发现并有能力抓住机会的人，更属于那些在找不到机会时能主动创造机会的人。显然，发现机会与创造机会都需要能力，而且是两种不完全一样的能力。因此，关键是认清自身所具备的实力与外部所提供的机会，以便在此基础上确定企业合适的战略定位。机会与实力权变定位的成功需要借助企业的积极运作，实现物流、商流、资金流的充分交换与有机匹配。例如，从经济交换的角度出发，通过考察内外部相互作用关系，实现企业专用能力、知识、资产与外部产品或服务、生产要素、资本市场的有机结合，以形成内外要素的组合优势，为企业的长期、稳定发展奠定基础。

从战略定位角度来看，能力始终是相对于要做的事而言的，能力也只有在做事中才会逐步显现出来。任何个人与企业均不可能具备无所不能的能力，即使有这样的能力，也不可能做到事事都是最能干的。如果某人或某企业认为自己事事都是最能干的，实际上也就意味着假设其他人或企业都不能干，而这个假设是站不住脚的。这也正是本书第1章提出"特色、取舍、组合"这样的战略"三出路"的依据之所在。所以，每个人及每个企业都只能在其某些特长领域及特定事业中形成优势。正如战略启示3-3中的"寓言"所述的，每个人、每个企业实际上也都应该是有特色的个体,如果注意发挥自身特长,应该都是可以有所作为的;但是,若选错目标,以己之短去做事,则遭受挫折也是必然的。

战略启示 3-3

寓言:动物学校[11]

为了应对人类过度扩张所带来的日趋恶化的生存环境的挑战,动物们决定开办自己的学校,以增强动物们的环境适应能力。考虑到许多动物正面临物种逐渐消亡的威胁,原先由许多动物共同承担的功能将可能会由存活下来的少量剩余动物来承担。动物学校设置了比较全面的课程,每种动物都必须参加跑步、爬行、游泳及飞行四种课程的学习,最后,只有通过所有课程的考试并取得合格成绩者,才能拿到毕业证书。当然,这种要求只适用于希望上学拿证书的动物,其他动物可以根本不管这些规定。

动物学校的这种运作模式,标准统一,管理方便,但运行一段时间后发现效果很不理想。比如,鸭子原来在游泳上表现突出,飞行方面刚好及格,跑步则很差,进了动物学校后,每天放学,它都放弃游泳及飞行训练,重点练习跑步,以致将它那双有蹼的脚都磨破了。一个学期下来,它最后只有游泳一项取得了及格的成绩。再如,松鼠在爬行课程上表现优异,但有次上飞行课时,老师要求它从地面起飞来取代它习惯上的从树梢滑落,结果屡试屡败,在心理上留下了极大的阴影。后来松鼠终因心理挫折及运动过度导致肢体痉挛,学习效率急剧下降,最终在爬行项目上只得了 68 分,而跑步的成绩才勉强及格。

起初,兔子的跑步成绩一直名列前茅,但自从参加了游泳课程的学习后,由于每次下水前必须频繁地化妆,不久它便因此患上了神经衰弱症,不得不中途退学回家休息。只是结果却阴错阳差、因祸得福,出乎预料地当上了校外动物王国奥运会的跑步冠军。最后,老鹰被作为问题学员受到了特别严厉的惩罚。例如,它在爬行课程中,就是不用老师所教的方法而坚持采用自己的做法,尽管它最终打败了其他学员最先到达树顶,但因为固执己见、不尊师教、毫无悔改而受到了学校的留校察看处分。

在动物学校创建一周年的总结表彰会上,一只经过了一整学年的学习在游泳、跑步、爬行各方面表现都不错,而且稍具飞行能力的奇特鳗鱼因为各门课程都及格且平均成绩最高而被评为优秀学员,获得了动物学校的毕业证书。

穿山甲认为学校课程设置不合理,特别是没有将掘土、挖洞等项目列入课程教学计划,因此拒绝入学并反对花钱办这样的学校。它们将自己的小孩送到了獾那里学习,后来土拨鼠、地鼠等也纷纷加入,最终开办了一所非常成功的私立职业学校。

从找到机会、发挥特长的角度来看,实际上运用的是内外匹配的企业战略定位思路。据此可对前面定义的企业内部优势所涉及的能力做如下划分:一是敏锐的洞察力与预见力,它能帮助企业发现他人所没有发现的事实或经营模式，从而为顾客创造一流的产品或服务；二是优异的一线执行能力，它通过协调一线员工的相互关系，使组织内各活动本身及其相互配合达到业内一流的水平，从而为顾客提供业界最好的产品或服务。[12] 这里，洞察力与预见力可以表现在以下方面，如对科学或技术知识、专用资料的认识和利用，卓越的逻辑推理与数据分析，优异的产品发明与技术创新，特别的市场组合与经营模式的构建；一线执行能力可以表现在，组织中的个人或群体做好各种顾客服务活动，从而达成业务流程各环节的互补组合。也正因为如此，企业内部优势的构建必须人人参与，使每个员工都成为能代表或反映企业形象与品位的窗口。

应该说，在实际进行自身战略定位时，任何个人与组织都会自觉或不自觉地在一定程度上运用内外匹配的思路。这就是根据自身所掌握的内外部环境条件情况，通过客观分析再加主观判断，最终做出战略定位选择。从整个企业战略的形成过程来看，这里似乎不存在明显的指导思想上的错误，问题在于实际操作中人们往往假设决定战略态势的关键要素，如顾客、竞争者、行业结构、市场走势、成功秘诀、失败陷阱等，只要属于客观事实，均能被所有的分析者获取，因而希望对于这种内外部情况的匹配分析能客观、客观、再客观，试图实现科学、客观意义上的内外环境有效匹配，结果导致在战略构思过程中过分看重统计数据、趋势图表、预测模型等理性化、逻辑化的东西，而在无形之中相对忽视了战略构思中至关重要的人性化灵感等因素的作用。事实上，注意到不同的决策者对内外环境的认知各有差异，这一过程存在主客观相互作用，关键在于认清其中所隐含的前提假设，才能构建各具特色的企业战略。[13]

就内外环境匹配定位的具体工具而言，最常用的就是企业内部优势、劣势与外部机会、威胁（SWOT）综合分析方法，表 3-1 所示的就是一张典型的 SWOT 分析检核表。如果说企业定位的目的就是希望通过分析导出"做什么"才能确保企业生存的结论，那么 SWOT 分析的重点就在于，通过对企业内外部关键战略要素的剖析，以阐明企业可做（机会）、该做（允许）、能做（实力）、想做（值得）的到底是什么，并通过要素组合，从中找到适当的战略出路，也就是导出如图 3-2 所示的"拟做什么"的战略建议。显然，这种借助于 SWOT 分析之类的工具，通过内外匹配寻找战略定位的做法在指导思想上存在着一定的局限性，也就是更多地体现了一种静态的组合观念，过多地关注了哪些是企业可做、该做、能做、想做的，哪些是企业不可、不该、不能、不想做的，哪些是企业能选并可以相机抉择的，哪些又是不能选或别无选择的（见战略启示 3-4），因而，相对来说，比较容易忽视，最终得到的分析结论可能存在对于动态情境的依赖性。

表 3-1　SWOT 分析检核表[14]

内部优势（S）	在内部劣势（W）
产权技术？	设备老化？
成本优势？	战略方向不明？
特殊能力？	竞争地位恶化？
产品创新能力？	产品线范围太窄？
经验曲线优势？	易受竞争压力影响？
具有规模经济性？	研究开发工作落后？
适当的财务资源？	缺少关键技能或实力？
良好的竞争技能？	营销水平低于一般企业？
经验丰富的管理人员？	管理不善或管理能力较弱？
被公认是市场领先者？	战略实施的历史记录不佳？
有可能回避竞争压力？	不明原因导致的利润率低下？
买主对企业的印象良好？	缺乏改变战略方向所必需的资金？
精心设计的职能领域战略？	相对于关键竞争对手而言成本较高？
外部机会（O）	外部威胁（T）
纵向整合？	市场增长较慢？
市场增长迅速？	竞争压力增大？
可以增加互补产品？	不利的政府政策？
能争取到新的用户群？	行业有新的竞争者进入？
进入新的市场或市场面？	替代品销售额正在上升？
多元化进入相关产品领域？	用户讨价还价能力加强？
在同行竞争企业中业绩优良？	用户需要与爱好有所改变？
有能力进入高盈利的细分市场？	易受衰退与商业循环影响？
扩展产品线以满足更多用户的需要？	人口统计情况的不利变化？

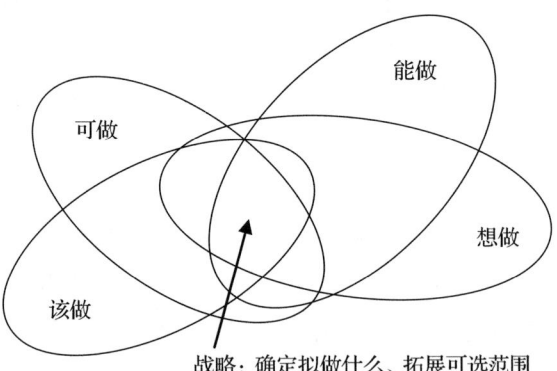

图 3-2　战略定位：确定拟做什么与拓展可选范围

战略启示 3-4
战略定位：内外环境匹配

什么可做（机会）、该做（允许）、能做（实力）、想做（值得）？

什么不可、不该、不能、不想做？

什么属于别无选择？什么可相机抉择？

战略突破的关键：如何改变与拓展可选范围？

实际上，战略定位的关键不在于对现有内外因素的匹配组合，因为这些组合可能谁都能看到，而在于如何拓展战略选择范围，这就是看到或开发出他人看不到或无法开发的新机会。这意味着，从实践发展的眼光看，企业除了简单地需要确定"拟做"战略外，还有可能通过自身的主观努力，协同内外环境各要素的作用，从而扩大自身对于图3-2中交集所示的"拟做"战略的选择范围。由此可见，仅仅从SWOT分析的排列组合中寻找方案可能在战略思路上会受到很大的局限，许多成功的企业家在实践中往往会更多地采取这样的做法，即通过无中生有式地创造方案，改变与拓展战略的可选范围，寻求更为合适的战略定位。

3.4 主客互动整合

事实上，在关注内外部环境匹配的过程中，如果特别注意到内外环境要素之间所存在的相互作用关系，就有可能导出更为一般的基于主客互动整合的战略定位思路。这里所提出的主客互动战略定位原理，是作者在外部机遇、内部优势、内外匹配这几种战略定位思路的基础上，结合自己的战略咨询实践与理论研究所做的一种理论综合。有关这方面的零散表述，可以在战略管理文献中找到。

从第1章的战略"三假设"角度来看，如果说外部机遇定位关注的重点是战略的环境假设，内部优势定位关注的焦点是战略的实力假设，内外匹配定位只是简单地对环境与实力两个假设做匹配组合，那么主客互动整合的定位思路就是在前述环境、实力分析的基础上，进一步关注体现在定位行为背后并能影响定位行动取向的指导原则，如定位所涉及的主观与客观、内部与外部各主体是如何相互依赖与相互作用的，从某种意义上看，也就涉及了战略使命假设层面的内容。

战略的使命假设会影响企业对于自身未来的构想，从而影响企业关于实力建设与机会把握的决策（见图3-3）。正是从这个角度看，与前面各节讨论的定位思路相比，主客互动整合定位更为强调战略定位的动态演化性质，特别关注如何通过企业内外各方面人员的互信、互赖努力，在变化中不断增强实力、创造机会。这里的重点在于，如何营造出独特的企业经营优势，如何拓展出丰富的战略可选方案，而不仅仅是采用类似于机会、威胁、优势、劣势分析的方法，指望通过对内外要素进行简单的静态排列组合，找出现实存在的各种可选战略方案。

如图3-4所示，一个企业组织的战略优势可以从内外部、主客观两个层面来考察。从组织内部来看，企业的战略优势既可能源自于客观资源，如企业的设备、厂房、办公楼等有形资产，也可能源自于主观解释，如关于企业的内心想法、信念、知识等。从组织外部来看，企业的战略优势涉及行业甚至社会对于企业的客观资源投入与主观解释判断等情况，前者如行业的进入障碍、产品差异、行业集中度情况等，后者如全行业及全社会对企业经营成败的了解、认知、信心等。这里提到的"行业集中度"是指行业中最大的前几家企业的业务量或业务额等可比指标在全行业该指标总和中所占的比重情况，该比重的数值越大，通常就称为该行业的行业集中度越高。

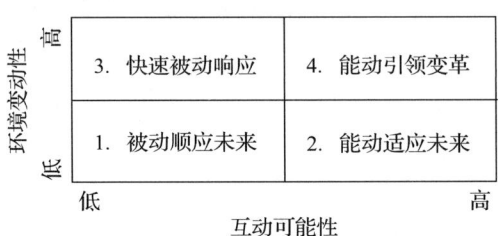

图 3-3　环境变动性与互动可能性

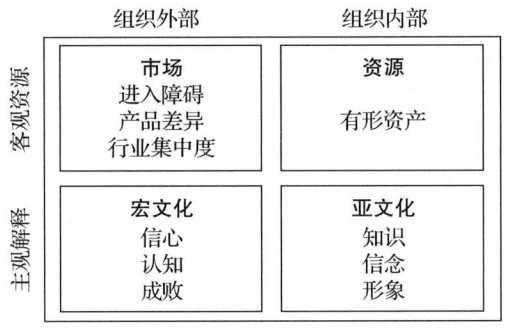

图 3-4　组织内外部战略优势来源[15]

一个组织的战略优势受到组织的内外部与主客观四个方面因素的影响，这些因素相互作用，构成一个决定企业战略优势的有机整体。如图 3-5 所示，从客观资源层面来看，企业可以在组织内部进行自身的战略构想，比如，企业提出要进入世界 500 强，并决定在市场上寻找机会，进行战略投资，但是如果企业的这一战略构想得不到组织外部各方面的认同，如外部银行家及合作伙伴觉得该企业目前的实力太弱，在国内同行中还排不到前 5 名，要进入世界 500 强根本不可能，谁也不愿投入资源去满足该企业的战略投资需求，那么该企业一些本来可以做成的项目也许就会由于缺少组织外部的必要支持而变得毫无成功的可能。

再从主观解释层面看，企业可以在组织内部进行自身的战略设计，对外宣传企业的产品质量、品牌形象、文化理念等，但是若这种宣传偏离了企业外部公众的要求，甚至引起了公众的反感，则最后不但无助于企业战略优势的提升,反而可能对企业的未来发展造成损害。例如,专题实例 3-1 所提到的海信集团的做法,尽管其中可能存在新闻炒作的成分,但从市场互动的角度看,这种做法无疑会在无意中起到激发黑客的攻击热情的作用。作为一个安全产品,关键是要具备出奇制胜的能力。必须看到,网络安全问题的出现与解决,永远存在着矛与盾的此消彼长关系,客观上找不到一劳永逸的方案。任何公司都不能错误地假设自己的安全产品一定能做到天下无敌,甚至公开、高调地宣扬这一点,毕竟这样做的结果是很容易把使用自己公司产品的顾客变成全球黑客的挑战对象,从而难免会使得视安全为生命的顾客对公司的产品产生微妙的敬而远之的心理。

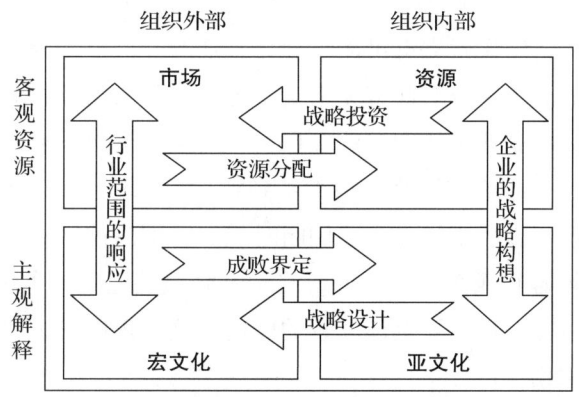

图 3-5　组织内外部战略互动[16]

专题实例 3-1

海信挑战黑客有何益

许多年前,海信集团曾悬赏 50 万元,以自身研制的防火墙(8341)向全球黑客发起挑战。结果没想到的是,仅仅过了 3 天,海信网站的主页就被黑客黑掉,并在其上发表了一封公开信。信中称,海信公布的 IP 地址根本不通,这是对黑客的极大侮辱,海信的行为"无非为了炒作"。最后,黑客还留下威胁性的语言:"现在勒令你立即停止叫板,否则贵网站一年四季休得安宁!"[17]

这里,海信集团的做法并不符合顾客的利益。从使用防火墙的顾客角度看,最好不要惹是生非,这样才可真正确保网络安全。他们绝对不会也不愿公然与全世界的黑客叫板:"我用海信的防火墙,你们来攻击我的网络吧。"海信集团的产品刚出来就敢假设"用我的产品没事",向全球黑客叫板,无形中就将使用其产品的顾客置于跟全世界的黑客对立的地位,意味着谁买海信的防火墙,谁就会面临黑客的挑战。那么,又有谁会甘愿冒如此风险呢?

从主客互动整合定位的理论依据看,主要有心理学的认知理论和社会学的互动理论。[18] 这里需要强调指出的有两点:一是社会公众会根据自己对于企业的理解和认知，就企业的形象、信誉、品牌、经营成败等做出判断，并采取相应的措施。如果企业不能改变公众的态度与看法，就很难真正影响他们的行为。二是企业的存在必须符合社会公众的心理预期，并据此做出响应，否则终将会被社会公众所抛弃。企业如果不了解公众的预期，就不可能为公众提供良好的产品和服务。正是因为企业与公众（当然包括企业的顾客）之间存在着这种认知互动关系，所以在考虑战略定位时，只有那些能对此进行有效整合的企业才有可能形成以个性化互动联系为基础，且一般同行难以模仿的战略优势。

举例来说，一个实际上资产质量与经营情况均非常良好的企业，如果由于竞争对手的恶意中伤，再加上不明就里的新闻媒体或小道消息等添油加醋的传播，结果就真有可能在社会公众的心目中形成该企业即将倒闭的看法。而此时如果该企业对此毫无察觉，更没有采取相应的对策化解公众的疑虑，终将有一天该企业可能会突然发现：产品销售出现下滑，因为人们担心企业倒闭，不敢买该企业的产品，怕得不到售后保障；应收款越来越难收，数额不断增大，因为欠款者试图在企业倒闭时赖账；上门催讨应付款的债主越来越多，因为他们担心企业倒闭，自己最终拿不到钱。面对这种情况，即使该企业实力雄厚，也可能会出现资金链断裂的危机。这真正体现了"人言可畏、三人成虎"的舆论杀伤作用。

与以上情况略有不同的另一情形，就是常见的"上有政策、下有对策"现象。一项出发点原本很好的政策，有时会在实施中走形变样，最终执行下来的结果与原先设想的目标严重背离。这里的根源在于，政策出台以后，人们对于政策的互动响应行为使得原先考虑的情况发生了变化，从而导致了政策失效。如果说"人言可畏、三人成虎"所涉及的是一种"自我实现"预言，那么"上有政策、下有对策"所涉及的就是一种"自我否定"预言。由此可见，如何通过有效的全方位的沟通，改变人们的心理定式与假设，从而影响与整合人们对于事实的认知与对于企业的预期，使得公众与企业之间在认知、预期及行为上形成良性互动关系，是需要企业战略决策者给予特别关注的重要领域。

从主客互动整合的角度考虑，在战略定位上，企业必须注意处理好与新闻媒体、广告宣传的关系，以防社会及公众对于企业的战略形象产生认知与预期上的逆反错位现象。例如，在广告宣传方面，在同一媒体、同一渠道上，面对同一受众过度投入，会造成顾客心理厌倦；说的比做的好，市场膨胀快于能力增长，伴随着顾客快速增加的是质量下降与企业形象的迅速恶化；光有宣传而没有终端，顾客看到广告后，想买却找不到相应的商店，使得顾客下次即使看到广告也不想行动。[19] 在产品介绍方面，凡是企业自己明白的，就认为顾客也一定会明白，说明书写得晦涩难懂，造成顾客认知困难。在产品功能方面，复杂得让人看几小时的使用说明书还是搞不清楚是怎么回事，充分发挥产品的功能作用更无从谈起。

总之，不管从哪个角度出发，探索企业战略定位问题，如外部机遇、内部条件、内外匹配、主客互动等，为了在市场竞争中站稳脚跟，都要求企业具有自身的特色实力，能提供顾客所需的产品或服务。当然，面对全球经济的产能过剩、需求不足，为应对竞争激烈的买方市场挑战，仅仅做到这些还不够。诚如德鲁克所说，"人们是没有想象力的"，对于企业自身的产品或服务，企业不应简单地假设顾客的感觉也一定会如企业自己所感觉到的那样好。[20] "酒香也怕巷子深"，企业还须通过加强与包括顾客在内的社会各方的沟通，以便为企业的发展获得社会心理认同、行为理解、预期共鸣、资源投入等全方位的支持保障。当然，更进一步，如专题实例3-2所提到的，如何善待竞争对手，带动行业发展，事关业态整体长期可持续发展问题，更是领先企业战略定位所需关注的焦点。

专题实例 3-2
东阿阿胶：善待竞争对手，引领行业复兴

2006年之前，在相当长的一段时间里，整个阿胶行业只是关注冬季女性补血这一细分市场。结果，随着女性贫血症状越来越少，阿胶市场需求不断萎缩，日趋非主流（主要在农村集贸市场出售）、边缘化（以高龄消费者为主）、低端化（恶性竞争价格战严重）。

面对全行业衰退的困境，作为行业老大的东阿阿胶当时也深陷与其他同行品牌的价格战泥淖而难以自拔。为此，东阿阿胶进行战略重新定位，聚焦消费者心智，发掘阿胶滋补养生价值，让阿胶回归主流人群，以此引领行业复兴。

东阿阿胶隐去品牌，宣传阿胶品类价值；放弃低端产品，开创高端产品；牵头同行参与，完善阿胶产品标准。东阿阿胶通过容纳竞争，制定规范，在实现企业自身连年盈利的同时，带动整个行业的良性发展。[21] 2019年，东阿阿胶入选"中国农产品百强标志性品牌"。

拓展思考题

1. 人们的行为态度与自我认知之间存在着互动关系，不同的心理预期与假设必然导致不同的行为模式。有句话是这样说的："相信命运的人，等待'上帝'关照；相信机遇的人，寻找'贵人'相助；相信自己的人，开创崭新'天地'。"据此，你可否预见这三类人的事业发展前景将会各有些什么不同？为什么？

2. 利用SWOT（优势、劣势、机会、威胁）分析工具，探索企业定位问题，既可以从内外部环境要素的匹配组合中选择战略，也可以通过改变与拓展SWOT分析所给出的可选范围，从而导出更具创意的战略解决方案。就你所在单位的情况而言，可

以采取哪些具体的措施或方法，以达成改变与拓展战略可选范围之要求？

3. 有人认为，只要能先利用表 3-1 所示的 SWOT 分析检核表弄清各企业所面临的外部机会与威胁、所存在的内部优势与劣势，然后根据图 3-6 所示的 SWOT 匹配矩阵对机会、威胁、优势、劣势进行排列组合，就可方便地设计出多种备选战略方案。但是，也有人指责说，这种方法在逻辑上存在漏洞。首先，优势与劣势总是相对于要做的事而言的，机会与威胁也总是相对于优势与劣势而言的。这意味着，在不清楚战略"做什么"的情况下，根本无法进行 SWOT 分析。其次，优势、劣势、机会、威胁是动态发展的，根据企业所掌握的过去与现在的信息，要想得出关于未来的分析结论，其可信度似乎令人怀疑。请结合本章的讨论，谈谈你对 SWOT 工具的实用性的看法。

外部	内部	
	优势（S）	劣势（W）
机会（O）	SO战略 依靠内部优势 利用外部机会	WO战略 利用外部机会 克服内部劣势
威胁（T）	ST战略 利用内部优势 回避外部威胁	WT战略 减少内部劣势 回避外部威胁

图 3-6　战略备选方案形成：SWOT 匹配矩阵

4. 从"因为什么能盈利"的做事决策角度看，关于企业战略定位存在着这样几种形象的说法：一是战略定位如渔民，以机会为中心，但不能指望永远天上掉馅饼；二是战略定位如牧民，以资源为中心，但可能坐吃山空难持久；三是战略定位如农民，以能力为中心，但可能因受资源、需求、产能的制约，受个人认知与行为惯性的局限，而面临能力提升难题。综上所述，最好的战略定位是无中心，也就是招无定式、动态学习、灵活顺变。从主客互动整合的角度出发，请结合实例谈谈可采取哪些切实有效的措施或做法，以积极利用外部环境要素，实现提升企业的内部资源与能力水平之目的。

5. "大规模量身定做"是信息时代的一个时髦提法，但仔细分析可以发现，"量身定做"只有在清楚顾客是谁的情况下才能进行，如果顾客在哪儿都不清楚，实际上是很难进行"量身"的，从而也就更谈不上"定做"。请问：对于不清楚具体顾客到底在哪儿的潜在市场，企业可做些什么？是否有可能"量身定做"？为什么？

资料来源及注释

[1] BARNEY J B. Gaining and sustaining competitive advantage [M]. Addison-Wesley Publishing Company，1997.

[2] WERNERFELT B. The resource-based view of the firm：ten years after [J]. Strategic Management Journal，1995：3.

[3] PORTER M E. Towards a dynamic theory of strategy [J]. Strategic Management Journal，1991（12）：95-117.

[4] 泰勒尔. 产业组织理论 [M]. 马捷，吴有昌，陈耀，等译. 北京：中国人民大学出版社，1997.

[5] PORTER M E. Competitive strategy：techniques for analyzing industries and competitors [M]. Free Press，1980.

[6] 图中举例为作者所加，其余部分参考 PORTER M E. Competitive strategy：techniques for analyzing industries and competitors [M]. Free Press，1980：22.

[7] 转换成本泛指买主从使用一个卖主的产品转而使用另一个卖主的产品所引起的职工重新培训、购买附加设备、要求提供技术帮助以实现转换、对新卖主的产品的质量与可靠性检测、脱离与原供应商的关系并建立新关系等的时间、货币及心理成本的总和。

[8] 陈硕.欧美幽默与漫画杰作[M].成都：四川文艺出版社，1999：280-281.

[9] WERNERFELT B. A resource-based view of the firm [J]. Strategic Management Journal, 1984, 2; PRAHALAD C K, GRAY H. The core competence of the corporation [J]. Harvard Business Review, 1990: 3; MEDCOF J W. Resource-based strategy and managerial power in networks of internationally dispersed technology units [J]. Strategic Management Journal, 2001: 11.

[10] 福斯，克努森.企业万能：面向企业能力理论[M].李东红，译.大连：东北财经大学出版社，1998.

[11] 借鉴教育家李维斯（R. H. Reeves）的著名寓言《动物学校》一文的思路重新改编而成。原文参见柯维.与成功有约：全面造就自己[M].上海：上海三联书店，1996：204-205.

[12] 科因.公司的核心竞争力是否只是一个幻影？[M]//程嘉树，欧高敦.麦肯锡高层管理论丛（Ⅲ）.北京：经济科学出版社，1997.

[13] 雷蒙.战略思想的来源[M]//哈默.战略柔性：变革中的管理（1998）.北京：机械工业出版社，2000：260-268.

[14] 项保华.企业战略管理：概念、技能与案例[M].北京：科学出版社，1994：105.

[15] RINDOVA V P, FOMBRUN C J. Constructing competitive advantage: the role of firm-constituent interactions [J]. Strategic Management Journal, 1999（8）: 693.

[16] 根据RINDOVA V P, FOMBRUN C J. Constructing competitive advantage: the role of firm-constituent interactions [J]. Strategic Management Journal, 1999: 8.一文的图2及图3重新综合整理而成。

[17] 云君.海信走了一招险棋.中国经营报[N].2000-09-05（23）.此处引用时，对原文已做部分修改。

[18] 特纳.社会学理论的结构[M].邱泽奇，等译.北京：华夏出版社，2006.事实上，这种双向互动作用问题在人文社会系统中大量存在，西方经济学中的理性预期学说也对此做了类似阐述。

[19] 宋新宇.广告的极限[N].中国经营报，1999-05-11（5）.

[20] 贝蒂.管理大师德鲁克[M].吴勇，译.上海：上海交通大学出版社，1999：149.

[21] 张凤安.10年前，他因为善待竞争对手，带动了整个行业的百倍增长[J].哈佛商业评论，2017-03-31.此处引用时，对原文已做部分修改，特此说明。

The Art and Practice of
Strategic Management

第 2 篇
战略前提：假设论证

第 4 章　明确使命宗旨
第 5 章　了解外部环境
第 6 章　认清自身实力

本篇共分三章，分别讨论以下内容。

第4章"明确使命宗旨"，从跨期平衡兼顾顾客、股东、员工、社会"四满意"这一企业立身之本出发，讨论了常见的顾客理念的内涵及其局限性，探讨了以回头、引荐、盈利为核心的战略顾客理念；基于企业与人生存在理由的阐述，提出了以无形的生存意义与有形的生动意境为核心的企业使命愿景表达构想，给出了以时点状况与过程走势为基础的两维战略演化目标态势描述思路；最后，在上一章所讨论的战略定位原理的基础上，给出了综合考虑做事科学观与为人价值观的企业定位原理。

第5章"了解外部环境"，从引介外部战略要素、行业发展格局的分析技法入手，在剖析波特五力竞争模型的基础上，构建了六力互动模型，以作为探讨企业微观经营环境中各市场力量之间竞合演化关系的有效工具；从整个市场、企业现状及对企业盈利的影响三个维度出发，研究了顾客行为与结果分类方法，据此给出了拓展企业当前及未来盈利的回头或引荐型顾客群体的战略思路。

第6章"认清自身实力"，从流程、结构、实力剖析入手，探讨了企业需要做些什么（活动）、做成什么（任务）及相关时序逻辑（流程），讨论了与企业如何做事相关的组织结构支撑框架，给出了由内在的资源、能力、信誉与外在的产品或服务的内涵品质、顾客偏爱、终端可获两部分组成的企业实力分析架构，提出了基于市场、管理、资源三大整合的顾客、配送、服务、流程、政策、制度、文化、技术、业务、竞合十个层面的综合战略构想。

第4章　明确使命宗旨

【学习目标】

知识目标：弄懂跨期平衡兼顾顾客、股东、员工、社会"四满意"。
技能目标：透析顾客理念的内涵及其局限性，掌握顾客理念核心。
能力目标：能清晰构想和表达企业使命愿景，运用价值观定位原理。

【要点提示】

企业立身之本

跨期平衡兼顾顾客、股东、员工、社会"四满意"。

顾客理念核心

只有回头客才是真顾客，只有能向他人推荐本企业产品或服务的顾客才是真顾客，只有对企业盈利有贡献的顾客才是真顾客。

使命愿景构想

使命愿景 = 生存意义（抽象理念）+ 生动意境（具象情景）
　　　　　无形的"意义"+ 有形的"意境"

企业价值定位

企业定位不仅要关注做事与为人所涉及的客观规律性定位，更要关注涉及多主体、多指标、多伦理等发生矛盾冲突而难以兼顾时的轻重缓急或优先排序的原则，即主观价值观定位。

做好企业价值定位，必须关注使命观陈述、绩效观执行、行为观后果、科学观流程等企业价值观体系所涉及的要素之间的内在协调与相互匹配性，谨防企业在无意识中犯错。

4.1　企业立身之本

企业定位探索的关键在于弄清企业存在的理由，即很好地回答"因为什么能盈利"和"盈利为了什么"这两个问题。作为战略的哲学思考，弄清"因为什么能盈利"，涉及企业经营的内在客观规律，也就是做事科学观的定位，需要解说"因为什么"企业才能盈利的事实依据，这有助于实现企业"活得了"之目标；而弄清"盈利为了什么"，涉及企业经营的主观价值动机，也就是为人价值观的定位，需要说明企业盈利到底"为了什么"的目标动机，这有助于实现企业"活得好"之目标。

第 3 章"战略定位原理"所讨论的主要就是如何做事的定位问题，其关键在于说明因为什么因素的作用，或是由于做了什么，才最终造成了企业间的经营业绩差异，特别是一个企业能取得比其他企业更好的业绩，如获得超过一般水平的盈利回报（简称"超常回报"）或活得更为潇洒自在等。而本章将涉及的主要是如何为人的定位问题，其关键在于说明企业获得超常回报的目的意义到底何在，或者说企业经营可能给各方面带来的利益和影响是什么，如企业该如何看待或处理与企业经营相关的各利益主体的关系等。

现有的战略理论[1]似乎更多地关心"做事"层面的定位问题，而相对忽略"为人"层面的定位思考，这是由于后者涉及更强的个人主观价值判断，带有因人而异的特点，很大程度上取决于战略决策者的个人选择。只是问题在于，在现实企业的定位探索中，做事与为人是相互交织在一起的，做事的决策离不开正确的为人价值观的指导，而为人的原则须遵守客观的做事科学观的规律。不弄清"做事"与"为人"这两者的前因后果的内在联系，很容易造成战略思路逻辑的混乱。

例如，就回答企业战略的"三做"问题而言，本质上就涉及了需要"做些什么"（活动过程）与"做成什么"（目标结果）的思考，要求人们不仅要关注经营的过程，还须同时关注经营的结果。如图 4-1 所示，从企业的动态经营的角度看，对于过程与结果的不同思考有可能产生两种具有不同起点与结果的经营循环。这里的核心在于，需要弄清：不同循环的始动力量到底在哪儿？最终能否导致不断自我加强的良性正反馈循环，也就是形成"利他自利的互动、互赖、互惠"循环？[2]

循环 1：从起点 1 出发，竭力追求私利（如个人或企业的目标），在内外环境的规制完备的情况下，只有通过正常的渠道与合法的手段，才有可能实现增加收入的私利目标，这样做的同时，也有助于达成为顾客与社会提供最好的产品或服务的目标；而在内外环境的规制不完备的情况下，有些个人与企业有可能通过采取不正当甚至非法的手段来更多地牟取私利，显然，这样做的结果必然有损于顾客与社会利益目标的达成。

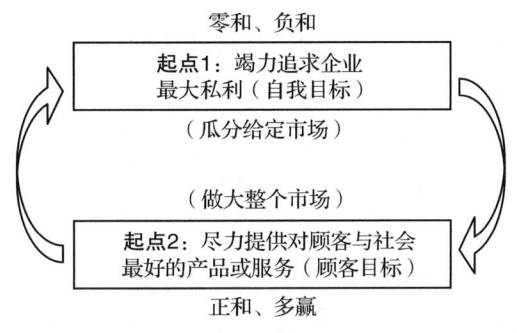

图 4-1 起点不同的两种循环

循环 2：从起点 2 出发，提供对顾客与社会最好的产品或服务，其实现目标的手段本身就已隐含关注了外部公众的利益，自然也就更有可能是合法的。而对除公共物品以外的绝大多数产品或服务而言，若能以更高的成本效率提供更好的满足顾客与社会需要的产品或服务，事实上也就意味着企业有着更强的经营实力，更有可能在市场竞争中胜出，从而自然可以保证与此相关的企业与个人盈利目标的实现。

根据以上关于两种循环的分析，从长期的角度看，在企业内外部环境中社会法规等制约体系相对完善的理想情况下，无论是从个人及企业私利出发，还是从顾客及社会利益出发，最终都能形成个人及企业与顾客及社会各方收益不断增长的相互强化的循环。而在企业内外部环境制约体系不可能绝对理想的现实社会情境中，从顾客及社会利益出发，首先关注他人的利益，更有可能形成相互强化的循环；从个人及企业私利出发，首先重视自身的利益，则有可能因唯利是图、不择手段而导致循环的终止。

如果考虑到现实社会情境中的任何外部制约总有漏洞存在，那么对企业来说，在考虑发展定位时，就应更多地从提供对顾客及社会最好的产品或服务的角度出发，通过不断增强自身经营实力，最终实现增加自身收益之目标。否则，过分强调以追求个人及企业私利为出发点，在制度约束缺乏的情况下，更有可能掉入投机钻营、急功近利的陷阱，终将危及企业的长期、持续发展。国内外发生的各类产品质量与食品安全危机，许多大公司出现的业绩造假与金融丑闻，就是这种情况的最好证明。

正因为如此，选择正确的企业立身之本出发点，做好企业的战略定位具有重要的现实指导意义。为此，特别需要明确企业的使命追求，也就是企业长期经营需要完成的根本性做事任务。例如，某软件公司提出的"让每一张桌子上，每一个家庭中，都有一台计算机，都使用本公司的软件"。同时，需要确立适当的经营宗旨，也就是做事的指导原则、方针、标准和文化价值观等，如某实业公司强调"员工满意,顾客满意,股东满意"。[3]

一般地,从企业的战略决策者,特别是能真正对企业经营的成败负责,并与企业共存亡的关键经营者或法定代表人的角度出发,回答企业立身之本,也就是企业存在的根本理由问题,必须注意考虑企业内外部环境、上下各方面存在的各类利益相关者的诉求,否则将如图4-1所表明的,有可能损及企业的长期生存与良性发展。具体地说,考虑企业的立身之本,通常需要兼顾以下几方面群体的利益。

第一,企业的顾客。顾客不满意,会离企业而去,自然不可能购买企业的产品。也许现实中会存在这样一种例外情况,就是处于垄断行业中的企业,面对供不应求、缺乏竞争的市场,在一定程度上可以置顾客的意见于不顾,完全按自己的设想一意孤行。一般情况下,只要存在竞争与替代品的威胁,顾客就有权利通过比较,自由地选择自己所喜欢的产品或服务,此时的企业经营就必须考虑如何才能更好地满足顾客的需要。为此,企业需要注意倾听顾客的声音,特别是顾客关于企业产品或服务的意见,否则顾客就可能会转而购买其他企业的产品或服务,并实际上剥夺了企业通过顾客获得进一步的市场需求信息的权利。

在考虑顾客满意时,必须注意的是基于顾客的观点,而绝不是企业的观点。需要指出的是,在顾客关系管理上,有些企业矫枉过正,从计划经济时代对顾客的冷漠走向了市场经济中对顾客的过度反应。[4] 例如,有些企业从搜集顾客信息、分析市场需求的自身管理需要出发,通过给顾客发调查问卷等,无端增加顾客的麻烦;还有些企业,不是事先在产品或服务质量的防范保障方面下功夫,而是通过建立各种所谓的先进售后服务体系,事后让顾客碰到质量问题时碍于售后服务人员的热情,变成"哑巴吃黄连,有苦说不出"。事实上,判断是否真正出于顾客需要考虑有一个简单的准则,就是看一项活动是确实提升了顾客价值,还是仅仅消除了顾客的不满。按此准则判断,不提升顾客价值的服务实际上是累赘,最好的服务是免服务,最好的保修是不用修,最好的管理是无管理。

第二,企业的股东。从长期的角度来看,股东作为企业的投资者,如果不能从企业经营中获得满意的回报,必然会将投资转向其他企业,从而使企业的未来发展失去持续资金投入的支撑。对那些能控制企业的大股东来说,如果对关键经营者或战略决策者不满意,还有可能采取撤换管理层的做法。当然,从根本利益上看,股东与企业战略决策者是一致的,只是在具体操作上,由各人所掌握的信息及偏好、所处位置及立场的不同所决定,可能会在企业业务发展的方向、时机、前景等判断与选择上产生分歧。此外,从资本市场的角度考虑,股东满意需要考虑的因素之一是能否使企业的业绩与股价保持在适当的比例范围内。股价超过企业长期实际业绩支撑的太快上升或低于实际业绩支撑的太慢上升,以及其他太过异常的非理性波动,都有可能影响投资者及社会公众对于企业现状及前景的认知理解与客观评价。

第三,企业的员工。这里的员工包括了管理团队、技术骨干、普通职员、一线工人等,其对于企业发展的重要性是毋庸置疑的,有人甚至还认为,没有满意的员工也就不会有满意的顾客,因为员工的不满会表现在与顾客的交往中,从而在无形中向顾客传递有关企业及产品的负面情绪,结果降低了顾客对于企业产品的购买意愿。特别是在以智慧员工的创造力为基础而存在的现代企业中,最重要的知识产权不再是发明、专利、技术诀窍等,而是存在于员工头脑中的思维创新能力。在这类企业中,个人的知识、经验与技能成为企业整体资产不可或缺的重要组成部分,智慧员工的思想创见成为最重要的资产,在决定企业发展潜力上发挥着比有形资产更为重要的作用。此时,企业不能再像传统工业经济中那样,只要拥有与控制有形资产,就能达到完全掌控员工的目的。[5]

在具有以上这些特色的所谓创造性经济中,企业的员工经常采取用脚发言的形式,表达自己对企业的不满,人才流动将变得更为频繁,以至于在所谓的"新经济"发展的高峰时期,有人说在美国硅谷,熟练的设计人员在公司之间跳来跳去像换办公桌般容易。有鉴于此,如果企业的生存对优秀人才的依赖性很强,那么最明智的做法是,努力在企业内营造一种留得住优秀人才的环境,诸如为员工提供更多的个性化服务与更为灵活、宽松的工作氛围等。在传统工业经济中,企业更多地依赖于有形的商人、商品、商场来扩大自身的生存空间,而这会在很大程度上受制于企业的地理区域,不可能无限制地吸引众多的企业、顾客或供应商到自身的势力范围来。而在创造性经济中,企业持续优势的依托将逐步从有形的东西转向市场信号、相互信任、企业信誉等无形资产,更多地依赖于无形的信息、机制、网络,这种影响力很容易跨越传统的地域距离的局限。

当然,从创造性思维的产生对于人际交往的需求来看,现代企业也应正确看待员工的流动性问题,并不是员工稳定性越高就一定越好。适当的员工流动性,有助于促进经验与思想的交流,从而增加企业的活力。基于员工适当流动的考虑,员工满意的关键在于,要让员工觉得在企业工作时感到舒心,并会由于企业所提供的相互交流、相互促进的工作环境而受益,而一旦自己想离开企业时,又能方便地得到许可。为此,企业既需要充分尊重员工个人的价值,利用其创造性能力为顾客服务,同时又要通过建立相应的制度,以团队的形式来保障企业实力,以免因为过分依赖于个别天才,一旦天才流失就会给企业带来不可挽回的损失。当然,若能真正使核心人员就企业发展达成共识,构建起共同愿景，则对于企业的未来发展无疑将会发挥更大的作用。

第四，企业运行于其中的社会。这里的社会是指除顾客、股东、员工以外，所有构成企业运行基础的环境因素，如企业的供应商、政府机构等社区基础服务提供者、新闻媒体等公众传媒等。这些存在于企业所处社会之中的利益相关者，如果对企业的做法不满意，必然会反过来对企业的经营施加重要影响。改革开放以来，我国许多地方的初始起步条件几乎相同，面临的宏观政策环境也基本一样，但结果有些地方的企业发展壮大了，有些地方的企业则相对落后了，除了企业自身因素的影响，政府在其中的作用不容忽视。在考虑社会满意方面，必须重视建立企业与公众之间的良性互动作用机制。有些企业家有非常积极的心态，十分注意也比较擅长与社会各方沟通，能得到政府及有关方面的理解和支持，在使企业步入良性发展轨道的同时，也为当地经济与社会发展做出了贡献。

在现实中，还存在着这样一些企业家，一谈政府支持，首先希望考虑的就是免税等政策优惠，而没有站在政府的角度考虑这到底有没有可能。试想，如果所有企业都希望减税，那么政府靠什么来维持其必需的开支，又凭什么提供良好的企业营商环境？令人欣慰的是，目前在我国经济发达地区，一些稍微上规模并创出品牌的企业均非常注意承担社会责任，如与当地公众保持良好的关系，在日益重视"市场"而不是"市长"的同时，更为重视依法纳税。这些做法，实际上也起到了降低企业经营的人为法律风险的作用。改革开放初期，有些企业曾视偷税漏税为自身快速发展积累的捷径，但后来随着市场制度的日益完善，再加上由于同行企业间的激烈竞争，这些企业常常成为被举报处理的对象，付出了惨重的代价，在此过程中也逐渐学会了要守法经营。

有鉴于此，从战略的角度考虑，可将永恒追求顾客、股东、员工、社会"四满意"作为企业的长期立足之本。[6] 当然，这里的"四满意"是作为一个不可分割的有机整体而提出的，所体现的是一种各方利益平衡兼顾的思想（见战略启示 4-1）。短期内，尽管在"四满意"的各个主体之间可能存在着很难兼顾的利益冲突，这就需要在不同时期有所侧重，但从长期看，"四满意"的各主体之间存在着相互依存、相互促进的利益共同体关系，其中的任何一个方面都不可偏废。顾客的存在是企业的生存之本，而股东、员工、社会的支持则为企业运行提供良好的基础。也正是由这种"四满意"主体之间存在的既竞争又合作的长短期关系所推动，在特定区域内形成了由相对集中的同行竞争者及上下游配套厂商构成的企业生态群落，如遍布全国各地，按地理区域相对集聚的西服、衬衫、领带、鞋袜、眼镜、打火机、低压电器等企业群落，以及各类商品交易市场等，其中有些产品甚至在全球市场中都产生了很大的影响。

战略启示 4-1

企业立身之本

跨期平衡兼顾顾客、股东、员工、社会"四满意"。

说明：在认清企业利益相关者的基础上，特别注意"四满意"各主体之间不存在先后优劣的排序关系，需给予跨期平衡兼顾考虑。

以上现象被称为"经济全球化悖论"，[7] 它意味着要在全球经济中占有长期竞争优势，将越来越依赖于地区性的东西，即那些远方的竞争对手难以匹敌的知识、关系和动机，这也可作为我国企业应对国际上跨国公司竞争的战略依据。这就是从努力平衡追求"四满意"的角度入手，在企业内外部环境中形成多赢共生的良性互动整合关系，营造出一个能提高各方面积极性的局部环境氛围。正如吉列公司提出的激励原则所言："经营要获得成功，必须激励与公司有关的每一个人，所谓'每一个人'，包括顾客和员工。"[8] 因此，那种离开"四满意"的要求，将精力放在公关上，一味争取各种政策优惠的做法，只能作为企业短期求生存的权宜之计，不可能作为长期持续发展的根本对策。

实践中，为了有效解决"四满意"各主体利益之间的跨期平衡兼顾问题，必须看到，一方面，就某一特定时刻而言，企业所拥有的可支配资源在总量上总是有限的，这使得"四满意"各主体之间在利益分配上必然表现出此消彼长的关系，似乎给其中某些主体的资源多些，相对来说，给其他主体的资源就自然会少些；另一方面，就不同时刻的分配格局来看，也许可以做到今天更多地向顾客倾斜，明天更多地向员工倾斜，后天更多地向股东倾斜，大后天更多地向社会倾斜，将这些跨越不同时刻的情况综合起来考虑，似乎对"四满意"各主体的考虑又是可以兼容的。因此，平衡兼顾"四满意"各主体的利益，从长期来看是有可能实现的，其前提在于各主体之间的相互沟通、理解，能就企业整体的未来发展达成共识，找到适当的切入角度，以促进各方利益的良性循环。

4.2 顾客理念核心

在对"四满意"的考量中，必须看到，企业最终的回报来自顾客。正因为如此，德鲁克认为，企业只有一个利润中心，[9] 那就是顾客的钱包；经营只有一个目标，那就是造就顾客。但是，问题不在于人们有没有认识到顾客的重要性，而在于人们不知道该如何正确地看待顾客。现实中，人们提出了各种各样基于不同隐含认知假设的顾客理念，常常在无意之中破坏了"四满意"各主体之间存在的跨期利益平衡关系，造成了实际操作上的思路混乱。下面将讨论几种常见的顾客理念提法，并在弄清这些理念所隐含的特定认知假设与应用局限性的基础上，给出更具广泛包容性与现实操作性的顾客理念提法，阐明这些提法背后隐含的理论假设。

第一，顾客永远正确。作为一种看待顾客的态度，这无可非议，若用于实际操作指导，按正确与错误的两分法，则当顾客与员工产生分歧看法时，就会在假设顾客正确的同时隐含着假设企业员工是错误的。偶尔这样做，也许没问题，但若要求员工每次在与顾客意见相左时都承认自己是错误的，显然是违背心理规律的。因为事实上，对任何一个正常的人来说，他在做事前总认为这是正确的才去做的，不大可能事先就觉得是错误的而仍然去做。因此，要求员工每次面对顾客的否定都要做到假设自己是错误的，肯定会让人内心纠结。顾客与企业之间存在的，实际上只是观察角度与立场的差异，而不是简单的正确与错误之分。

也正因为如此，有公司提出两条顾客理念："第一条，顾客永远正确；第二条，顾客错了，请再看一下第一条或参照第一条执行。"还有企业家索性提出"尽管顾客并不总是对的，但是我们的工作是要让顾客觉得他总是对的"。[10] 不管在语言修辞上做怎样的考虑，"顾客永远正确"的说法总会引发逻辑上的矛盾冲突，从而难以对员工起到真正的激励作用，[11] 因为它并没有从指导员工如何做好顾客沟通工作入手，帮助员工与顾客形成良性互动关系，而只是将员工放在"永远正确"的顾客的对立面，易使员工在面对顾客抱怨时陷于被动无助的绝望境地，似乎总觉得自己的工作没做好。

第二，顾客完全满意。将此当成一种目标境界来追求自有其合理的一面，但如果当成操作指南，则可能存在问题。作者就曾碰到过这样的事，许多年前，在某个以"顾客完全满意"作为公司使命陈述的工厂里，其管理团队在被问及公司的使命时，尽管大家发言踊跃，但没有人能指出公司的使命就是"顾客完全满意"，而有趣的是这些管理人员都佩戴了写着该使命陈述的胸牌。事实上，考虑到人类需求会动态调整、不断增长，经济学上存在着所谓的稀缺规律，[12] 即"人们所拥有的远没有所希望得到的那么多，欲望的增长始终快于满足欲望的手段的增长"，可见让顾客完全满意就只是一个不可能真正实现的美好理想。这种提法会产生问题的根源就在于，它隐含假设了企业具有无所不能的实力，可以满足顾客的各种要求，而实际上这是根本不可能的。

第三，顾客是上帝。这种提法从含义上看，与"顾客永远正确"类似。但将顾客比成宗教中无所不能的"上帝"后，在现实操作上会产生更大的困难。观察所有的宗教可知，其中所涉及的至高无上的"神""上帝""真主"等，指的都是为其信徒们所顶礼膜拜的万能者，并且他们从来不说话，永远都是善解人意的倾听者。而现实中的顾客这个"上帝"，不但做不到这一点，却反其道而行之，常常是不想听你说什么，只想让你听他说。可想而知，面对这样的"上帝"，在内心深处谁都无法忍受。还有一点，在商场中碰到顾客时，将其当"上帝"看待，而离开商场环境，在其他场合碰到时，又应将其当成什么来看待呢？这就要求员工能视情况适时转换角色，但在操作上十分不易。当然，如果仅仅基于某些宗教将上帝看成是"造物主"的观点，认为没有上帝就没有人类，以此类推，提出"顾客是上帝"的理念，试图借此强调顾客的重要性，似乎也没有什么不妥。

以上所述的几种顾客理念，基本上流于口号形式，很难真正用来指导企业实践。关于顾客理念的提法还有很多，但基本上都是针对特定顾客的个别行为归纳出来的，根本不具备普遍应用的价值。比如，顾客是傻瓜，什么也不懂；顾客是刁民，经常不讲理；顾客是奴隶，围着企业转；顾客是老师，最解需求意。诸如此类，不胜枚举。必须指出，目前绝大多数企业所持有的各种顾客理念，尽管在提法上略有不同，但从本质上看，都对企业与顾客的关系做了单向假设，要么认为顾客对企业起主导作用，要么认为企业对顾客起主导作用，而没有真正将顾客与企业看成是互动、互赖、互惠的有机整体。正因为如此，在实际处理企业与顾客关系时，依据这些理念行事往往顾此失彼，极易造成其中一方的心理被动与劣势，从而很难形成以双方平等为基础的积极对话机制。

常见的顾客理念所存在的顾此失彼的操作困境在现实中可以找到很多例证。比如，面对专题实例4-1所描述的情况，用顾客永远正确、顾客完全满意等理念显然解释不通，该顾客的行为更不像"上帝"。现实中，该公司的董事长对销售人员说，就当是帮顾客一次忙，为公司做一次广告。试想对于这样的顾客，如果公司不给换，他是否会故意对周围的人说些对公司不利的话？而公司是否有可能逐一跟踪并纠正？如果给他换了，他又会怎么样？另外，还涉及一个重要的隐含假设，如果其他顾客知道公司给予调换后，是否会故意仿效该顾客的做法，将衬衫烧个洞再来换？该顾客内心深处是否比较喜欢公司的产品，即今后是否有可能成为公司的忠诚顾客？当然，还有一个问题，如果顾客要求调换的不是一件衬衫，而是一辆价格昂贵的高档跑车，此时又该怎么办？显然，不同的情况需要采取不同的事先防范与事后处理的对策。

专题实例 4-1

顾客要求调换衬衫

某衬衫集团在其公司所在地设有一家销售店，一天店里来了一个年轻顾客，他手中拿了一件刚买了没几天，但被他自己抽烟时不小心烧了个洞的衬衫，要求给予无偿调换。按照一般规定，像这种情况是不能调换的，但是该顾客反复说明，坚持要求公司给予调换。对于这种情况，到底如何处理为好？

上例中的衬衫集团所采取的做法，实际上体现的只是一种"帮顾客解难、让顾客满意"的顾客理念。显然，这种理念要较前面所提到的各种顾客理念更具操作性。信息产业里的许多企业，在广告中强调的提供一揽子解决方案，实际上贯彻的就是这种顾客理念。这一理念的特色在于，它不需要在顾客与企业之间做简单的对与错的划分，只是说顾客有这样一个问题，企业可以决定是否去帮助解决。企业有能力且愿意，可以去解决；企业实在没有能力或不愿意，也可以放弃。当然，这种理念对于企业与顾客关系的认识也停留在单向假设上，即企业能帮顾客排忧解难，顾客只是企业的服务对象。顾客理念的关键是，其背后所隐含的关于顾客与企业关系的假设，正是这种隐含假设，起着决定企业经营指导思想的作用。深究这种隐含假设，在现实中可以发现，存在着这样两种基本思想，即"己所欲，施于人"和"己所不欲，勿施于人"。

"己所欲，施于人"意为"你要别人怎样待你，你也要怎样待别人"。这里的逻辑关系为："己所欲"作为一般概念上"人所欲"的代表，从中应该可以推知"人所欲"。根据这种说法，"己"认为该欲、该为的事，自然也就是"人"所欲、愿为的事。显然，这一推理过程存在以偏概全的隐含逻辑问题。尽管在操作上人们可以采用同感反省的方式，从回答"假如我是甲，我希望得到什么"中推断出甲可能的需要，但是假设"我是甲"毕竟不同于真正的"我就是甲"，以这种方式获得的关于顾客需求的判断从本质上看还是"己所欲"的翻版。"己所欲"不一定等同于"人所欲"，以"己所欲"强加于"人所欲"有可能陷入自以为是的误区，总觉得自己对市场需求的判断不会错，从而有意无意地忽视对于顾客真正需要的关注（见专题实例 4-2、专题实例 4-3）。正因为如此，有人认为，"己欲施人"会妨碍双向交流的顺利进行，这就像第 2 章中所提到的，观察、倾听需要敞开心胸，尽量做到没有预设、不带成见、少加评判，这是企业在与顾客进行供需信息交流时达成相互沟通、理解的前提。[13]因此，在企业与顾客的相互沟通中，也许更应该注意的是"人不欲，己勿施"。

专题实例 4-2

IBM 公司总裁谈顾客理念

郭士纳（Gersther）原来经营饼干生意，接任 IBM 总裁后，一向以技术老大自居的 IBM 人对他有点不服气。面对员工的抵触情绪，郭士纳在就职演说时说了这样一番话："我不懂技术是事实，但我长期以来是 IBM 的客户，我最了解一个客户对 IBM 的要求。

现在IBM的问题就在于强烈的技术导向，我希望用客户的角度来改变IBM。"[14]

专题实例 4-3

狗不吃的"狗食"

广告界有一个可能是人为杜撰的故事，[15]说的是一家公司开发了一种新的狗食，但没有销路。在公司召开的分析讨论会上，老板希望知道问题产生的真正原因是什么。许多部下纷纷为自己辩解，试图向老板证明他们是如何尽心、尽力、尽职地做好每一件事的，听起来产品名称、包装、定价、广告、宣传、推销等环节似乎都挑不出什么毛病。

老板耐着性子听完所有发言后，终于忍不住吼道："好吧，该死的！既然这样，那么请告诉我，为什么市场销不动？"顿时，会议室里陷入了死一般的沉寂。最后，坐在后部的一位年资较浅的财务经理站了起来，用颤抖的声音说："先生，他们都没有错，主要是因为狗不愿吃这种狗食。"显然，作为一家狗食生产企业，在这里忽略了狗这一最主要"顾客"的需求。

"己所不欲，勿施于人"，从逻辑上看，"己不欲"不一定就意味着"人不欲"，以一己之见很难推测出整个市场的需求。实际上，正是"己"与"人"的不同偏好与欲望才形成了整体上繁荣的多样化市场。尽管从推己及人的思路上看，"己所不欲，勿施于人"这一说法与"己所欲，施于人"的提法基本相同，但在指导企业实际行为时，这两者之间还是存在着区别的。前者意指，自己不希望的就不要强加于人，强调的是企业自律，需要考虑社会责任，不要滥用市场影响力。后者意指，将自己所希望的施于人，强调的是企业要尽己所能，积极为社会做贡献。但问题在于，这两种提法客观上都比较重"己"轻"人"，易将"人"作为"己"的被动施为对象，从而在无意中相对忽视了对于"人"的个性化需求的关注。

事实上，在企业现实经营中，必须同时关注"己"与"人"的问题。因此，在这里可提出"人所欲，己所为"的原则，以作为对上述重"己"轻"人"理念的补充。例如，在考虑顾客与企业的关系时，贯彻"人所欲，己所为"与"己所欲，施于人"相结合的思想，通过企业与顾客的双向积极互动，使"人所欲"与"己所欲"融为一体，以达到真正的互惠多赢或互赖共生的境界。在这里，关注"人所欲"就是要弄清顾客的真正需要是什么，关注"己所欲"就是要考虑企业的使命与实力。在实际操作中，对刚刚创业急需找到顾客的小企业来说，可能在其起步阶段会更多地关注"人所欲"，而对于有了一定信誉积累的大企业，则更需要考虑"己所欲"，以明确自身的使命定位（见专题实例4-4）。

专题实例 4-4
战略取舍：尝试放弃一些顾客

美国西南航空公司倡导"员工第一，顾客第二"。该公司总裁凯勒认为："如果认为'顾客永远是对的'，那就是企业主对员工最严重的背叛。事实上，顾客经常是错的，我们不欢迎这种顾客。我们宁可写信奉劝这种顾客改搭其他航空公司的班机，也不要他们侮辱我们的员工。"[16]

要实现"人所欲"与"己所欲"的有机结合，顾客理念就必须反映平等、双向的互动要求。这里的"平等"互动指的是"顾客也是人，信赖成朋友"；"双向"互动指的是"顾客和企业，互惠解难题"。特别地，对处于强势地位的企业来说，若能真心平等地对待顾客，则在未来面临市场激烈竞争时，就更有可能留住原有的顾客。按此顾客理念，可进一步对顾客做这样的描述：只有回头客才是真顾客，只有能向他人引荐本企业产品或服务的顾客才是真顾客，只有对企业盈利有贡献的顾客才是真顾客（见战略启示 4-2）。也正因为如此，早在 20 世纪 60 年代初期，泰勒·李维特就做了这样的精辟论断："根本没有所谓的成长行业，只有顾客的需要，而顾客的需要随时都可能改变。"[17] 因此，关注与了解顾客的需求行为是企业把握与服务顾客的根本前提。

战略启示 4-2
顾客理念核心

平等：顾客也是人，信赖成朋友。
双向：顾客和企业，互惠解难题。
"人所欲，己所为"+"己所欲，施于人"。
只有回头客才是真顾客。
只有能向他人引荐本企业产品的顾客才是真顾客。
只有对企业盈利有贡献的顾客才是真顾客。

4.3 使命愿景构想

本章前面两节采用解构的方式讨论了企业生存的前提就是需要处理好与利益相关者的关系，平衡兼顾"四满意"。如果说"四满意"的讨论涉及了企业生存与他人的关系，所解决的只是"为了谁"的定位问题，那么为了进一步弄清企业生存与自我知觉的关系，还有必要解决"为了啥"的定位问题。企业作为某种意义上的生命共同体，既在总体上受到了利益相关者的影响，必须考虑这些主体的利益才能维持自身的生存；同时又不会仅受其中单一利益相关者主体的控制，这意味着一个人可以拥有企业的设备、厂房甚至各种原材料，但不可能真正拥有一个充满活力的企业。[18] 企业是由资源、能力、信誉等要素构成的有机整体，它有着独立于任何组成要素的生存发展理由。从这个角度看，讨论企业生存发展"为了啥"的定位有点类似于信仰讨论，涉及人生终极目的与意义，几乎不可能有统一的结论，但从一个个现实存在的企业的实践运作过程来看，任何一个正常存在的企业，基本上都具有一种努力追求自我完善的意志，其背后存在着某种不以其中单一决策者的个人意志为转移的"理由"，并可将其大致划分为使命、愿景、目标与价值观这样几个层面。

作为概念体系，使命从抽象理念角度阐明确保企业稳定的生存意义；愿景从具象情形角度描绘企业演化的生动意境；目标从状态与趋势角度说明企业稳定演化的动态过程；价值观基于多主体、多目标等发生矛盾冲突而难兼顾时的考虑，给出了企业应该遵循的轻重缓急优先排序原则。这里，使命涉及的主要是企业的核心价值追求，它描述了企业生存的根本意义。作为比较抽象的理念，它具有相对稳定的性质，能为企业运作提供"灵魂或方向"指导。愿景是对使命所做的生动解说，通过给目标加上日期、数字、色彩、图景、联想，让理想变成梦想，变得更加形象化、具体化、过程化，使抽象概念变得清晰、简约、易懂，便于记忆、令人憧憬、让人兴奋，从而在人们的大脑中形成可供想象的意境，增强人们"对于未来的记忆"，激发尽可能多的员工带有情感地关注未来，建立起通向企业未来的时间路径，从而参与、投入到实现企业使命愿景的行动中，以此培养整个企业对于环境演化的敏感性与适应性。[19]这样的对于未来的想象或具象化操作，有助于为企业的未来发展做好准备，在互动行为能影响最终绩效的情况下，借助心理完形机制，可以起到一定的"只怕想不到，不怕做不到"的战略促动作用。

对于体现在企业使命愿景背后的核心价值理念，其实可从剖析中文的"企业"及其所做的"生意"这两个词获得一些启发。首先，从中国传统概念看，"生意"一词正好描述了生存、生命、生活、生计、生产等方面的意义，[20]它涉及的是一个过程而不是时点。再从中国现代概念看，"企业"一词若少了"人"，则将成为"止业"，从而也就意味着企业"关张歇业"了。企业的生存离不开人，人作为具有独立生命的能动主体，自有其存在意义。而企业作为许多能动生命的集合体，必然带有某些不同于其中每一个体的存在意义，也许这就是企业开展业务，即做"生意"时需要探寻使命的关键之所在。正因为如此，本书认为，企业存在的真正意义就在于为企业相关人员实现人生意义提供表演舞台。这意味着，为弄清企业存在的根本使命，必须先明确人生的意义到底何在。

关于人生存在的真正意义是什么，古今中外的哲学家一直非常关注，这也是一个极易引起争论的话题，故有"人类一思考，上帝就发笑"的调侃说法。这里，战略研究可以借鉴意义疗法创始人、人本主义心理学家弗兰克尔提出的观点，从三个方面考察人生意义：[21] 一是通过创造或建树，也就是工作或做出一番业绩；二是通过感受某种经历或与某人相遇，也就是体验事物或结识某人；三是通过对不可避免的苦难所采取的态度，也就是即使陷于绝境而显得有点无助的受难者面对无法改变的命运也依然能通过超越与改变自我态度及行为，实现个人心智的成长与发展。对此，可以简单地用"创造、体验、适应"三个词来概括，分别涉及人生结果、过程与心态的思考。显然，处于不同时间、情境的同一个人，或者源自不同文化背景，甚至具有同样文化背景的不同个人，对于创造、体验、适应这三者的内涵的理解及权重的考虑，可能会有差异。

就企业使命界定而言，一方面，企业作为一个有限人群的集合体，没有必要也不可能做到为全社会中的所有人提供实现人生意义的表演舞台，肯定需要有所取舍；另一方面，在为不同的利益相关者提供人生意义的同时，企业作为整体也需要考虑其自身存在的理由。但是深究企业整体的存在理由，似乎很难找到不带主观动机假设的解释，其中的原因也许正如"生意"一词所体现的，一个运作良好的企业，本质上所涉及的是一个与环境互动互适的永无止境的过程，而作为时序过程载体的企业，其本身就像是一艘不设终点的宇宙飞船，根本不可能对其最终目的做明确的定义。这也可从一个侧面说明，对许多真正与企业共命运的经营者来说为什么时常会有"人在江湖，身不由己"之感叹。言及此，如果一定要就企业的存在理由下定义，也许可以认为，企业存在的根本理由就是为了更好地进一步生存，这似乎是一种循环解释，但是一种没有解释的解释。

企业存在的理由只是简单地为了更好地存在，也就是仅仅追求其自我的不断完善，但是考虑到企业的各类利益相关者，这些人作为个体，其自身都有着对于人生意义的追求，企业需要为他们提供实现人生意义的场所。这样，基于"当下"思考的观点，可对企业使命愿景的表述做出如战略启示 4-3 的一般性概括。显然，通过创造业绩、体验过程、心智适应的途径，为员工提供成就感、成员感、成长感，在具体操作应用的过程中，还需针对具体企业的人员组成、业务性质、发展阶段、行业结构、区域文化等内外部环境情况的不同，给出符合企业特色的更为细化的操作建议。

战略启示 4-3

核心经营理念：使命愿景构想

存在理由：为了企业自身更好地生存。

外在表述：企业作为实现人生意义的场所而存在。

使命愿景 = 生存意义（抽象理念）+ 生动意境（具象情景）。

$$\begin{bmatrix} 成就感 \\ 成员感 \\ 成长感 \end{bmatrix} = \begin{bmatrix} 创造 \\ 体验 \\ 适应 \end{bmatrix} + \begin{bmatrix} 业绩 \\ 人、事、物 \\ 心智成长 \end{bmatrix}$$

战略启示 4-4 表示的就是这样的一个说明性例子。这里，对于企业使命愿景，特别是愿景构想的措辞，需注意杜绝纯粹口号式的假大空语言，而尽量采用那些能让人产生丰富联想，从而引起内心共鸣的词句。例如，抽象地提出要在企业中"创造美好环境"，人们听后可能根本没有任何感觉，而如果要建"花园式工厂"，其中有"小桥流水、鸟语花香"，能感受到"风清月朗、曲径通幽"，也许就容易记住并找到具象的感觉了，因为这样的描述比较形象、生动，充满活力，结果也更具可期待性与可验证性。

战略启示 4-4
使命愿景构想举例：意义、意境

无形的"意义" + 有形的"意境"

$$\begin{bmatrix} 尊重与关心员工 \\ 充分发挥员工能动性 \\ 鼓励员工创新精神 \end{bmatrix} + \begin{bmatrix} 让人觉得公司就像家一样 \\ 使每个人有自由支配的时间 \\ 个人创意能在组织中得到支持 \end{bmatrix}$$

创建美好环境 ⟹ 小桥流水、鸟语花香
风清月朗、曲径通幽

当然，强调企业愿景表述要将使命的抽象理念转化成具象情景，并非意味着使命愿景的表述只需关注结果而可忽略过程。显然，从结果来看，如果所有企业的使命都如某些名企总裁在自传中所写的，只能当世界第一、第二，那么绝大多数企业都该关门歇业了。更何况，按照世界多样化发展的趋势看，也许最具可行性的是各求特色。实际上，对企业来说，在使命愿景陈述中，说明"将成为什么"与说明"此时是什么"[22]同样重要，表明"是什么"与表明"做什么"[23]也同样有意义。这里体现的是一种战略上的手段与目标、过程与终点、"当下"与"此后"的平衡兼顾思想。如果进一步注意到，企业经营环境事实上存在着不确定性，太过刻意地追求结果的实现，可能容易忽略过程本身的重要性，最终反而有碍于结果的实现。从这个意义上看，在企业达到佳境时，战略结果应该只是伴随着方向正确、运作有效、心情舒畅这整个过程而自然产生的副产品，企业超越当前生存的自我实现，也只是自我超越的衍生物。

应该说，企业使命愿景揭示的是一个稳定演化的概念，其稳定在于需要考虑指导企业经营的连续性，其演化在于必须注意保持与外部环境、自身实力、认知水平的互适匹配性。有鉴于此，在企业使命愿景的构想中，需要特别关注其中什么是相对稳定的，什么是动态演化的。根据前面的讨论，在企业使命愿景中，使命表示的是企业存在的意义，这通常不会随外部环境因素的变化而迅速改变，具有相对稳定的特点。例如，某聋儿语训学校提出的办学宗旨为

"告别无声世界，回归主流社会"，某洗洁用品公司强调"对卓越品质的关注"。这些陈述有点像宗教信条那样具有恒久不变的性质，可以经受相对来说较长时间的考验。而愿景表示的则是企业运行的生动意境，这往往需要考虑企业内外部环境变化，具有动态演化的特点。例如，针对"服务重于一切"的使命陈述，某公司提出"建立快速响应的物流体系"；针对"尊重个人创新精神"的使命陈述，某企业提出"给骨干科技人员自主选题的自由"。

从企业创新的角度来看，使命愿景的表述还需要考虑理想与现实、观念与操作之间的平衡关系（见战略启示4-5）。基于战略启示4-5的讨论，可以引出这样的问题：一个大胆、宏伟、富有挑战性的目标与一个根本实现不了的目标，在没有被实践证实之前，是否有可能对其可达性预先加以鉴别？一个是容易实现但不具深远意义的目标，另一个是即使经过长期努力也不一定能实现但很有意义的目标，对个人或企业来说，到底该追求哪一个？现实中能找到的例证是，许多旁人看来永难验证的宗教信仰及信念，却能吸引众多信徒的全身心投入，在他们身上产生能为之奋斗终身的强劲动力，这一点对于企业使命的构想不无启迪。

战略启示 4-5

思无涯，行有制 [24]

乌托邦，广义上指"不能实现的理想"。因为人们不能事先判定什么可以实现、什么不能实现，然后就自我限定，只能在"可以实现"的范围内思考。从这个意义上看，告别乌托邦，也就不再有自由思想者。在这里，应该倡导的是"思无涯，行有制"。

"思无涯"就是解放思想。作为一种属于具体的思想者个人的思维活动，任何理想都应该允许。理想尽可以崇高，更可以不同，但无所谓优劣。贫穷的人们盼"国际接轨"，先富的人们却盼"回归自然"，谁的理想与追求更优？难有定论。

"行有制"就是持守底线。作为一种作用于人类群体的社会活动，任何行为都不能滥行强制。再崇高者的权力也要受制约，再平庸者的权利也要有保障。人们可以为自己所信而努力，但不能以自己所信代替他人所信，或强迫他人为"自己觉得他应该信"的东西而努力甚至献身，这是行为自律的底线。

使命愿景描述尽可志存高远，但脚下的路却要明确可见。在使命愿景操作上，问题的关键在于，如何通过人们的有效沟通，使整个组织在外部环境、使命宗旨、自身实力三个假设上达成基本共识，以此实现组织内部员工之间心灵与思想的深度交流，从而在充分考虑个人使命愿景差异的基础上，形成能被整个组织上下所接受并能用来不断指导与持续激励人们前进的共同使命愿景。这样，即使一时达不到愿景描述的要求，人们也会觉得有奔头、有出路，愿意为之努力、为之奋斗。事实上，人生不只需要关注结果，更需要关注过程。从终极结果看,每个人都是赤条条来去无牵挂,差异又有几何?从过程来看,每个人都需思考活着的意义,对自己、对他人、对社会、对自然生态,又都干了些啥?做人如此,办企业何尝不是如此呢?

4.4 目标与价值观

在使命愿景对企业的意义与意境描述的基础上,目标表述将从状态与趋势两个角度出发,对企业稳定演化的动态过程做进一步的深化说明,而价值观阐述将对战略决策所涉及的多主体、多目标、多伦理冲突给出轻重缓急或优先排序的原则。将目标分成状态与趋势两个层面,主要是由于就企业战略态势的描述来说,仅仅使用其中的一个指标很难准确反映。显然,从反映企业某一时刻经营状况的绝对存量指标看,只有通过横向或纵向的比较,才有可能看出企业的真正活力状况。这正如人的体重、体温、体态等数据一样,绝对值没有太大意义,只有其过程变化情况才能反映生命指征。从反映企业某个时期经营走势的相对流量指标来看,也需要以不同时刻的状态量为基础,否则无法判断变动的基数是什么。例如,在讨论企业销售收入增长率高低时,必须了解销售额的绝对水平情况。正因为如此,为了全面反映企业战略的运行情况,必须将状态量与趋势量结合起来,这样,若将目标定义成相对于现状的改善程度或相对于理想的逼近程度,就可做到既掌握企业的时点状况,又把握企业的过程走势(见战略启示 4-6)。

从回答战略中心命题的角度来看,企业目标态势的表述最终更多地体现为时序过程。例如,就"做什么"而言,在具体衡量中,就必然涉及过程节律的确定,也就是需要明确什么时间做成什么状态,这里所涉及的是一个过程描述。又如,就"如何做"而言,自然涉及方法途径说明,也就是需要按时序陈述每一事件、活动的开展方式,这也与过程描述相关。再如,就"由谁做"而言,将需要回答能力、愿力、助力这"三力"如何形成、变化规律如何与怎样持续等问题(具体讨论见本书第 12 章),这当然也是一种过程解说。令人奇怪的是,表面看起来似乎是表述结果的目标,经仔细分析却发现主要涉及的是过程描述。其中的原因,主要在于企业以生存为其根本目标,而生存本来就是一个过程而不是一种状态。

战略启示 4-6

目标态势表述

目标态势由状态量与趋势量两部分构成。为了全面反映企业战略的运行情况,必须将状态量与趋势量结合起来,以实现既掌握企业的时点状况,又把握企业的过程走势。

状态量，如顾客数、库存额等存量指标，反映企业某一时刻的绝对经营状况。趋势量，如顾客流失率、业务增长率等流量指标，反映企业某一时期的相对经营趋势。

将企业看成是一个流变的组织，从时序过程来看，它始终处在不断地吐故纳新的动态调整之中，似乎没有严格意义上的终极目标，其生存过程本身即目标。因为就一个真正长寿的企业而言，只有体现关系、节律的指标才具有意义，不存在绝对的终极状态性目标，或者说所有目标都只是某种形式的人为设定的过程调控指标。但是若进一步从行业演化的角度看，企业作为一个相对独立存在的有机体，其正常运行受多种因素的影响，也会呈现出类似生命周期的特征，甚至表现出像人一样的诞生、成长、发展，乃至最终趋于死亡的内在规律性。这意味着，在企业某一阶段的使命宣告终止，如出现转让、拍卖、破产、关张等情况时，就必须回答这样的问题：到底要达成怎样的目标？其原有的构成要素将以怎样的形式实现价值或进入新一轮的生存演化？从这个角度看，似乎对生命有限并且作为企业有机组成部分的人来说，又是有阶段性目标的。

正是基于对人的阶段性工作进行评价考核与奖惩激励，对企业运作状况的动态过程进行适时调控的需要，有必要构建有关状态与趋势的目标体系。显然，在简洁、清晰、生动、明确的使命愿景指导下，进一步阐明一定时间以后需要达到的经营状态，明确一定时期内需要追求的变动趋势，以此作为深入、细化、现实、可行的企业目标，更有可能起到激发士气、鼓舞斗志，从而充分调动全体员工的积极性的作用。一般情况下，相对于毫无目标的个人或组织而言，有明确的过程阶段性努力目标的个人或组织会更有可能取得预期的成效。为了使所制定的目标既具有挑战性，又具有可行性，在企业目标态势表述中，必须综合考虑企业稳定演化过程所面临的各种内外部环境变化，兼顾过程保障与结果测度两个方面的要求，时刻保持目标态势的流变性，以增强企业对于自身调控与环境适应的能力。

考虑到对于企业生存的战略目标描述，许多量既是目标又是过程，往往在达到一个状态的同时又会启动新的征程，以此绵延不断，从而构成整个生存过程。因此，从战略的角度考虑目标态势表述，需根据使命愿景的要求，综合选定状态变量与趋势变量，以便为战略行动提供阶段性结果与过程性状况两方面指示，为随时跟踪或反映企业战略状况及走势提供依据。就具体选定的参数而言，应能大致说明需要依据什么标准、在什么地方与什么时间内、以怎样的代价、按怎样的节律、依次由哪些人员完成哪些工作并取得怎样的阶段性结果。如此确定的企业目标态势指标方能为企业运行指明方向，为业绩评估与资源配置提供标准与依据，有助于企业有效地开展整个战略的规划、组织、激励与控制活动。当然，战略目标态势的表述需要重点关注有关过程趋势的节律性指标设定，而不是有关结果状态的描述性指标的确定（见战略启示 4-7）。

目标还可以分成战略目标与财务目标两类。一般来说，战略目标指的是涉及动态跨期发展、相对于同行横向比较的指标，如较高的市场占有率、行业排名、产品质量、成本效率、顾客满意度、增长机会等。而财务目标指的是有关静态单一时期的盈利、自我纵向比较的绝对数值，如较高的销售增长率、投资分红、边际利润、投资报酬率、股价上升率等。当然，这种区分本身也只是相对的，两类指标之间存在着长短期的相互影响与相互作用关系。例如，关于市场占有率指标，短期看，市场占有率较高，似乎应该是企业有实力的表现；但长期看，如果该企业较高的市场占有率是通过降价取得的，则必然会导致其整体盈利水平下降，从而在资源积累上反过来制约与影响企业长期竞争实力与地位的改善。正因为如此，从动态跨期取舍考虑，市场占有率的变动可看成是一项投资决策。[25] 这意味着，目标态势的表述实际上将起到一种广义的企业跨期战略投资取舍的评价依据或标准的作用。

具体就目标衡量指标的确定而言，需平衡兼顾行为导向性与操作可行性的要求。一方面，如果考核指标选用不当，即使是可以实现的目标，也可能产生为指标而指标的行为取向，结果偏离企业真正追求的考核目标的要求。另一方面，如果能使人们产生信心，并达成共识，即使是很难实现的目标，也能调动起人们的积极性，朝着目标扎实前进，从而取得预想不到的进展。正因为如此，从战略的角度考虑，只要有意义，能充分调动员工的积极性，激发人们朝战略方向前进，则即使目标实际上达不到也无所谓。这就是古人所说的："取法于上，仅得为中；取法于中，故为其下。"但必须注意，这种用于导向的目标是不能作为考核奖惩的基础的，否则必将无谓增加员工的工作压力与失望情绪，不利于在员工中形成积极主动的投入精神，更为严重的还可能迫使人们以假数据代替真业绩。

战略启示 4-7

企业定位探索

阐明企业存在的理由：盈利为了什么？因为什么能盈利？

伟大理想的实现要凭借主客观互动：做事科学观。

豪言壮语的落地需明确多目标排序：为人价值观。

企业定位：遵循事实规律，明确使命宗旨，实现企业价值观与科学观的相互协调、支撑、匹配。

就整个企业的经营而言，有三个根本性的指标需要关注，即净利润、投资报酬率、现金流量。[26]这三个指标相对来说比较综合，如净利润、投资报酬率往往在事后才能准确计算，现金流量涉及时间过程分布，并且这些指标之间还存在着长短期互为消长的关系。对企业来说，无论是基于"做事"还是"为人"的定位考虑，关键是要弄清哪些因素的变化最终导致净利润、投资报酬率、现金流量的变化。从这个角度看，作为最底层的指标，对于企业态势更为直接的衡量，应该是收、付、存三方面的流量指标，这里的"收"代表了有效产出，即整个企业系统透过销售而获得金钱的速度；"付"反映了运营费用，即整个企业为将存货转变成有效产出而花的钱；"存"指的是存货，即整个企业投资在采购上的钱，这里可泛指所有企业打算卖出去或赊销的物品。这样，企业的生存目标就可表达为"在提升净利润的同时，增加投资报酬率和现金流量"，或者说"增加有效产出，同时减少存货和营运费用"。

这里需要特别指出的是，对于经营结果的测度，尽管人们经常采用利润指标，并且为了分析方便，有时会将追求利润最大化作为战略决策的理性分析基础，[27]但从理论上看，到底应将利润看成是企业生存的目标，还是仅仅作为确保企业生存的手段，实际上是有争议的。将利润看成是目标，主要理由是觉得找不到更合适的目标衡量标准；将利润看成是手段，是视企业为独立的生命体，觉得其存在的根本目的在于自身机体的健康运作，利润只是作为该运作过程的自然结果。此外，企业的发展过程需要考虑多方面因素的互适平衡，不能只追求单一指标的最大化。再从现实操作来看，在时序演化的特定阶段，企业不可能、不应该也无法真正做到追求利润最大化，如新产品开发的投入期，企业从小到大的实力积累期，竞合关系处理中主动退让、追求人际公平等，均存在着先投入后产出的跨期关系处理，其中涉及理性、情感、直觉的综合权衡，至少不可能在每一时刻都拿类似"利润"这样的指标去要求。事实上，利润只是人们所做出的众多选择标准中的一种，它并不是企业存在的目标本身。

企业目标可以一般地表达为，在给定时间内需要达成的，相对于现状的改善程度或相对于理想的逼近程度。当然，这里提到的现状、理想、程度的衡量均是多维度的。例如，企业所追求的"活得了、活得好、活得久"这一根本目标就涉及如何衡量的多属性综合问题。面对不同情形，会有不同的选择；面对同样情形，不同的人也会有不同的想法。有人关注做稳，有人希望做大；有人重视社会责任，有人强调公司增值；有人说心情舒畅第一，有人讲工作效率重要；有人偏爱人际合作，有人喜欢竞争胜出。为此，企业定位在关注做事与为人的客观规律定位的同时，更要关注其中所涉及的主观价值定位（见战略启示4-8），也就是在出现因资源条件等制约而不能同时兼顾多主体、多指标、多伦理要求的情况时，应该遵循怎样的轻重缓急或优先排序的原则，即通常所说的企业"价值观"。

战略启示 4-8

企业价值定位

企业定位不仅要关注做事与为人所涉及的客观规律性的定位,更要关注涉及多主体、多指标、多伦理等发生矛盾冲突而难以兼顾时的轻重缓急或优先排序的原则,即主观价值观的定位。

做好企业价值定位,必须关注使命观陈述、绩效观执行、行为观后果、科学观流程等企业价值观体系所涉及的要素之间的内在协调与相互匹配性,谨防企业在无意识中犯错。

做好企业价值定位,必须关注使命观陈述、绩效观执行、行为观后果、科学观流程等企业价值观体系所涉及的要素之间的内在协调与相互匹配性。在这里,使命观陈述涉及质性的使命、愿景,绩效观执行涉及量化的目标、考核,行为观后果涉及实际的行动、结果,科学观流程涉及客观的事实、规律。从内在协调性看,有些公司提出的使命要素相互补充、相互加强,构成有机整体,如某担保公司提出的"信用、简单、快乐";而有些公司提出的使命要素可能相互矛盾,结果顾此失彼而难兼容,如某制药公司提出的"关爱大众健康,实现股东与员工利益的最大化"。从相互匹配性看,就使命观、绩效观、行为观、科学观的逻辑关系而言,有些公司的价值观体系是相互呼应、协同一致的,而有些公司的价值观体系则是相互冲突、不可调和的。应该说,现实中出现的价值观体系各要素的内在不协调或相互不匹配,许多情况下是在人们无意识中形成的。

例如,研究 1986 年"挑战者号"与 2003 年"哥伦比亚号"航天飞机失事事件,人们发现这样一个事实:[28] 由于遭受多方的压力,美国航天局对于发射的态度,从起初的"如果证明是安全的就发射",后来转变为"如果没有证据显示不安全就发射",其中就隐含着对于安全与发射的优先排序原则的改变。这一点与白星轮船公司对"泰坦尼克号"的看法如出一辙,看起来可能只是无意之举,但极具危险性。再如,2010 年 4 月 20 日,BP 公司墨西哥湾钻井平台发生爆炸,继而造成原油外溢,历经 87 天才完成堵漏。事后的调查表明,尽管该公司长期以来安全记录欠佳,先后几任首席执行官上任时均强调要优先考虑安全事务,但其实际精力却更多地放在购并增长与提升利润上,事实上在公司内形成了为赶进度与降成本而不顾科学流程的冒险文化,而墨西哥湾事故的发生,就是因为此前连续多次违反工艺操作程序。[29] 由此可见,公司及其主要领导者的价值观的些许改变,有可能导致公司行为方向的逐级放大的漂移,从而在不经意间使得整个公司偏离原先成功经营的优势基础而逐渐滑入深渊。

显然,如果企业及其领导者的言行隐含着潜在的价值观冲突,绩效观与使命观不一致,甚至不符合科学观的规律,而个人行为受自利倾向影响,更关注绩效观考核指挥棒的导向，那么最终就有可能出现企业员工的行为观偏离使命观的非预期情况。例如，某公司的使命观强调"股东与员工利益最大化"，却并未说明如何同时做到这些，冲突时该如何排序，而公司的绩效观规定，销售挂钩奖金占收入的一大半，完成80%的销售任务没奖金，超过80%后每提高1%就能增加奖金5%。结果员工的行为观在无意中就可能出现偏差，为更好地完成任务，不惜故意夸大产品功效，诱导消费者多买公司产品，结果促进了当前多销，却妨碍了未来长销。再如，某公司使命观强调客户第一，但员工报酬与业绩挂钩，实际上意味着利润第一，结果就出现了员工为业绩而放松质量甚至不惜造假的情况。

为了做好企业价值定位，首先，需要识别与发现使命观、绩效观、行为观、科学观中可能存在的潜在冲突，特别是人们无意识中可能出现的价值观漂移或扭曲；其次，制订出切实可行的解决方案，使价值观定位能真正自觉地落实到每一个员工的行动观上；最后，通过企业文化建设，修正某些要素的表达，加强行为监控等，确保使命观、绩效观、行为观、科学观的协调一致。例如，针对人们只求数量不重质量的情况，可以通过制定明确的品质标准，然后提出在保证质量前提下的数量考核目标；对于现实中可能存在的以权谋私情况，可以通过建立内部信息透明、加强外部投诉监督等机制，以形成系统稳定的管控闭环；对于无法明确界定的复杂的取舍或排序原则，可以采取类似宗教经典的表达方式，用丰富、生动的情境化故事，清晰传递组织的文化价值观，通过反复宣讲，在人们心中扎根，使员工养成"随心所欲不逾矩"的灵动行为习惯。

企业战略定位由为人价值观与做事科学观两方面组成。实现价值定位与做事定位的有机匹配，是确保战略成功实施的重要前提。对于现实中可能出现的使命观、绩效观、行为观、科学观（即基于客观事实的做事规律性）等价值体系的内在不一致，甚至相互冲突，需采取切实有效的措施加以化解。如果一般地认为，企业战略经营需要关注做事与为人的客观盈利模式及主观分享机制，那么综合考虑企业的价值观定位与科学观定位的要求，企业定位需要协调处理好利益相关者的关系，秉承"交流上互信，人格上互敬，做事时互助，分享时互让"的原则，贯彻"三心二意一平衡"的思路，即平常心为人、敬畏心做事、进取心修行（行动改善），兼顾顾客（社会、他人）得益与企业（团队、个人）获利的两方面意图，确保企业经营所在业态的长短期、跨职能、上下游的现金流平衡（见战略启示4-9）。

战略启示4-9

企业定位：三心二意一平衡

"三心"：平常心为人、敬畏心做事、进取心修行。

"二意"：顾客（社会、他人）得益、企业（团队、个人）获利。

"一平衡"：确保业态的长短期、跨职能、上下游的现金流平衡。

拓展思考题

1. 将顾客理念从忽视互动的单向假设转向关注互动的双向假设，从现实操作看，可能会对企业与顾客关系的处理产生怎样的影响？
2. 从顾客行为的角度考察，你认为是否有可能区别出满意顾客与忠诚顾客之间的不同？无论你的回答肯定与否，都请说明为什么。
3. 企业定位需弄清企业及其决策者真正想要的是什么，特别是需清晰界定人们所追求的多元价值目标在发生冲突时该如何进行轻重缓急排序的价值观原则。有时组织中抽象的使命价值观等陈述会与具体员工关注当前业绩的行为发生矛盾，从而导致一些非预期的后果。例如，有些公司的主要领导者在多种场合的讲话中曾反复强调，"更好地满足顾客的需要"是一切工作的根本，企业经营不应只顾利润、唯利是图；但是公司在其对于一线员工的薪酬考核中，却是底薪很低，主要与员工所完成的销售业绩挂钩。这样的结果，自然就比较容易产生欺诈事件——员工为追求个人的更高业绩挂钩回报，从而在有意或无意中违背公司整体的价值观。请问：该如何解决此类"为了将组织的价值观真正落实到员工的日常行为上"的整体定位与具体措施的匹配问题？
4. 企业没钱时，受制于财务资源紧张，可做范围有限，有时要想做到有所作为似乎很难；企业有钱后，因为资金相对丰富，可选范围扩大，要想做出有所不为的决定似乎更难。请问：对发展势头良好、净现金流充足的企业来说，面对众多机会诱惑，所面临的最大挑战是什么？如何才能真正做到有所不为？
5. 对于重大投资项目的评估，从战略上考虑，最为关键的是其稳健性与盈利性。这里，稳健性越强，意味着项目经营的风险性越小；盈利性越高，意味着项目经营的回报性越好。如图4-2所示，综合考虑项目的稳健性与盈利性两个指标，对A、B、C、D四个备选项目进行比较选择，一个项目与另一个项目相比，在两个指标上都更好，或者一个指标值相近而另一个指标值更好，就认为这个项目更优。如此显见，项目A优于项目B、C、D，项目B或C优于项目D，其中没有异议，不涉及指标冲突，也就不涉及价值观原则考虑。但在项目B与项目C的优劣比较的排序中，就涉及了盈利性与稳健性这两个指标互为消长的权衡取舍问题，因而需明确公司到底遵循盈利优先还是稳健优先的价值观原则。请联系所在单位的多重绩效目标的实际，说明潜藏在冲突处理典型事例背后的价值观原则，并剖析这种原则是否具有现实合理性。

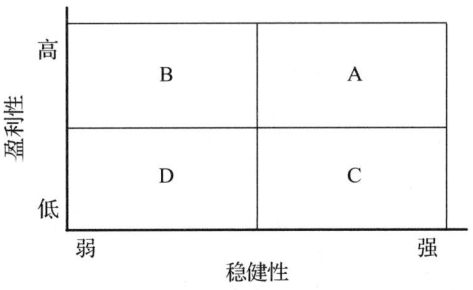

图4-2　多目标追求与价值观定位

资料来源及注释

[1] BARNEY J B. Gaining and sustaining competitive advantage [M]. Addison-Wesley Publishing Company, 1997.

[2] 详细讨论可参阅汉普登-特纳，特龙佩纳

斯. 国家竞争力：创造财富的价值体系 [M]. 徐联恩, 译. 海口：海南出版社, 1997.

[3] 杨文凯. 被混淆的战略要素：使命和宗旨 [EB/OL]. (2008-11-02) [2022-03-OL]. http://www.28.com/cydz/sp/n-20007.html.

[4] 这种现象在国际上也普遍存在, 参见 FOURNIER S, DOBSCHA S, GLENMICK D. Preventing the premature death of relationship marketing [J]. Harvard Business Review, 1998 (1).

[5] 科伊. 创造性经济 [N]. 商业周刊, 2000-08-28. 转引自参考消息, 2000-08-29 (4).

[6] 旭光. 兼收并蓄、不断创新：'97世界管理大会综述 [N]. 文汇报, 1997-08-11 (9).

[7] 波特. 群聚区与新竞争经济学 [M]// 波特. 未来的战略. 成都：四川人民出版社, 2000：244-268. PORTER M E. The competitive advantage of nations [J]. Harvard Business Review, 1990 (2).

[8] 企业使命与目标. 金地月刊 [J]. 1999 (8)：3-4.

[9] 德鲁克. 公司绩效测评 [M]. 李焰, 江娅, 译. 北京：中国人民大学出版社, 1999：19.

[10] 格伯. 企业家迷信 [M]. 洪允息, 译. 北京：新华出版社, 1996：131.

[11] 阿布里奇. 服务·服务·服务：企业成长的秘密武器 [M]. 戴骏, 等译. 长春：吉林人民出版社, 1998：50.

[12] 项保华, 周文骞. 现代西方经济学 [M]. 杭州：浙江大学出版社, 1989：8.

[13] 休士曼, 哈特菲尔德. 管理与运用公平因素 [M]. 喻春生, 陆军, 译. 北京：北京经济学院出版社, 1989：96.

[14] 韩晓静. 经理人的角色转换 [N]. 中国经营报, 2000-09-05 (15). 此处引用时, 在文字上有细微改动。

[15] 麦斯尼克. 顾客是总裁 [M]. 罗汉, 陈燕岭, 译. 上海：上海人民出版社, 1998：242-243. 此处引用时, 文字上有改动。

[16] 秋水文. 尝试放弃一些顾客 [N]. 中国经营报, 2002-08-19 (9).

[17] 舒尔兹, 田纳本, 劳特朋. 整合营销传播 [M]. 吴怡国, 等译. 呼和浩特：内蒙古人民出版社, 1998：10.

[18] 汉迪. 超越确定性：组织变革的观念 [M]. 徐华, 美云, 译. 北京：华夏出版社, 2000：116-117.

[19] 德赫斯. 长寿公司：商业"竞争风暴"中的生存方式 [M]. 王晓霞, 刘昊, 译. 北京：经济日报出版社, 1998：32-35.

[20] 德赫斯. 长寿公司：商业"竞争风暴"中的生存方式 [M]. 王晓霞, 刘昊, 译. 北京：经济日报出版社, 1998：6.

[21] 弗兰克尔. 人生的真谛 [M]. 桑建平, 译. 北京：中国对外翻译出版公司, 1994: 86+113-115.

[22] 德赫斯. 长寿公司：商业"竞争风暴"中的生存方式 [M]. 王晓霞, 刘昊, 译. 北京：经济日报出版社, 1998：131.

[23] 汉迪. 超越确定性：组织变革的观念 [M]. 徐华, 美云, 译. 北京：华夏出版社, 2000：81.

[24] 秦晖. 思无涯、行有制 [N]. 南方周末, 2001-01-11 (10). 此处引用时, 在文字上略有删节改动。

[25] 亨德森. 市场份额悖论 [M]// 斯特恩, 斯托克. 公司战略透视. 上海：上海远东出版社, 1999：38-40.

[26] 科克斯. 目标：简单而有效的常识管理 [M]. 齐若兰, 译. 上海：上海三联书店, 1999：58+71+79.

[27] GRANT R M. Contemporary strategy analysis: concepts, techniques, applications [M]. 4th ed. Blackwell Publishers Inc., 2002: 38.

[28] 米特尔施泰特. 关键决策：阻止错误链摧毁你的组织 [M]. 俞利军, 阎彬, 译. 北京：中国人民大学出版社, 2007：144-145.

[29] ELKIND P, WHITFORD D, DURKE D. 迟早要发生的事故 [J]. 财富（中文版）,2011(4)（上半月刊）：75-91.

第 5 章　了解外部环境

【学习目标】

知识目标：了解外部战略要素、行业发展格局、六力互动模型。
技能目标：掌握行业发展格局、企业微观经营力量的分析技法。
能力目标：理解并运用六力互动模型、顾客行为与结果分类方法。

【要点提示】

外部战略要素
四层次：社会大势（G-PESTEL）、行业格局、竞合关系、顾客行为。

行业发展格局
四种分析方法：五力竞争模型、区域钻石模型、活动成本、行业利润结构。

六力互动模型
认清供方、买方、同行厂商、互补品厂商、替代品厂商、潜在进入者之间的互动关系性质，寻求并拓展企业生存发展机会。

顾客分类对策
整个市场：企业品牌、竞争品牌、随机流动、未来可能；

企业现有：回头及引荐、随意购买、抱怨及沉寂；

对企业盈利影响：正面（盈利）、一般（微利）、负面（亏损）；

战略重心：建设并扩大或稳定使企业盈利的回头及引荐型顾客群体。

前面讨论的企业定位需要考虑内外互动整合，为此，有必要深入了解企业外部环境与自身实力，即企业的内外环境情况。从概念上说，这里提到的"环境"，一般是指那些在短期内不为企业战略决策者所影响或掌控的因素。毕竟从长期看，对现代大企业来说，鉴于它们与社会环境的紧密联系，似乎没有什么因素是绝对不能施加影响或加以适当改变的。当然，构成企业环境的因素很多，企业战略研究主要关注的是那些关键战略要素，即存在于企业环境之中，能对企业运行产生重要影响的因素，如前面第 3 章提到的机会、威胁、优势、劣势等。本章将讨论战略所涉及的外部环境要素，第 6 章将接着讨论战略所涉及的内部环境要素。

5.1　外部战略要素

外部战略要素是指存在于企业外部环境之中并能对企业运行产生重要影响的因素。这些因素可以大致分成两大部分。一是那些能间接影响企业战略的要素，如与整个企业的外部运行基础相联系的地域（geography）、政治（political）、经济（economic）、社会（social）（文化）、技术（technological）、环境（environmental）（生态）、法律（legal）等方面的因素及其变化趋势，关注这些要素的探讨工具，按其各要素英文首字母的组合，简称为"G-PESTEL"分析。在运用 G-PESTEL 分析时，需要特别提醒，若想把握第一手的前沿信息，必须加强与信息源及其相关人员的接触，否则是不可能获得最及时的第一手资料的。对于这部分间接影响因素，国外曾有调查表明，企业认为最重要的六个战略要素依次为政府行政干预与控制、通货膨胀、能源供应、国内经济气候、源自外国企业的竞争、国际政治/经济形势的稳定性。[1] 二是那些能直接影响企业战略的要素，如企业间相互竞争加剧、行业生产率水平提高、顾客偏好改变、技术变革加速、资源可获性情况恶化、人口统计结构变化等。这些直接影响企业战略的因素会通过股东、顾客、供应商、竞争对手、地方社团、政府部门、金融机构等途径对企业经营产生重要作用。

对于外部战略要素做间接影响与直接影响的划分，涵盖了企业外部环境的所有领域，从理论上看，这种做法似乎没有什么不合适，只是从实践操作上看，按这种划分来剖析企业外部关键战略要素，似乎会让人有点无从下手的感觉。其原因如下：第一，间接影响与直接影响在概念上很难界定；第二，这两种因素会同时体现在某些行为主体上；第三，如此划分无法为企业提供进行战略构想的直接启示信息。为此，这里提出如战略启示 5-1 所示的外部关键战略要素分析框架。基于这一框架，以企业为中心，围绕其运行的外部环境，可从做事活动与做人联系这两个角度出发，对其中所涉及的关键战略要素进行宏观社会大势、中观行业前景、微观经营环境、企业市场需求四个层次的深入讨论。

战略启示 5-1

外部环境分析：递进四层次

宏观社会大势研判：经济运行趋势；　　微观经营环境分析：竞争合作关系；
中观行业前景考察：行业发展格局；　　企业市场需求透视：顾客行为特征。

首先，关注宏观社会大势的变化。这里涉及的内容主要有全球及国家范围内的一些与企业使命定位相关的区域、政治、经济、社会、文化、技术、生态、环境、政策、法律等总体运行趋势。从长期来看，这些内容看似与所有企业的经营都存在程度不同的相关性，但是，作为短期经营考虑，了解这些内容，可能对某些企业的经营至关重要，而对另一些企业的经营则影响甚微。例如，国家有关房地产宏观调控政策与措施的出台，对从事房地产开发经营的企业非常重要，而对从事网上服装销售的纯电商企业联系就没那么紧密。

其次，了解行业中观前景情况。这里涉及的内容主要有企业经营所在行业的当前与未来运行格局，如当前所处的生命周期阶段、长期增长与盈利潜力、行业发展推动力等。中观行业前景分析需特别关注的内容有：行业上下游企业间纵向联合及相对规模经济性程度的改变，最终可能造成的对于各企业相对成本地位的影响；行业内技术变革加速，从而引起的经营风险性增加与对企业领先优势的侵蚀；市场上顾客认知价值及需求偏好的变化所导致的市场竞争格局改变；产品、工艺、营销及商业模式的创新，可能带来的市场需求、生产成本、经营效率的改变；政府法规与调控政策变化，对行业结构、机会与风险所造成的影响；行业生产能力、盈利水平、市场规模及增长等情况的变化，对于新进入者的战略决策的影响；行业进入与退出障碍的变动，对现有企业市场地位及盈利水平的影响。

再次，认清微观经营环境状况。这里涉及的内容主要包括在企业经营直接相关领域中发生的竞争与合作演变状况，如企业与有直接业务往来的股东、员工、供应商、经销商等利益相关者的关系，与市场中企业所生产的产品的替代品、互补品等厂商之间的关系。企业微观经营环境中，各相关主体的行为存在着相互作用与相互影响的联系。若各方能在资源互补、风险分担、市场共创的基础上，实现战略思路上的协同，则有可能形成相关主体多赢的良性互动关系。反之，如果各方在资源、风险、市场等分配上为了自身的利益明争暗斗，互不相让，甚至不惜牺牲整个行业的发展前景，则在各相关主体之间可能形成零和乃至互损的恶性竞争关系，结果必将导致整个行业所有相关企业的利益受损。

最后，把握企业自身市场的需求。这里涉及的内容主要有企业自身产品的当前与未来市场的顾客情况，如企业产品或服务渠道的经销商的结构与分布情况，企业产品或服务的终端顾客特别是忠诚顾客的购买及消费行为信息，企业产品或服务的潜在市场与顾客分布情况及开发对策。实际上，只有真正掌握了企业现有及潜在顾客的行为信息，企业才有可能采取有针对性的战略行动，以稳定老顾客、吸引新顾客，从而扩大企业自身产品或服务的市场覆盖面。从战略的角度考虑，可以认为，只有那些得到顾客由衷认同的企业，才算真正具备了长期战略成功的充分条件。

以上关于外部战略要素的分析方法，如果只是关注其中存在的见物不见人的抽象要素，则越是接近于宏观层面的东西，就越具有更大的模糊不确定性，因而也就越不具有直接的战略指导意义；越是接近于企业层面的东西，就越具有更大的具体可操作性，因而也就越具有更为直接的战略指导意义。若不仅关注其中的做事要素，更关注体现在做事背后的人际网络，则对于每一层次的深入分析都将具有更为直接的行动指导意义。举例来说，利用行业分析，似乎可以很容易得出结论："人人都要吃饭，所以，生产粮食很有市场前景。"显然，这种结论若没有进一步说明特定企业生产的粮食与其他竞争者相比是否有竞争力、最终顾客到底在哪里，那么其对企业战略来说就不具什么指导价值。令人遗憾的是，目前在企业战略规划中常见的许多关于企业发展前景的判断就是以类似于这种不涉及其中运营者人际网络的行业分析结论为依据的。

有鉴于此，进行外部战略要素分析，无论是关注宏观、中观的因素，还是探讨微观经营环境与企业需求市场要素，都需重视其中所存在的社会认知与人际联系网络，真正了解其中做事者的观念及行为，从中发现实现互惠共生的对策。例如，在分析企业经营环境时，可紧紧抓住企业终端顾客行为这一关键因素，为企业认清外部环境假设，制定切实可行的战略，找到真正的具有现实可操作性的切入点。也正是出于这样的考虑，本章以下内容将按这样的次序组织：首先，讨论几种常见的行业发展态势分析方法及其可能存在的应用局限性；其次，作为对于现有行业发展态势方法的综合与改进，特别提出一种以顾客回头与引荐为中心的六种市场力量互动关系分析模型；最后，围绕顾客行为分类，讨论有关顾客培养的战略重心问题，为企业战略"三假设"的整合分析提供一个以顾客为主线的结合点。

5.2 行业发展格局

对于行业发展格局，通常可从行业竞争力量、区域竞争优势、活动成本、行业利润分布结构等角度进行分析。在这里，行业竞争力量分析主要用来帮助企业了解自己所在行业的竞争状况，如竞争力量来源、竞争力量强度、竞争影响因素等。区域竞争优势分析着重说明产业链上下游集群的企业之间所存在的既竞争又合作的关系及其对于企业竞争优势的形成的影响。活动成本分析主要用来帮助企业了解自己在行业中所处的相对成本地位，以便采取对策增强自身的成本竞争力。行业利润分布结构分析帮助企业了解在顾客价值创造过程中，整个行业上下游产业链各环节的盈利水平分布情况，以便采取措施提升自身的盈利水平，或者重新进行产业链业务定位。下面就来具体介绍这几种分析方法（见战略启示 5-2）。

战略启示 5-2

行业发展格局：基本分析工具

五力竞争模型：行业竞争力量的强弱及分布；

区域钻石模型：产业集群与竞争优势的形成；

活动成本分析：企业价值创造活动相对于外部的成本地位；

行业利润分布结构：产业链上下游各市场领域的盈利情况。

说明：使用这些方法，关键是要掌握体现在这些方法背后的战略指导思想，即企业战略需关注的竞争力量、产业配套体系、相对成本水平、在产业链中的盈利水平与所处的市场地位。

关于行业竞争力量分析，人们最熟悉的工具是五力竞争模型，它是迈克尔·波特在 1980 年出版的《竞争战略——行业与竞争者分析技巧》一书中提出的（见图 5-1）。[2] 波特认为，企业最关心的是它所在行业的竞争强度，而竞争强度又取决于市场上存在的五种基本竞争力量，即源自同行企业、供方、买方、替代品厂商、潜在进入者的力量，正是这些力量的联合强度，影响和决定了企业在行业中的最终盈利潜力。借助于波特五力模型，通过行业结构分析，企业可以了解自身所面临的五种竞争力量的情况，从而采取有针对性的竞争行动，增强自己的竞争实力，削弱五种竞争力量的影响，使自己处于更好的竞争位置，保持良好的盈利状态。

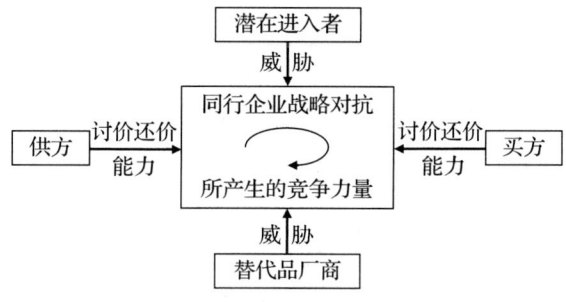

图 5-1　五力竞争模型

五力竞争模型作为用于分析行业竞争驱动力的经典模型，所关注的主要问题是如何增强自身的竞争地位，从而使企业能在竞争中获得主动权。但是，必须看到，五力竞争模型只是一个行业与竞争者分析的工具，它本身并不包含有关战略选择优劣的价值判断标准。任何企业都需要考虑增强自身的竞争力量，至于最后如何行使所获得的这一力量，这是战略决策需要考虑的。是以势欺人、让人畏惧，追求自身短期的高额回报，还是互惠共生、受人爱戴，关注业态的长期持续发展？不同的企业可能会有不同的选择倾向。另外，波特从研究产业经济学入手提出的五力竞争模型，实际上主要是面向政府、针对产业的，从中得到的有关结论，更适合为政府制定产业政策提供依据。也正因为如此，如果一个企业可以借助五力竞争模型从行业剖析中获益，那么行业内的其他企业也同样能做到这一点。这意味着，五力竞争模型最后导出的结论适用于所有企业，因此，不能指望以此分析为基础帮助企业构建特色战略、走出行业竞争趋同或结构恶化的困境。

对于五力竞争模型，现实中存在着许多误解与误用。首先，认为据此可以指导竞争战略的制定，而竞争战略就等同于企业战略。其次，这种指导思想上的问题还表现在对于五力竞争模型的直观理解上，如图 5-1 所示，所有的箭头均指向企业，企业处于五种竞争力量的作用中心，无形中给企业造成了一种四面楚歌的压力，似乎除了增强自身的竞争力量就别无选择。既然同行企业、替代品厂商、潜在进入者是企业的现实或潜在竞争对手，供方与买方是企业的讨价还价对象，那么实践中到底谁有可能作为企业的短期或长期的合作者而存在呢？显然，这不是五力竞争模型所能回答的，也不是波特提出五力竞争模型时所试图回答的。

当然，从纯粹的理论探讨上看，波特五力竞争模型也存在着某些先天不足。格兰特就曾提出这样的疑问：实际市场中到底存在几种竞争力量？五种还是六种？也许可能存在着第六种力量，这就是源自互补品厂商的讨价还价力量。[3] 但是，不管是五力还是六力，这些讨论均存在着共同的问题，即认为这些力量都属于竞争性的，而不可能是合作性的。五力竞争模型作为一种工具，对于分析所涉及的各种市场力量原本是不应该带有竞争性或合作性的价值预设的，只是由于模型基于经济学视角，强调了市场力量的"冲突对抗性"，从而隐含了以"市场竞争为手段、自身利益为中心"的判断与选择。正是这种带有主观价值的决策偏好预设，在无形中限制了企业战略探索的眼光，使其失去了原有的相对客观性，结果妨碍了企业对于战略与环境关系的思路拓展与行动选择。只要注意观察具体经营者之间的人际联系，就可发现，多种市场力量之间可能存在着竞争、合作，以及既竞争又合作的关系，在战略分析、判断与选择前，对这些拟探讨的力量关系的内涵，须慎做非此即彼的竞争或合作的简单定性。

实际上，如果从跨期的角度考察行业内各种市场力量的关系，也许可以很容易地发现，除相互竞争外，其中还可能存在着某种相互依存、共生互应的关系。对于这一点，波特在1990年出版的《国家竞争优势》一书中有较为全面、系统的分析。在该书中，波特提出了所谓的区域钻石模型（见图5-2），系统考察了熟练劳动力或基础设施等生产要素条件，当地市场的顾客特点等需求情况，相关支撑产业的发展状况，国内企业的战略、结构、竞争，还有政府与机会因素的影响，特别是讨论了这些因素之间所存在的互动、互赖关系及其对于企业优势的形成的影响，阐明了产业集群对于增强其中的个体企业乃至整个国家或区域竞争优势的作用。[4]

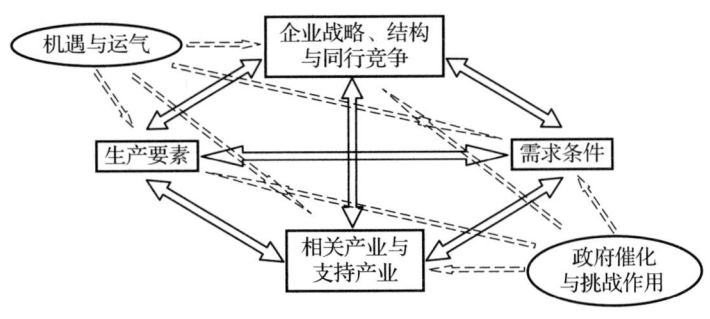

图 5-2　区域钻石模型

从行业发展格局的分析方法看，除以上讨论的涉及全行业、区域的竞争力量分析工具外，还有活动成本分析法，可用于帮助企业评价自己在行业中所处的相对成本地位。考虑到在将产品从无到有地设计、制造出来并提供给最终顾客的整个价值创造活动过程中，不同的竞争者所花费的成本总额及分类结构通常是不一样的，通过分析各竞争对手甚至外部其他业态在类似活动上的成本总额及结构方面的差异情况，可以帮助企业了解自身的相对成本地位，从而弄清自己在成本上是否具有竞争力，以及如何保持长期的成本优势，这就是所谓的活动成本分析的基本任务。

活动成本分析也称作业成本分析，其重点在于确定企业与其竞争对手甚至其他从事类似活动的企业相比的相对成本地位。其基本过程如下：首先，将企业的顾客价值创造过程的全部活动分成基本活动与辅助活动两大类。在这里，企业的基本活动是指进货物流、生产作业、发货物流、产品销售、售后服务等，辅助活动是指企业基础设施（管理）、人力资源开发、项目研究开发、原材料采购等（见图5-3）。其次，采用基标法（benchmarking，也有意译为比照先进、高标定位等）等工具，确定企业的各活动相对于外部的最低成本水平的地位，从中发现存在着成本差距的活动，采取有针对性的应对措施，以消除自身的成本劣势。

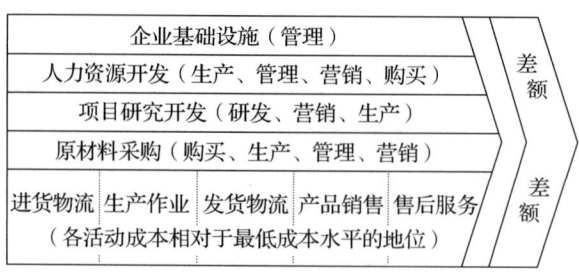

图 5-3 活动成本分析 [5]

进行活动成本分析涉及企业会计核算体系的重构，[6]即从传统的按直接与间接两种形式对总成本进行料（原材料）、工（工资）、费（管理费）分类整理转向按成本动因即战略活动来划分成本。这要求整个企业必须全体员工共同参与，从原始信息记录分类开始，进行组织的管理变革。对此，企业必须有充分的思想准备，如果要采用活动成本分析方法，就应将其作为一项长期战略任务来看待。例如，在处理产业链各环节的关系时，企业不应简单地采取压低每份外包活动价格的做法来增强自身的利益，而应更多地通过产业链整合，寻求整体成本节约的方法，实现上下游企业的互惠发展，以形成长期的战略伙伴关系。这里的关键在于，提升与本企业有业务往来的上下游企业各活动之间的匹配效率，为顾客创造出更有竞争力的产品和服务组合，为参与合作各方创造多赢的机会。例如，根据企业产品或服务性质，加强活动成本的预测分析，在认清顾客需求的基础上，协调好各项战略活动的内部信息、生产、配送、仓储等成本关系，争取以有限的生产能力实现多品种、小批量的生产，以更好地满足顾客对于产品和服务组合的个性化需求。

此外，为了全面了解行业发展态势，还需对行业利润分布结构进行剖析，即超越企业自身战略活动链的范围，从企业产品或服务的最终顾客的角度出发，对企业所在行业做产业链上下游展开分析，弄清整个产业链各环节的利润分布情况。[7]其具体分析思路如下：首先，明确企业所在行业最终顾客价值创造的全过程，根据当前产业链的运行情况，按上下游关系将其展开成多个价值创造活动环节，使不同环节对应于相对独立的市场领域。其次，对这些市场领域进行行业结构分析，特别是要了解这些市场领域的相对规模、结构、发展等信息，以便确定各市场领域的相对盈利水平与增长潜力，从中发现最有吸引力的环节。这样，就具体企业来说，如果发现现有业务处于产业链竞争比较激烈、盈利水平不高的环节，而又看好整个产业的发展前景，就可考虑采取新建、投资、购并、结盟等多种方式，向产业链内部的上游或下游发展，以改善企业的整体盈利水平。

一般地，若假设企业所在行业产业链的利润总容量等于产业链上下游各环节所涉相对独立的市场领域中所有企业的利润之和，那么一个市场领域的利润容量占利润总容量的相对份额大小、利润率高低及其变化趋势就能非常直观地反映该市场领域的相对吸引力情况，据此就能帮助企业从产业链中找出最有吸引力的环节，从而为企业的战略定位调整提供相对可靠的市场容量与盈利性的信息。具体做法为，选取合适的产业链细分变量，对产业链按价值创造活动环节进行市场领域划分，然后计算各市场领域的利润容量与利润率，得到以各市场领域的利润容量占产业链利润总容量的份额为横坐标，各市场领域的利润率为纵坐标，行业产业链上下游各市场领域的利润分布结构图。

利润分布结构图大致描述了产业链利润总容量在各市场领域的分布状况。如图 5-4 所示，假设某行业所在产业链的上下游分成 A、B、C、D、E 五个主要的市场领域，从中可以看出各个领域的相对市场利润容量与利润率的大小情况。当然，相对来说，现实中的利润结构可能要复杂一些。例如，顾客群、产品种类、地理位置、分销渠道等方面的差异都会导致产业不同领域的销售额和利润率的差异，各领域的销售额份额分布与利润份额分布也不尽相同。但也正是由于这种分布的不均匀性，为企业选择合适的产业链布局定位提供了可能。从产业链各环节利润分布结构看，企业比较理想的定位是那些市场结构良好、经营环境宽松，而且市场规模和增长潜力能满足企业发展需要的市场区域。

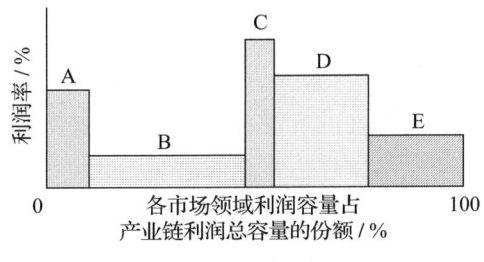

图 5-4　行业利润分布结构

行业利润分布结构在一定程度上反映了产业链结构的特征。考虑到产业链的结构是动态变化的，产业链各市场领域的利润结构也会因此而处于不断变化之中。企业需要以变化的眼光看待不同时期的行业利润分布结构图，通过纵向比较分析，发现利润分布结构的变化趋势，以此寻找具有发展潜力的市场领域，为企业进行战略性业务重整提供依据。尽管从现实操作上看，要真正准确地掌握产业链上下游的利润总量及利润率结构信息并不容易，但根据一些直观可见的资料，如各领域内企业的相对规模、数量、实力等概貌，也还是有可能对产业链各市场领域的大致盈利水平做出初步判断的。此外，使用产业链利润结构分析方法指导实际企业进行战略定位调整，还必须考虑战略"三假设"的匹配性，如新选中的市场领域是否进入障碍很高，是否会对企业的资源能力提出无法满足的要求等。当然，对从事资本市场战略投资运作的企业来说，需要关注的主要是投资领域的业务前景与投资对象企业高管团队的整体素质，而不一定需要考虑自身是否具备直接管理运作能力的问题。

最后，关于行业发展格局研究，在此还需指出，许多战略管理著作都比较重视竞争者分析，一些战略实践者也因此认为竞争者分析是战略制定的先决条件。本书没有就此专题做展开讨论，主要基于这样几个方面的认识：一是若将过多的精力放在考虑对手做什么上，可能会在无意中使企业忽视自身特色的建设，甚至还有可能挤占了思考自己该做些什么的时间。二是就竞争者分析所依据的信息而言，要么得不到，要么不准确，因为别人是不会主动将有用的信息透露出来的。三是即使能得到信息，也许更多的只是关于过去而不是未来的，而未来是以企业与竞争者的互动为基础的，难以事先预料。事实上，在竞争分析中所需的，关于同行竞争者举动的最及时、最确切的信息，可能源自与企业关系特别好的上游供方或下游顾客等，因此，竞争分析的真正落脚点在于切实加强企业与共事各方合作伙伴的关系，也就是通过合作来增加对于可能竞争的抗衡能力。对于这一点，企业在进行外部环境分析时需要给予特别关注。

5.3 六力互动模型

以上对于竞争力量、区域钻石、活动成本、利润分布结构的分析，主要是从企业所在行业及地域背景的角度来考察的。这些分析对于企业了解其所处的外部环境不无价值，只是在分析思路上，由于没有考虑企业与外部环境中具体行为主体所存在的互动关系，因而在指导企业战略实践上存在着明显的局限性。事实上，各市场力量之间的关系既可能是竞争也可能是合作，还可能是竞合共存，如"做事时合作，分利时竞争"。作者曾对企业高管做过大量的课内随机调查，若抽象地提问"对企业生存来说，竞争与合作相比何者更重要？"似乎尚有部分人回答是"竞争"；而若具体地提问"对企业成功地做事来说，更依赖于合作还是更依赖于竞争？"则几乎所有人的回答都会是"合作"。这意味着，从做事的角度看，为了提升企业的市场竞争力，需从加强与各方面的合作入手。

以产业链上存在着直接供求买卖关系的两家企业为例，若这两家企业都按五力竞争模型的思路，将自己的行动目标锁定为"增强自身地位，削弱对方力量"，则双方之间就很容易出现相互冲突的紧张格局；反之，若这两家企业都特别关注怎样真诚合作，更好地满足最终顾客的需求，则双方之间就更有可能形成互惠共生的和谐局面。为了立足于企业，特别分析它与市场各利益主体，如供方、买方、替代品厂商、互补品厂商、同行业厂商、潜在进入者这六种与企业经营直接相关的市场力量所结成的动态竞争及合作关系，图 5-5 给出了可用于企业战略与环境关系解构和综合的六力互动模型，以作为剖析企业竞争与合作生态的框架。六力互动模型由作者提出，其基本框架完成于1998年。相对于五力竞争模型而言，在六力互动模型中，专门标示出了"本企业"，从而明确了以企业为基点的战略分析思路；新增了源自互补品厂商的力量；更重要的是，图中箭头的含义是指产业链各主体之间所存在的基于互惠共生的资源注入或现金回报关系，而不是五力竞争模型中抽象的相互竞争关系。

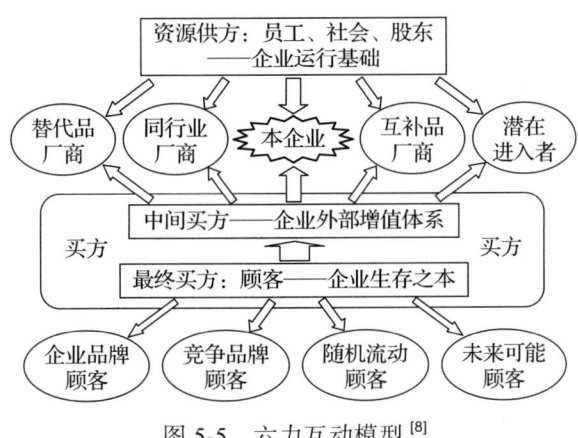

图 5-5　六力互动模型[8]

对于各种市场力量，六力互动模型强调了其中所存在的相互作用与相互依赖关系，而没有事先做出竞争或合作的断言。这主要是基于这样的考虑：在现实经营中，企业与各相关市场主体之间存在着既竞争又合作的微妙关系，这种关系的动态发展会随着企业战略所面对的"三假设"情况的改变而调整，会受相关主体的经验、愿望、态度、行为的影响，并通过各方的互动影响而得到推动与强化。因此，六力互动模型认为，在构建企业战略时，既需要考虑如何增强自身实力，也需要关注怎样运用自身实力，特别是需要回答这样的问题——更多地与人竞争对抗，还是更多地与人合作共生？如何平衡相关各方的短期分利冲突与长期合作共事的关系？

既然企业与"六力"之间不存在预设的竞争性或合作性定论，企业战略与环境关系分析的重点就将放在其中可能存在的多元竞合互动互赖关系上，显然，这有助于防止出现因为主观臆测的"自我实现"竞争循环。例如，由于主观上的人为判断错误，将可能的合作伙伴看成是竞争对手，并对其采取挑衅性的行动，结果最终真的将其变成了竞争对手。运用六力互动模型，需特别关注企业与"六力"之间可能存在的合作机会，积极寻求各方共同发展之道。当然，作为企业战略考虑，其关键在于弄清合作与竞争的前提条件、现实可能及相互转换关系，注意消解存在于合作做事与竞争分利之间可能的矛盾和冲突。具体地，运用六力互动模型，可从以下几个方面入手，进行有关竞合关系战略的构思。

从生态互赖来看，在六力互动模型中，先去掉替代品厂商、同行业厂商、互补品厂商、潜在进入者这几个主体，可以发现剩余部分呈树状结构，也就是通常所指的产业链上下游关系。这里，树的根部就是企业产品或服务的买方，树的枝叶就是企业的资源供方。显然，从"本企业"的角度出发，企业生态之树的根系越发达，即买方队伍越大，企业生存之本就越稳固；枝叶越茂盛，即供方支撑越强，企业运行的基础也会越扎实。从永续经营的角度来看，为使企业之树常青，仅仅关注自身利益的壮大，孤军独进是不够的，只有众多企业多样化共生，才有助于形成森林生态，也就是如区域钻石模型所提到的区域经济发展中的所谓企业集群，从而发展出上下游众多企业之间既愉快合作做事又公平竞争分利的长期互惠多赢共生关系。

从合作途径来看，具体考察企业与各市场主体的关系，可以找到多种合作机会，只要适时采取相应的对策，就能发现并成功运作其中存在的多赢共生模式。例如，与互补品厂商合作，通过为顾客提供配套产品或系列服务，更好地满足企业目标顾客的需要；与同行业厂商合作，共同突破行业市场规模性拓展的障碍，争取更多的行业顾客，得到更强的投资支持；与潜在进入者结盟，增强企业自身在行业中的实力地位；与替代品厂商合作，抓住新的市场发展机会。当然，要保证这些合作的成功，基本前提是找到适当的制度安排方式，保证通过合作能提升参与各方的共同利益，并做到在合作各方之间合理地分配由合作所带来的利益。

从竞争表现来看，六力互动模型表明，企业与各种市场主体之间并不存在直接的面对面的对抗联系，竞争更主要体现在两个方面。一是对于资源供方即企业运行基础的争夺。例如，互相挖对方关键经营人才的墙脚，伺机将对方的熟练工人招到自己的企业中来，争取自己的企业能得到投资者及当地政府的更大支持等。二是对于产品或服务买方即企业生存之本的争夺。例如，采取改善产品质量、降低产品价格、搞好售后服务、树立企业品牌形象等做法，使自身产品或服务相对于其他企业的产品或服务更具顾客所需的特色，从而吸引更多的顾客。这意味着，即使考虑竞争战略，企业经营的重点也在于加强与资源供方及产品或服务买方的互惠共生关系，而无须刻意关注如何打压竞争对手或其他企业。

从竞合共生来看，在企业与各市场主体之间均存在着两两竞争或合作的双重可能。这里，合作主要表现在对于资源及市场增量的开拓上。例如，其中的任意两家联手就有可能提升相对于其他主体的经营实力，从而获得更大的资源与市场优势。竞争主要表现在对于资源及市场存量的分割上。比如，各方从共同的投资者那里争夺相对有限的财务资源，争取目标顾客更多地购买自己的产品或服务。各主体之间实际上存在的这种既竞争又合作的关系，在新兴市场上，将表现为更大的共同合作以做大整个市场的可能；而在成熟市场上，则隐含着更大的相互争夺现有市场的可能。企业战略需要关注企业所在局部环境的合作与竞争是否良性，相对于其他环境而言能否表现出更好的持续发展态势。

从整个经济的角度来看，在一定时期内，由于供方的资源与买方的预算毕竟会受到社会总资源与总购买力稀缺的制约，因此，不同行业之间存在着对于资源与顾客的竞争。但就整个经济中的特定行业，或者产业链上下游的关系伙伴而言，这种经济稀缺性的制约似乎又并不很强，有时甚至可以看成资源及市场基本上是无限的。更何况从长期发展的角度来看，借助于人们的创新努力，社会总资源与总购买力也是有可能扩大的。这意味着在企业及六种市场力量之间，将更多地表现为关系融洽的主体间为了长期"做大饼"的多赢合作，与关系紧张的主体间各自为了短期"多分饼"的对于资源及顾客钱袋的抢夺竞争。进一步考虑到，面对基本确定的眼前利益与长期可以做大的共同利益，现实中人们往往倾向于为自己争取更多的眼前利益，而不愿去等待尚无着落、可能存在的长期利益，从而更易出现商场中"没有永远的敌人，只有永远的利益"的情况。

考虑到企业做事靠的是人，六力互动模型特别关注各种市场力量主体之间的互动性，它从支撑企业与环境运行的人际网络入手，考察其中各利益或行为主体之间所存在的经济及非经济联系。正如本章上一节的最后所提到的，在进行市场竞争分析时，如果特别关注其中存在的人的因素，就可发现，企业所需的第一手重要资料往往不是从竞争者那里得到的，而更有可能从与企业关系特别好的顾客或供方那里最先获得，从直接的朋友或朋友的朋友处取得。这表明，迎接竞争挑战真正依靠的还是相关主体长期以来所建立与形成的较紧密的朋友合作关系。也正因为如此，在企业战略构建中，与其费心劳神地进行竞争者分析，还不如注意做好与企业经营有关的方方面面的合作共事与利益分享工作。对于这一点，有经验的成功管理者的心中都非常清楚，实践中也是这么决策与行动的。

在各市场力量的竞争与合作关系处理上，六力互动模型不仅关注合作与竞争的可能性，更关注各主体之间竞争或合作关系的演化过程，也就是竞争或合作的前提是什么，如何才能构建一个有效的竞争或合作对策。从合作的角度看（当然，对于竞争问题，可以进行反向对偶的理解与操作），在双方关系持续、未来（利益）影响重要的前提下，相互之间存在着合作的可能性（详见本书第 9 章的有关讨论）。由此可知，真正影响人们竞合选择与行为的因素，除了各方的历史交往关系，还涉及各方对于自身实力的认识、对于关系性质的看法、对于力量运用的方式等有关过去及未来演化的整体评判。而为了保证企业能提供相对于其他主体而言更具吸引力的合作条件，从根本上看，竞合关系的妥善处理，还是有赖于企业通过持续有恒的战略创新，需建立在自身实力不断提升与改善的基础上。

一般来说，利用六力互动模型考察企业与互补品厂商的关系，较易发现其中所存在的多种合作可能，因为与互补品厂商的配合行动通常能更好地满足双方的共同买方的需要。对许多企业来说，作为战略考虑，在市场开拓与渠道建设中，可以选择互补品厂商作为合作伙伴。例如，水泥生产企业就可以找沙石料厂商、建材供应商等帮助销售自己的产品，这样做，可在不显著增加合作伙伴的经营成本的前提下，增加其业务量与收益。当然，要准确判定各种产品或服务之间存在的到底是互补品效应还是替代品效应，这两类效应到底何种更显著些，有时是比较困难的。例如，早期人们觉得计算机普及所带来的办公无纸化作为纸张的替代品，会造成纸张消费的减少，而后来的结果却发现，这反而带来了纸张消费的增加，似乎是作为互补品的效应更大些。还有，企业与互补品厂商之间存在着长期"做大饼"的合作可能，但并不排除短期内存在的各自都想"多分饼"的竞争冲突。例如，就家用轿车市场的发展来说，如果车价、油价、上牌、保险、维修、道路、停车、治安等所涉各方面只关注自身多收费，就会使最终顾客不堪承受汽车消费的重负，从而导致整个车市的萎缩。

从互补品角度切入，进行企业战略构思，还可以提出更多的富有创意的设想。例如，小企业在进入新市场时，可以采取为行业中大企业拾遗补阙的做法，通过为顾客提供互补品而盈利；大企业在业务深化与拓展中，可以通过自身产品系列化或整合市场互补品厂商资源，为目标顾客提供更为完善的一揽子配套解决方案。而若根据六力互动模型，进一步将眼光放到企业经营所涉的人际网络，对其做历史性与社会性探讨，也就是注意了解各相关行为者的个人历史背景与现实交往情况，就有可能超越简单的经济性分析，得出更具社会情境依赖性、实践操作性与动态演化性的管理建议。通常来说，这种建议会是介于一味地竞争对抗与绝对地合作共事之间的某种适当的组合。对此，下面将以一个假想的具体企业的战略构建为例加以说明。

假设这个具体企业生产的是铝合金门窗，并在当地已有相当的发展历史与人脉积累，该企业的老板为张先生；再假设市场上新来了个替代品厂商，其产品为塑钢门窗，负责人为李先生，想在当地开拓市场。如果再进一步假设，张先生通过市场前景调查，认为塑钢门窗市场的未来发展很有前途。至此为止，就是常规的见物不见人的行业发展格局分析，显然，仅凭这些分析尚无法直接导出张先生的企业需做什么及如何做的建议，但在管理实践中，张先生在做出最终战略判断与选择时，必然已经了解或还需了解替代品厂商李先生到底是怎样的一个人。如果发现李先生原来就是自己早年上学时的好朋友，并与他在商场上还曾有过非常愉快的合作经历，只是前一时期由于李先生到外地求发展,双方久未联系而已。显然,此时的张先生就更有可能选择主动寻求与李先生合作的做法。反之,如果通过进一步了解,发现李先生曾与自己有过较深的误会,一时可能难以化解,此时,张先生既可以打破思维定式,不计前嫌,试着派人与李先生进行沟通,看看面对存在较大的双方互利可能的新情形能否建立起有效的合作关系。若最终沟通协商无果,而张先生在同行业厂商中较有号召力,则张先生也许会采取联合同行的做法,以阻挡或延缓替代品厂商进入当地。若张先生与同行业厂商无法达成联合意向,或者难以形成协同行动,则在自己实力许可的情况下,也有可能会采取自己投资建厂生产替代品的做法,还有可能采取其他适当的措施,以改变当地市场力量的现有格局。例如,主动出击,从外地寻找一个新的有可能与自己合作的替代品厂商进入当地市场,也即利用"对手的对手也可能是朋友"的思想,在找不到合作伙伴的情况下,创造或引入一个新的合作者。类似地,在缺少竞争对手的情况下,有时也可创造或引入一个新的竞争者。

由此可见,在一个由有灵魂、精神、情感的社会人所组成的企业中,不存在抽象的基于所谓"纯事实"的战略分析;仅仅通过产业结构与竞争状况之类信息的孤立片段解构,不可能获得有关该企业过去及未来行为的准确判断与解读。只有弄清了企业环境中实际行为者个人及其相互之间的历史与现实联系,如其中存在的政治、经济、文化、地域、心理等方面的距离与差异情况,也就是各主体之间的亲疏远近关系,才能为企业战略构建所遇到的与谁合作及与谁竞争、怎样合作及如何竞争等问题的解决提供有效依据。从这个角度看,影响与决定人们的实际决策与行为的因素,不仅仅是他们的经济角色,如到底是"五力"或"六力"中的哪种力量,更重要的还是他们与当事者的历史及现实关系的性质,如到底属于亲疏远近的核心层、紧密层、松散层还是流动层。现实中的企业在处理与同行业厂商的关系时,对于合作共事伙伴的选择,总是更倾向于与自己关系相对较好的核心层或紧密层企业,而对于竞争打击对象的选择,则倾向于与自己关系相对较差的松散层或流动层企业。

以上讨论表明,探讨企业外部环境,不考察存在于其中的社会人的成长与交往历史,就不可能了解其中的行为主体,尤其是关键决策者对于决策相关的事实判断与价值选择是如何形成的,从而也就不可能对企业及其行为主体的未来行为做出相对准确的判断,就其未来该如何行动提出较为适当的建议。从这个角度看,五力竞争模型带有价值预设,倾向于认为所有的市场力量都是竞争性的,这在一定程度上影响甚至剥夺了企业决策者的个人价值判断与选择,本质上排除了企业对于可能存在的多赢共生战略的考虑。六力互动模型由于不带有价值预设,尽量采取历史回顾与客观描述的做法,将战略决策中所涉及的判断与选择问题从分析者手中脱离出来,重新交给了决策当事人。如果认为企业战略的中心命题就在于回答"做什么、如何做、由谁做"这个三位一体的问题，那么对于"由谁做"所涉及的行为主体的分析与把握自然成了分析企业内外环境、破解企业战略实践难题的突破点。

六力互动模型认为，对市场行为主体而言，竞争与合作都只是一种手段，而不是企业战略所追求的目标。手段本身无优劣之分，关键看是否适用。因此，作为战略思考，需要根据具体情况，准确判断到底该采取怎样的竞争或合作措施。有鉴于此，探讨企业战略与环境的关系，不应局限于五力竞争模型的经济理性分析，只关注见物不见人的产业竞争格局，而应关注六力互动模型的管理人性描述，重视人际互动互赖的竞合演化过程，从企业与各市场主体的有机联系中寻找现实的合作契机，应对潜在的竞争威胁。具体地，需认真考察各市场行为主体的历史关系性质与动态变化过程（例如，各方关系的持续性质以及未来利益的大小等情况），以帮助企业战略决策者，针对各方竞合关系事件及解决方案，逐步形成轻重缓急权重的判断与排序，为最终的战略决策与行动过程的展开奠定基础。

对比五力竞争模型，六力互动模型除了在设计指导思想、方法论重心、研究基点与目标等方面有较大的调整外，还在图示形式上突显了"本企业"，以作为企业战略分析的基点；新增了源自互补品厂商的力量，拓展了企业战略的思路。六力互动模型的理论创新性与实践应用性主要表现为：在剖析企业运行环境时，不只关心抽象的市场力量，更关心这背后的运作者是谁；在考察市场经营主体时，不只重视静态的经济联系，更重视动态的社会网络；在观察各主体行为时，不只关注竞争与合作的潜在可能，更关注竞争与合作的互动演化。因此，六力互动模型特别重视体现在企业经营背后的人脉联系，如形成历史、关系现状与未来演变，以及建立在这种人际网络之上的潜规则与做事流程等。

显然，离开了对于支撑企业运作的社会人历史的了解，离开了对于特定的生活社圈与个人知觉的深入把握，所有的管理理论分析结论都有可能脱离企业战略行为的实践，成为教条僵化而令研究者自我陶醉的文字游戏。尽管有时这些结论看起来也似乎很优美，好像能解释与说明许多事情，但是一旦面对企业实践，针对具体的人、事、物及其特别的相互关系网络，马上就会变得毫无意义，因为无法提供关于未来如何行动的预测结论或指导建议。这一点在作者所接触的 MBA 或 EMBA 学员的学位论文中得到了间接验证。尽管这些学员对五力竞争模型与六力互动模型理论都有相当的了解，但在面对类似的战略选题时，其中资历较浅、职位较低的学员更多地使用五力竞争模型，因为相对来说，他们掌握的企业决策相关信息与人脉资源较少，难以提出真正有操作性的战略建议，只能做一般性的不涉及具体的人与事的市场经济力量分析；而其中资历较深、职位较高的学员则更多地使用六力互动模型，因为相对来说，他们更了解企业整体，特别是高管关系的历史与现实演化，更清楚企业与市场"六力"的互动演化趋势，也更有可能提出符合企业经营者实际的特色战略建议。这表明，就指导管理实践而言，六力互动模型可能具有更大的理论价值与应用前景。

5.4 顾客分类对策

以上讨论表明，根据图 5-5 的六力互动模型，可以方便地剖析一个企业所面临的各方面力量之间的关系，从中找到现实的合作契机，发现潜在的竞争威胁。例如，对其中的买方做进一步的展开分析，可以分成中间买方与最终买方两部分。中间买方是指存在于企业外部增值体系之中的企业的买主甚至是买主的买主；而最终买方是指企业的终端顾客，即直接使用所购买的产品或服务的顾客，这才是企业乃至企业所在产业链赖以生存的根本。显然，判断企业外部增值体系的存在是否有必要或有价值，关键是看它能否为终端顾客创造价值，如果对终端顾客是不必要的或无效的，就应坚决加以清除，否则这些活动环节的存在必然会削弱企业产品或服务在最终买方眼中的性价比或吸引力。

对一个实力较弱的企业来说，在短期内也许根本离不开对于外部增值体系支持的依赖，更不可能对外部增值体系施加什么影响；对一个具备了相当实力的企业来说，从长期看，如果能采取切实有效的措施，精简或缩短不必要的产业链外部环节，实际上也就能在降低产品或服务的整体成本的同时，加快企业对于顾客的响应速度，从而提升企业产品或服务对于终端顾客的价值。因此，在六力互动模型中，最为重要的是其中的最终买方，也就是企业产品或服务的最终购买与使用者。如何正确看待最终买方，即终端顾客，将直接影响到人们的战略思路与决策行动。基于前面第 4 章 4.2 节的讨论，按照其中提到的"只有回头客才是真顾客，只有能向他人引荐本企业产品或服务的顾客才是真顾客，只有对企业盈利有贡献的顾客才是真顾客"的理念，可进一步按顾客购买行为及其结果对于企业盈利可能产生的影响，将整个市场上所有的现实与潜在顾客分成企业品牌顾客、竞争品牌顾客、随机流动顾客、未来可能顾客四大类。

这里，企业品牌顾客是指那些只使用本企业品牌而不使用其他品牌的顾客，竞争品牌顾客是指只使用其他品牌而不使用本企业品牌的顾客，随机流动顾客是指不偏好于任一特定品牌的顾客，未来可能顾客泛指所有尚未使用此类产品或服务的人。显然，其中的每一类顾客都有其自身特别的行为方式，在进行企业战略构想，考虑市场突破重点，以扩大企业顾客队伍时，若能对此加以区别对待，就可找到更有针对性，从而也更有效的对策。例如，若特别关注企业品牌顾客与随机流动顾客，通常不会与同行发生明显的冲突；若主要针对竞争品牌顾客，或者覆盖了竞争品牌顾客，则较易引起同行的反击；若集中于并未引起同行注意的潜在市场，则更有助于回避竞争冲突，获得更多的增长机会。认清这一点，对于指导企业战略制定、处理市场互动关系具有重要的意义。

再结合对于回头、引荐、随意购买、抱怨及沉寂四种顾客行为分类考虑，对于企业盈利影响按正面、一般、负面三种顾客行为结果进行分类，这样，通过排列组合，就可得到如表 5-1 所示的企业现有顾客行为与盈利影响的二维分类体系，并据此对企业的顾客组合提出有针对性的分类管理建议。由表 5-1 至少可以得出这样两方面的结论：一是顾客数量增加有时并不一定是好事，因为亏损顾客数的增加，不仅不会带来企业盈利水平的提高，实际上还会引起企业总盈利水平的下降。二是企业总体盈利时，也可能仍然存在着不盈利的顾客。对于不盈利的顾客，企业需采取切实有效的措施，将其转变成盈利顾客，如果实在做不到这一点，则越早放弃该顾客可能反而越主动。[9] 一般地，只要企业掌握足够的顾客资料，能得到如表 5-1 所示的分类信息，则按照顾客组合分类管理的思想，无论现有顾客总体上是盈利的或是亏损的，企业总是有可能做点什么以进一步改善自己的盈利状况的。

表 5-1　企业现有顾客行为与盈利影响状况分类

企业顾客行为	盈利影响状况		
	A. 正面（盈利）	B. 一般（微利）	C. 负面（亏损）
1. 回头	A1	B1	C1
2. 引荐	A2	B2	C2
3. 随意购买	A3	B3	C3
4. 抱怨及沉寂	A4	B4	C4

对 A 类顾客，可以重点考虑如何留住他们，并为他们提供更多的特别是互补的产品或服务选择。对 B 类顾客，可采取降低成本、扩大盈利性经营范围的做法。对 C 类顾客，如果不能降低成本使其成为盈利顾客，则需考虑减少服务或干脆逐步放弃。例如，一家超市经过分析，如果发现专门大量购买打折促销商品的顾客为亏损顾客，也许可以采取有意减少甚至停止给这些人群发送促销广告的做法，以减少他们购买打折商品的机会。又如，在采取吸引新顾客与保留老顾客的措施时，需注意测算措施的投入与所带来的收益之间的相对大小，以免掉入顾客增加而盈利却下降的陷阱。再如，公司可以提供有差异的顾客沟通渠道，通过将那些不能带来利润的顾客转移到成本较低的渠道，从而将其变成盈利顾客。

注意识别不同顾客对于企业盈利的影响情况，并根据顾客对于企业盈利影响程度的不同，采取有针对性的管理措施，有助于最终实现提升顾客服务效率与效益的目标。从这个角度看，只是从总体上了解顾客平均盈利水平等指标，对于战略顾客分类的实际作用并不大，关键是要掌握不同顾客之间的差异情况。对战略思考来说,面临多样化的世界,只有差异性才真正反映不同事物的本质。考虑到顾客与企业实际上存在着互动关系,一方面,在观念上要从被动吸引顾客注意转向主动关注顾客,甚至最终与顾客结成供需共同体;另一方面,进行顾客行为研究以扩大销售时,须注意区别不同性质的需求,例如,哪些属于先天禀赋型,哪些属于后天习得型,对前者采取措施去适应,对后者则可积极引领。在这里,战略思考的重心在于,建设并扩大或稳定(到底是扩大还是稳定,具体取决于企业对市场增长的定位与市场可能性的考虑)使企业盈利的回头及引荐型顾客群(见战略启示 5-3)。例如,可从感性、惯性、理性角度切入,巩固顾客购买行为,设法留住盈利顾客;从减少需求漂移、防范竞争吸引、消解顾客不满等入手,防止顾客流失。[10]

战略启示 5-3
顾客分类对策:行为与结果 [11]

整个市场:企业品牌顾客、竞争品牌顾客、随机流动顾客、未来可能顾客。

企业现有顾客行为:回头、引荐、随意购买、抱怨及沉寂。

对企业盈利影响:正面、一般、负面。

战略重心:建设并扩大或稳定使企业盈利的回头及引荐型顾客群。

为了真正做好顾客行为及其对企业盈利的影响的分类,必须注意顾客行为信息的收集,建立企业顾客资料库。这看起来似乎比较复杂,但实际上只要思想重视,注意方法创新,有时操作起来并不像理论上讨论的那样复杂。比如,某饮用水公司为了调查自己的瓶装水在市场上的销售情况,直接到废品收购站去数空瓶子,以此获得有关自己公司产品的市场份额信息。又如,某信用售车公司为了调查潜在顾客市场情况,到高档住宅小区考察自己公司所售汽车的数量与占比。再如,某游戏设备公司在向市场推出跳舞机前,不知道顾客最喜欢的音乐有哪些,特意生产了一款音乐点歌机,免费提供给娱乐场所使用,很快就借此了解到最受顾客欢迎的舞曲有哪些。由此可见,与从顾客购买动机入手相比,从顾客购买行为入手研究顾客,更方便也更易抓住关键,并由此导出更实用的战略建议。

例如,一家三星级酒店的顾客主要分为三类:一是旅游团,价格为挂牌价的 3~4 折;二是单位协议客,价格为挂牌价的 5~6 折;三是零星散客,价格基本不打折,每天入住率为 10 间左右的标准房。就这三类顾客而言,酒店在第一类顾客身上基本不赚钱,第二类顾客使酒店的盈亏大致持平,第三类顾客为最盈利的顾客群。通过顾客分类,作者建议酒店在做好第一类顾客与第二类顾客的市场开拓的同时,提升对第三类顾客群的服务,分别根据前台登记识别出首次、第二次、第三次、第四次入住顾客,对首次入住者赠送当地旅游地图，提供再次入住 9.5 折优惠卡，第二、第三、第四次入住者分别提供再次入住 9 折、8.5 折、8 折优惠卡，并且规定优惠卡可以转让，以此培养酒店的回头客与引荐入住者。结果方案实施仅 10 天，就有 3～4 位散客持卡再次入住，最后借此通过积累，该饭店稳定增加了 20 多位常客。相比善待重复购买顾客的做法，一些企业利用大数据杀熟，即将更多优惠用于获取新顾客，相对冷落老顾客，结果就是总留不住顾客。

再如，某水泥生产企业，其顾客主要有两大类。一类是大型工程项目，销售的主要是散装水泥，这需要通过竞争性投标才能接到项目。通常由于竞争激烈，最终即使得到了项目也盈利甚微，唯一好处是为企业做了形象广告。另一类是零星散户，销售的主要是袋装水泥。这类顾客通常认准品牌购买，属于回头及引荐型顾客，更由于每位顾客的使用量都不大，对价格并不十分敏感，所以，企业在袋装水泥销售上相对盈利较好。但问题在于，原先企业非常重视第一类项目市场，而不太重视第二类市场。通过顾客分类，企业觉得可以对第二类顾客做点什么，后来就有意识地加强了对这一部分市场的物流配送与销售终端维护工作，取得了较好的效益。

拓展思考题

1. 对于外部战略要素分析的四层次内容，你认为从哪一部分入手及如何分析才可能最具现实操作性与理论可行性？为什么？
2. 试讨论波特五力竞争模型的结构特点、隐含假设，指出模型建立的理论基础，分析其现实适用性。
3. 如图 5-6 所示为根据六力互动模型原理分析得到的汽配生产行业中 W 企业的顾客配送服务体系简图。①假设 W 企业目前为所在行业的龙头企业，请结合此图，就如何加强 W 企业的品牌对于市场终端顾客的影响力谈谈你的看法和建议。②请仿照此图，描绘出你所在企业或某个你所熟知的企业的顾客配送服务体系图，并就该企业应如何进一步加强终端顾客服务、促进市场良性发展提出可行的建议。

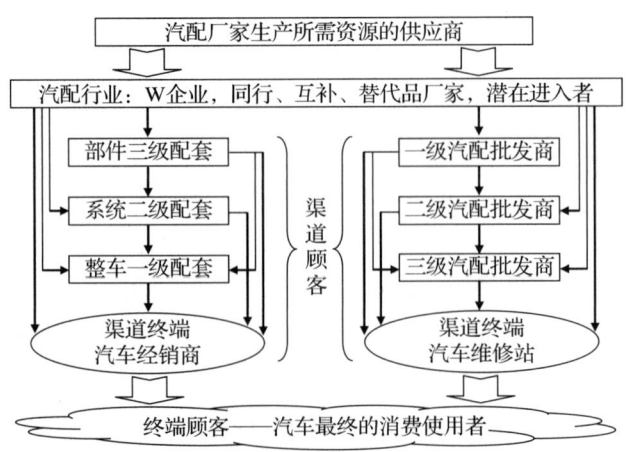

图 5-6　汽配行业 W 企业顾客配送服务体系

4. 某企业的产品质优价廉，通过中间经销商的渠道推向市场。企业产品的出厂价很低，希望中间商也能以较低的价格推向各销售终端，以这样的让消费者真正受益的方式扩大企业产品的市场占有率，从而实现企业、经销商、顾客三方多赢的目标。在实际运作中，这一思路并未得到经销商的配合，许多经销商为了追求自身利润的最大化，往往以较高的价格将产品推向下游销售终端，结果导致企业产品在市场上丧失了原本可能具备的价格优势。根据六力互动模型，借鉴图 5-6 的分析，你认为处于产业链上游的企业可采取哪些切实有效的做法，既能加强对销售终端的影响力或控制力，又能保持自身企业经营的战略灵活性？
5. 根据六力互动模型的分析，从互补品的角度出发，比较容易找到拓展业务的思路。请结合实例说明，依据这种思路进行现实操作的可能性及需要注意解决的困难性，并给出具体可行的对策。
6. 请结合你所在的单位或某个你所熟悉的企业实例，尝试借鉴六力互动模型、顾客分类、区域钻石模型之类的分析思路，给出进一步扩大企业经营业务量的可行性操作对策，并说明理由。
7. 请举例说明，按购买行为与盈利影响对顾客进行分类，与按其他诸如忠诚度、满意度、购买力、职业、年龄、性别等标准对顾客进行分类相比，在指导企业战略实践的操作可行性上，会有什么不同？
8. 有调查表明，现实中只有少数企业能真正做到如表 5-1 描述的那样，按照"回头、引荐、随意购买、抱怨及沉寂"和"正面（盈利）、一般（微利）、负面（亏损）"的标准对顾客进行 A1、A2、A3、A4、B1、B2、B3、B4、C1、C2、C3、C4 的分类。请问：大多数企业未能对顾客进行有效的分类管理的可能原因有哪些？
9. 许多企业都意识到回头客与引荐者的重要性，采取了所谓的常客培养计划。某大型商场的常客培养计划是这样操作的：第一，首次来商场购物者，不能享受价格折扣优惠，只有再次光顾时才有优惠；第二，价格折扣只对办了会员卡的顾客有效，没有办会员卡的顾客无权享受。从扩大企业在现有顾客与潜在顾客中的影响、提升企业盈利水平的角度考虑，该商场的做法需做哪些改进？为什么？

资料来源及注释

[1] WHEELEN T L, HUNGER J D. Strategic management and business policy[M]. Addison-Wesley Publishing Company, Inc., 1983: 78.

[2] PORTER M E. Competitive Strategy: Techniques for Analyzing Industries and Competitors[M]. Free Press, 1980: 4.

[3] GRANT R M. Contemporary strategy analysis: concepts, techniques, applications [M]. 4th ed. Blackwell Publishers Inc., 2002: 91.

[4] PORTER M E. The competitive advantage of nations [M]. Free Press, 1990: 129.

[5] PORTER M E. Competitive advantage: creating and sustaining superior performance [M]. Free Press, 1985: 46+60, 此处引用时，已对原图做了适当的综合与改编。

[6] NESS J A, CUCUZZA T G. Tapping the full potential of ABC [J]. Harvard Business Review, 1995（4）. 该文的中译本可参见德鲁克. 公司绩效测评 [M]. 李焰, 江娅, 译. 北京：中国人民大学出版社, 1999: 42-67.

[7] GADIESH O, GILBERT J L.Profit pools: a fresh look at strategy [J].Harvard Business Review, 1998（3）.

[8] 六力互动模型最先写入《战略管理——艺术与实务》（华夏出版社, 2001），后经作者任教的 EMBA、MBA、管理博士生等各层次学员的研讨完善，曾以《战略与环境：五力竞争还是六力互动？》为题于 2005 年发表在《北大商业评论》第 11 期上。

[9] 塞尔登，科尔文.这位顾客会使你的股价

沉没吗？[J].财富（双周刊）.2002-09-30（1）.

[10] COYLES S，GOKEY T C.Customer retention is not enough[J].The McKinsey Quarterly，2002（2）.

[11] 对于整个市场顾客的分类，借鉴了"舒尔兹，田纳本，劳特朋.整合营销传播[M].吴怡国，等译.呼和浩特：内蒙古人民出版社，1998：81-83"中有关内容，文字上有改动。其余内容为作者根据众多文献所做的综合推导。

第6章　认清自身实力

【学习目标】

知识目标：了解组织任务与活动流程及组织结构支撑框架。
技能目标：掌握内在优势和外在优势结合的企业实力架构。
能力目标：理解并运用基于市场、管理、资源三大整合策略。

【要点提示】

活动任务流程
阐明企业需要做些什么（活动）、做成什么（任务）及体现在这背后的时序关系逻辑（流程）。

组织软硬结构
组织结构作为完成任务的工具或手段，关键在于能否体现"简洁、高效、愉快"的思想，为企业活动任务流程的开展提供"如何做事"的支撑框架。

特异生存条件
企业特有的做事实力，由内在的资源、能力、信誉与外在的产品或服务的内涵品质、顾客偏爱、终端可获两大部分组成，只有内外兼修，才有可能为企业生存提供能随环境变化而灵活调适的持续活力。

内外要素综合
通过市场整合，形成以回头、引荐、盈利顾客为中心的市场网络；利用管理整合，建立简洁、高效的企业内部组织运营体系；依靠资源整合，拓展企业基于内外环境优势协同的持续经营实力。

6.1 活动任务流程

认清企业自身实力，需要明确企业活动与任务的流程，了解为这一流程提供支持的组织结构，弄清体现在流程与结构背后的企业及员工的行为特征，最后得出关于企业实力构成要素的综合评价结论（见战略启示 6-1）。在这里，活动任务流程主要说明企业创造产品或服务价值的整个活动过程及所应完成的最终任务顺序。如果说"活动"指的是需"做什么事"，"任务"指的是需"做成什么"，则"流程"指的就是存在于各活动及任务背后的相互之间的"时序关系"逻辑。组织结构提供确保活动任务流程顺利进行的"如何做"支撑框架；企业及员工行为为回答"由谁做"这一企业活力源泉（详见第 12 章 12.1 节的讨论）问题提供依据。

战略启示 6-1

企业实力分析三要素

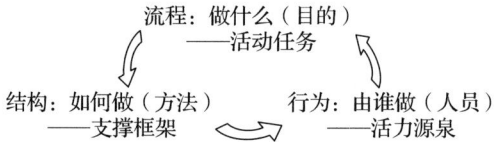

关键：能否为目标顾客提供有形与无形两方面的完整价值。

从综合的角度看，企业实力最终主要体现在能否为企业战略所确定的目标顾客提供有形与无形两方面的完整价值上。具体地，从"活动"流程的角度看，如果涉及的是有形物流，要想发现其中可能包含的关键活动环节，相对来说还比较容易，只要进行现场跟踪观察即可。例如，制造业对于产品加工过程的空间布局、时间组织，流通领域涉及的产品运输、配送、销售等，这些活动的流程组织主要体现了战略管理的科学性层面的"运作高效"原理的要求，可以借助于标准作业程序等来完善管理。若涉及的是无形服务，要想了解活动流程，相对来说就比较困难。例如，旅游、餐饮、酒店、商场的经营，这些都涉及人性因素，反映的主要是战略管理的艺术性层面的"心情舒畅"原理，关键在于如何通过良性互动面向顾客提供宜人的过程体验。

从"任务"流程的角度看，需要探寻企业内外各项"活动"的目的意义，这里所关注的是战略管理的道德性层面的"方向正确"原理的要求，相对来说有一定的难度。一是任何个人或有一定历史的企业都会有一些经过长期有意无意的积累而形成的类似于生物基因遗传下来的习惯性"活动"，有时要想探寻为什么需要这些活动是很难得到明确结论的。事实上，在这种情况下，很可能活动的存在本身就是目的。二是许多情况下，由于认知水平有限，掌握的信息不足，只能试试看，在干中学，试错后止步，试对后推进，此中的"任务"是在活动的进行过程中逐步明确的。三是现实中存在人际互动关系，有时"愉快体验"即目标，"意外惊喜"即价值，只要活动本身顺利，就算圆满完成任务。更何况考虑到未来的不确定性，为更好地适应环境，有时需要故意放松对于活动"任务"目标的明确要求，以行为宽容来营造多样性，更好地迎接未来可能的变化所带来的挑战。

将活动与任务结合起来，现实中讨论较多的是顾客服务流程，这就是企业为顾客创造价值的全过程。需注意的是，这里提到的顾客价值，既不同于企业价值，也不同于产品或服务的总价值。事实上，产品或服务的总价值为顾客价值与企业价值之和（详见第 7 章 7.1 节的讨论）。考察顾客价值，通常采取的观察角度是顾客体验，所涉及的内容为过程环节及其顺序关系。企业的所有活动，仅当能为顾客带来价值时才成为必要，否则都将只是一种费用支出。这意味着，顾客价值应由企业产品或服务的最终使用者说了算。任何一个产品或一项服务，如果不能得到最终使用者的认可，虽然能一时销售出去，长期来说，其市场最终也是会萎缩的。

表面上看，顾客服务问题似乎与纯粹生产性企业关系不大，特别是在商品供不应求甚至凭票供应的稀缺经济时代，企业生产的产品几乎都能非常方便地销售出去，但在市场竞争加剧的今天，企业必须考虑如何更好地满足最终顾客的需要才能在市场上站稳脚跟。因此，现在提出顾客服务的概念，绝不能再局限于传统的只提供纯粹即时消费意义上无形服务的行业，而应包括从事生产、制造有形产品的企业。对生产性企业来说，必须将自己定位为与产品相关的问题解决者，在进行产品销售时，不仅提供有形的产品，而且提供无形的技术支持、经验传授等与产品相关的咨询服务。可以认为，随着整个社会生产力水平的进一步提高，再加上市场竞争的全球化，人们对于有形产品的质量、性能、价格等将越来越放心，从而对这类产品的购买也将越来越随意，最终可能只有个性化的服务才会对顾客的选购产生重要影响。

做好顾客服务的关键在于转变观念，以使企业运行的各个方面都能高度重视最终顾客的需求。这里的难题在于，生产性企业中，有许多环节并不直接与顾客接触，通常很难真正感受到顾客的内心需求。对此，在实际操作中，一些企业提出了"下道工序就是顾客"的思想，在企业内部实行模拟顾客制度，由下道工序对上道工序，行使质量等方面的监督管理权，这样一道道工序往下推，直至与企业外部的最终顾客接触的环节。显然，将顾客需求通过环环相扣的形式转化为内部操作要求与规范，如果在进行上下道工序的顾客需求信息传递时能确保信息很少失真，这种思路就有可能推进顾客服务思想在企业中的真正贯彻落实。

对大多数企业来说，并不像纯粹生产性企业那样只有少数环节与顾客有直接联系，而是在企业运行的多个方面都与顾客发生着千丝万缕的联系。在这些企业中，顾客行为表现可以分为许多类型，对于顾客服务流程的支撑，实际上表现出来的并不是一个逻辑关系非常清楚的时间序列过程，而是呈现出一种立体的多节点网架结构。这就是说，若将企业整体比喻为一个类似于建筑物的多节点空间网架，企业中各组织部门或个人就像该网架中的一个交叉节点，则意味着各类顾客可能会按自己的喜好甚至随机的方式与组织中的一个或多个节点进行联系接触，从中得到自己所需的服务。在这些企业中，只要能保证其中的每一环节（实际上是每个人）愿意并且也能关注顾客价值的提升，最终就有可能通过个人主动性的发挥，极大地改善顾客服务的质量。

就顾客服务而言，关键在于理念上能否真正从顾客的角度出发考虑问题，而不是以企业自诩的所谓优质服务来逼顾客就范。例如，某国际著名的软件公司在中国销售办公软件，就曾经发生这样的事情：某顾客买了该公司的产品，安装时首先需要输入一个光盘密码，安装完毕后该软件会产生一个安装识别码，然后要求顾客凭此识别码打电话到其公司位于深圳的一个部门正式注册，并把由该部门在电话中提供的注册确认号输入到计算机，这样该软件才算真正激活，可以正常运行。而且每次进行计算机硬件升级，甚至软件重新安装时，都有可能需要重复前述的确认激活过程。此外，该软件承诺有 90 天免费技术支持。为了得到该免费技术支持，顾客必须通过注册获得这个软件的顾客登记号。但是这一顾客登记号在电话注册过程中公司并没有马上告诉顾客，而是由该公司位于北京的另一个部门邮寄。最后，顾客所需的免费技术服务则是由该公司设在上海的一个部门提供的。正是由于该公司对顾客服务流程的如此安排，该顾客在购买使用该软件过程中遇到了一系列尴尬的事情。首先，在安装完毕正式注册时，对方要求提供姓名、身份证号、工作单位、通信地址等顾客信息，使人感到太过烦琐。但若不回答，则得不到注册确认号，软件无法激活，从而也就不能正常运行。其次，由于注册完毕时，对方没有提供顾客登记号，所以无法马上通过电话得到免费技术支持。这一时间持续一个月之久，由于一直没有收到该公司从北京寄来的顾客登记号，再打电话到深圳的注册部门询问，被告知需顾客自己打电话到北京的部门去查询。不知何因，该顾客后来从未收到过该公司寄来的顾客登记号，而他请求免费技术支持所需的顾客登记号则是通过该公司在上海的技术服务人员查到的。再次，由于刚安装的软件运行有些不顺利，又得不到技术支持，该顾客从硬盘格式化开始重新安装了一次该软件，但发现原先得到的注册确认号失效了，而再打电话向该公司要新的注册确认号时，却被告知已经给过确认号了，因此不能再给，并反问顾客安装的计算机台数是否超过了软件协议许可数。为此，顾客要求该公司派人上门，确认是否安装了多台计算机，并告知该公司，其软件产品的售价几千元，市面上盗版的光盘仅十几元，且无须确认号，真要盗版安装多台计算机，根本无须打电话要注册确认号。这样，该公司的有关人员才又给了一个注册确认号。最后，令人啼笑皆非的是，当该顾客的 90 天免费技术支持时间到期时，却收到了该公司从北京寄来的终止通知，这说明该公司的北京部门没忘记该顾客，只是这种没忘记主要考虑的是公司自身的利益。如此"高水平"的服务，真是快将顾客气疯了。

以上描述的是一个真实的顾客体验过程。如果你是这位顾客，下次还愿意去买该公司的产品自寻烦恼吗？人们更多地去购买盗版软件，除价格便宜外，难道就没有其他因素的影响吗？试想，一方面，许多正版软件公司高喊反盗版的口号，设定了种种能使正版软件使用者不方便却防不住真正盗版者的规范。另一方面，这些公司却把已经上门的顾客气走，又怎么能培养出回头客与引荐者呢？当然，这里并不否认，现实中可能存在这样的情况，就是这部分顾客可能属于上一章分析中提到的该公司战略中准备放弃或不受重视的类型。但问题在于，该公司的以上做法并没有起到提升公司效益或降低运行成本的作用。由此可见，理顺顾客服务流程对于提升企业竞争实力的影响之重大。对现代企业来说，适当运用基于互联网的数据技术，在很多情况下，通过与当前乃至潜在顾客保持密切联系，较早地介入顾客服务过程，与顾客合作共同发现问题，探求解决之道，从而更好地弄清顾客的真正需求与实力的建设方向，并在与顾客的交流中逐步增强自身的竞争实力，大有潜力可挖。

一般地讲，分析一个具体企业的顾客服务流程，可以从顾客遇到现实问题，寻求解决方案，购买解决方案，实施解决方案，提升解决方案的全过程会发生什么事件、需要他人为其做些什么入手，从中发现企业可以帮助顾客做点什么的契机。但同时也不容忽视，最终顾客得到的产品或服务的质量在本质上离不开企业内外各环节的共同配合。因此，企业在考虑顾客服务流程时，眼光必须超越企业业务范围，考察整个产业链的顾客价值创造过程，以便找到从根本上改变顾客服务流程，提升顾客价值的思路与方法（见战略启示 6-2）。比如，某电子设备公司生产的产品在出厂检验时都为优质品，但顾客却经常反映该产品存在质量问题。后来，公司经过全程跟踪该产品从工厂到顾客使用的整个过程，终于发现产生问题的根源。原来，公司设计师在最初构想产品时，觉得工人搬运时会弯下腰，用双手握住包装盒两边的装卸把手，而实际操作时，由于该设备的分量对装卸工人来说并不算重，他们根本没有弯腰，只是简单地用手一把抓住设备顶部外露的各种电器连接线将设备拎起来，结果常在不经意间造成许多连接线的脱落。后来，公司改进设计，将装卸用的把手装在了设备的顶部，这很好地解决了顾客碰到的质量问题。

战略启示 6-2

顾客服务流程：分析思路

顾客服务流程分析，就是从顾客遇到现实问题，寻求、购买、实施、提升解决方案的整个过程入手，考察其中所发生的各种事件，从中发现顾客的真正需要，弄清企业可为其做什么。

分析顾客服务流程，眼光必须超越企业现有的业务范围，考察整个产业链的顾客价值创造过程，只有这样才能找到从根本上改变顾客服务流程、提升顾客价值的思路与方法。

在落实如何做好顾客服务的工作上，关键是要让企业的每一个细胞都能对来自顾客的需求做出迅速、适当的反应。这里，某些地方的政府部门推行的"首问责任制"就很好地解决了服务责任与义务的落实问题，不失为一种可行的办法。[1] 按照这种制度，群众到单位、机关咨询办事，被问到的第一个工作人员即为首问责任人。作为首问责任人，对来访群众必须热情接待，问明事由，是自己职责范围之内的事，必须认真解疑释惑，不是自己职责范围之内的事，要负责安排到有关领导或职能部门。这种将问题责任落实到最先接触者的做法，尽管并不等于人人有权解决，但是可为前来办事者提供谁能解决问题的指导，使无人负责变成人人有责。类似地，在企业内部无法设置专人提供办事指导的情况下，通过分工不分家的"首问责任制"，也能为解决这一问题提供启示。显然，以上做法如能持之以恒，必能改善或提升企业或政府部门的顾客服务质量。

6.2 组织软硬结构

在了解企业活动任务流程的基础上，可从以下两个方面着手，对构成"做事"支撑框架的组织结构做深入的分析：一是看得见的有形机构、物流等硬结构，二是看不见的无形权力、信息等软结构。进行组织结构分析，关键是要弄清组织内部的信息沟通、权力分配、产品或服务流这三者之间的关系，通过剖析企业内部指令传递、信息流转、投入产出的过程环节，以及其中所涉及的机构与人员，从而发现组织中所存在的运作不良、效率低下等问题，弄清其中可能存在的物流不畅、责权不清、沟通不顺等原因，从而提出切实可行的有针对性的改进建议（见战略启示 6-3）。

战略启示 6-3

组织结构分析：基本内容

组织结构分析包括两部分内容：一是看得见的有形机构、物流等硬结构，二是看不见的无形权力、信息等软结构。关键在于清楚了解软硬结构的匹配情况。

第一，从组织结构与企业活动任务流程的关系看，不同类型的组织可能需做不同的考虑。对面向最终顾客的纯粹服务业中的企业来说，如酒店、度假村、旅游景点等，几乎所有的工作都直接围绕顾客服务的流程展开。在这类企业中，大多数人都与最终顾客有着直接的面对面接触，员工与顾客之间存在着非常紧密的双向互动联系。对按照订单组织生产的纯粹制造业中的企业来说，如某些作为大型集团公司的配套生产基地而存在的生产性工厂，几乎所有的工作都围绕生产任务的流程展开。在这类企业中，只有少数人与最终顾客有直接联系，最终顾客主要是通过订单的形式影响企业运作。而对绝大多数同时介入产品的生产与销售全过程的企业来说，其中既存在围绕顾客服务的流程，又存在围绕生产任务的流程，这两种流程必须有机匹配、协同作用，才能创造出最终顾客所需的价值。

第二，从组织理论的角度来看，对于企业组织结构的建立与运作，存在着古典与现代两种侧重点略有不同的考虑。古典组织理论强调分工专业化、等级明确、规章完善、不受情感因素影响、人员选聘以技术能力为依据等。如此设计的组织，尽管可能具有较高的运行效率，但结构上比较机械僵化，易忽视职工的情感需要，不利于人们积极性、创造性的发挥，难以适应环境变化的需要。现代组织理论强调组织的系统性、信息性与权变性，这就是要关注外部环境要素与组织运行的协同效应，重视信息流对于解决组织内外部环境不确定性问题的作用，注意内外部环境变化对于组织结构的设计及调整的可能影响。[2]

第三，就组织的实践操作而言，建立战略所需的组织，关键是要做好以下几项工作。首先，确定企业战略实施的关键活动，弄清各种活动之间的关系，将活动组合成适当的单元，以确保企业内外部业务流，即顾客服务流与生产任务流的顺畅。其次，对各组织单元进行授权，明确这些单元之间的相互依赖关系，按战略重要性程度不同，确定相关活动及单元的主从关系，以保证企业内外部权力流的顺畅。最后，协调好组织各单元活动之间的相互关系，以确保企业内外部信息流顺畅。比如，围绕终端顾客，建立以顾客关系与利润为业绩标准的信息体系；将有关信息直接传递到做事者，以帮助人们提升工作绩效；让每个人心中都清楚出色业绩、应尽责任、相关报酬等方面的信息。

当然，为了判断一个现实企业的组织结构对于其实力的影响，必然需要考察组织结构与企业发展阶段、内外环境、战略选择的关系。从管理的角度出发，将组织结构与企业发展阶段联系起来分析，可以发现，[3]随着企业的发展，其组织结构一般会表现出这样的演变规律：先从简单的单一职能组织向多职能、单一产品的形式转变，再向多职能或多部门、多产品的形式转变，最后向跨国公司的形式转变。如图6-1所示,就清楚地表明企业组织结构从简单到复杂的不同演变过程,对这一过程,可按以下"四阶段模型"做展开说明。

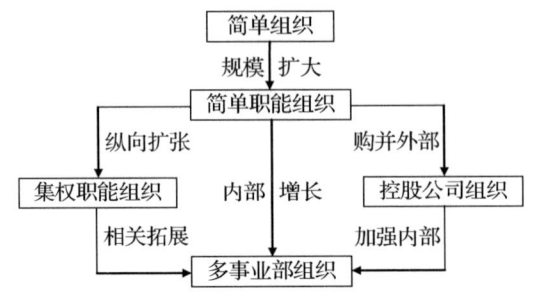

图6-1　企业组织结构随企业增长而演变的过程

阶段Ⅰ：企业规模很小,业务单一,由一人全面管理。此时,企业的管理者往往既是所有者又是创始人,通常与员工联系紧密,接触频繁,直接负责全体员工的指挥工作。管理者对企业运行的每个环节都比较了解,所有与企业使命、目标、战略及日常运行相关的决策均由其做出。

阶段Ⅱ：企业规模与范围较阶段Ⅰ有了显著的扩大,企业由单人负责管理向小组负责管理转变。此时,企业往往根据传统的营销、生产、财务、人事、工艺、技术、采购、供应、计划等职能来划分战略责任,进行任务分解,建立相应的部门；对按产业链纵向拓展的企业来说,其主要的组织单元实际上就对应于生产链的组成环节。尽管处于阶段Ⅱ的企业通常是由许多担负专门职能责任的经理人员共同负责管理的,但其业务仍基本保持在单一领域之中。

阶段Ⅲ：企业经营局限于单一领域或产品线,但其市场分布比较广泛,以致必须按地理区域建立分权的经营单元。这些分权的经营单元尽管仍需向企业总部报告,并在符合企业整体政策的前提下开展业务活动,但是却有充分的自主权制订各自单元的计划,以满足特定区域市场的需要。一般来说,对应于阶段Ⅲ的企业,其各区域经营单元主要采取的是职能结构组织形式。

阶段Ⅳ：企业不仅在区域市场方面,而且在产品与业务范围方面,分布都相当广泛。此时,企业通常采取的是按照业务领域实行分权管理的大型多元化组织形式。其典型做法是：为每一个业务领域委派一名总经理,使其拥有做出业务领域各职能单元的决策的完全权力,并由其对本部门业务负完全的责任。显然,在这种类型的组织中,业务领域战略决策与运行决策均由相应领域的总经理做出,而不再由企业总部的经理人员做出,总部只集中和保留一些会计核算与战略投资方面的决策权力。

由以上企业四个阶段的发展模型可知,随着企业从小到大不断发展,企业战略将从最基本的目标集中逐渐向较为复杂的数量扩张、纵向拓展、地理区域扩大、产品种类多元发展。而伴随着这一企业化过程,企业组织结构将从单一职能向职能集权，再向多事业部的分权组织形式转变。一般来说，一个组织的业务越是多元化，就越倾向于采取分权经营单元组织结构的做法，而随着企业战略的方向从单一产品的小规模经营向有主导产品的大规模经营，再向广泛的多元化经营发展，组织结构将从单人管理向职能小组管理，再向分权业务管理发展。

将组织结构与企业内外部环境因素联系起来可以发现，就企业内部环境而言，组织结构的确定常常与所采用的技术及所生产的产品特点相联系。相对来说，使用比较简单的技术、生产的产品品种单一并且批量较小的企业，往往管理层次较少、管理幅度较宽；使用比较复杂的技术、生产的产品品种较多并且批量较大的企业，管理层次较多，而且往往中上层管理幅度一般，底层的管理幅度特别宽；使用连续生产工艺的石油、化工、造纸等企业，往往技术先进，管理层次划分较细，每一层次的管理幅度相对来说比较窄。就企业外部环境而言，处于相对稳定的环境与成熟的行业之中的企业，一般采取机械的组织形式；处于技术与市场迅速变化的行业之中的企业，通常采取有机的组织形式。

一般来说，为了应对技术与市场环境的变化，企业需要在组织内部甚至外部建立众多各有特长的专业领域或职能部门，可以采取这样两种适应环境的做法：化整为零与集中统一。[4]这里，化整为零是指并不确立跨领域或部门的中心任务，只是使之保持松散的联系，采取分权方式进行管理；集中统一是指对这些松散的专业领域或职能部门采取相对集权的管理方式，以充分发挥整个组织的协同效应。显然，化整为零的做法比较适合于动态变化的不确定环境，而集中统一的做法比较适合于相对稳定的环境。在实践中，允许各部分的相对独立与强调各部分的步调统一，需要给予适当的平衡考虑。从某种意义上看，项目制的组织方式目前之所以受到关注，可能就是因为它兼顾了整体放权与局部集权的两方面要求，比较适合不确定环境下企业分散风险、多样化经营的要求。

将组织结构与企业战略联系起来，关键是要弄清这两者之间的互动关系，尽可能保持这两者的动态匹配。当然，这里必须说明的是，尽管从逻辑上看组织结构只是实现战略的手段，应该根据战略实施的要求适时加以调整，但从实际演变过程来看，在一定时期内，组织结构并不是可以任意改变的，更不可能因为战略决策者设计了一个好的企业战略，就能由战略决策者对组织结构随心所欲地调整。这主要是因为，组织结构的调整必然会涉及一个痛苦的权力再分配过程，会受到企业内外部各种复杂的人际关系因素的影响，有时甚至根本不可能调整。当然，还有时通过采取强硬措施，名义上看起来调整是到位了，但实际上却由于人心散乱致使此后的工作无法正常开展。面对这种情况，战略决策者可以采取增量微调、临时小组等做法，就是在不触及有形的组织结构的前提下，对无形的组织结构做适当的调整，在可行的范围内寻求最佳的解决方案。

事实上，应该看到，就企业战略与组织结构的匹配性而言，既不存在完美无缺的理想的组织设计，也不存在普遍适用的企业战略与组织结构的匹配规则。每一种组织结构都有其自身的优势与劣势，任何一个企业都可以考虑同时兼有多种组织结构的特点，而不一定局限于某一种基本的组织形式。组织结构作为一个完成任务的工具或手段，其本身无所谓优劣。结构如"衣"，关键在于合"身"。从实用的角度看，一个有效的组织结构必须体现"简洁、高效、愉快"的思想，能满足实现战略使命与目标的要求，为企业活动任务流程的开展提供良好的"如何做事"的支撑框架。考虑到战略"三假设"的动态变化，就特定企业而言，不可能存在一成不变的最佳的组织结构设计，所以，一个良好的组织结构应该是无固定模式的，即具有灵活可调的特点。

6.3 特异生存条件

若顾客活动任务流程阐明了企业的做事要求，组织的软硬结构说明了企业的做事框架，则特异的生存条件涉及的是企业的做事实力，理论上可归结为日常运作、整体内涵、结果表现三个方面（见战略启示6-4）。

战略启示6-4

特异生存条件

特异生存条件指的是基于战略"三假设"的企业特有的做事实力。从整体内涵看，由内在的资源、能力、信誉三部分构成；从结果表现看，由外在的产品或服务的内涵品质、顾客偏爱、终端可获三部分组成。只有内外兼修，才能为企业生存提供具有灵活调适性的持续活力。

就日常运作而言，如本章前面所讨论的，企业实力可从流程、结构、行为的角度加以考察，这里不再赘述。

就整体内涵而言，若认为实力强就是有优势，则由本书第3章3.2节的讨论可知，企业实力由资源、能力、信誉三部分组成，大致对应于企业在时间过程中基于当下积累、未来潜质、过去所做的总体表现。如果说理论上真正的瞬间概念上的当下时间是不存在的，那么在一个个不断流逝的"当下"时刻，企业过去的所作所为就相对客观地记录了其自身的发展印迹，向人们传递了"信誉"之类关于企业"此前"表现的认知信号。而在一个个即将到来的"此后"时刻，企业的所作所为将验证人们关于企业"能力"的事前估计，进一步修正人们对于企业"信誉""能力"的看法。从这个角度看，拥有资源只表明"当下"，只有清楚了"此前"及"此后"的资源运用变化情况，才可判断该企业是否具有"信誉"或"能力"，从而获得关于该企业实力或优势的全面信息。

就结果表现而言，企业实力将主要体现在能做成什么事上，也就是更多地反映在顾客对于企业所提供的产品或服务的评价上。基于顾客角度的思考，借鉴可口可乐公司的提法，要使产品无处不在、成为顾客心中首选并觉得物有所值，让顾客买得到、买得起、乐得买，可将企业实力的结果表现归结为产品或服务的内涵品质（以下简称"产品内涵"）、顾客偏爱、终端可获这样三个部分。在这里，产品内涵泛指企业为顾客提供的产品或服务所具有的真正价值，而不仅仅停留在一种纯粹认知概念上的虚幻感觉。顾客偏爱指的是顾客在对企业的产品或服务认可的基础上所产生的某种特别情感爱好，从而在面对竞争性产品时会优先选择本企业的产品或服务。终端可获指的是在顾客决定购买本企业产品或服务时，能便捷地得到其所需的产品或服务，从而为企业带来实在的盈利回报。

就产品内涵、顾客偏爱、终端可获这三者的关系来看，一方面，缺乏内涵品质支撑的产品或服务，尽管在短期内也许可以通过营销策划等手段改变顾客认知，引起顾客的重视，但这不可能产生持久的顾客偏爱。某些通过纯粹新闻炒作快速成名并快速灭亡的企业就是这方面的典型例子。另一方面，对于那些具备内涵品质，也得到顾客内心认可的产品或服务，如果没有方便顾客购买的销售终端支撑，即使有顾客偏爱也不可能产生真正的销售收入。例如，某些只重广播、电视"空中轰炸"而没有销售终端等"地面部队"支持的产品或服务，尽管其知名度、美誉度都不错，甚至顾客也偏爱，但还是无法转变成顾客真正的购买行为。

当然，现实中还需防止这样一种情况：一个企业尽管其产品或服务的内涵品质不错，销售终端建设也健全，但若不注意从认知上引起顾客注意，使顾客产生情感偏好，从而成为企业的产品或服务的回头客或引荐者，则也是不可能为企业赢得长期的市场份额与销售收入的。例如，某些企业忽略顾客偏好培养，没有与顾客形成良性互动的情感联系，也就是为商业而商业，不注意顾客关系的维护，尽管产品或服务的内涵品质不错，渠道布局也合理，但是面对市场竞争，很难获得持续销售收入。此外，关于终端可获性还需补充说明的是，不同的顾客群体需要有不同的处理方式。例如，某电脑公司原来一直采用网上订购、照单生产的做法，因为这样可以降低仓储成本，几乎不必保留存货，但后来为了抓住那些不愿上网或对上网有畏惧心理的顾客，以进一步扩大公司产品的市场份额，还是推出了直接进入有形销售终端的廉价整机电脑。

对于企业实力，从特异性角度考虑，应该看到企业所面临的战略"三假设"必然是与其他企业不一样的，所以，要在多样化世界中生存，就需形成具有自己特色的生存条件。考察企业的资源、能力、信誉三要素，除了均需关注对顾客有价值这一共同要求外，就资源而言，形成特色的关键是保证其稀缺专用性，同时又不失战略灵活性。显然，这里提到的资源稀缺性，如果能带来市场的高附加值，而同时竞争者又无法仿效，结果就有可能引发其他企业对于该资源替代品的研发大战。资源的专用性，如大规模投资建成的缺乏柔性的专用生产线，一方面可以成为其他企业参与竞争的进入障碍，另一方面在面临市场需求变化时，也可能会成为企业产品更新换代的拖累，结果导致企业战略的不灵活。

就能力而言，除了受自然禀赋因素影响外，形成特色的关键在于通过坚持不懈的努力，使其具有一定的潜移默化、难以仿效的性质，同时又能保持动态适应性。这里的问题是，潜移默化、难以仿效的能力，如信仰、观念、制度、习俗、程序、惯例、规则、关系等，常常需要经过反复学习、不断操练的积累过程，这与先天禀赋性不同，主要表现的是一种后天习得性的特点。而考虑到习得过程的前后关联、时间漫长，其结果也许会影响企业对于未来环境变化的适应性。例如，企业一旦进入某个领域，在其中积累了一定的经验技能后，往往就会发现要想中途退出转行似乎真的比较困难。一方面，企业自身会觉得不太适应，舍不得丢掉长期积累另起炉灶从头做起。另一方面，外部也不一定会认可，觉得企业一直从事某领域经营，突然转向新的领域不可能做得好。

就信誉而言，要想形成特色，靠的是企业过去一步一个脚印的长期努力，它需要从每一个"当下"入手，以维持企业在人们心目中的一贯形象，否则一个"当下"的失误，在成为历史后，若被人们发现而重新揭出，就有可能使企业过往所积累的长期信誉受损，轻则经济上赔偿，重则导致整个企业关门。这一点对咨询服务业来说尤为重要，所有过去的努力所积累的信誉很容易被后来的失误所勾销。21世纪初发生的安达信事件就是一个典型的例子。创立于1913年的安达信会计师事务所，由于受安然公司假账丑闻影响，信誉遭受重创，客户与员工大量流失，最后被迫放弃在美国的全部审计业务，痛苦地退出了从事了近90年的审计业务。

企业特异生存条件就其作为整体的动态演化而言，资源、能力、信誉这三者作用的发挥关键在于人以及体现在人身上的能力。因此，如何通过适当的战略与有效的管理充分调动人的主观能动性，以便在能力提升的基础上改善资源与信誉状况，从而形成良性循环，最终达成企业特异生存条件综合效能的不断改善，应该成为战略关注的重点。这里特别值得一提的是，管理能力的加强可以同时起到协同资源与改善信誉两方面的作用。例如，某人入住一家硬件装修几乎达到四星级标准的宾馆，如果发现浴室里的电话正好安装在浴缸的淋浴头下，房间中的垃圾桶摆在客人或坐或躺均够不着的地方，台灯放在会让一般人写字时手背光的右边，一次性剃须刀则根本割不断胡须。再如，到餐厅用餐，饭菜令人满意，但最后上来的水果质量很差，令人觉得有点扫兴。显然，这里所反映出来的问题主要是相关经营主体的整体协同管理能力欠缺。

从能力角度考虑，对企业来说，尤为重要的就是具备争取顾客，即找准、接近、服务、满足、留住顾客的能力。为此，有些企业通过吸收顾客参与自己产品的设计、开发、生产、运作过程，试图建立对于顾客需求的快速反应、低成本生产运转、有效供应或需求链管理、动态创新四体系。当然，这里的关键在于，面对动态变化的顾客需求与市场环境，如何做到在充分关注企业现有顾客的需求的同时，抓住潜在顾客的需求，并针对市场的可能变化提前做好准备。现实中，过分关注现有顾客的需求，有时会在无意中阻碍企业对于潜在及未来市场的把握，这是需要引起特别重视的。[5] 例如，许多企业所热心的顾客关系管理，实际上就面临着如何识别顾客、细分顾客、与顾客沟通、按顾客需求定制产品或服务的问题。[6] 有些企业并没有完全理解这一点，就盲目加入这一潮流，最后由于相关人员缺乏沟通训练，企业原有的设计、生产体系与市场需求严重脱节，结果反而给企业的经营带来了负面影响。[7]

对许多涉及产品设计、开发、生产、安装、服务多个环节的企业来说，改善企业实力的关键在于，在做好这些环节的衔接工作的同时，积极创造良好的吸引人才的环境，留住企业所需的核心技术人才。从企业的角度来看，科技开发能力如果不与顾客需求结合，就无法转化为企业实在的市场盈利，因此，技术、生产、市场三个环节在企业内部从信息流程上必须有机地联系起来。需要特别指出的是，在环境多变、很不确定的情况下，决定企业战略成败的关键主要在企业实力的动态灵活适应性上。企业需时刻关注环境变化，尤其是目标顾客的需求变化，以便事先做好应对准备。显然，若企业与顾客建立起比较紧密的互动关系，则对于现实的与潜在的顾客需求变动总是能提前发现一些蛛丝马迹的。

根据以上讨论，考察我国家电行业的经营态势，也许可以从中发现一些顾客需求变化的规律。最早，产品从无到有，顾客关注的是能否买到；接着，厂家遍地开花，质量参差不齐，顾客开始重视品牌与售后服务；再接着，厂家质量与售后服务水平普遍提高，顾客变得关心价格，行业内只闻一片降价声。可以预见，市场必将走出一个从关心品牌、关心价格再回归到不太关心品牌的状态之中，因为对于家电之类的产品，最终顾客将不再担心产品质量甚至价格，有可能成为事实上的随意购买者，而对于凭借广告炒作等塑造出来的有名无实的所谓品牌差异，就会被看成"将全世界的人都当傻瓜"的代名词。面对这样一个顾客心目中的无品牌时代，将意味着，市场更多需要的是能同时包容众多企业的产品，从而方便顾客选购的大卖场或网络平台，而绝不是只提供单一品牌服务的专卖店。有鉴于此,目前尚存的一些家电品牌专卖店如何成为包容众多品牌的服务提供商,以迎合成熟消费市场的需求变化,必须引起有关企业的重视。

对于以上讨论的企业实力,若进一步按日常运作、整体内涵、结果表现等不同,列举并剖析各特异生存条件的具体特征,到底是属于外显的还是内隐的,基于个人、群体、组织的,还是跨组织的社会网络。在图6-2中,对照着将其按分布位置的不同逐一标出,则可以得出结论:构成企业实力的特异生存条件,越是属于组织或跨组织社会网络的内隐特色专用无形要素,即列出的要素更多地分布在图6-2右下方,就越表明企业具有难以模仿与不可转移的持续优势;越是属于个人的外显规范共享有形要素,即列出的要素更多地分布在图6-2左上方,就越表明企业的优势很容易被模仿与复制,因而也就越缺乏持续性。在此需要指出,为使企业实力更具可持续性而需要将特异生存条件内隐化的做法,与一般所提的要将企业内隐知识外显化,以利于内部交流学习与知识共享,是存在矛盾的。企业有必要根据自身情况,权衡促进交流与阻止复制这两者之间的利弊得失,最终做出到底是推进内隐化还是外显化的选择。

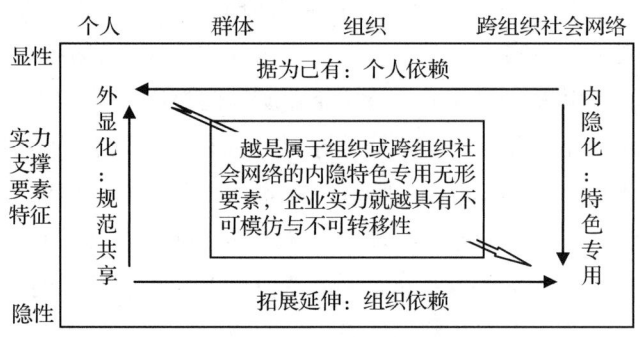

图 6-2　企业特异生存条件:二维分类 [8]

例如,构成宝马公司特异生存条件的文化、人才要素,就主要分布于类似图6-2的右下角。该公司被认为是德国企业中最日本化的,除纪律和远见外,还有近乎亚洲式的谦逊。[9]宝马公司有一条不成文的规定:董事会主席不应是明星。公司的领导文化是没有突出的人。公司的员工可以自负责任的程度很高,他们总是带着具有决定性的建议出现,领导只需表示赞同与否即可。公司要求"领导人员必须轮换",公司的高管人员经历丰富,通常担任过企业内不同领域的一系列负责人职位,这既有助于建立领导者个人的跨专业思考能力,又使他们在企业中建立了联系紧密的非正式网络,促进了相互理解与工作配合。因此,公司中没有人是不可替代的,每个高层职位都有一个可以立即继任的人,同时还有两个经理人作为储备。

再如,在技术发展变化很快的情况下,许多日本企业采取多种策略,防范技术外流，[10] 从而使实力要素具备图 6-2 右下角的特性。第一，将生产作业流程黑箱化，严禁外人参观、拍照等，只允许少数核心领导了解工厂全貌，每个作业人员均不准进入其他部门的工作区。还有些高科技企业，通过把作业手册打散，甚至不写作业手册，来降低技术外流的风险。第二，在一些专利保护有效性不高的技术领域，如电子零件生产所涉及的原料调制技术诀窍与制造装置，采取不申请专利、装置不出厂门等做法，防止对手从中得到启发而快速反超。第三，采取发放高额的专利奖金、改善技术精英的待遇等做法，提高技术人员的满意度，以留住核心人才。同时，日本政府也加强法律制度建设，加大、加快对侵犯知识产权者的处罚。类似这些做法，国内有些小企业的创业者，为保密而故意将产品的主要部件分散于不同的地方进行生产，严密监控总装环节，以减少被竞争者模仿的可能。

又如，国内某著名家电企业，对于像销售之类的特殊岗位，规定任期不超过 2 年，实行定期轮岗；分公司总经理及以上级别岗位，必须配备后备人选；未经授权，公司任何员工不得以个人名义接受媒体采访或发表有关公司的评论；任一销售人员不能以个人名义与经销商签署销售协议，向经销商做出销售承诺，接受经销商的货款，或向经销商借用物品；禁止员工在媒体上进行与公司有关的个人包装与炒作。毫无疑问，这些做法都有助于减少企业实力对于个人的依赖性，但问题在于，正是该企业的 CEO，作为个人经常成为媒体热门报道的对象。这种对员工个人依赖的弱化与对 CEO 个人依赖的强化形成了鲜明的对比，这到底是中国特色，还是无意之中的矛盾做法？其最终的实践效果如何？尚有待时间的验证。[11]

6.4 内外要素综合

本篇剖析了由"使命宗旨、外部环境、自身实力"构成的战略"三假设"，给出了有关分析思路与方法。必须看到，本篇所讨论的战略"三假设"是作为有机整体提出并存在的，其中的每一部分既独立，又相互关照，存在着内外部、主客观的互动互适作用。例如，在战略"三假设"分析中，探索企业定位需考虑企业存在的意义，实现"人所欲"与"己所欲"的有机融合；了解外部环境需重视市场"六力"互动，关注回头、引荐、盈利型顾客群的培养；剖析自身实力需关注企业活动任务流程与组织支撑结构，加强资源、能力、信誉等综合实力建设，确保产品内涵、顾客偏爱、终端可获。显然，贯穿这里的主线是顾客理念，体现的是一种内外要素综合的思想。

具体研究内外要素的综合，主要需考虑三方面的问题，即串行流程瓶颈突破、并行协同效应发挥、多因制衡机制建立。对于串行流程瓶颈的突破问题,在本书第 1 章 1.4 节与第 11 章 11.2 节有所涉及;对于多因制衡机制的建立,在本书第 12 章 12.4 节有讨论。以下讨论的重点,主要是并行协同效应的发挥问题,可以借助于战略"三出路"中"组合"的思路,从市场、管理、资源三方面入手,加强企业内外战略要素的协同整合。作为一种战略考虑,市场整合可从顾客、配送、服务三个层面入手,形成以回头、引荐、盈利型顾客为中心的市场网络,特别是稳定的企业市场销售终端;管理整合可从流程、政策、制度、文化四个层面入手,形成上下和顺的环境氛围,建立简洁高效的内部组织运营体系;资源整合可从技术、业务、竞合三个层面入手,实现内外环境的优势协同,拓展企业整体的持续经营实力。通过市场、管理、资源这三方面的整合,企业可以促进各利益主体的沟通,理顺各方面的利益关系,明确可能的互惠合作领域,协同各方面的流程活动与任务,构建多主体的良性发展机制。下面将从顾客、配送、服务、流程、政策、制度、文化、技术、业务、竞合这十个层面出发,依次对与市场、管理、资源这三个整合相关的综合战略做一探讨(见战略启示 6-5)。

战略启示 6-5
内外战略要素整合:十要素

内外战略要素综合,可从顾客、配送、服务、流程、政策、制度、文化、技术、业务、竞合这十个层面出发,实现市场、管理、资源的互动整合,促进各参与方的有效沟通,理顺各方面的利益关系,明确可能的互惠合作领域,协同各方面的流程活动与任务,构建多主体的良性发展机制。

顾客方面,关键是做好顾客战略定位。一般来说,顾客可以分为产品终端顾客与配送渠道顾客。产品终端顾客指的是产品的最终使用者——现实顾客与潜在顾客。配送渠道顾客泛指企业外部增值体系中的所有中间买方,他们购买企业的产品或服务,主要借助于增值转卖来获取经济回报,而其中直接面对终端顾客的经销商可称为渠道终端。企业的真正顾客就是企业产品或服务的回头、引荐、盈利型顾客,加强渠道终端的工作,将有助于培养这类顾客。

配送方面,关键是建立物流支撑体系。这里的配送,泛指企业产品或服务从企业流转到终端顾客手中所涉及的全部物流环节,其中有些环节由企业内部负责,还有些环节则由外部企业提供。整个产品或服务配送环节的必要性,关键是看能否增加终端顾客的价值,一切对于终端顾客来说不能带来增值的工作,从战略的角度来看都应精简。企业配送需关注存货、运输、销售管理及成本控制,协调好企业内外各环节的力量,为终端顾客提供便捷、可靠、超值的个性化服务。

服务方面，关键是抓好渠道终端建设。企业服务的对象包括渠道顾客与终端顾客两部分，服务的目标在于找准顾客，满足顾客，提升顾客的回头与引荐率，留住盈利顾客；服务的本质在于关注顾客利益点，提供顾客所需的服务，降低服务成本，便捷顾客购买，在与顾客的接触过程中潜移默化地提升品牌形象。做好顾客服务的关键是，通过建立顾客行为档案，为技术与生产部门提供需求信息，为提升产品或服务的总价值服务。

流程方面，关键是做好授权监控工作。特别是在企业发展壮大后，其内部管理必须遵循战略集中、战术分散的原则，通过授权来保持管理的简洁、高效，通过信息控制来实现快速响应及风险监控。授权的核心是要在明确使命目标的前提下，通过划清相对的职责权限，以使下属在其权限范围内享有充分的自主决策权力，从而提高内部管理的效率。

政策方面，关键是加强企业合力开拓。企业政策作为战略指导下的日常行动指南，通过规范各部门及部门内各成员之间的竞争与合作关系，协调各方面的利益矛盾与冲突，提升企业整体的生存活力。企业政策应以服务顾客、降低成本、提高效率、增强实力、开拓市场为导向，协同企业内部各方面的力量，并借此整合企业外部各方面的力量，改善企业整体的实力状况。

制度方面，关键是营造企业留人环境。企业常用的与当期经营业绩挂钩的报酬制度，比较适用于流动性较强、企业可随时从市场上找到补充来源的那部分人员。对于企业需要长期留住并充分发挥其作用的那部分人才，可以考虑采取骨干人员持股、核心管理者期权以及其他递延报酬的方式，将这些人员的利益与企业的未来发展联系起来，从而为企业的长期发展提供持续动力保障。当然，此类制度成功实施的前提，在于企业有比较完善的决策机制。否则，即使人们想贡献聪明才智，也会英雄无用武之地，面对这种情况，所谓持股、期权及其他递延报酬都将失去意义。

文化方面，关键是营造不断学习的氛围。企业的发展应以全体员工素质不断提高为基础，要在企业中形成一种学到老、干到老、干中学、学中干的不断创新、终身学习、自我超越的风尚与环境。通过企业使命愿景的指引、文化价值观的构建，逐步改变人们的观念，影响人们的行为规范与模式，从而为企业目标的实现奠定坚实的理念与信仰基础。

技术方面，关键是加强项目开发的组织。提高企业的技术开发能力，有助于推动企业的持续发展。这里的关键在于，如何不断提出项目、组织完成项目并取得预期的市场效益。项目的提出主要有两个途径，即市场反馈与技术跟踪。在这里，市场反馈源自对顾客需求的调查，技术跟踪源自企业技术力量的超前研究。完成提出的项目，需要调动各方面的技术力量，可以在整个企业范围内，采取项目定期有偿招标的做法。

业务方面，关键是形成多元共生效应。当一个企业的经营跨越多个领域时，必须明确企业的核心资源、能力、信誉所在，在注意发挥优势的同时，特别关注多种业务协同作用发挥的问题。此时，可对企业业务大致做主业、辅业、副业、其他四种分类，并以此为基础，采取有区别的发展对策。在这里，主业是企业的核心依靠，辅业为依赖主业而生存的业务，副业为依靠主业投入支撑而发展的业务，其他为与主业无关的独立业务。

竞合方面，关键是协同竞争合作关系。企业规模较小时，可以通过创新找到市场空缺，以竞争求发展壮大。当企业发展到一定规模时，要进一步成长，必须走互补、互惠合作之路。合作既可从产品档次、区域、品种、渠道、市场潜力、技术力量的强强互补入手，也可从对较弱竞争对手的强弱购并或虚拟合作入手，还可以在建立强大的市场终端服务网络的基础上，广泛寻求与同行甚至上下游企业的多种形式合作，不断增强企业的经营实力。

毋庸讳言，以上关于市场整合、管理整合、资源整合的十个层面的内容所反映的是一个相互制约、相互促进的有机整体关系。例如，就顾客服务流程或生产任务流程的组织来说，常见的就有"需求链"与"供应链"两种思路。显然，从战略"三假设"的角度考虑，对有些企业来说，可能"需求链"更合适，如市场多变，顾客需要个性化服务；而对另一些企业来说，则可能"供应链"更适用，如研发及生产导向，顾客的需要无法表达，要靠企业去领悟、发现、创造。因此，在战略实务领域，不存在统一的模式，更多需要的是充满艺术性的权变方法。

拓展思考题

1. 分析企业的顾客服务流程或生产任务流程，最简单也是最有效的做法，就是实际追踪该过程，经历一遍其中的所有环节，从中必定能受到启示，找到进一步改进提高的可能。请应用这种流程分析方法，导出一个实际组织的外部及内部各项工作或活动环节的关系图，并在此基础上提出流程合理化的建议。

2. 从理论上看，每个企业都具有不同于其他企业的特点，从而也就应该采用不同于其他企业的组织结构。但考察国内外经营实践，却发现存在这样的情况：许多企业会一阵风地采取某种相同的流行组织结构，如我国的中外合资企业、企业集团、控股公司等。试从企业内外部环境互动的角度出发，剖析产生这种企业组织结构的趋同化现象的深层原因。

3. 某医院的院长早上上班时，每周总有几天会碰到这样的事情，即急诊室接到危急患者，发现必须住院治疗，但是住院部却说住院病房已满，找不到空床位。由于患者病情严重，转院有危险，急诊室只好打电话请示院长。院长知道这一情况后，首先打电话到住院部的楼层办公室，请那里的医生去病房确认一下到底还有没有空床位，结果经常发现能找到少量由当天早上刚出院的患者腾出的空床位。这样，院长再通知急诊室让患者办理住院手续。对于这一情况的产生，请从组织结构的角度出发，剖析各种可能的原因并给出相应的改进对策。
4. 面对未来不确定的环境，随着竞争的加剧，有些企业采取更为激进的强势进攻做法，通过步步紧逼，试图挤垮所有对手，争取最后能做到赢家通吃，或者采取更为保守的稳健防御做法，依靠步步为营，争取当前盈利，从而确保长期持续生存。请问：实施这两种不同的做法各需要具备哪些特别的如资金资源、创新能力等前提条件？为什么？
5. 战略制定必须明确企业的外部环境、使命宗旨、自身实力三假设，但是面对不断加剧的环境变化与日益增加的信息渠道，企业似乎有点越来越无所适从，不知道如何才能从纷杂的现象中提取出有用的信息，以做到事先准确地把握环境动态，最后只好在战略上采取"以不变应万变"的做法，试图以"无招胜有招"。针对这一情况，请问：面对动态环境，到底该如何制定战略？为什么？
6. 面对经验不管用、未来看不清的情况，在做出重大战略决策时，需考虑后果影响的严重性，特别是其中可能存在的，对于企业生存有着正、负不对称的影响效应。例如，有些战略实施，成功了或可带来大收益，失败了最多只需承担小损失，这可看成是真正的"机会"；另有些战略实施，成功了只能赚到一些小钱，失败了却有难以承受之大损失，这实际上应看成是"陷阱"。试举例说明，从长期、整体的角度看，在人生或企业组织的战略管理过程中，应该多做点什么，也就是花精力或财力从事哪些活动、项目或事情，才有利于创造或迎接更多的潜在机会，从而收获更多的意外惊喜？应该绝对不做什么，才有助于防范或规避可能出现的潜在陷阱，从而确保组织免遭可能发生的致命打击？

资料来源及注释

[1] 张坤.安徽推出"首问责任制"[N].原载中国青年报.转引自文汇报，1999-02-23（11）.

[2] LUTHANS F.Organizational Behavior[M].4th ed.McGraw-Hill, Inc., 1985.

[3] CHANDLER A D. Strategy and Structure[M]. Cambridge, Mass : MIT Press, 1962 : 13-14+362.

[4] DITTRICH J E.The General Manager and Strategy Foundation[M].John Wiley & Sons, Inc., 1988: 546.

[5] SLATER S F, NARVER J C.Market-Oriented Is More Than Being Customer-Led[J].Strategic Management Journal, 1999（12）.

[6] FOURNIER S, DOBSCHA S, GLENMICK D.Preventing the Premature Death of Relationship Marketing[J]. Harvard Business Review, 1998（1）.

[7] PEPPERS D, ROGERS M, DORF B.Is Your Company Ready for One-to-One Marketing？ [J].Harvard Business Review, 1999（1）.

[8] 杜兰德.权能的魔力 [M]// 哈默.战略柔性：变革中的管理.北京：机械工业出版社，2000：337-372，图16-2.此处引用时借鉴了原文的思想，文字上做了重新整理。

[9] 佚名.宝马汲取日本企业文化 [N].世界报，2005-09-29.转引自参考消息，2004-10-25（4）.

[10] 佚名.日本防堵技术外流转守为攻 [N].参考消息，2004-10-23（4）.

[11] 根据复旦大学2004级MBA田进军的"战略管理"课程随笔改写。

The Art and Practice of
Strategic Management

第 3 篇
战略出路：三维构架

第 7 章　持续经营优势
第 8 章　业务演化路径
第 9 章　竞合互动关系

本篇共分三章，分别讨论以下内容。

第 7 章 "持续经营优势"，从剖析企业所创造的产品或服务的总价值入手，阐明了企业当下经营优势与持续经营优势的概念，探讨了提升企业经营优势的增加顾客认知利益、降低企业成本支出、减少耗散价值损失等三大措施，提出了经营优势持续性判定的六准则，给出了基于思维突破、产业集群、企业顾客的经营优势创新建议。

第 8 章 "业务演化路径"，从做事抉择与做人管理两个角度入手，通过剖析企业发展轨迹，指明了可能出现的生命周期战略陷阱与跨区域发展问题，探讨了纵向整合拓展的影响因素，研究了横向多元经营涉及的"进入、立脚、发展"对策，给出了适度相关与适度多元的操作思路，阐明了应对公司"大企业病"、进行经营模式重构的管理对策。

第 9 章 "竞合互动关系"，从分析市场竞争合作互动关系的本质、前提与演化原理入手，研究了最优合作对策需要具备的善良性、报应性、宽容性、清晰性四大特征，借鉴博弈论思想，提出了企业竞合关系处理的改变玩家、认知、行为、时空、规则、增值六对策，阐述了跨期竞争、多点交锋的动态价值定位思想。

第 7 章　持续经营优势

【学习目标】

知识目标：了解顾客价值、企业价值和持续经营优势的内涵及外延。
技能目标：掌握产品或服务总价值的构成，了解优势持续评判准则。
能力目标：理解并掌握经营优势提升"三路径"、经营优势持续"六准则"。

【要点提示】

价值构成剖析

企业所创造的产品或服务的总价值由顾客价值与企业价值两部分构成。相对于竞争或自身，更能创造顾客价值，称为有当下经营优势；更能创造顾客价值与企业价值，称为有持续经营优势。

经营优势提升

增加顾客认知利益，降低企业成本支出，减少耗散价值损失。

优势持续评判

只有当企业所构建的经营优势至少满足一个或多个准则时，才可能具有真正的动态持续性。这些准则是：无法学、学不全、不愿学、不怕学、不敢学、难替代。

经营优势创新

借助思维突破，利用产业集群，把握现有顾客与潜在顾客的动向，实现经营优势创新，建设并扩大或稳定使企业盈利的回头及引荐型顾客群。

基于前面两篇的讨论，从本章开始的第 3 篇，将分三章深入探讨战略对策的求解，即战略出路的三维构架，第 7～9 章依次大致对应于第 1 章 1.1 节提出的"特色、取舍、组合"战略"三出路"。此外，从战略中心命题的角度看，第 7 章"持续经营优势"主要关注"做什么"，第 8 章"业务演化路径"主要涉及"如何做"，第 9 章"竞合互动关系"主要关心"由谁做"。正因为如此，研究企业战略问题，如果不知持续经营优势是什么，努力方向就会迷茫不清；如果不知业务演化路径在哪里，前进步态将会蹒跚失稳；如果不知竞合互动关系怎么处理，行动落实定将孤军奋战。由此可见，就战略实践问题的解决而言，本篇的三章内容可以说是全书的核心之所在。

7.1 价值构成剖析

在具体展开对持续经营优势构建问题的讨论前，有必要指出，这里提"经营优势"，而没有像一般战略管理著作那样提"竞争优势"，主要基于这样的想法，即强调"优势"概念本身的客观中性、无价值判断的特征。这正如人们习武，练就一身绝世功夫，尽管会有助于习武者自身的体魄健康，但就功夫本身而言，没有绝对的好坏之分，并不带价值判断性，若用于正道，可凭此除暴安良，造福社会；而若走上邪道，会因此欺大压小，危害乡邻。从这一角度看，优势在概念上就类似于功夫，等同于前面各章所讨论的实力，既可用于合作，也能用于竞争。有了经营优势，到底表现为竞争，还是表现为合作，需视具体情况而定，这是本篇第 9 章"竞合互动关系"所重点关注的战略问题。

将经营优势等同于企业实力来看待，如第 6 章所讨论的，可归结为日常运作中的流程、结构、行为，整体内涵上的资源、能力、信誉，结果表现中的产品内涵、顾客偏爱、终端可获。以下拟从企业所创造与提供的产品或服务的总价值入手，给出更为深入也更具操作性的企业经营优势表述，并在此基础上提出企业经营优势构建的对策，导出相关的战略思路、方向及操作指导。就企业所创造的产品或服务的总价值而言，尽管从最广泛的概念考虑，应该包括企业所有的利益相关者可能提出的价值分享要求，也就是可将总价值按利益相关者的不同进一步划分为股东价值、顾客价值、企业价值，甚至还有环境、生态、政治、社会等价值，但是为了简化讨论，在此特做假设：除了顾客与企业外，其他利益相关者对于总价值的要求均已体现在企业的照章纳税、守法经营、关注生态等发生的正常成本支出中。这样，可以认为，企业存在的整体经营价值就等于它所创造的产品或服务的总价值，它由顾客价值与企业价值两部分组成。

如战略启示 7-1 所示，企业所创造的产品或服务的总价值，可以一般地定义为顾客价值与企业价值之和。而顾客价值就等于顾客认知利益与顾客认知价格的差，企业价值就等于企业实现收益与企业成本支出的差。

战略启示 7-1

经营价值构成

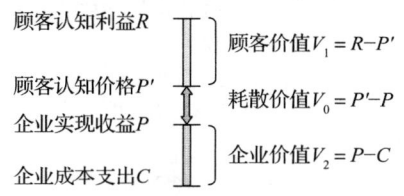

顾客认知利益指的是顾客感觉到的收益总和，它可以通过顾客对品种、价格、质量、服务、信誉、速度等要素的综合感受得到反映；顾客认知价格指的是顾客感觉到的支出总和，它可以通过顾客在消费产品或服务过程中所涉及的时间、金钱、心理等成本的高低得到反映。因此，顾客价值作为整体，实际上所体现的就是一种顾客对于企业产品或服务是否物有所值的评价，有点类似于经济学中的消费者剩余。企业实现收益指的是企业在销售产品或服务中所得到的总收入，企业成本支出代表企业在提供产品或服务过程中所发生的总费用。由此可知，企业价值实际上反映的是企业经营利润，有点类似于经济学中的生产者剩余。当然，这里需要说明，企业实现收益不等于顾客认知价格，而且一般情况下，在数值上要小于顾客认知价格，这两者的差异部分可称为耗散价值。现实中耗散价值的存在反映的是一种产品或服务的总价值的损失，指的是由于信息不完全及沟通不畅等因素造成的顾客多付出但企业未多收而带来的总价值浪费，这实际上是一种社会交换效率的净损失，也是企业有可能通过挖潜改造等措施增加的总价值。此外，为了简化讨论，这里还需假设，对于 R、P'、P、C 值的评估，相互独立，不存在关联评价效应，也就是不会出现类似这样的情况：由于价格 P 值的高或低，人们就认为认知利益 R 值也一定高或低。

这样，基于以上对于产品或服务总价值的阐述，若分别以符号 V、V_0、V_1、V_2、R、P'、P、C 代表总价值、耗散价值、顾客价值、企业价值、顾客认知利益、顾客认知价格、企业实现收益、企业成本支出，则引入跨期分析的思想，可对企业经营优势与持续经营优势做出如战略启示 7-2 所示的描述。首先，考虑比较简单的情况，假设市场上不存在同类产品或服务的竞争，从"当下"的角度分析，只要 $V_1 > 0$，即该产品或服务对顾客有价值，则就会有顾客购买该产品，而无论 V_2 值的大小如何，所以，可认为此时该企业有当下经营优势。显然，这样考虑的经营优势不一定是企业能长期支撑的，因为此时如果 $V_2 < 0$，就意味着即使顾客愿意购买，企业也会因亏损而难以为继。因此，就持续经营优势而言，只有同时满足 $V_1 > 0$ 与 $V_2 > 0$ 两个条件，即对顾客与对企业均有价值，才有可能发生顾客愿买、企业愿卖的长期持续的市场交换行为。

战略启示 7-2

当下经营优势与持续经营优势

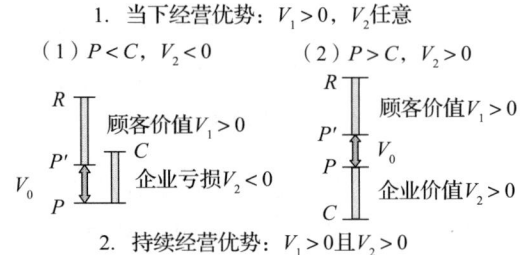

进一步，假设市场上存在同类产品或服务的竞争，此时与这些同类的其他产品或服务相比，要求企业能提供更具顾客价值的产品或服务，才可表现出相对的经营优势。这里所说的相对于同类产品或服务的竞争而更具顾客价值，可能存在着两种相互联系，但又略有不同的解释。一是从性价比的角度考虑，要求企业能提供相对于竞争对手而言的 V_1/P' 比值更高，即单位货币能买到的产品或服务具有更大的顾客价值。二是从绝对值的角度考虑，要求企业提供的产品或服务相对于竞争对手而言具有更大的 V_1 值。至于到底该采用哪种标准作为判定企业相对经营优势的依据，有点类似于投资项目评价中所遇到的问题，当各项目按净现值与按报酬率评价的结果不一致时，对于到底该采纳哪一评估结果作为最终项目选择的标准，可能存在着分歧。一般来说，若各方案之间相互可替代，要求做出唯一排他的选择，则在可用资源相对丰富而可选方案较少时，顾客会倾向于选 V_1 值大的方案；在可用资源相对不足而可选方案较多时，顾客会倾向于选 V_1/P' 值高的方案。类似地，对企业来说，如果面临多种产品或服务的生产或提供方案的选择，也会存在采用单位投资盈利率 V_2/C 比值的标准，或是采用企业价值 V_2 的标准的权衡问题。

举例来说，对于甲、乙两种可互相替代、需要二选一的商品，若商品甲的 R、P'、P、C 值分别为 2 000 元、1 200 元、1 000 元、600 元，其相应的 V_0、V_1、V_2 值分别为 200 元、800 元、400 元；商品乙的 R、P'、P、C 值分别为 1 500 元、800 元、700 元、400 元，其相应的 V_0、V_1、V_2 值分别为 100 元、700 元、300 元。根据这些数据计算，可得如表 7-1 所示的分析结论：从顾客的消费选择来看，若以顾客价值 V_1 的高低为标准，则应该选商品甲；若以性价比 V_1/P' 值的高低为标准，则应该选商品乙。从企业的生产决策来看，若以

企业价值 V_2 的高低为标准，则应该选商品甲；若以盈利率 V_2/C 值的高低为标准，则应该选商品乙。显然，从顾客或是企业的角度考虑，采用的是绝对值指标还是相对值指标有时会导出不同的结论。当然，若进一步考虑到情感、直觉等非理性因素的影响，现实中最终表现出来的关于产品或服务的消费或生产选择，可能会随着决策当时具体情形的不同而有所不同，表现出在以上两类指标之间漂移的情况。

表 7-1 甲、乙商品经营优势比较

方案比较	顾客角度		挖潜可能 V_0	企业角度	
	V_1	V_1/P'		V_2	V_2/C
甲商品	800	2/3	200	400	2/3
乙商品	700	7/8	100	300	3/4
选择结论	甲	乙	甲	甲	乙

根据以上讨论，通过考察当下经营优势与持续经营优势的关系，可得如下一般性结论：$V_1 < 0$，无顾客；$V_2 < 0$，无企业。从动态时序演化看，V、V_1、$V_2 > 0$ 表明了经营优势的存在，而 V_1 与 V_2 的相对大小就体现了企业对于"当下"与"此后"经营优势的跨期平衡取舍的战略考虑。简言之，经营优势指的是企业所处的这样一种状态，即以自身实力为基础，能提供被顾客认为更具价值的产品或服务（见战略启示 7-3）。按此定义，企业经营优势作为当下瞬间的概念，涉及三层意思：一是建立在企业实力基础之上，二是需要得到顾客的最终认可，三是相对于其他企业做得更好。因此，企业经营优势建设需从不断增强企业自身实力入手，并随顾客需求与竞争格局的变化而进行动态更新与调整。

战略启示 7-3

企业经营优势：概念界定

经营优势指的是企业所处的这样一种状态，即以自身实力为基础，能提供被顾客认为更具价值的产品或服务。

如果说经营优势总是相对于对手而言，或者在无对手的情况下是相对于自身而言的，只是一种当下瞬间的概念，那么即使企业以原有积累的资源存量为支撑，以挤垮竞争对手为目的，采取亏损降价的方式，只要能为市场上的顾客所接受与认可，也可认为此时有经营优势。当然，从长期来看，这种做法是无法持续的，作为持续经营优势的要求，还必须考虑在提供更好的顾客价值的同时，能提供更好的企业价值，否则是没有人愿意给企业投资的。这样，若用系数 k 表示顾客价值与企业价值之间的比值 V_1/V_2，则 k 值的大小就决定了企业所创造的产品或服务的总价值在顾客价值与企业价值之间的相对长短期的分配比例关系。显然，从数量关系上看，k 值越大，意味着相对于企业价值而言，顾客价值在总价值中所占的比重就越大，从而可使企业所提供的产品或服务对于顾客表现出更大的吸引力，即更有可能吸引顾客成为回头或引荐者。当然，这种吸引力的增强是以放弃部分"当下"企业价值为代价的。

从战略角度来看，k 值或顾客价值 V_1 相对于企业价值 V_2 的比例的确定，实际上涉及企业所创造的产品或服务的总价值的分配问题，与企业对于长短期利益关系的战略考虑相关，涉及影响企业经营优势该如何持续的跨期取舍决策。V_1 与 V_2 比例的确定，需要考虑企业的业务周期、市场卖点、商品类型、竞争程度、跨期影响等众多因素的作用。例如，企业业务处于新创、成熟、衰退的不同时期，可能会有不同的适当比例；不同的产品或服务，会有不同的可能卖点，有些顾客更关注绝对值 V_1 的大小，而有些顾客则更重视性价比 V_1/P' 的高低；有些商品的顾客认知利益更关乎主观感受，会产生商品价高就质优、能代表身份地位等联想；有些商品的顾客认知利益更关乎客观功能，特别是商品的内在使用功能。出于竞争的考量，V_1 或 V_1/P' 值的相对稳定、不时波动、不断提升，哪种做法更易锁定顾客，对企业长期经营更有利？从长短期关系看，怎么做才能或有助于吸引到更多的回头、引荐、盈利型顾客？

从总价值的创造与分配的角度来看，在后面讨论经营优势问题时，一方面需将重点放在如何做"大饼"，也就是增加产品或服务的总价值上；另一方面，作为战略决策者，需根据市场竞争、跨期偏好等因素的变化，对总价值在顾客价值与企业价值之间的相对分配比例做权变考虑，以营造各利益相关者互惠共生的格局。在这里，特别需要关注的问题有：如何构建具有可应对类似总价值不确定变动的因时、因地、因情自动调节机制？是否有可能存在并确立可持续的各方利益分配关系原则？显然，各方分配比例及绝对值的太过随机波动会不利于各方长期稳定和谐关系的形成，所以，需要形成一旦出现业绩挂钩的报酬太高或太低情况，就能自我调整的自适应机制，从而做到面对非预期的业绩波动能自动调节丰歉水平。特别是在考虑与短期可量化的业绩挂钩考核时，千万不要在无意中忽略了那些对企业"活得久"来说更具重要的滞后影响的非量化因素的作用。

7.2 经营优势提升

由以上讨论可知，提升企业经营优势的根本在于增加企业所提供的产品或服务的总价值。产品或服务的总价值的计算公式为

$$总价值(V) = (R - P') + (P - C) = R - C - (P' - P)$$

上式中，注意到 R、C、$P' - P$ 这三项分别对应的是顾客认知利益、企业成本支

出与耗散价值 V_0,从而可得:

总价值 = 顾客认知利益 − 企业成本支出 − 耗散价值

由上式显见,增强企业经营优势,也就是提升产品或服务的总价值,大致可以遵循三条路径(见战略启示 7-4)。一是增加顾客认知利益,如通过全面服务,创造产品特色,具体可采用顾客利益点分析、价值创新等方法。二是降低企业成本支出,如改善运行效率,节约经营成本。在这方面,既可以采取第 3 章 3.2 节提到的活动成本分析方法,还可以采取其他各种以降低成本为核心的管理技法。三是减少耗散价值损失,如利用现代信息技术,加强网上信息发布,与顾客结成产销共同体,以降低无谓的价值损失。简言之,这三条路径所反映的是一种开源、节流、定制的思想。从开源来说,就是要使最后提供给顾客的产品或服务在认知上具有特别的价值,即认知有特点;从节流来说,就是要降低企业整个活动任务流程的经营成本,即运作低成本;从定制来说,就是要在贴近顾客服务上更具机敏快捷的人性化特征,即服务个性化。

◉ 战略启示 7-4

经营优势提升:三路径

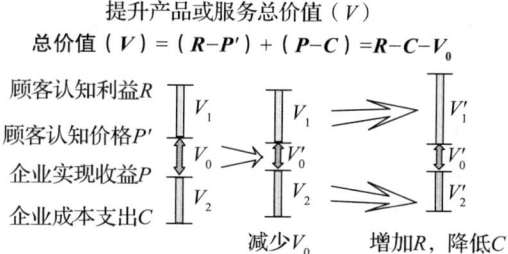

说明:企业经营优势构建,可从增加顾客认知利益、降低企业成本支出、减少耗散价值损失入手,在开源、节流、定制思想指导下,实施认知有特点、运作低成本、服务个性化这样三种战略。

认知有特点主要考虑的是顾客价值,尤其是增加顾客认知利益;运作低成本特别重视的是企业价值,尤其是降低企业成本支出;服务个性化重点关注的是企业与顾客的双赢联系,尤其是减少耗散价值的损失。必须注意的是,在战略实践中,这里的认知有特点、运作低成本、服务个性化三个方面的战略措施需要作为一个相互关联的有机整体来看待,不能简单地解构操作。例如,运作低成本的要求可以说是由整个社会的资源稀缺性所决定的,它更受到市场竞争的强化,但是如果因此就认为低成本只有表现为低价格时才能为顾客所认知,从而表现出最终的市场优势,显然失之偏颇。事实上,对于象征身份、地位等的高档品牌,在许多情况下,降低价格不仅不会起到提升原有目标顾客的认知利益作用，反而可能由于降价带来了顾客面的扩大，使得原有高档品牌最终退化为普通品牌，从而在无形中破坏企业经过长期努力在原有目标顾客心目中所塑造的高贵品牌的形象。此时企业让利，顾客反而不领情，因为在这种情况下，商品价格的高低已影响到顾客对于商品所能提供的认知利益的判断。

企业运作低成本始终是一种经营优势的体现。如果经营的是认知有特点的品牌产品或服务，低成本而无须低价格就能增加企业的盈利水平，即提升企业价值；如果面对市场降价竞争，则由低成本支撑的实力可以通过降低顾客认知价格提升顾客价值，从而增强企业产品或服务的市场竞争力。当然，运用低成本实力到底是增加企业价值，还是增加顾客价值，这需根据具体情境区别对待，特别是要结合认知有特点、服务个性化战略，以充分体现出企业的战略意图。例如，可以做到在保证顾客认知利益不受影响的前提下，达到降低成本的目的，甚至更进一步，在降低成本的同时，提升顾客认知利益。按照一般质量经济学的观点，似乎改进质量与降低成本是矛盾的。例如，当某房地产公司的老总让管理团队讨论如何以更优秀的产品满足顾客时，马上就有人提出公司是不是不想赚钱了的疑问。而实际上，优秀的产品涉及多方面的指标，最后该公司通过认真分析顾客需求结构，在满足质量要求的前提下，有针对性地加大顾客关注部分的投入，减少顾客不认可部分的无效投入，做到了在降低成本、增加盈利的同时，以更优秀的产品满足顾客的需求。

通过个性化服务以降低耗散价值的损失，重点需要关注顾客的真正需求是什么，要防止企业自认为对顾客做了许多，而顾客却认为毫无价值，甚至是对自己利益的侵害。例如，在家电产品的质量早已过关，顾客也已趋成熟的情况下，某公司仍然制订了详尽的售后服务质量跟踪计划，并在内部对跟踪计划的落实进行严格考核，致使某顾客在购买该公司产品后，受到了公司售后服务部门人员的多次热情的电话"骚扰"，由于实在无法承受如此"服务"，该顾客甚至威胁该公司打电话的客服人员说，"再这样打电话，我要告你们了"，这才阻止了此后进一步的售后服务电话的跟踪回访。显然，该公司费心、费力、费钱地进行售后服务质量的跟踪，其本意是想为顾客提供更好的服务，只是顾客对此并不买账，其中显然就存在着耗散价值的损失。

采取服务个性化战略措施的另一个重要层面是将产品或服务作为一个整体来看待，充分利用现代信息技术等手段，注意加强顾客知晓、了解、购买、使用产品或服务全过程各环节的相互沟通了解，以降低对顾客来说无价值的认知价格支出。例如，在服务业中，经常可以发现顾客排队的现象，如果这一过程对顾客来说毫无意义，仅仅是为了得到最终服务的一种痛苦经历，那么这种排队就既对企业无价值，也对顾客无价值，甚至会有负影响。若通过思路创新，能将这一原本对顾客来说有点纯粹浪费时间的过程，或是那些企业收不到回报的顾客认知价格支出，最终转变为对顾客价值有贡献而企业也能获得回报的认知价格支出，则无疑可以起到提升企业产品或服务的总价值的作用。也就是说，如果受各种条件的制约，真的无法减少顾客的无谓等待时间——那些对顾客来说毫无价值的纯粹等待，那么至少可以设法增加这一过程的顾客价值，使其成为一种对顾客来说有意义的过程体验。例如，迪士尼乐园就有意识地安排人员或投资设备为排队等待的顾客提供娱乐服务。[1]

如上所述，企业具有低成本优势时，不该降价而降价，可能会降低高档品牌顾客的认知利益，结果是企业让利，顾客反而不欢迎，这是因为战略判断失误；企业希望提供更好的服务，顾客却很反感，结果费力不讨好，这是由于有点不识时务；企业自身无所获，顾客认知价格却增加，结果造成价值耗散，这是因为某些企业对顾客真正需求的无知与漠视。这里，第一种情况是企业出钱产生负作用，第二种情况是企业出力造成负影响，第三种情况是企业既没出钱也没出力但有负效果。这里问题的核心都在于没有把握顾客需求的本质，没有做到"人所欲"与"己所欲"的有机结合。为此，提升企业产品或服务的总价值，以增强经营优势，关键是要做好顾客需求分析，认清顾客价值特别是认知利益的真正所在，真正了解顾客认知利益都由哪些要素构成，以及顾客对于这些不同要素的相对重视程度如何。

考虑到顾客认知利益涉及心理层面的认知因素，在很大程度上受到企业与顾客的双向互动沟通效果的影响，企业只有真正了解顾客的需求，通过有针对性的积极努力，才有可能保证自己的产品或服务能为顾客带来更高的认知利益。了解顾客的需求，可从分析、描绘顾客的利益点入手。顾客利益点是一种带有主观认知色彩的概念，但也是顾客从使用产品或接受服务中获得的实实在在的感受与利益。真正的顾客利益点是从顾客角度出发描述的，它能解决顾客的问题，改善顾客的生活。对于顾客利益点的描述，需跨越产品或服务本身的特点，去发现产品或服务所能带给顾客的价值。比如，若将速递公司所提供的服务表述为"递送迅速可靠"，则只是对其业务活动的特点做了直接说明，而若从该服务可能带给顾客的直接受益角度出发，将公司业务表述为"免除顾客对于行包能否按时送达目的地的担忧"，则更多考虑了公司对于顾客的价值所在。[2]

顾客利益点分析，关键在于把握顾客认知利益的核心，特别是那些顾客十分关心而又为其他企业所忽视的利益构成要素，并通过简洁清晰的方式传达给企业的目标顾客群，以迅速提升他们对于企业产品或服务的认知利益。这方面的例子很多，如"沃尔沃意味着安全""戴尔是指个人电脑""微软就是个人软件""麦当劳等于快餐""农夫山泉有点甜"等。通过这种方式，在认知上将企业的产品或服务与同领域中的其他企业的产品或服务区别开来，营造"优于"其他企业的产品或服务的顾客认知。当然，感觉上的认知价值与实际上的使用价值二者不可偏废，除了要考虑广告宣传方面的因素外，企业还需在能让顾客真实感受到的产品或服务要素上下功夫。

要了解顾客认知利益，必须清楚顾客在哪里。应该看到，面对网络社会的挑战，顾客这一概念本身已变得比较模糊。如果不同企业之间互相提供产品与服务，互为厂商与顾客，从而结成相互依赖的社团，它们之间的关系就有点类似于空间网架上各节点之间的关系，似乎很难分清到底谁是顾客，谁又是供应商。在这里，平等双向的互动联系构成了这种关系的本质，互惠多赢成为连接这种关系的纽带，产品或服务的总价值的创新会在很大程度上涉及网架节点关系的重构。这一切如果发生在竞争透明度很高的互联网上，则会由于产品的展示形式趋同，顾客关注的范围扩大，顾客认知态度与响应行为的趋同，使得如何吸引顾客注意力成为新课题。这要求企业从全球的角度看待顾客，特别关注未来顾客的这样五类价值：经营效率与效益，员工健康、安全与舒适性，公司资产的生命周期成本，变革响应的敏捷性，产品或服务设计考虑的周全性。[3]

基于对顾客认知利益的分析，企业还可以进一步从剖析顾客价值入手，弄清目标顾客对于产品或服务的价值偏好结构，从而制定更为合适的提升企业经营优势的战略。在这方面，顾客价值评价图是一种比较实用的分析工具。利用顾客价值评价图，企业可以更好地把握顾客需求特点，从而有针对性地调整企业成本支出结构，更好地创造产品或服务的总价值，并在此基础上提升顾客价值。采用顾客价值评价图，具体分析步骤如下。第一，构造产品或服务的顾客价值特性，如质量、服务、成本、速度、创新等。第二，请企业相关人员按 10 分制就以下问题做出判断："对企业自身的产品或服务的各价值特性如何评价？""对竞争对手的产品或服务的各价值特性如何评价？"第三，请企业的关键顾客按 10 分制就以下问题做出判断："你对本企业的产品或服务的各价值特性如何评价？""你对其他企业的产品或服务的各价值特性如何评价？"这样，将以上得到的企业自我评价值与关键顾客评价值用图示的形式表示出来，就可得到如图 7-1 所示的企业的产品或服务的顾客价值评价图与如图 7-2 所示的竞争对手的产品或服务的顾客价值评价图。

根据图 7-1 可知，在质量与服务这两个指标上，企业的自我评价高于顾客评价，而在成本、速度、创新这三个指标上，企业的自我评价则低于顾客评价。此时，若能进一步了解顾客对于各价值特性的权重，则通过计算与比较企业自我评价的加权得分值与关键顾客评价的加权得分值之差，就能找出企业提升顾客价值的改进方向。而根据图 7-2 可知，在质量与服务两个指标上，企业对竞争对手的评价值低于顾客评价，而在成本、速度、创新这三个指标上，企业对竞争对手的评价值则高于顾客评价。通过比较企业的产品或服务的顾客价值评价图与竞争对手的产品或服务的顾客价值评价图,企业可以发现自身经营优势的不足,从中找到提升总价值的改进与变革方向。

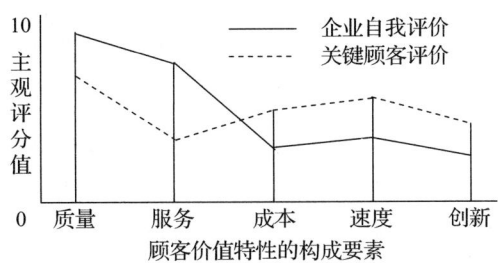

图 7-1　企业的产品或服务的顾客价值评价图

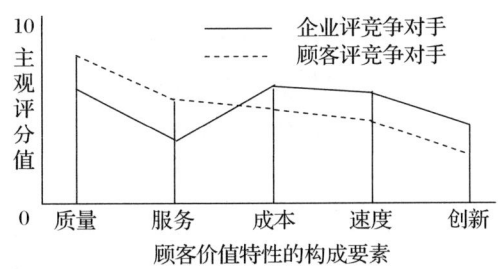

图 7-2　竞争对手的产品或服务的顾客价值评价图

从上述价值图分析方法的讨论可知,[4] 为了找到企业进行顾客价值创新的突破点,关键是要清楚地认识顾客关于价值的定义是什么,并在此基础上弄清顾客想要的价值与企业所提供的产品或服务的价值这两者之间的差异。通过这种方式,企业上下看到顾客的真正需要与企业所预期的到底有何不同,从而真正就什么是顾客所需的价值达成共识,最终更好地满足顾客的价值需求。显然,根据类似于以上的顾客价值评价图分析,若发现有甲、乙两个企业,甲企业在顾客认为最重要的要素上投入不足,而在顾客不太关注的辅助要素上投入过多;而乙企业所做的正好与顾客所需基本相匹配。这自然就意味着甲企业的认知与顾客的认知存在着偏差,而乙企业的认知正好与顾客的认知吻合。此时若甲、乙两企业在投入总额上相同,则结果必然大相径庭,相对于甲企业而言,乙企业的产品自然能提供更大的顾客认知利益,因而也就具有更强的经营优势。

把握顾客价值需求,可从企业的现实顾客入手,首先把握这些顾客的真正需求。必须看到,许多常见的顾客需求调查方法所关注的都是"企业认为顾客在想什么"的信息,根本不是"顾客真正要什么"的信息。例如,早些年,国内大户型房产市场尚未兴起,有些企业从国外进口板材,在国内拼装生产所谓的"进口家具",但忽略了一个问题,即按照国外的尺寸大小的标准进行设计,结果生产出来的所谓超豪华家具太过超前于当时国内顾客的实际需求,床宽 1.8 米，不是一般国人所需的 1.5 米；梳妆台也较高，适应外国人站着梳妆的习惯，而不是国人坐着梳妆的习惯；沙发的整体尺寸特别大，也适合外国人而不适合国人。这些价格高昂的家具买下后，却怎么也搬不进家里。[5] 为了有效解决类似的问题，必须建立一种顾客需求跟踪调查制度，从顾客的观点出发，考察其价值走向与变化节律，不断地向顾客学习，与顾客共同创新，超越简单的顾客满意，实现企业与顾客的长期互动、互惠、稳定发展。[6]

在关注现实顾客中，有许多企业往往一边吸引顾客，另一边又不注意留住顾客，更没有正面看待由顾客抱怨所传递出来的市场需求变化的信号。零点市场调查公司曾进行过一次"消费者投诉心态考察研究"的调查，调查对象为北京、上海、广州、武汉、成都、西安六市共 1 277 名城市消费者，山东诸城、江苏常熟、四川大邑及上海外来人口中的 1 024 名农村消费者。结果发现，消费者与服务单位发生纠纷时，通过投诉解决问题的要较放弃投诉的比例低。投诉方式中，"找提供服务单位的老板、领导交涉"的占 42.8%，"向司法机关、消费者协会、厂商的上级单位反映"与"向新闻单位反映"的分别占 15.3% 和 7.3%。放弃投诉的消费者主要采取隐忍的态度，通常觉得"忍了算了，自认倒霉，以后再也不到这家来"（48.3%），也有部分人"只与服务人员本人讲道理"或"向朋友、亲戚诉说"。[7]

从企业现有顾客入手，培养企业盈利的回头、引荐型顾客群，对任何企业来说都是马上可以操作的。这里的关键是，要在思路上有所创新，在措施上有所落实。比如，在产品质量管理上，某企业原来采取的做法是：所有出厂的产品要求质量全检通过，达到 100% 合格。即使如此，还经常有顾客反映，该企业的产品在实际使用中存在质量问题。经过跟踪整个产品出厂到顾客使用的全过程，结果在运输及安装过程中发现了某些人为因素的影响，造成了最终产品使用过程中的质量问题。有鉴于此，该企业将对产品质量的考核奖惩挂钩，从出厂时的 100% 合格变成了以顾客使用时为标准的 100% 合格。这样，大大增强了企业有关人员对于运输及安装过程的全面质量管理意识，结果在降低了企业产品运输及安装损失的同时，提升了最终顾客的价值，实现了顾客与企业的双赢。

此外，企业经营优势的构建还必须关注跨期影响，注意从顾客的利益出发，追求顾客利益与企业利益的同步提升，特别注意解决好顾客说得清与说不清的两类不同的需求问题。例如，在医患关系处理上，就涉及了顾客说不清的需求问题。患者的病确诊后该用什么药，通常患者自己是说不清的，总倾向于要求开疗效最好的药。这时如果医生对症下药，开出比较便宜的药，可能还会被误解，因为通常人们总觉得便宜没好货。还有些患者由于受广告等的影响，错误地指定要某种药，而实际上这种药可能对患者并不适用。对于这种说不清，甚或说错了的需求，医生应该怎么办？第一种做法：满足患者的要求，开一些价格高一点的药。从短期来看，双方都满意；但从长期来看，鉴于患者抗药力的提高，今后可能小病也需用重药，最终害了患者，也损害了医院的声誉。第二种做法：医生仔细诊断，找出病因，对症下药，适量配给价钱一般的药。从短期来看，患者可能会觉得医生故意刁难，不近人情，医院收入也许会减少；但长期来看，患者终究会明白原委，感谢医生很负责任地满足了自己的真正需求，从而为医院赢得良好的口碑声誉，由此引来更多的边际就诊者。

以上围绕增加顾客认知利益、降低企业成本支出、减少耗散价值损失，讨论了以开源、节流、定制为核心的认知有特点、运作低成本、服务个性化三种提升企业经营优势的战略。事实上，有关如何增强企业经营优势，特别是通常所提的竞争优势的问题，属于战略关注的重点领域，并且存在着一些颇有争议的看法。1980年，波特提出低成本、差异化、专门化三种一般竞争战略，并认为一个企业如果不能在这三种战略中明确表现出一个方面的竞争优势，就有可能处于竞争地位不稳的境地。[8] 在这里，低成本是指取得全面的成本优势，差异化是指取得全面的特色优势，专门化是指取得局部领域的优势。对于波特的三种一般竞争战略，明茨伯格认为，[9] 实际上所有的战略都是差异化战略，只是差异化所依据的基础不同而已，并给出了以形象、设计、质量、配套、无殊等特色为基础的差异化战略。这里，形象方面的特色主要是指营销领域对于顾客认知的影响；配套方面的特色主要是指对细分市场提供系列化产品以满足顾客的全面需要；无殊方面的特色主要是指不追求任何差异，也无差异必要的情况，实际上也可看成是一种创造性的模仿，或是一种毫无特色可言的特色。

最后，关于经营优势提升，还有一点需要说明，就是必须注意正确处理超越对手与超越自我的关系。应该看到，超越别人，可以通过学习模仿来进行，而超越自我，则必须依靠创新探索来推进。超越别人，当企业成为行业领先时，容易失去方向，停滞不前；超越自我，无论企业处于什么位置，都可不断改善，持续前进。这也许就是许多企业提出形式不同的危机管理思想的根本原因之所在，例如，小天鹅公司的末日管理，轻骑集团的树梢工程，海尔集团的战战兢兢、如履薄冰。也正是在这个意义上，可以说许多企业的盛极而衰不是由于他人的前进，而是由于自我超越上的失败。正如老子在《道德经》中所言："胜人者有力，自胜者强。"显然，在这里，超越自我所体现的是一种不断挑战自我、突破自我认知局限、有恒追求发展完善的思想，它作为一种企业文化，要比超越对手的提法更具广泛的适用性，从而能产生更为持续的自我改进动力。

7.3 优势持续评判

经营优势的跨期持续指的是在跨越不同时期的动态发展过程中，使得企业始终保持具有经营优势的状态。对任何一个企业来说，短期看，既然能在市场中存在，至少在当时应该说还是有着一定的经营优势的。但是，如果做时间跨度较长的跟踪，却同时又会发现，真正长寿的企业并不多。这里的原因，除了一些人为的因素影响外，如有些企业投机取巧，为"充分"利用有关新企业开办的免税优惠等政策，故意不断变换名号，更多的企业则是由于没能形成持续经营优势，尽管凭借短期优势赢得了一时的市场，但无法找到或构建起长期优势来保持市场的持续发展。由此可见，企业发展的关键，不仅在于能否找到方法创造经营优势，更在于能否找到方法使经营优势得以持续，从而解决"活得久"的问题。

对于持续经营优势，理论上存在着多种略有不同的看法。[10] 就现有的研究而言，其中既有从市场角度出发，也有从资源角度出发，还有从能力角度出发，关注重点在于，经营优势的基础是什么及如何构建[11]。相对来说，这些研究比较关注解构分析，缺乏较为综合的整体观念，较少讨论经营优势如何持续的问题，更缺少关于符合什么条件的经营优势就一定能持续的专门论述。为了回答经营优势如何持续的问题，必须首先提供持续经营优势的判定准则，以便企业据此分析自己现有的优势是否具有可持续性，并对不具持续性的经营优势加以改进，使其慢慢变得具有可持续性。根据前面对于企业定位的讨论，借鉴主客互动整合的思想，可以认为，一个企业能否形成持续经营优势，其重点就在于如何正确地把握企业竞争所涉及的内外环境，认清其中存在的多主体认知联系，从而构建起能满足持续性准则的长期良性主客互动关系。

作为一般考虑，一个能持续的经营优势，至少应该满足一个或多个这样的准则："无法学""学不全""不愿学""不怕学""不敢学""难替代"（见表7-2）。在这里，无法学凭借的是竞争对手很难获得的稀缺与专用资源；学不全利用了只能意会不能言传的经验、知识与做法；不愿学通过保持低调处世，让竞争对手对参与竞争不感兴趣；不怕学借助于先占优势，即使竞争对手来了也无妨；不敢学通过战略性的行动，使竞争对手望而却步；难替代通过超前突破，使竞争对手很难生产功能相近的替代品。显然，无法学、学不全涉及了如何自我超越的问题，不愿学、不怕学、不敢学涉及市场互动关系的处理，难替代涉及怎样创新突破的对策。下面就逐一对这六个持续性准则做展开说明。

表 7-2 持续经营优势判定六准则

持续经营优势基础	自胜	1. 无法学：稀缺专用 2. 学不全：累积整合
	互动	3. 不愿学：低调处世 4. 不怕学：先占优势 5. 不敢学：不战屈人
	创新	6. 难替代：超前突破 （做新饼：价值创新）

第一，无法学。这主要表现在拥有不可流动的稀缺与专用资源及能力上。这种经营优势的形成，基于企业具有独一无二的资源或能力，其根本来源可能有两方面。一是以先天自然禀赋方面的优势为基础，如创业者所具有的敏锐的市场洞察力及预见力，使得企业总能抓住先机；再如拥有一项生产所必需而其他企业不可能得到的矿产资源。二是以经过后天努力获得的优势为基础，如通过企业的努力，构造了很高的行业进入障碍，这种障碍至少在短期内甚至是很长一个时期内是其他企业都难以突破的。

第二，学不全。这主要表现为企业拥有不可模仿的意会性经验、品牌信誉、知识与做法。这些经验、信誉、知识与做法，经过企业内部员工长期相互磨合，最终逐步累积而成，对其他企业来说，要真正掌握与理解颇费时日，有时甚至根本不可能。例如，一个高技术企业所具有的能吸引人才、用好人才、留住人才的综合环境；一个汽车消费信贷服务公司经多年摸索建立起来的能协同各方面力量、化解汽车租赁经营风险的能力。再如，三洋公司提出的生产五条铁则——产品使用方便、价格要让普通百姓能承受、便于销售、售后服务良好、便于生产，并认为这五条缺一不可且考虑的先后顺序不能变。[12]这种思想若能深入人心，变成领导及员工的自觉行动，将是其他企业很难真正学全的。

第三，不愿学。这主要表现在放低姿态悄悄积累实力上。从持续经营优势的操作层面看，对刚刚创业的小企业来说，通常并不具备让竞争对手"无法学"或"学不全"的优势。此时，如果找到了利润丰厚的市场空缺，关键在于通过企业现有顾客加大回头客及引荐者的培养力度，以此加速积累实力，而不要急于采取类似大做广告、马上将企业搬入高档写字楼等太过张扬的做法，以免引起强大竞争对手的关注。从认知上来说，就是要让其他可能的潜在进入者觉得在这一领域经营没有吸引力，从而对参与竞争不感兴趣，以回避可能的与大企业的过早正面交锋。在这里，"做人低姿态、办事高水平"，对于小企业的经营尤为重要。

第四，不怕学。这主要表现为抓住先占优势，培养企业盈利的回头及引荐型顾客群，使得后来进入的竞争者在市场规模等方面始终处于劣势。事实上，在市场发展初期，当市场不大且还不足以容纳多个竞争者时，在政策保护下得以获利成长的企业，从某种意义上看，也可建立起"不怕学"的经营优势。例如，早年上海出台汽车上牌政策，规定外地产车辆在上海上牌要多交8万元的牌照费。[13]结果造成外地车在上海销售受阻，销售及维修渠道建立困难，而本地车桑塔纳的销量大增，配套服务日趋完善。据当时媒体报道，[14]仅政策出台三年半后，就国产轿车在上海的特约维修站数量而言，桑塔纳、帕萨特为34个，别克、赛欧为13个，奥迪、红旗9个，捷达7个，神龙富康3

个。显然，这在无形中为上海车占领本地市场创造了"不怕学"的先占优势。再如，在那些具有学习积累与网络外部效应的行业，顾客会越用越顺手、越喜欢，而且使用者人数越多越方便、越易学、越增值，结果就比较容易产生顾客锁定的先占优势。当然，并不是所有类型的产品或服务都能建立先占优势。例如，对于那些可能产生技术开发溢出效应，从而为后发者所利用，成为赶超先进的机会，先入者除非拥有特别强大的实力优势，否则往往很难做到独享先占成果，此时需要特别注意的是，要防止为先占不成，却最终成了"先烈"。

第五，不敢学。这主要表现为通过信息发布、先声夺人等战略性的行动，[15] 使潜在竞争对手事先对参与竞争望而却步，主动采取回避或谦让的做法。这种做法的结果，看起来有点"不战屈人"。当然，在此必须指出，从真正战场的你死我活争斗意义上看，做到"不战屈人"也许已属最佳结果。但从现实商场运作看，如果只是单向地"屈"人，而且这种"屈"并未得到被屈者的内心认同，更不是以双向平等的多赢互动关系为支撑，则还是会留下隐患的，也许不知在什么时候，会被他人"屈"回去。因此，在具体实施上，应更多地通过事先沟通的方式，如主动传递行业生产能力严重过剩、市场需求饱和之类的信息等，以客观事实的形式晓之以理、动之以情，从而影响或改变竞争对手关于参与竞争的主观认知与心理预期，使其尽早知难而退。例如，某地临街有几间正在装修准备开网吧的店面房，一大早被人在其卷闸门上贴了纸条，上写："请慎重考虑！附近的理工大学明年就搬迁，此处再开网吧，大家一起讨饭！给人活路，给己后路！！"此后，新网吧的装修果然停止了。[16]

第六，难替代。这主要表现为通过各种途径的努力使竞争对手很难生产功能相近的替代品。应该看到，如果企业所形成的经营优势符合上面提到的五个准则，则在企业所从事的业务领域，也许其他企业很难参与竞争。但如果企业所在的业务领域发展前景诱人，其他企业可能会从生产或提供相近替代品的角度入手，寻求突破市场进入障碍的途径。因此，企业持续经营优势的建立，还必须考虑尽量使自己所开展的业务不存在或很难有相近的替代品。短期内要确保经营优势的难替代，既可以从需求方入手，想方设法锁定顾客，使其不易或不愿转换卖主，也可以从供给方入手，控制生产所需的特异资源与能力，使其他企业无能为力。当然，也可以采取需求方与供给方相结合的做法。但是要想在长期内真正做到难替代，则唯有提高企业整体的创新适应能力一条路可走。

对照以上所提出的持续经营优势判定六准则，如果对企业经营优势的各种表现按百分比设定权重，对每种表现符合每一准则的程度按 0～10 分评分，再对每一准则的作用按百分比设定权重，也许就可按照最终的加权得分情况大致评估一个企业与同行的其他企业相比是否具有更强的持续经营优势（见

表 7-3）。这种评估可为企业构建与加强相对于同行的持续经营优势提供方向指导。例如，对照准则要求得到的评估结果，找到企业与同行比较所存在的差距，通过改善企业不符合"六准则"条件或相对较弱的经营优势领域，以增强并使其成为持续经营优势。对企业来说，最终所建立的持续经营优势最好具有资源稀缺性、能力动态调适性、信誉跨期延续性的特点，能以企业整体而不是其中的个人为基础，以免因为关键人才的流动而影响到企业经营优势的持续性。企业需要掌握与持续经营优势相关的重要稀缺资源，使这种资源具有不可取代的性质，使个人对这种资源没有自由获取权，从而增加个人对于组织的依赖性。例如，工艺技术、工厂规模、专用设备、专利技术、经营资质、设备规模等的最低进入障碍，使得企业中的个人一般情况下离开后就做不成。从能力方面看，使个人离开企业里其他人的支撑，如销售网络、售后服务、批量采购、物流配送，就较难发挥作用，使构成企业经营优势的能力建立在互补团队或共用管理平台的基础上。从信誉来看，基于企业整体而不是其中的个人，如品牌、关系等，这样个人离开企业就不容易带走原有顾客。[17]

表 7-3 持续经营优势分析检核表

经营优势表现		持续经营优势判定"六准则"						汇总
		无法学	学不全	不愿学	不怕学	不敢学	难替代	
本企业	1. 资源能力	×	√	√	×	×	√	通过分析可求得各优势平均得分，并找到企业相对于同行的真正经营优势之所在
	2. 顾客认可	×	√	√	×	×	×	
	3. 过程整合	√	√	?	√	√	×	
	……							
同行A企业	1.……							
	2.……							
	3.……							
	……							

综上所述，持续经营优势判定的六准则中，"无法学""学不全"以企业战胜自我、改善积累为基础，"不愿学""不怕学""不敢学"以利用市场互动、回避竞争为基础，而"难替代"则以企业不断超越、创新突破为基础。这意味着，持续经营优势的构建可以从自胜、互动、创新这三个方面入手。从长期的观点看，一个企业能真正持续拥有的经营优势也就是永远都不会有竞争的优势，这种动态优势要求不断关注顾客需要的变化，在别人没想到、不愿做、做不成时，把握先机将其做成功。也只有这样，企业才能通过不断创新，提升或创造顾客价值，抓住市场新机会，从而做到既不与其他企业直接对抗，又有助于顾客价值的提升，正如老子在《道德经》中所言"夫唯不争，故天下莫能与之争"。这一点，正是持续经营优势构建的根本出路之所在。当然，持续创新不仅要考虑企业自身实力的情况，也要关注企业所在产业环境的状况，注意平衡兼顾创新的长期效益与守成的短期效率之间的关系。

7.4 经营优势创新

分析以上提出的持续经营优势"六准则",可以发现其中的关键是"无法学""学不全""难替代",而"不愿学、不怕学、不敢学"则只是前三者的一种必然后果。而进一步从跨期影响考虑,可见"无法学""学不全"只是对"当下"状况的一种描述,只有"难替代"涉及跨期影响概念,需要动态创新的支撑。考虑到当前企业经营环境的变化加剧,不确定性增加,为了真正建立持续经营优势,核心在于适应内外情境变化,不断推进创新演化。从战略角度考虑,经营优势创新必须围绕企业整体定位,特别注意协调好这样三个方面的问题:谁将是企业的顾客?企业应向这些顾客提供什么产品与服务?企业应如何快速、灵活、低成本地提供这些产品与服务?据此可知,战略创新的主要途径就在于对企业的业务、顾客、产品与服务以及运作方式等进行重新界定。从具体做法来看,总可以通过改正(改变原来做得不妥的地方)、改良(原有功能改进)、改善(欠佳变佳、好了更好)的途径来进行,而体现在这些做法背后的关键,就在于思路创新,发现原先没有的功能、组合、方法等。[18]

通过创新获得企业持续经营优势,实际上所体现的是孙子的"不可胜在己,可胜在敌"的思想。[19]但要真正做到战胜自我,必须以改变假设、超越自我、突破定式为切入点,打破人们心理上所存在的各种隐含假设,转变现实中人们长期形成的各种自我设限的观念。例如,在论及思想教育、法律体系、管理制度这三者的作用时,管理学界就有人认为,思想教育让人不愿为,法律体系让人不敢为,这两者对人的行为都难以达到完全的控制,而借助于良好的管理制度,可以做到让人不能为,从而对人的负面行为达到100%的控制。只是问题在于,凭借让人"不愿为、不敢为、不能为"的制度,是不可能将人们的创新潜能真正释放出来的,创新更为关心的是如何建立让人"愿为、敢为、能为、可为"的制度。

实际上,影响人们行为的常常是他们允许自己做什么,而不是真正能做什么。一个人所面临的真正对手,就是自己对于未来的隐含认知假设。正是这种假设,影响和决定着一个人怎样看待周围的人、事、物,以及如何按轻重缓急安排自己的时间与精力。现实中,尽管从理性上看,有许多企业家赞成这样一种提法,即防止别人战胜自己的最好办法,就是自己战胜自己,也就是不断地拿出性能更好的产品。只是在实际行动上,最容易忽视的却往往就是战胜自我这一点。因此,创新首先必须改变假设,改变认知,受限的认知必然导致受限的创新(见专题实例7-1)。为此,在企业对于创新的宣传中,要防止将创新神秘化、专业化,以免使人觉得创新是一件难事,一般人不可能参与。应该看到,就企业运作而言,必须使创新变成企业全员都可参与、都能进行的事,仅仅依赖于少数人的创新是很难持续的，因为这些少数人可能会流失、可能会变老。更何况，在企业中，即使是高技术决策，也需行动落实，而要做到这一点，没有全员的积极参与及推动是不可能的。

专题实例 7-1
索尼精神："有所创新，有所不同"

早年高条静雄负责索尼摄像机的研发工作，正赶上日本的护照改变了尺寸，变得比以往又小了一圈。当时索尼公司的工程师说，索尼摄像机的体积已经不可能再缩小了。但高条静雄提出疑问："为什么日本的护照小了一圈？"他问了很多人，结果研发部门的工程师，以及过去帮他搞随身听研发时被认为是最优秀的人员，都给他提出了超过100条的摄像机不可能缩小体积的理由。

这个机器真的没有可以缩小的空间了吗？为了打破工程师们认为再也没有空间可缩小的思维定式，高条静雄准备了一桶水，在他们面前将摄像机放进了水桶。结果工程师们惊讶地发现，浸入水中的摄像机里冒出了许多气泡，他们不得不承认仍有缩小的空间，并因此想出了许多办法，最后造出的摄像机不仅增加了许多新技术，还将体积缩小到跟护照尺寸一样。[20]

创新必须注意突破思维定式与路径依赖。在这里，思维定式可能表现为经由长期经验积累所形成的观念、看法等，这些都很容易成为创新的隐形障碍；而路径依赖则主要由于企业或个人已在某特定领域投入大量的资源和精力，要跳出这一框架从头做起，似乎难度太大，从而不愿尝试。正因为如此，从管理的角度看创新，更多出现的是增量式而不是突破式。为此，创新需要组织变革的支撑，以进行有组织的学习，而为了有效地学习，必须先学会放弃。显然，对于一个心境空灵的人，容易建立新的学习曲线；而对于一个脑子里已装满各种成型想法的人，要再学习却不那么容易，得先设法忘掉原有的东西才行。例如，在动态变化的环境中，如何放弃企业经过多年努力形成、现已略显过时的资源、能力、品牌信誉等，往往需要克服心理上、感情上、财务上的难分难舍障碍，不然的话，就很难形成新的实力优势。从这个角度看，迫于环境变化而进行的创新，越远离原有体系，人们反而越少受既有实力的影响，从而更易形成新的经营优势，当然，此时可能需要更强大的内部或外部的初始力量去推动这种剧变式创新。反之，创新与原有体系越接近，人们越容易受既有实力的影响，从而妨碍新的经营优势的迅速形成，当然，此时也不太需要很强的内部或外部的初始力量去推动这种渐进式创新。[21]

经营优势创新涉及的另一个重要问题，是需要妥善处理创新与继承的关系（见专题实例 7-2），这里的基本判别准则就是看怎样才有助于顾客价值与企业价值的提升。例如，在过去长达数十年的时间里，可口可乐公司曾一直认为自己的产品能以稳定的口味满足世界各地消费者的需求。20世纪末，我国有记者去美国访问，当可口可乐公司被问及进一步提高产品质量的打算时，该公司的副总裁杜达富说："我们主要考虑的不是进一步提高质量。我们最重视的是保证产品特点的一致性，以保证消费者在任何地方买到的可口可乐都具有同样的口感，让他们增强对我们产品的信任。"[22] 但随着市场环境的变化，到了21世纪初，可口可乐公司逐渐认识到，应该首先问消费者有哪些需求，然后再考虑自己能向他们提供哪些产品。可口可乐公司将消费者与可口可乐的关系看成是决定公司未来发展的最重要财富，希望未来自己能在与顾客关系方面居世界领先地位。可口可乐公司不再将品牌看成是最重要的财富，不再采取把产品和广告宣传从美国送到世界各地的做法，而改由世界各地的分公司自行决定怎样进行广告宣传，向消费者提供哪些饮料。[23]

专题实例 7-2
黄永玉论艺术创新

对于艺术的创新，黄永玉先生有自己独特的诠释，他从不说创新是目标，"艺术上只有好坏，没有新旧，一切新的艺术形式的出现，不是你想干就干的"。曾有一批中青年画家办了个画展，并宣称："我们要创新，要摧毁一切旧的东西。"黄老与他们半开玩笑地说："画得好就够了，为何非要摧毁别人的呢？"[24]

此外，经营优势创新还需考虑对于企业目前与未来顾客的各种可能影响（见专题实例7-3）。如果将顾客分成目前企业正在服务的市场的顾客与尚未服务的市场的顾客两部分，将顾客需求分为顾客说得清的现实需求与顾客说不清的潜在需求，将顾客需求变化分成连续与不连续两类，可见，在关注其中某一类顾客价值时，在有些情况下，会提升另一类顾客的价值，而在另一些情况下，可能会降低另一类顾客的价值。这种价值受到负面影响的顾客，有可能成为企业创新的路径依赖。此时，在决定是否进行创新时，通常就需要权衡两类不同顾客价值的相对规模大小与发展前景，综合考虑战略"三假设"对于企业战略的潜在影响。对小企业来说，在经营优势创新中，应该特别关注"不愿学"的问题，争取成为业内的"隐形冠军"，即只有与其打交道的顾客或供应商等圈内人士才知道的业内强手。当然，对有些需要发挥商圈效应来经营的业务，也许让更多的人来参与可以更快地营造出更大的市场空间，这就是所谓的"店多成市"，产业集群，互惠共存。此时，若先发者掌握某些核心技术，则可以从经营产品转到经营技术转让，并从产业规模的扩大中获得更大的效益。

专题实例 7-3

乐高：创新与兼容

1932年乐高诞生，其创始人奥勒是位木匠。他在是做家具还是玩具的决策中，选择了木质玩具。15年后，乐高从木质玩具向塑料积木转变，成为丹麦第一家拥有塑料注射成型机的制造商。

用塑料生产的"自动建筑积木"由于"黏合"的稳固性问题，在长达10年的时间里受到了外界的质疑。在20世纪50年代初期，它的销量最多仅占企业总销量的5%~7%。

经历了多年的一系列失败试验后，乐高二代哥特弗雷德最终研究出凸起和孔的结合系统，即一块积木顶部的凸起可以嵌入另一块积木侧面或底部的孔中，并因为摩擦力而连接到一起。

这一设计，当时在哥本哈根申请了专利，被称为"结合的力量"，加上乐高同期提出的从单一玩具向"游戏系统"转变，使得乐高玩具的所有元件具有了彼此兼容、无限扩张的魔力。[25]

正是乐高积木的"向前兼容"，可以任意连接，有机融合，不断生长，帮助乐高形成了一个庞大的产品家族与玩具生态，才成就了2021年的乐高，更成就了乐高未来可以不断延展的企业内涵。

基于第5章所讨论的区域钻石模型与六力互动模型，可见产业集群可能实际上就意味着，在产业链的几乎所有环节都存在着一大批既竞争又合作的企业，并通过信息的快速交流，借助私人投资与公共资源的集约，促进整个市场的创新与演进，推动企业间分工专业化的深度发展，从而为处于集群区域的所有企业带来相对于其他区域的经营优势。例如，[26]美国的佩恩堡曾自诩"世界袜都"，有数十家制袜厂、定型厂，以及许多经销商和批发商，但在中国浙江的大唐镇，与袜子相关的企业多如牛毛，其中包括大约1 000家纺织原料加工厂、400家纱线经销厂、300家缝头厂、100家定型厂、300家包装厂、100家联托运公司，还有数以千计的袜厂，平均每家只有8台织袜机，向当地、全国和国际市场输送袜子。在佩恩堡，一台先进的意大利织袜机如果坏了，有时可能需要等上2个月才能拿到新部件；而在大唐镇，某台机器出了故障，只要给邻近一条街上经销二手设备和部件的60多位商人中的某一位打个电话，就可很快解决。由此所带来的低成本、快响应、高效率等综合优势，使得我国出口到美国的袜子，从2000年的600万双迅速增加到了2004年的6.7亿双。

产业集群现象的存在充分说明，企业所在产业链的上下游及政府支持等配套环境有时也会影响与决定企业的经营优势，也就是说，企业的经营优势不仅源自内部，还可能源自外部。曾有国际大企业受我国某沿海城市政府给予的优惠条件与支持承诺的影响，决定到该沿海城市设厂发展，但在真正投资后才发现，该工厂生产所需要的上下游配套在当地很难找到或需要从头筹建，致使项目效益根本得不到有效发挥。专题实例 7-4 更是表明，一个企业若能与其他同行及上下游企业合作，形成极具灵活响应能力的生命型组织结构，则在类似区域钻石模型的配套网络支撑下，即使力量弱小的蚂蚁兵团也能超越自身个体能力之局限，最终表现出强大的整体市场竞争实力。

专题实例 7-4

可畏的"蚂蚁钻石兵团"

某香港上市公司（以下简称"公司"）主要生产家居塑胶五金制品，拥有 300 余台注塑机和 13 000 余名工人，是当时亚洲最大的塑胶五金制品生产厂家。原先公司的产品全部出口欧美市场，后来开始发展内销业务，两年内在全国建立了 20 余家分公司，数百款产品进入国内大中城市的家乐福、麦德龙、联华、华联、万客隆等大中型连锁超市。作为当时国内塑胶五金家居用品的第一品牌，年销售额达到 1 亿元人民币，市场占有率为 40%，基本上独霸高中档市场，尤其是连锁超市网络。

当时的内地中小城市，甚至大城市，连锁超市尚未充分发展，有些地方根本就没有超市，高中档的塑胶五金家居用品在百货店、杂货店中零售，低档的塑胶五金家居用品则在地摊上叫卖，这些市场大多被浙江义乌、黄岩、路桥一带的小型家庭作坊式企业占领。1996 年，公司董事会为拓展业务、提高营业额，提出了进军中小城市市场的设想。为此，公司派人走访义乌、武汉、洛阳、沈阳、石家庄等全国五大小商品市场，结果发现了典型的义乌家庭作坊式企业的如下运作架构。

产：兄弟在旧民居改造而成的房子里，使用比本公司报废后卖往越南的还要残旧的注塑机进行生产，几乎无须考虑厂房、机器的折旧成本。供：父亲在汕头一带采购废旧回收的五金塑胶原辅材料。销：姐妹分别在武汉、洛阳、沈阳等国内小商品市场内设摊接单，母亲则在义乌掌管仓库和发货配送。

公司原本对此类企业并不看重，认为它们只有 3～5 台机器，小打小闹，根本不是对手。但仔细一分析，发现情况非常不妙。虽然此类企业每家只有 3～5 台机器，但是只要有订单或看好某一款产品，就会迅速联合叔伯兄弟、亲朋好友，甚至整个村庄的力量，在几天之内汇聚起几十台甚至百余台的生产能力，而且配套协调能力极强。

此外，这类企业的模具开发成本极低，只是公司开发成本的 1/10～1/5；模具加工生产周期也极短，通常一套 5 万港元的模具要 3 个月的制造期，而义乌的工厂只需 8 000 元人民币 30 天就能完成。而且还曾发生过这样一件事，公司开发了一款水杯新产品，为了降低模具生产成本，将模具制造外包给黄岩的一家模具厂制造，该模具厂将公司的产品稍做修改后，另外做了几套模具交给它们的叔伯兄弟们去生产。结果公司的模具还未交付使用，该模具厂生产的几十万只杯子就已经发往全国各地了。

通过以上调研与分析，公司发现自己的真正优势在于强大的产品研发能力和良好的品牌形象，精良的模具和产品制造水平，从而在出口和国内高中档市场中表现出较强的竞争力。考虑到公司没有价格优势，所以不宜进入低档小商品市场与反应灵敏的"游击队"去竞争。为此公司决定在高中档市场中做大做精，跟随连锁超市逐步渗入内地中小城市，而不是自行大规模突进中小城市小商品市场。另外，为了控制模具生产成本，公司还在黄岩收购了几家模具制造工厂，将一些已不适合外销、临近报废的模具外发给当地的厂家加工后，在义乌小商品市场批发。

在如图7-3所示的5种典型的企业组织形式中，从理论上看，其中的长青结构被认为是最具环境应变性的生命型组织。[27]而看起来似乎非常普通的义乌家庭作坊式企业，相互之间存在着高度信任、沟通顺畅的亲朋联系纽带，具有遍布全国各地市场末梢的快速响应机制与类似钻石模型的产业细分配套支持网络，使其在整体上表现出了具有强大生命力的长青结构。也正因为如此，强大的品牌公司根本无法与这些低端的家庭作坊式企业竞争，即使恐龙也很难战胜这种受"钻石"支撑的蚂蚁军团。[28]

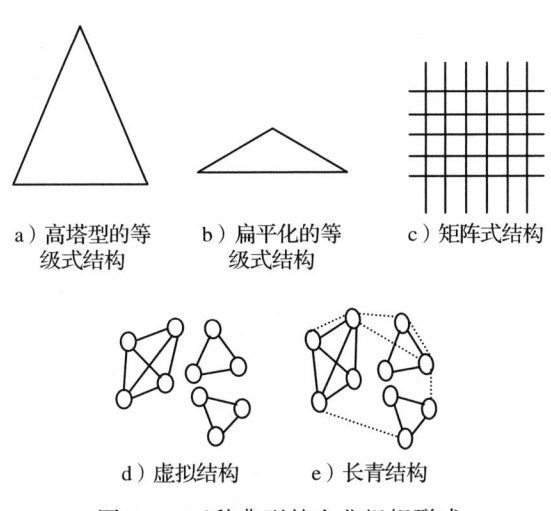

图7-3 五种典型的企业组织形式

事实上，无论是依赖外部，还是依靠内部，最终所建立的经营优势若想持续保存，企业所采取的构建措施就必须具有演化的特点，也就是能适应环境变化，不断做出调整，在其过程管理中，包含多个较短的、循环推进的战略"形成—实施—评估"周期。[29]特别是在面对目标定义比较模糊，达成目标的方式很不确定的情况时，就更是需要这种能快速动态调整的战略思路的指导。基于这种考虑，企业可从现有顾客入手，通过把握与追随顾客需求的变化，推动战略演化。乍一看，这种做法似乎不能解决因环境剧变而产生的不能准确判断与把握未来的问题，但深入分析可知，未来总是有顾客需求存在的，企业目前的顾客群在今后一定时期内也不可能突然消失，只是其现有需求的内涵与形式可能会发生变化。因此，只要企业能从做好现有顾客的服务着手，充分重视与注意倾听顾客的需求声音，适时调整自身的实力配置，始终保持与这些顾客的紧密双向互动关系，从中培养与扩大能使企业盈利的回头及引荐型顾客群，那么无论环境如何变化，企业总还是能抓住未来的，这就是拥有维持下来的现有顾客与通过现有顾客扩大的潜在顾客（见战略启示7-5）。

战略启示 7-5

动态经营优势

面对动态变化的环境，尽管人们并不能准确判断与把握未来，但未来也仍将会有顾客需求，企业目前的顾客群也仍将继续存在，只是其需求的内涵与形式可能发生变化。从现有顾客入手，同时注意把握潜在市场顾客的需求动向，那么抓住了今天也就意味着抓住了未来，这就是现有顾客及在现有顾客支撑下扩大的潜在顾客。

所谓"千里之行，始于足下"，处理跨期环境变化问题，可从解决现有顾客的问题入手，不断地抓住现在，自然也就意味着抓住了未来。这里的关键在于，如何正确看待企业现有顾客与潜在顾客的关系，特别是在抓住现有顾客的同时，注意把握潜在市场，尤其是企业外部市场上顾客的需求动向。例如，对某些酒店来说，在网络技术快速发展的过程中，若一厢情愿地考虑顾客可能提出的上网需求，在每个房间里均安装上可供上网的电脑设备，则即使房价不上涨，也不会提升那些对电脑不感兴趣的常客的认知利益，更不符合信息终端小型化、移动化的潮流。若在采取这样的做法时，先对那些有上网需求的常客给予特别关注，专门为其提供周全的个性化解决方案，则可能会使这些常客感觉更舒心，同时也能为企业节约原定的要为每个客房装电脑的设备投资。

必须看到，经营优势创新作为一种商业创新，需要将前沿的技术能力与敏锐的市场感觉这两者协同起来，才能创造出顾客所需的价值。显然，对于真正有远见的研究，其中的原创性工作不是依靠预先设计与精密规划所能得到的。[30] 例如，对于什么值得做与什么可以做的决定，在很大程度上是相关人员不断探索、灵感涌现的结果。因此，这里的关键是给探索者以宽容，允许行为与结果多样性的存在，为创造性活动提供自由、宽松的环境氛围，以充分发挥出创新者个人的远见与热情。当然，就产品的市场适应性而言，创新的关键在于准确把握顾客需求的特征，创造性地给予满足，这更多是出自对人性本质的把握。企业只有注意协调好研究的远见与需求的剧变矛盾，处理好长期发展与目前盈利的关系，推进基础研究、技术开发、市场营销这三者的有机结合，才有可能做好经营优势创新工作，为企业建立稳固的持续经营优势打好基础。

就如何进行经营优势创新的思路而言，可以借鉴德鲁克的思想，从预防、诊断、治疗三个角度加以考虑。[31] 第一，作为一种预防措施，企业可以考虑采取有系统、有目标的人为放弃做法，即对现有业务提出这样的问题："如果现在并未开展此项业务，是否还愿意投入该领域？"另外还需关注企业以外的顾客，如竞争品牌的顾客、流动顾客与潜在市场顾客等的需求动态。第二，作为一种诊断措施，通常在企业初始目标实现、规模迅速扩大、取得非预期成功、遇到意外失败时，往往就隐含地预示着企业经营优势创新的可能与需要。

第三，作为一种治疗措施，着力解决企业经营优势创新的问题，可作为企业战略决策者的长期任务来落实。

持续经营优势的构建，必须注意处理好技术推动、顾客导向与创新节奏的关系。一是要注意把握创新的时机，争取成为产业技术发展的"先锋"而不是"先烈"。二是要关注创新的成本，应该清楚顾客重视的是性价比，而不是纯粹的技术性能。三是保持创新节奏的可调性，比如，某大型钢厂派工程师入驻重点客户企业，随时把握需求动向，加快研发响应速度，使订货处理时间从半年缩短到季度，最后缩减到月甚至周。另外，在创新与顾客消费习俗发生矛盾时，对单个企业来说，也许最好的做法是顺势而为，为顾客提供多种选择，让顾客自主决策。不要试图在短期内改变人们长期形成的消费习惯，因为通常顺应这种习惯而对企业产品做适应性调整往往会显得更经济、更可行。[32] 当然，有时这样做可能并不能真正体现顾客的长期利益诉求，只是由于改变顾客的初始认知的代价太高，企业只好先曲意迎合顾客的认知偏好，以便逐步切入市场，然后再视情况引导顾客需求，最终创造出顾客真正所需的价值。

现实中，比较容易产生的另一种倾向，是过度创新。一些大型厂家为自身利益，不断缩短产品周期，强行推出捆绑式的创新套餐，使顾客应接不暇，结果使得有些顾客失去了对新技术的兴趣，另有些顾客则通过设法采取适当的措施，更好地使用现有的设备，努力延长对于新设备的购买间隔。例如，21世纪初，受当时全球经济下滑的影响，一些高科技产品的买家变得精打细算起来。联合航空公司把年信息预算从 6.5 亿美元下调到 5.25 亿美元。伯灵顿服装厂以前使用的管理数据库的服务器需要上百万美元，而后来它用几个连接在一起的服务器代替原来的大服务器，费用加起来只需 20 万美元。通用汽车公司技术总监对甲骨文、微软等供应商说："公司每购买 1 美元新产品，就需再花 5～7 美元咨询怎样使其工作。如果你们能降低更新标准，我就无须再花钱请人改造设备了。"在 6 年时间里，通用汽车公司的年技术预算削减了 25%。他认为，如果推迟更新复杂多变的软件，技术预算还可以进一步削减。[33]

拓展思考题

1. 超值服务，关键在于超越了谁的价值，是顾客价值，还是企业价值？是基于企业过去的自我比较，还是基于同行的横向比较？是关注自我绝对优势，还是重视相对竞争优势？例如，有一种说法认为，最可怕的竞争对手是那些毫不打扰你，努力将自己的业务做得更好的企业。从企业经营优势构建的角度考虑，到底该如何"超值"？为什么？

2. 有些企业认为自己之所以能成功，主要是因为贯彻了"人无我有，人有我优，人优我廉，人廉我转"的战略。假设这些企业所述的情况属实，请问：这类企业是否具有持续经营优势？为满足其战略实施的需要，应该构建怎样的持续经营优势？为什么？

3. 古语"人无远虑，必有近忧"，对管理者来说意味着需要重视战略规划工作。问题在于，面对不断加剧的环境变化与日益增加的信息渠道，要想从纷杂变动的现象中提取出对自己有用的信息，从而做到事先准确把握环境动态，实际上非常困难。这使得人们最终只好在战略上采取"以不变应万变"的做法，试图以"无招胜有招"。请问：面对环境动态变化、极端不确定的情况，到底该怎样进行战略管理？可采取哪些措施帮助企业做到真正有"远虑"？为什么？

4. 有些事情，一些人之所以不去做，只是因为他们认为不可能。其实许多不可能只存在于人的想象中。路径依赖与市场锁定的产生，也常常是这种自我设限的结果。正因为如此，有人认为，经验丰富更难自我突破，易造成故步自封，所以，搞垮一个企业很容易，只要向那里派一位有40年管理经验的总管就行了。凯恩斯认为："事实上统治世界者，就只是这些思想而已。许多实行家自以为不受任何学理之影响，却往往当了某个已故经济学家之奴隶。狂人执政，自以为得天启示，实则其狂想之来，乃得自若干年之前的某个学人。"[34] 所以说，"老马识途"也许只认得旧道，不知新路。这是否意味着，进行企业的经营优势创新，当事者就一定是越年轻越有效？为什么？

资料来源及注释

[1] MEYER C.While customers wait, add value[J].Harvard Business Review, 2001 (7).

[2] 鲍勃罗.新产品开发[M].李茂林，许明，杨威，主译.沈阳：辽宁教育出版社，1999：14-15.

[3] WAH L.The almighty customer[J]. Management Review, 1999（2）.

[4] PASCARELLA P.Charting a course for change[J].Management Review, 1998（1）.

[5] 杨丽.进口家具：不"减肥"难见人[N].钱江晚报，1999-04-18（16）.

[6] WAH L.The almighty customer[J]. Management Review, 1999（2）.

[7] 北京零点市场调查公司.还是放弃投诉的人多[N].中国经营报，1999-04-13（4）.

[8] PORTER M E.Competitive Strategy: techniques for analyzing industries and competitors [M]. Free Press, 1980.这里的低成本、差异化、专门化只是本书作者所做的一种理解简化，英文原文为 cost leadership、differentiation、focus，有学者将其译为"成本领先、别具一格、集中一点"。

[9] KOTHA S, VADLAMANI B L. Assessing generic strategies: an empirical investigation of two competing typologies in discrete manufacturing industries[J].Strategic Management Journal, 1995（1）.这里提到的价格、形象、设计、质量、配套、无殊，系本书作者参照英文 price、image、design、quality、support、undifferentiation 的战略含义所做的重新解释。

[10] BESANKO D, DRANOVE D, SHANLEY M.The Economics of Strategy[M]. John Wiley & Sons, Inc., 1996: Chapter 14；COLLIS D J, MONTGOMERY C A.Competing on resources: strategy in the 1990s[J]. Harvard Business Review, 1995（4）.

[11] 韦兰，科尔.走进客户的心：企业成长的新策略[M].贺新立，译.北京：经济日报出版社，1998；BAGHAI M A, COLEY S C, WHITE D. 变能力为优势[M]// 欧高敦.麦肯锡高层管理论丛.北京：经济科学出版社，1999（3）.

[12] 井植薰.我和三洋：成功源于探索[M].陈浩然，编译.上海：上海译文出版社，1992：101.

[13] 冯正平.去除心理阴影不容易[N].中国经营报，2000-11-21（31）.

[14] 殷正明.买车先考虑一下维修[N].新闻晨报，2002-01-03（6）.

[15] 对战略性行动这部分内容感兴趣者，请参阅平狄克，鲁宾费尔德.微观经济学[M].

高远，译. 北京：中国人民大学出版社，1997：386-391.

[16] 陶喜年. 客源快没了，网吧还在不停地开[N]. 杭州：青年时报，2005-11-25（11）.

[17] MEDCOF J W. Resource-based strategy and managerial power in networks of internationally dispersed technology units[J]. Strategic Management Journal，2001（11）.

[18] MARKIDES C. Strategic innovation[J]. Sloan Management Review，Spring 1997：9-23.

[19] 萧尚兵. 武经直解. 杭州：浙江文艺出版社，1998.

[20] 高条静雄. 索尼：独特的方式和十大准则[N]. 中国经营报，2002-11-04（29）. 此处引用时，文字略有改动。

[21] BETTIS R A，PRAHALAD C K. The dominant logic：retrospective and extension[J]. Strategic Management Journal，1995（1）.

[22] 林少文. 寻找可口可乐秘方[N]. 浙江日报，1998-05-23（3）.

[23] 佚名. 可口可乐公司的文化革命[N]. 商报，2000-10-25. 转引自脱掉美式包装、打造百变形象：可口可乐酝酿营销革命[N]. 参考消息，2000-11-10（4）.

[24] 李韬. 黄永玉关于人文和艺术的谈话[N]. 羊城晚报，1999-06-23. 转引自中国剪报，1999-07-09（6）.

[25] 屈丽丽. 乐高：如何进行持续创新？[N]. 中国经营报，2020-10-24. 此处引用时，文字有改动。

[26] 李. 从"袜都之战"看中美竞争[N]. 洛杉矶时报，2005-04-10. 转引自参考消息，2005-04-20（16）.

[27] 科勒普罗斯. 法人直觉：创建21世纪的机敏企业[M]. 王诗成，黄日松，译. 沈阳：辽宁教育出版社，1998：218.

[28] 根据复旦大学2002秋EMBA刘晓寅的"战略管理"课程随笔改写而成，其中有关5种典型的企业组织形式的分析内容为作者所做的补充。

[29] 奥本. 现代企业诊断[M]. 陈玲，译. 北京：机械工业出版社，2000：263.

[30] 汤斯. 意外发明科研规划[C]. 科学哲学（研究资料），1980（5）. 该文原题为"量子电子学与技术发展中的意外成果：科研规划问题"[J]. [美]科学，1968（159）：3816.

[31] DRUCKER P F. The theory of the business[J]. Harvard Business Review，1994（5）.

[32] 里克斯. 企业经营失败案例分析[M]. 郭武文，译. 北京：中国标准出版社，2000：20-21.

[33] 佚名. 用户"报复"科技产业[N]. 参考消息，2002-11-07（4）. 原载[美]福布斯（双周刊），2002-10-28（1）.

[34] 凯恩斯. 就业、利息和货币通论[M]. 高鸿业，译. 北京：商务印书馆，1994.

第8章　业务演化路径

【学习目标】

知识目标：了解企业业务的范围、方式、目标，明确业务演化路径。
技能目标：掌握纵向整合拓展影响因素、横向多元经营涉及的对策。
能力目标：理解适度多元操作思路，掌握经营模式重构的管理对策。

【要点提示】

企业发展轨迹

业务范围：集约、整合、多元。
业务方式：进入、退出、调整。
业务目标：稳定、收缩、成长。

纵向整合拓展

自制还是外购，需关注：纵向市场结构、买卖交易频率、同行竞争力量、产业发展状况、管理操作可能。

专精多元抉择

企业发展受多种动因的影响，从过程视角看，没有多元经营难以产生业务领域的突破，没有专精发展难以形成企业特色。

经营模式重构：强、大、稳、简

根据企业外部环境、使命宗旨、自身实力的变化，通过对业务、管控、关系三方面模式的重构，以确保企业经营的强、大、稳、简。

8.1 企业发展轨迹

如果说第 7 章 "持续经营优势"主要回答的是企业如何做专、做久的问题，那么本章着重讨论的是企业如何以及为何做强、做大、做稳、做简的问题。例如，可以采取哪些途径与方式？可能存在什么困难？需要解决哪些事关企业自制或外购等边界确定、专精与多元等具体业务取舍的问题？多业务集团化经营可能遇到哪些陷阱？应该遵循怎样的管理原则？需要处理哪些涉及业务进退调整与多部门管理协调的问题？鉴于此，本章将从做事抉择与做人管理这两个角度出发，在深入剖析企业发展过程中可能需要解决的业务发展路径选择以及多元与专精关系处理问题的基础上，阐明应对公司"大企业病"、进行经营模式重构的思路对策。

从做事的角度看，本章"业务演化路径"所描述的就是企业从小到大的发展轨迹，它不仅涉及业务路线与方向的选择，还涉及做出选择的原则的确定。一般地，考察一个企业成长的业务演化路径，可以发现其中存在着多种可能的展开方式（见战略启示 8-1）。例如，从点到多点或单线，再从多点或单线到多线甚至网状，进而从网状整合成为似乎有点密不透风、攻而不破的面或体等。在这里，所谓的"点"，是指将企业的所有资源与能力集中于单一业务，如单一产品、单一生产线、单一市场或技术领域等，以求得企业的规模化增长，这通常被称为集约成长战略。所谓的"线"，是指对点的连续拓展，通常称为整合（integration，也称"一体化"）拓展战略。整合拓展可进一步分为纵向整合与横向整合两类战略：[1]纵向整合也称垂直整合，是指沿企业业务所在产业链的方向，向企业买方所在业务领域拓展，简称"前向整合"，或者向企业供方所在业务领域拓展，简称"后向整合"；横向整合也称水平整合，是指沿着与企业现有业务呈相互竞争或补充关系的活动领域拓展。所谓的"网"，是指在现有企业中增加新的产品或事业部，使企业能向更为广泛的业务领域拓展，即通常所称的多元（diversification，也称"多种""多元化""多角化""多样化"等）经营。而"面"或"体"，则只是在网的基础上，布局更加立体化、更为紧密些而已。

战略启示 8-1

业务展开方式：点、线、网

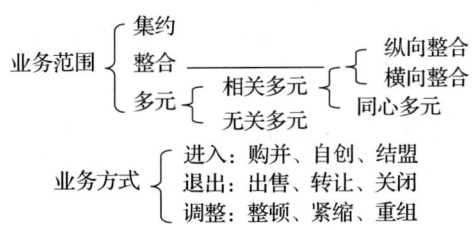

采取集约成长战略，可以通过市场渗透、市场开发、产品开发等途径，将时间、精力、资源等集中到企业的关键产品上。对小企业来说，采取这样的战略，有助于应对强大的竞争对手所采取的全面出击战略，在某些局部领域建立起可与其相抗衡的经营优势。对大企业来说，采取这样的战略，有助于提升职能或区域组织的专业化程度，强化自身的特色经营优势。当然，单一经营与密集成长战略也存在着局限性，这就是将所有的资源与能力集中于单一领域，会使企业经营缺乏灵活性，特别在适应市场变化方面，显得有点弹性不足，因此可能带来企业整体经营风险的增加。例如，一旦行业前景变差或经营环境恶化，致使企业所拥有的单一优势丧失，就有可能使企业陷入毫无退路的困境。

纵向整合战略主要通过降低产业链上下游各环节之间的交易费用的方式，加强企业在行业中的市场地位与经营优势。这种战略对于企业经营的不利影响在于，较大的资本需求可能会引起企业财务资源紧张，较高的固定资产投资及退出障碍会造成设备更新困难甚至过时老化，企业活动会涉及多个产业链环节之间的能力平衡协调问题等。横向整合战略主要借助于企业规模的扩大及范围经济性的提升，增强企业相对于其他市场力量的经营优势。由于横向整合有助于提高企业的市场垄断力量，因此，有可能受到有关国家的反不正当竞争法或反托拉斯法的诉讼。

就多元经营战略而言，根据新增业务与现有业务之间关系性质的不同，可进一步分为相关多元化与无关多元化两大类。相关多元化包括整合战略与同心多元化战略两类。同心多元化是指在企业中增加相关产品或事业部。相关多元化的主要特点在于，新增的产品或事业部与现有的产品或事业部之间或多或少地存在着某种相互配合关系。无关（也称非相关）多元化战略主要是指集团或整体多元化，即在企业中增加一些与现有产品或事业部几乎毫不相关，并且不存在任何配合关系的新产品或新事业部。按照业务拓展"点""线""网"的比喻，相关多元化建立的是一张相互关联的业务网，而无关多元化建立的是多张互不关联的业务网。当然，实际中发生的多元化，基本上都属于相关多元化，完全的无关多元化只是理论上存在的抽象的点，因为至少就参与新旧业务运作的人而言，相互之间还是有关联的。

就多元经营企业的业务状况看，实行相关多元化战略的企业，在其各种业务之间，仍保持着某种共同的主线，在新旧业务或部门之间，可能存在着多层面的协同作用。实行无关多元化战略的企业，通常不存在单一的业务主线，多种业务线之间不存在协同作用，只关心各自独立运作的业绩。尽管从理论上说只有无关多元化战略才能真正起到降低企业经营风险的作用，但在实践中尚未找到充分的证据。究其原因，可能在于实施无关多元化战略会对整个企业的综合管理水平提出更高的要求，这一点通常都会超出企业现有能力的支撑。结果就会使得许多企业在采取无关多元化经营后，不但形不成类似一加一大于二的协同效应，甚至还有可能出现多种业务联合运行后的综合绩效反而不如原先各业务独立运行时其简单加总的绩效水平高。

对于以上讨论的关于企业业务拓展的点、线、网战略，从动态变化的角度来考察，可以分为三类：一是由点到线、由线到网地进入新业务的战略；二是由网到线、由线到点地退出现有业务的战略；三是从点到点、线到线、网到网的业务有进有出与相对重心改变的调整战略。点、线、网之间的业务转换，并不存在必然的逻辑过程，现实中既可能出现企业所从事的业务点的跳变，也存在表面上看一直停留在原有的业务点上而其内涵却不断进化，这就是通常所说的专、精、强。就进入新业务的战略而言，存在着购并外部现有企业、从头开始创立新企业以及与外部企业结盟这样三种做法，简称购并、自创、结盟。就退出原业务的战略而言，存在着在资本市场上整体出售、通过协商部分或全部转让、通过清产核资程序彻底关闭这样三种做法，简称出售、转让、关闭。就业务有进有出、相对重心改变的调整战略而言，存在着消除内部混乱、应对环境回调、改变业务比例这样三种做法，简称整顿、紧缩、重组。

具体来说，进入战略中，购并一个现存企业是最常见的做法，它可以帮助企业迅速进入一个全新的业务领域，这里的关键在于，能找到一家售价适当的企业以供购并。购并需要关注的问题是：如何拓展市场做"大饼"，以增加各方利益，而不只是采取人员精减等措施，以压缩成本开支。自创就是自己从头做起办企业，以此进入一个新领域，直至成为一个有实力的竞争者，这样做往往需要较长时间的努力，并有可能遇到企业成长过程中可能遇到的各种不可避免的问题。结盟能实现风险分担、资源共享、市场同创，在国际合作领域还有助于突破关税与非关税壁垒的制约。这里的关键是：需要处理好结盟各方在合伙人选择与控制权分配上可能产生的矛盾冲突。总之，进入新领域，不仅要考虑快速启动的问题，更需要妥善处理业务启动后的长期日常管理运作问题。

退出战略中，出售、转让、关闭这三种做法均涉及对于企业现有业务的部分或完全放弃，会因情形不同而引发不同的问题。如果是由于经营不善而被迫做出放弃决策，对当事者来说，一般都会比较痛苦，有时甚至需要其直接上级或董事会的介入，才能最后做出决断。如果是出于战略上主动有计划的行为，相对来说，其决策过程就比较容易推进。比如，许多从事战略投资的企业，在退出经营成功的投资领域时，往往会伴随着投资成功收获时的财务与精神上的喜悦。如果实施退出战略，主要是为了腾出企业比较紧张的财务资源，以满足进入其他更有发展前景领域急切的资金需求，则在新项目的压力下，退出过程也许会进行得更快些。当然，无论是哪种情况，采取退出战略，客观上或多或少均会涉及退出成本及相关人员的安置等问题，对此必须事先给予周全考虑。

调整战略中，整顿战略主要针对企业经营不善的情况提出。企业经营不善可能造成技术、生产、市场等方面的危机,从而影响企业整体经营优势的提升与发挥。实施整顿战略的关键在于,找出企业经营不善的内部可控原因,采取有针对性的措施加以改进。紧缩战略的实质是精减人员,以更小的规模做同样的事,它是企业为应对极端不利的环境变化而被迫采取的暂时退却与休整措施。通常,一旦不利的环境情况有所改观,企业就会马上重新转入正常的业务运营状态。重组战略主要是指企业根据战略"三假设"的动态变化,对自身经营的各类业务的整体布局所做的适应性的调整,如改变业务组成及相对比例,甚至进入或退出某些业务领域等。

以上从点、线、网的角度出发,按照业务范围、组合、目标的不同,从三个方面考察了企业业务的展开方式。对于这些方式,实践操作中主要需要解决两类问题,一是企业业务生命周期演化决策,二是业务跨区域特别是跨国发展的战略考虑。从业务生命周期来看,由图8-1可知,在企业业务演化战略的制定过程中,可能出现两类战略陷阱,即发生在业务成长转折点附近的保守陷阱与发生在业务饱和转折点附近的冒进陷阱。就保守陷阱而言,主要是由于没有看清业务的成长潜力,对业务缺乏投入,致使增长后劲不足,造成半途夭折。就冒进陷阱而言,主要是由于对业务前景过分乐观,该撤离时没撤离,从而加速业务下滑,最终走向消亡。为了回避这两类陷阱,关键在于准确判断企业业务所面临的环境变化,不断提升企业实力(见图8-2)。在做大的过程中,及时总结成功的经营模式,加以精准复制推广,通过做大做精规模经济性,实现快速盈利,回避战略保守陷阱;建立灵活团队,提升学习能力,加强业务拓新,保持规模稳定,以做多做强业务适应变化,回避战略冒进陷阱。

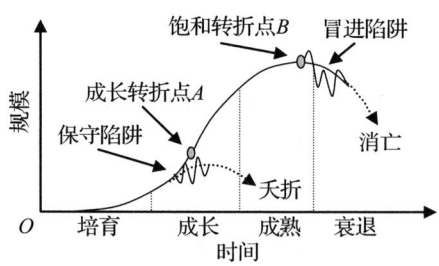

图8-1 业务演化战略陷阱

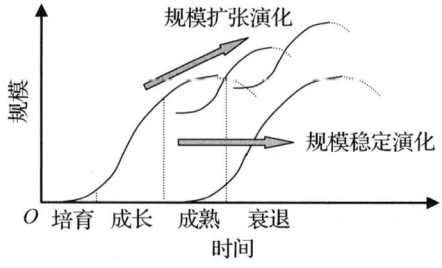

图8-2 业务演化战略陷阱回避:大而精与多而强

从业务跨区域，特别是跨国发展的战略考虑，假如将企业经营看成是一个关系网络，则其中的连接将会受到跨区域因素的影响。这类影响因素，如政治、文化、地理、经济的距离或差异等，[2] 均会增加业务拓展的风险与成本，从而形成市场进入与拓展的潜在壁垒。例如，不同区域或国家之间，在历史及现实交往中形成的政治同盟或对立关系，以及这种关系稳定性程度的高低，会直接影响公司未来业务经营的风险性与盈利性。文化特征差异会影响人际、组织之间商业互动的价值理念、语言表达与行为方式，从而带来经商、消费等品位、语言、习俗与规范的冲突，结果形成各方有效沟通的障碍。地理差异体现的交通、金融、通信等基础设施的不同，会影响有形实体产品的物流成本与无形商品的服务效率。不同区域或国家中，人们的财富积累与收入水平的经济差异会产生消费结构、经营模式、资源成本等方面的不同，使得有些产品或服务的推广变得特别困难，而另一些产品或服务的扩散相对容易。一般地看，不同业务对于政治、文化、地理、经济差异的敏感性是不同的，有些会受到这些差异的严重影响，而有些则对这些差异并不敏感。

当然，全球化时代的经营之道最终还是需要立足于本土化运作，体现在那些远方的竞争对手难以匹敌的地区性知识、关系和动机上，[3] 反映在能提供给顾客的实实在在的产品或服务上。这一点，应作为企业应对全球化竞争的根本指导思想。战略启示 8-2 表明，在经济全球化、利益地域化、政治多极化背景下，跨国拓展必须注意入乡随俗、扎根市场，只有真正获得当地社群与顾客的由衷认同，才可为企业带来最终的市场回报，为企业迎接未来的市场竞争奠定基础。因此，在考虑企业业务的跨国拓展中，必须以做好本地化市场为切入点，注意实现全球视野与本土功夫的有机融合。也正因为如此，麦当劳称自己是"国际品牌的本地公司"；宝洁公司提出要"为中国消费者打造中国品牌"，希望在中国消费者心中将"碧浪"和"汰渍"定位成"知名的国际企业推出的中国品牌"。[4]

战略启示 8-2

到底哪个裁缝最好 [5]

据说，在伦敦的同一条街上住着三个裁缝。一天，一个裁缝在他的橱窗里挂出了一块招牌，上面写着："伦敦最好的裁缝。"另一个裁缝看到了，在同一天也挂出了一块招牌，招牌上用大写字母写着："英国最好的裁缝。"第三个裁缝看到后，思考了很久。几天之后，第三个裁缝挂出一块招牌，上面写着："本街最好的裁缝。"从顾客可考证的角度看，到底哪个裁缝最好？答案似乎显而易见。

从战略的角度来看，在跨区域发展中，合作各方可能涉及名、利、权关系的处理问题，利益也许可以较容易地跨国界流动或再分配，但对于名、权的潜在追求则较难调和，因而也容易引起冲突。比如，跨国购并中，公司受谁控制，最终谁说了算，无形中存在的被购并的屈辱感可能引发民族自尊，牵涉国家政治等问题。再如，区域拓展中遇到的本地化问题，不采取本地化做法，业务拓展缓慢，过度本地化又可能会失控，甚至使母子公司关系解体。也正因为如此，国际上一些大公司在考虑跨国发展时，常常采取这样的做法，即跟随自己的战略顾客，进入世界各地，全球设厂，当地采购，就地销售，就地提供服务。最后需要指出的是，尽管跨区域或跨国发展中各方之间可能存在着一些表层的行为方式与风俗习惯的表达差异，但仍无法否认在商业关系本质与深层人性理念方面实际上还是存在着许多相似性、相通性的，因此，只要相关各方能注意加强交流，相互宽容、尊重、理解，本着平等、互敬、谦让原则，还是有可能做好业务的。

考察一个企业的业务发展轨迹，除了涉及以上提到的业务范围的集约、整合、多元的选择，业务方式的进入、退出、调整的抉择，还涉及业务目标的稳定、收缩、成长的定位（见战略启示 8-3）。

战略启示 8-3
企业发展轨迹：业务三决策

业务范围：集约、整合、多元。　　业务目标：稳定、收缩、成长。
业务方式：进入、退出、调整。

第一，就稳定战略而言，它以顺其自然的规模稳定或不做大为标志，将企业实力集中于现有业务领域。采取稳定战略，意味着企业决定仍继续留在现有业务领域，此时战略方案的焦点在于如何提高各职能领域的业绩，争取每年都能实现企业整体的预期目标。经常采用的稳定战略，如以不变应万变、追求短期利润、加强内部管理、稳健推进业务等，比较适用于成功运行在具有可预测性环境中的企业，这种战略的不足在于容易忽视环境变化与长期发展问题。

第二，就收缩战略而言，通常属于最不受欢迎的战略。因为一旦采取收缩战略，就或多或少意味着企业先前的战略已不太适用，从而也就需要有关当事者承认企业战略运作上的失败，对此，从心理上说，是谁都不愿接受的。因此，采取收缩战略往往是由于企业面临严重的业绩滑坡，在董事会的强力干预下才进行的。在这种情况下，对企业经营者来说，不得不迅速采取措施扭转局面，否则将面临被解聘的结局。可供企业选择的收缩战略主要有前面讨论过的整顿、紧缩、重组，在这里，整顿以改善运行效率为主，紧缩以减小经营范围为主，重组以放弃失败业务为主。

第三，就成长战略而言，往往属于最受欢迎的战略。这主要基于以下几个方面的原因：一是成长的企业要比稳定的企业更能掩饰失误与低效率，对一个存在较大财务杠杆作用的企业来说，成长所带来的不断增长的收益流可为企业提供更为迅速的实力积累，使得企业能更好地处理内部各业务部门之间所存在的资源分配方面的矛盾与冲突。二是成长的企业对投资者来说更具吸引力，对企业员工来说可以获得更多的加薪、晋升、找到称心岗位的机会。三是在动态变化的环境中，面对日趋激烈的市场竞争，有时客观上也必须不断成长，否则将很难继续生存。正因为如此，大多数企业的战略决策者都会默认不断成长就是企业经营成功的标志，从而在决策中会有意无意地更倾向于选择成长战略。

最后，需要指出，在处理稳定、收缩、成长战略的关系时，对于业务的买卖购并、进退调整，可能会受到心理与情感上的得失感受的影响，需要秉持理性冷静的态度，必须遵循明确的战略取舍原则。因为购并或投资新项目会让人感觉很成功，内心充满喜悦；而放弃或退出老项目，会让人感觉很失败，心里非常痛苦。作者的研究表明，在业务购并时，人们倾向于卖劣买优，因此，发生实际购并行为，多有买错而少有卖错。在进退调整时，对先前由自己经手的不利项目，人们存在着不愿退出而更愿追加投资的倾向；而对先前由他人经手的不好项目，更愿终止而不愿追加投资。这意味着，企业进行业务调整无意之中存在着这样的倾向：更愿高价购并外部项目，不愿放弃已有的不利项目，容易掉进"扩张冲动、紧缩抗拒"的心理陷阱，结果就表现出这样的普遍情况——购并太过草率、频繁，而退出太过拖延、迟缓，致使企业整体的长期绩效受到不利影响。

8.2 纵向整合拓展

纵向整合拓展主要涉及沿企业所在产业链方向的业务范围确定问题，也就是企业"自制"与"外购"边界的划定问题。显然，从纯粹的经济角度考虑，影响这种战略选择的主要因素是交易费用，也就是说，在通过市场交易行为无法有效地解决买卖双方互惠合作问题的情况下，可考虑采取内部纵向整合的做法；而在通过市场能更好地解决买卖双方互惠合作问题的情况下，可考虑采取外部市场交易的做法。例如，在大型钢铁企业中，一般采用从铁矿石到最终钢材成品的纵向整合做法，否则，在能耗等成本控制方面就不可能高效率；而对一个生产面包的小企业来说，显然就没有必要自己去种植小麦，以生产面包制作所需的面粉原料。

考虑到实现了纵向整合的企业要对其进行重新拆分，将其变成整合前那样的由处于产业链各个生产环节的独立企业组成的松散状态,在操作上并不十分容易。因此,企业在决定是否需要采取纵向整合或纵向解构的做法时,必须清楚地认识到:纵向整合或纵向解构的前提条件是否具备?时机是否成熟?未来哪些因素的变化将会对企业所在业务领域的纵向整合或纵向解构的决策产生重大影响?[6]一般来说,影响企业进行纵向整合或纵向解构的决策的,主要有五个方面的因素:纵向市场结构、买卖交易频率、同行竞争力量、产业发展状况、管理操作的可能(见战略启示8-4)。

战略启示 8-4
纵向整合或纵向解构战略考虑

纵向市场结构、买卖交易频率、同行竞争力量、产业发展状况、管理操作的可能。

从企业所在产业链的纵向市场结构来看,根据买卖双方市场力量的相对大小不同,一般可以分为四种情形。一是买主与卖主的数量都很多,在市场上谁也控制不了谁,此时的价格完全由竞争决定,相对比较稳定,市场很有效率。二是单一卖主对众多买主,卖方处于垄断地位,此时市场为卖方所控制。三是单一买主对众多卖主,买主处于垄断地位,此时市场为买方所控制。四是买主与卖主的数量都很少,市场处于明显的双边寡头垄断状况之中,此时买卖双方各主体之间存在着极不稳定的既合作又竞争的关系。显然,从市场的稳定性考虑,只有在出现第四种情况时,企业才有采取纵向整合做法之必要。

例如,在我国大型国有的石化企业与化纤企业、煤炭企业与发电企业、发电企业与电网公司等之间,就存在着一种上下游企业之间的双边寡头垄断的竞争格局。由于其中的各方都有较强的相对市场垄断力量,最后各方对于交易价格等方面的争议常常需要国家有关部门来协调。久而久之,为了回避这种经常性的双边谈判所存在的不确定性,上游企业就会设法向前整合,而下游企业则试图向上整合,结果大家都采用了纵向整合的战略。这种做法对上下游的企业各方来说无疑是一种有助于降低交易费用的最佳选择,但若考虑我国大型国有企业的整体产业布局,从国有资产投资与管理的角度看,这却是一种非常浪费资源的做法。对此,若不考虑社会反垄断问题,最好的解决办法自然是双方结盟,但即使如此,也不可能真正解决产业链上下游企业之间所存在的利益分割矛盾,而只是将原来的外部市场定价上的利益冲突最终转化成了大型联合集团内部各环节的企业之间在成本控制与效益考核上的管理冲突。

从买卖交易频率来看,如果交易频率不高,买卖双方不需要进行很多的交往,则尽管每次谈判比较费时,也还是可以利用市场机制,解决双方面临的产品或服务的交换问题,而不必采取纵向整合的做法。例如,对于通用性很强的产品或服务，也许可以采取标准化合约的形式来解决；对于专门化程度很高的产品或服务，可以采取一事一议的特别合同形式来解决。而在交易频率很高的情况下，对于通用性的产品或服务，仍可以采取外部市场的标准化合约的形式来解决，但对专门化程度很高的产品或服务来说，如果仍利用外部市场机制来解决，可能就会面临需要经常劳心费神地谈判的局面，因此，可以考虑采取纵向整合的做法。

尽管从纵向市场结构与交易频率的角度考虑可以得出在买主与卖主双方数目很少、交易频率很高且涉及的是专门化程度很高的产品或服务时，有必要采取纵向整合做法的结论，但采取纵向整合做法的现实可行性还需分析纵向整合所需的设备投资等设置成本的高低程度，以及出现交易不确定情况时双方通过协调对合约进行及时修改的可能性。这样，通过比较内部运作的初始投入及长期经营成本、技术可行性等，相对于外部市场采购所涉及的交易成本及不确定性，如产品或服务的质量水平、生产条件等的稳定性，可以大致判定到底是否该采取纵向整合的做法。当然，在具体操作上，还涉及采取何种方式的纵向整合做法的选择问题，如购并、自创、结盟等，这需要根据行业的竞争及发展状况而定。

例如，曾有一家生产洗衣机的大型公司，随着其洗衣机产品市场销售量的不断上升，为了做到"肥水不外流"，公司决定将原先依靠外部采购的洗衣机控制电路板改为自己生产。为此，该公司专门引进有关技术人员，建立自己的研发队伍，开办自己的洗衣机控制电路板生产厂，但运作一段时间后，发现控制电路板生产领域需要许多相关知识的支持，技术人员只有在一家综合性的控制电路板生产公司里，通过众多技术人员的跨专业交流，才能获得内在素质的不断提升。而在一家专做洗衣机控制电路板的企业里，其技术人员的专业知识会很快退化，从而无法生产出在性价比上具有竞争力的洗衣机控制电路板。最后，公司只好决定将该生产厂的有关设备、人员等转让，重新向原先给公司供应洗衣机控制电路板的一家计算机设备制造公司采购控制电路板。

从同行竞争力量来看，产业链上下游各环节的企业之间存在着不均衡的竞争力量关系，使得不同环节有着水平不等的盈利状况。通过纵向整合进入一个更为盈利的业务环节，一方面可以起到增强企业竞争力量，从而打破买卖双方讨价还价的力量平衡的作用，另一方面还能直接为企业带来更大的盈利可能。此外，这种纵向整合的另一个效应就是能提高潜在进入者参与竞争的进入障碍。例如，一个生产衬衫的企业，当其生产规模达到全国领先水平时，如果将原来委托外部生产的包装盒改为自己生产，显然可以起到节约成本从而增加利润的作用。一个受到外部原材料供应制约的企业，如果能自己生产部分原材料，无疑就可起到降低对外部原材料供应商的依赖程度从而提高自身谈判力量的作用。

从参与竞争的角度考虑，纵向整合如果采取结盟的方式，还有助于企业突破市场进入障碍，开拓依靠常规做法难以进入的市场领域。例如，对跨国公司来说，其全球化发展可能会面临不同国家的当地文化习俗差异的挑战，更为严重的还可能会受到由民族抵触情绪造成的对于外来产品的排斥心理的影响，从而导致产品市场销售受阻。在这种情况下，采取合资、合作的形式，通过前向整合就有可能突破此类障碍，顺利进入这些市场。

从竞争的角度考虑纵向整合战略，除了需要克服进入新业务领域可能遇到的技术、投资、生产、品牌、市场等方面的障碍，还需关注由企业纵向整合战略可能带来的产业链上下游企业间互动关系的改变。例如，曾有一位服装面料生产商，其生产的服装面料供应多家服装生产企业，后来由于受到前向服装生产企业看似盈利不错的吸引，决定前向整合开展服装生产。当他开办了自己的服装生产厂后，却突然发现以前一直从他这里订购服装面料的客户不再像过去那样到他这里大量订购服装面料了；以前当他向客户了解订购面料到底用于生产什么服装时，客户一般都很愿意如实相告，有时还会主动向他透露一些关于未来服装市场趋势的内幕信息，而现在面对同样问题，客户却有点吞吞吐吐了。这里的问题在于，他的前向整合实际上将自己变成了原来客户的竞争对手，从而破坏了双方互惠合作的基础。最后，由于受到其主业产品面料市场萎缩的压力，该服装面料生产商只好做出决定，放弃服装生产，重新聚焦于自己所专长的面料生产。

从产业发展状况来看，在一个发展极不成熟的行业中，处于产业链其中一个环节的企业，仅仅做好自身工作显然是不够的，这样也许连企业自身的生存也不能保障，而只有同时做好多个环节的工作，才能获得顾客的真正认可，并为企业的未来发展创造出更大的空间。例如，面对市场上存在的严重的假冒伪劣现象，一个品牌企业只好采取纵向整合的做法，自己开设品牌专卖店，否则就很容易被造假者钻空子。再如，在我国计算机需求市场形成之初，许多计算机公司为了突破客户计算机使用的障碍，不仅举办免费的计算机知识普及培训班，还提供应用软件及其维护等一系列售后服务，否则就不太可能售出。而后来，随着计算机普及程度的提高，计算机知识的普及培训成为一个独立的盈利业务，各种应用软件也形成了自己的市场，甚至还有计算机公司用超低价位推出基本上不安装什么软件的裸机，也能在市场上卖得非常红火。

在回答到底哪些自己生产，哪些外包，以及能否外包这一系列问题时，企业实际上所面临的就是业务展开方式的战略选择问题。我国许多产业集群的出现，当初就涉及了此类战略拓展过程。例如，某地拥有相当规模的塑料产业，而初始发展则是为了给广东的客户加工塑料制品模具，后来由于掌握了模具这一塑料生产关键技术，才逐步开始自己生产塑料制品，并依靠原料及模具低成本的优势，最终成为具有强大辐射效应的全国塑料生产基地。在这里，从模具到产品，再到原材料，产品不断衍生，产业链逐步细分化，最后发展成为产业链的每一环节都存在许多相互竞争的企业，同时在这些企业的上下游也分布着许多相互竞争的供应商与采购商，结果在这些企业之间形成了多重多向超稳定的关系结构。在这种结构环境中，既竞争又合作的产业集群中的各企业，相互之间的学习创新交流速度很快，企业的环境互适能力非常强。显然，这种模式与那种龙头大企业加一群共生的外包小企业的模式相比，具有更强的生存活力。因为后一种模式存在着双方力量不对称的外包，通常会以比较固定的合同关系代替变动的竞争关系，其中一定程度上存在着以大欺小的现象，不利于在合作各方之间形成充满活力的互适演化的动态竞合关系。

当然，企业在关注同行竞争及产业发展对于纵向整合影响的同时，还必须注意了解产业链上下游各环节的横向整合及其相对竞争力量的变化情况。例如，在我国各种商品供不应求的年代里，许多大型家电制造企业具有很强的市场影响力。后来随着商业大型企业市场意识的觉醒，家电企业逐渐在谈判中处于劣势，致使家电制造企业纷纷采取前向整合的做法，建立自己的销售渠道，结果似乎是哪家企业抓住了销售终端，哪家企业就有更好的市场基础。一些具有强大市场销售终端网络支持的家电整机生产企业，由于在竞争中处于较强的地位，甚至反过来对其上游的配套生产厂家提出了招标采购的做法。但是，当每个家电企业均围绕自己的品牌形成纵向整合的产业链时，尽管通过相互竞争为最终顾客带来了价廉物美的好处，却似乎并未给家电企业作为整体带来实在的利润提高。

走出类似家电企业纵向整合及其品牌大战的格局，可以采取横向整合的做法。分析各企业通过纵向整合所建立起来的从设计、生产到销售终端的运作模式，可以看到，其中对企业来说最重要的资产是品牌，整个纵向产业链是围绕品牌建设展开的。这既是企业的当前优势所在，也是其未来劣势的根源。作为这种模式之根本的企业产品销售终端，是一个围绕企业自己品牌建立的具有排他性质的品牌专卖店，而正是这种排他性，限制了顾客购物的可选范围，增加了顾客购物的不便，从而也为这种模式的可能终结埋下了种子。为了维持自有品牌专卖店的经营，许多家电企业通过不断的产品系列化与创新，努力使各种产品排队进入渠道，认为这样就能以自己的单一企业品牌满足顾客所有需求。实际上这一看法是有问题的，试想，如果顾客希望在比较多种品牌后再选购，如果顾客认为各企业品牌产品的质量内涵几乎无差异，如果顾客知道家电产品售后服务已非常规范，再如果出现多个全国连锁大型家电市场或网上销售平台，它们以提供良好的"无排他性的销售服务"为特色，吸纳各类企业品牌的产品入场，那么面对这种横向整合的商业模式，不知道许多企业建立的自有品牌专卖店将如何应对？最终是否还有存在的必要？也许只好如某些企业所做的那样，将专卖店设在大型家电市场附近，以利用大型家电市场的客流。

最后，从管理操作的可能性来看，纵向整合企业的建立通常涉及众多产业链环节，要求采取相对比较集权的组织体系，以便统筹利用在整个纵向整合产业链体系内的资源，处理好其中涉及的信息、收支、权责等上下游双向有效对接问题，而为了达成这一目标，一般需要较长的时间，有时甚至整个纵向整合体系尚未完全磨合，市场环境的变化就已使得整个体系过时了。正是由于这一原因，当前随着环境变化的加剧，采取高度纵向整合做法的企业越来越少，甚至许多原先纵向整合程度较高的企业，为了应对市场竞争的剧烈变化，还对原有的纵向整合采取了解构的做法，这就是将原先纵向整合为一体的大型企业重新分解成一个个相对独立运作的市场主体。当然，还有另一部分企业，利用信息技术手段，在保持产业链各环节松散联系的同时，以虚拟化的方式实现产业链上下游的整合。这里应该引起注意的是，不论是否采取纵向整合战略，企业都需重视最终顾客的潜在价值创造，积极关注对顾客需求信息的开发利用。

8.3 专精多元抉择

对于横向多元经营，人们总倾向于将其与专精发展做比较，从而出现了一些比较形象的提法。比如，多元经营的赞成者提出，在企业逐步做大时，"不要将全部鸡蛋放在同一个篮子里"，认为这样可以做到"小钱集中，大钱分散""东方不亮西方亮"或"东方亮了再亮西方"；而专精发展的赞成者则认为，"与其把鸡蛋分散放进不同的篮子里，还不如把所有鸡蛋都装进一个篮子里，然后看好那个篮子"。显然，这里涉及了这样几个方面的判断：一是"装鸡蛋的篮子本身也是需要钱的"；二是"人们常常只知道把鸡蛋放在不同的篮子里，却不知道哪个篮子底下有洞"；三是"无法保证捡到篮子里的一定是好鸡蛋"。

应该说，以上提法基本上抓住了多元与专精两种决策问题的本质，即能否识别出优质业务？到底经营多少种业务为宜？是否具备相应的企业实力？从战略实践操作的角度来看，对于这三个问题，实际上并不存在统一的解答，而必须注意区别不同企业的外部环境、使命宗旨、自身实力的组合情况，采取相应不同的做法。一般来说，企业发展所经历的总是由"集约发展到多元经营，再到专精发展，然后再多元经营，再专精发展"的循环演化过程。没有多元经营，难以产生业务领域的突破；没有专精发展，难以形成企业特色。从这个角度出发，考察一些企业的实际发展历程，不能简单地得出结论，如果有企业从多元经营转向专精发展，就一定意味着当初的多元经营决策是错误的，没有任何价值。也许这种转向只是环境情况的变化，或者只是为专精发展探明了方向，更何况企业发展本身就是一个创新探索过程，也许这种失败的经历本身就是企业及企业家个人学习成长过程不可分割的重要组成部分。

对于多元经营与专精经营战略的选择，涉及经营业务调整与重组的战略决策问题，这在许多企业从小到大的发展过程中都会遇到。当现有业务的进一步发展受到限制时，如何对其进行改造以再创辉煌？如何开拓新业务领域，重新构造多种业务组合，以求得新的更好发展？开拓新业务时，应该进入哪些领域？调整原有业务时，可以放弃哪些领域？进入新业务领域，关键需要考虑哪些问题？影响多元经营成败的风险因素到底有哪些？认真考虑这些多元经营的战略决策问题，从根本上弄清多元经营的时机、方法及关键所在，对于保证企业经营的长期稳健发展至关重要，企业必须结合战略"三假设"的情况，权衡利弊，最终做出业务取舍决策。

对于企业多元经营的时机选择，有赖于企业对于新业务未来发展趋势的把握，并综合考虑企业自身经营实力与现有业务市场增长潜力的情况。这意味着，关于多元经营时机的决策，实际上是以企业对于市场前景及自身实力这两个假设为基础的，在不同的假设指导下，必然会有不同的多元经营选择（见图8-3）。一般地，如果将我国的许多企业放到国际市场竞争大舞台去考虑，则在经营实力与相对地位上都还很弱，远没有达到可以脱离"专精一业"以求更大发展的实力水平。在这种情况下，面对国际大公司的竞争，如果主业与本地市场还没做好，就贸然采取分散实力的多元经营战略，则结局就只会是败多胜少。当然，这并不排除在某些局部的区域市场中，有些企业能表现出较强的经营实力，从而在面对已经饱和的现有核心业务时，可以考虑采取多元经营的做法。

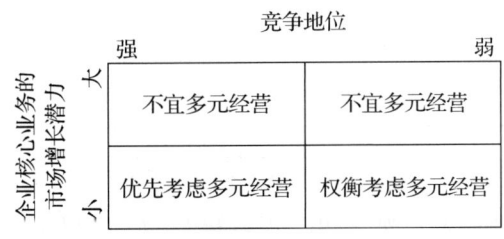

图8-3 多元经营时机选择政策指向矩阵

由图8-3可知，如果企业自身竞争实力很弱，也就是与同行相比，在现有核心业务领域中竞争地位很弱，一般情况下不宜做多元经营的考虑。在这种情况下，除非企业具有远见卓识，真正把握了新业务未来发展的趋势，找到比现有业务更有增长潜力的发展机会，而自身又正好具有抓住该新机会所需的实力，才可以考虑采取多元经营战略。如果企业自身竞争实力确实很强，在现有业务领域中与同行相比竞争地位不弱，这种情况下，当企业现有核心业务市场增长潜力不足，而同时又能找到适当的新的业务增长点时，可以优先考虑选择多元经营；当企业现有核心业务市场增长潜力很大，亟待进一步开发时，则应该首先考虑将精力集中于现有核心业务领域的开拓；当企业现有核心业务市场增长潜力已基本穷尽，但尚未找到新的业务增长点时，应该考虑进一步积累竞争优势，积极寻找可做多元发展基础的新的业务增长点。

关于多元经营的思路及途径选择，需要分析企业拥有哪些专业技能，以此来确定其开展多元经营的现实可能性。应该看到，任何企业所拥有的资源、能力、信誉等实力总是带有一定局限性的，而多元经营会对企业提出新的实力要求，并与企业现有核心业务领域对于实力的原有需求产生一定的矛盾冲突。特别是当企业试图进入与现有业务毫不相关的新领域时，此类多元经营对于企业综合管理能力所提出的要求往往会超出企业现有的技能条件，而一旦进入后，若流程化的配套管理无法跟上，则由于管理精力分散或摊薄，将会使多元经营的失败成为必然。

有些企业在现有业务领域经营中，通过长期的发展，积累了包括企业文化、管理方法等在内的一整套成功做法，成了所在行业中的"状元"。过去的成功往往会使其简单地得出结论，只要将这些做法拓展到其他任何新领域，也一定能取得同样的成功（见专题实例8-1）。在这种隐含的内心假设作用下，许多企业在取得初步成功后，盲目乐观，全面出击，购并扩张，其结果往往以失败而告终，毕竟"行行出状元"并不意味着同一个人"在每一行里都能当状元"，一个企业在某一业务领域经营取得成功，并不一定能保证该企业在随便哪一个领域经营都会取得成功。更何况，不同领域与时期的经营所面临的战略"三假设"是不同的，过去的成功经验不可能通过简单的移植就可作为指导新领域经营的法宝。

专题实例 8-1

富贵鸟"折翼"

创立于1991年的富贵鸟，2013年在港交所上市，拥有皮鞋、男装、皮具等产品线，在全国拥有3 000多家门店、近万名员工。上市前三年，公司营收和净利润整体呈稳步增长趋势。2015年，公司业绩出现下滑，开始跨界多元经营。[7]

2015～2016年，公司先后发行三只债券，总计达25亿元。投资叮咚钱包等平台，进军童鞋童服领域，转战地产业、矿业、小贷行业等，结果并未扭转困局。2016年，公司业绩继续下滑，直至2017年上半年，变成亏损上千万元。2019年，富贵鸟宣布破产。

富贵鸟破产的直接原因是负债达30.82亿元，重整回天乏术。导致出现这种状况，既有2012年以来电商模式大爆发，传统门店经营受到云消费时代产业发展趋势冲击而致主业萎缩的原因,也有受公司多元经营遍地开花而无果拖累而致负债高企的原因。

以上讨论涉及了影响多元经营成功的业务前景、经营实力因素,这些因素的有机结合为企业多元经营奠定了基础,而为使这些基础真正实现多元经营的成功,还必须考虑结合现实市场的竞争状况,从动态跨期的角度出发,考察多元经营的战略选择问题。为此,这里特别从"进入、立脚、发展"三个角度出发,给出了以下关于企业多元经营战略思考的方法(见战略启示8-5)。该方法不是直接给出是否多元化的结论,而是通过提出多元经营的相关问题,帮助企业厘清多元经营方面所涉及的战略因素,论证多元经营方案的现实可行性,从而有效解决企业多元经营决策中常见的令人困惑的难题。[8]

战略启示 8-5

多元经营战略思考:进入、立脚、发展

进得去:企业在当前市场有何优势?是否具备在新市场取得成功的优势?

站得稳:进入新业务领域后,能否迅速超越其中的既有竞争者?是否有可能成为优胜者?

有发展:新业务是否会破坏企业现有的整体战略优势?能否为企业进一步发展打下基础?

从"进入"角度看,关键要了解是否"进得去",这涉及两个方面的问题:一是在当前市场上,企业比竞争对手做得更好的到底有哪些?二是为使企业在新的业务领域中取得成功,必须具备什么经营优势?显然,一个企业若在现有市场上并不具备经营优势,而又贸然采取多元经营的做法进入新领域,则可能会导致遍地开花但均无结果的局面。这里,战略决策者需要考虑的不仅仅是企业目前正在做什么与能做什么,而是比竞争对手做得更好的是什么,如企业是否有健全的核心业务,在资源、能力、信誉方面能否为多元经营提供坚实、稳定的基础。只有这些,才是企业经营优势的基础之所在,也是企业进入新领域参与竞争的根本依据。在企业具备这方面的相对经营优势之后,才可以考虑能否将其移用到其他领域,为进入新领域带来增值效果。

当然,在现有领域具有经营优势,只能说明目前企业的地位是稳定的,不能证明到新领域经营也一定具有优势。因此,企业开展多元经营,还需了解在拟进入的新业务领域中参与竞争并保证取得成功必须具备哪些经营优势,并据此分析自己的企业是否已经具备这样的优势,企业在现有业务领域的优势能否便捷地转移到新业务领域中去。这里需要强调的是,对于进入新领域所需的经营优势应该作为整体来理解,在许多情况下,部分拥有并不足以保证多元经营的成功。例如,对于一个非常了解其产品的顾客且具有丰富的营销经验、强大的品牌与销售网络的天然水公司来说,如果要进入优质葡萄酒生产领域,尽管可以说具备了保证新业务成功的绝大部分条件,但由于缺少核心的优质酿酒能力,仍很难取得成功。由此可见,若企业现有的经营优势与新业务所要求的经营优势不一致,则除非企业有能力重构在新领域竞争所需的优势,否则要想在新业务领域的经营中取得成功,其可能性会比较小。

从"立脚"角度看,关键要判断进入新业务领域以后是否"站得稳",这里涉及的问题是,进入新业务领域后,能否迅速超越其中的现有竞争者,从而在其中站稳脚跟,甚至成为其中的优胜者?随着我国市场经济的深入发展,要找到一个从未有人涉足的新业务领域,其难度正在变得越来越大,而进入一个已有许多先占及同步进入的竞争者的业务领域,如果企业不具备从众多竞争者中脱颖而出成为其中的优胜者的能力,则要想长期在新业务领域立足是困难的。当然,对于企业实力,应该用能动发展、动态可变的眼光看待,即使企业在进入新业务领域的当时可能尚欠缺某几个关键成功要素,但在进入后若能采取商业模式创新等措施迅速建立起后发优势,赶超其中的竞争者,则还是有可能取得新领域经营的成功的。例如,20 世纪 60 年代早期,佳能公司从相机进入复印业,面对施乐公司对于高速复印市场的垄断,采取了改变竞争规则的做法,利用经销商而不是直销,强调质量与价格而不是速度,瞄准施乐公司所忽视的中小企业及消费品市场,结果在进入市场的 20 年里,成为行业的领先者。

当然,企业能进入新的业务领域,在其中形成经营优势,并且这些优势的各组成部分也能充分匹配、发挥效能,必将有助于企业在新领域的顺利经营。但是,要想成为其中的优胜者,关键还在于企业在新领域能否建立起持续的经营优势,如具有满足"无法学、学不全、不愿学、不怕学、不敢学、难替代"准则的经营优势,如果不能做到这一点,则企业在该领域里最终也只能成为一个普通的经营者。有鉴于此,企业在决定进入新领域时,必须有充分的考虑。例如,在考虑多元经营业务选择时,对业务发展前景把握不准,或者不顾市场需求及潜力大小,只要企业勉强能做就盲目投产,其结果就是由此导致企业实力分散,遍地开花却无法结果,引发现有核心业务"失血"。

从"发展"角度看,关键是进入新业务以后企业的未来可以"有发展",在此需要考虑的问题是,多元经营是否会破坏企业现有的整体经营优势?是否能为企业的进一步发展打下良好的基础?企业进行多元经营时,若在新业务经营优势形成的同时会破坏现有业务的经营优势,则企业实际上面临的是业务领域的转换问题,这种多元经营显然无助于企业业务的拓展壮大。通常,经营优势是作为一个整体而存在的,其各个组成部分之间存在着相互补充、相互依存的关系,若进入新业务领域经营只需要现有经营优势中的部分要素,则在进行经营优势的局部移植时，有可能产生割裂现有经营优势的后果。还有一点需要说明，经营优势常常是与战略"三假设"匹配的，新业务领域必然面临新的"三假设"，再加上局部移植，就更有可能出现不适应症状。因此，在将经营优势这一整体进行分解或组合时，必须通过战略协同，设法使其重新形成有机整体。

通过多元经营进入新的业务领域，企业必然会有新的经历，从而也能学到许多新的知识、经验与技能，这些都有可能为企业的未来发展奠定基础。作为企业跨期战略构想，若能使这种新积累起来的东西成为企业未来发展真正所需的资源、能力、信誉的一部分，则可以认为这种多元经营是符合企业长期战略需要的，否则就只能作为企业短期赚钱的业务来看待。认清这一点，对大企业的发展来说特别重要。企业发展必须走一步，看两步，想三步。有鉴于此，企业通过多元经营进入新业务领域时，需要考虑所学到的新能力是否可被用来加强现有业务？所积累的经验与知识能否为企业业务的下一步拓展打下基础？新业务是否有助于提高企业整体的运行效率？由此判断，一个瓶装饮用水公司，即使拥有数十亿元的优质资产，建立了强大的饮料品牌、市场网络与专业队伍，若想进入服装、日化等行业，仍将面临经营优势重构的难题（见专题实例8-2）。

专题实例 8-2

娃哈哈多元化

娃哈哈有180多家子公司，3万多名员工，300多条世界一流的全自动生产线，十余类200多个品种的饮料。2010年，娃哈哈表示，要争取3年内实现年销1 000亿元，"再造一个娃哈哈"。

作为一家年净利润100亿元的企业，此前娃哈哈一直坚守饮料行业。2011年3月，宗庆后做客新浪财经，在谈及娃哈哈的未来发展时，表示要在做强主业的同时，涉足生物工程、矿产、养殖业三大板块，向零售、乳业方面扩张，试图以此迈向千亿王国。

宗庆后认为，是否要搞多元化，主要是看三点，那就是有没有需要、有没有能力和有没有机会。而娃哈哈想进入《财富》世界500强，仅靠饮料业不够，需要扩张，另外也有一定的资金实力与人才积累，所以，关键是要寻找有没有合适的多元化机会。[9]

隔行如隔山，要进入乳业养殖奶牛抓原奶供应，零售业购物中心地产抓市场终端，国外矿产资源抓稀缺原料，娃哈哈凭什么复制过去的成功到新领域，并在其中竞争胜出，值得深思。

以上从一般概念的角度讨论了多元化与专精发展的关系问题，但就具体企业来说，在做出是否以及如何多元化的决策时，会受到多种目标动因的影响（见战略启示8-6）。

战略启示 8-6
多元经营目标动因

1. 市场拓展：当前增长
2. 机会把握：未来灵活
3. 风险规避：盈利稳定
4. 资源善用：运作高效
5. 实力增强：优势强化
6. 其他考虑：多种动因

第一，就市场拓展而言，追求的是当前增长。根据这一思路，有人甚至认为，如果目前业务所在行业的平均利润率水平低，而其他行业的平均利润率水平高，就存在着向其他行业多元化发展的可能。事实上，这一说法存在问题，原因是仅凭行业平均利润率数据无法判定具体某一企业的业绩水平。如果进一步的分析发现，同一行业内企业间的平均利润率水平差异远大于不同行业间的平均利润率水平差异，这将意味着，各企业间利润率水平的差异更多地依赖于不同企业的经营实力，而不是其所处的行业领域。在这种情况下，关键是看企业是否具备在新行业中成功经营的实力，简单地从低平均盈利水平的行业向高平均盈利水平的行业发展，并不一定能取得满意的效果。

第二，就机会把握而言，重视的是新市场的探索，追求的是企业未来经营的灵活性。对于机会把握型的项目，只用净现值法来评价其价值是不充分的，必须借鉴现实期权的思想与方法。一方面，尽管这种项目并不为企业当前的运作带来直接价值，但能为企业应付环境不确定、求得未来发展提供更多的可能选择机会，而且在获得机会后，通过采取灵活、主动的措施，可使该机会的价值大幅提升。另一方面，即使最终由于各种不确定因素变化的综合作用使得该选择机会不再具有价值，企业只要不再追加投资，则除了初始投入而不会有进一步的损失。按现实期权理论的解释，此类项目具有潜在的不确定性，即出现不利情况时，仅有固定的初始投入损失；而出现有利情况时，通过企业的进一步努力，可以实现大幅增值。因此，在企业经济实力与预测能力有限的情况下，通过抓住具有现实期权性质的项目，可以做到在最坏情境中亏损最小化，而在最好情境中获得较大的盈利。[10]

第三，就风险规避而言，试图用多样性来对付不确定性，使得无论出现什么情况，相对来说都有较为稳定的盈利水平。根据投资组合理论，[11]若用业务的投资报酬率均值表示经营收益，投资报酬率的方差表示经营风险，并且假设对于给定数额的投资可以按任意比例分配投资于多种业务，这样，当这些业务的经营效果之间存在着统计上的负相关联系时，与将全部投资集中于单一业务相比，在多种业务之间合理地分配投资比例，可以做到：若收益水平保持不变，可获得更低的投资经营风险；若风险水平保持不变，可获得更高的投资经营收益。当然，在现实中，要在多种业务之间合理分配投资比例，即选择适当的投资组合并进行管理，本身也是需要成本的，更何况如果不是在资本市场投资，而是考虑进行实际项目运作，必然还涉及是否具备项目经营管理实力的问题。

第四，就资源善用而言，追求的是运作高效。有时企业多元经营，主要是为了充分利用冗余的资源与能力，以提高企业的整体经营效率。在这方面，可以采取的具体措施有：资源共享，优势互补，外部经营内部化，努力降低成本，抓住此类机会以增加盈利。关于资源利用，这里需要说明，面对不确定的环境，保持一定的冗余财力，可为企业发展留有后劲。拥有冗余的资源与能力，一是能增强企业的风险抵御能力，如应付宏观经济不景气所带来的风险等，这也正是财务保守型企业具有更强的抗风险能力，更能在金融危机中生存的原因之所在；二是能为企业抓住新机会提供资源支撑；三是直接为股东提供更为稳定的投资回报。

第五，就实力增强而言，追求的是优势强化。此时，在多元经营的项目选择上，主要围绕企业主业的核心能力与竞争优势展开，通常要求新老业务之间存在一定的相互补充、相互加强关系。在指导思想上，贯彻的就是通常所说的"通百艺不如精一业"；在操作上，体现的就是做强、做精、做透、做深主业。为此，宜选择与企业现有业务在管理运作过程上存在正相关，在未来经营结果上存在负相关的发展机会，按相关、相近、相似、相连的思路，考虑适合企业自身情况，既能降低风险，又操作可行的方案，以提高多元经营的成功率。当然，这种目标定位只适用于行业发展前景良好，环境相对比较稳定，企业在现有领域具有较大竞争优势的情况。

第六，作为其他考虑，多元经营还可能出于多种动因，如为母公司的战略服务、加强企业控制、跟风赶时髦、满足内隐偏好等。为母公司的战略服务，是指根据母公司的长期发展需要，作为整体战略布局而投资的项目。加强企业控制，是指借多元经营拓展业务，投资于只有当事者能有效管理的专用性资产或项目，使得继任者无法管理，从而确保自己在企业中的地位稳固。跟风赶时髦，是指受环境影响，人家多元经营自己也跟着多元经营，以便在社会认知及政策优惠等方面获得好处。满足内隐偏好，是指有一定的财务资源积累后，出于企业家个人内心对某种业务的喜欢，就不管自己的企业是否拥有经营该业务的实力，就想找机会玩一把。

除了对于多元、专精的整体发展及目标的考虑，在做出进入、退出、调整等业务组合的调整决策时，人们还提出了许多结构化甚至还有点数量化的辅助工具，如波士顿咨询集团（BCG）的增长率/市场份额矩阵、通用电气/麦肯锡（General Electric/McKinsey）的吸引力/竞争地位矩阵、壳牌集团（Shell Group）的政策指向矩阵（DPM）、雷特尔（Arthur D. Little）公司的竞争地位/生命周期分类方案、战略定位与行动评价（SPACE）图、定量战略规划矩阵等。[12] 这些工具试图用少数几个简单的因素概括众多复杂的战略变量，显然，无法解决战略方案评价中所涉及的不确定问题。因此，现实中常见的误区是，更多关注方案所涉及的现实可见的费用支出，相对忽视方案所涉及的较难评估的未来收入。例如，许多人一提起高技术项目，似乎就觉得必然是高投资、高风险、高回报，而实际上，通过战略创新，做到低风险、低投资、高回报才是企业战略经营之根本。

对于业务组合调整所涉及的多元经营风险，一般可分为过程管理风险与最终业绩风险。过程管理风险主要涉及多元经营微观运作上的风险，对此，企业有相当的可控性；最终业绩风险主要涉及多元经营宏观环境上的风险，对此，企业基本上不可控。考虑到运作正相关的业务有助于降低管理风险性，结果负相关的业务有助于降低业绩风险性，而结果负相关的业务常常也正好是运作不相关的业务，这意味着，对同一项业务来说，其过程管理风险与最终业绩风险之间存在着此消彼长的关系。由此可见，多元经营能降低经营风险的说法实际上是一个悖论。如图8-4所示，由于存在着过程管理风险与最终业绩风险的综合权衡，反而是适度相关多元经营，其总体经营风险可能最低。麦肯锡公司曾根据标准普尔500中的412家公司的数据，经研究得出结论：适度多元经营的公司，在为股东创造回报方面，会有更好的表现。而这里提及的"适度多元"，指的是至少有67%的收入来自两个业务部门。[13]

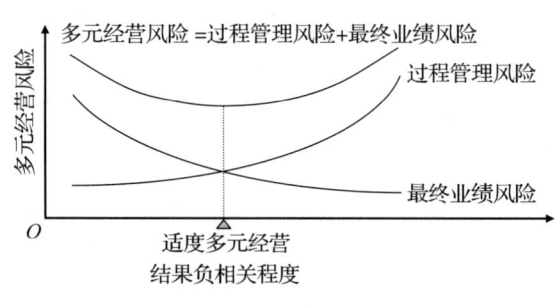

图8-4 适度多元经营剖析

最后，需要说明，从多元经营风险控制的角度看，由于最终业绩风险受众多宏观因素影响，实际上很难预测与调控，而过程管理风险主要受企业内部运作影响，在很大程度上可以通过加强过程管理而加以适当控制。这意味着，战略选择与实施这两者密不可分，从实施的角度看，即使是同一个项目，放在不同的企业，由不同的管理者去运作，其最终经营的风险也会有相当大的差异。俗话说"会者不难，难者不会"，实际上就表明，多元经营到底是相关发展好，还是无关发展好，不存在一般性结论。在这方面，经济学家的研究更关心规模经济、范围经济、速度经济、整个市场需求；管理学者的探讨则更关注业务的相关性及无关性、企业特色何在、目标顾客偏好，考虑吃饱后能否消化吸收，多元经营如何变成真正的"多源"发展。至少从长远的观点看，产业升级与转移，可能更多地涉及跨度较大，相对来说更属于无关多元经营的突破；[14] 而产业内部分工细化，可能更多地涉及相关多元经营的拓展。就特定企业而言，这两者都是潜在的战略发展机会，关键在于是否具备战略眼光，以便事先洞察这种机会，及早做好准备；是否具备相应的经营实力，以便真正把握这种机会，求得企业的发展。

8.4 经营模式重构

本章前面各节主要从做事的角度出发，讨论了企业发展轨迹中所涉及的业务范围、方式、目标等选择问题，而要进一步解决业务做强、做大的同时如何做稳、做简的问题，必须从做人的角度入手，不断完善与更新体现在企业业务模式背后的管控模式与关系模式，也就是根据企业所面临的"三假设"情况的动态变化，适时进行经营模式的重构，以确保企业不仅能做到强而有专精优势、大而有体量规模，而且还能做到稳而扎实健康、简而敏捷高效。这里所提到的经营模式，涉及企业经营的活动特点、盈利基础、分享机制等内涵（见战略启示 8-7），包含业务模式、管控模式与关系模式三个方面，主要是指以企业自身的业务特长为基础，通过设计出能与业态其他环节主体互赖共生的合作共事与利益分享机制，形成一种敏捷高效而他人又难以模仿的稳健运作模式，最终实现满足顾客需求与企业获利之目的。

战略启示 8-7
经营模式内涵

经营模式 = 目标共识 + 协同共事 + 成果共享

目标共识：专注特色为顾客

协同共事：互惠组合消瓶颈

成果共享：淡定取舍抗诱惑

经营模式成功运行的关键：平衡处理好以上"三共"关系

从业务模式角度看，如本章前面几节所讨论的，通常先是按专精、整合、多元等路径模式发展，最终向更为综合的集成化、平台化、专家化的业务模式演化（见图 8-5）。集成化是指通过对产业链上多个活动环节的功能整合，从而形成相对于其他企业的综合优势；平台化是指针对某些多个业务的产业链共需的环节，构建能满足多个业务上下游各方需求的共用基础，成为跨产业链的配套服务提供商；专家化是指基于企业动态创新与整合能力，针对顾客现实与潜在的需求问题，提供一揽子、全方位、高水平、专业化的问题解决方案。显然，在专精、整合、多元、集成化、平台化、专家化等业务模式之间，既存在着相互联系，又有着各自不同的内部管控模式与关系协同模式，只有业务、管控、关系这三者有机组合形成互为补充的企业整体经营模式，才能保证企业发展的强而稳简。

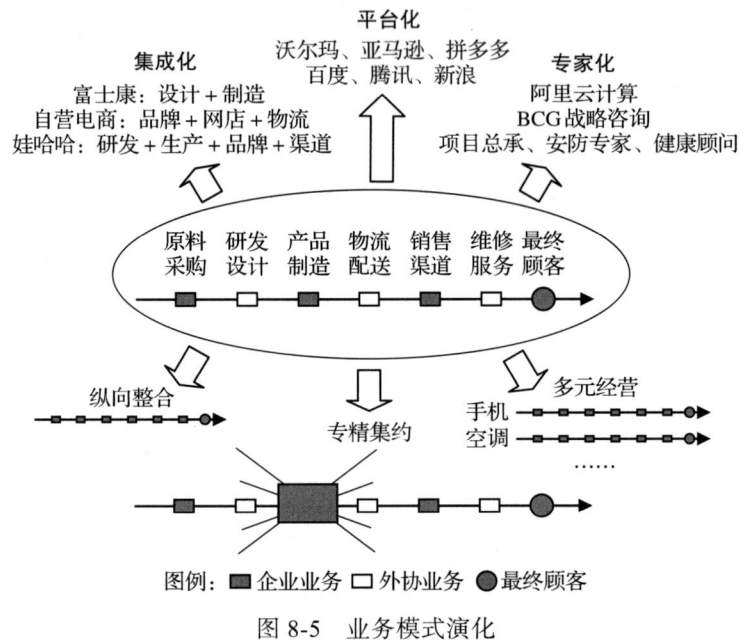

图 8-5　业务模式演化

伴随着业务模式的演化，企业必须考虑这样几个问题：到底是否应该做大？大是否就好？做大需要具备什么条件？事实上，对许多企业的经营而言，是否做大的决策既受科学观定位的规律制约，也受价值观定位的主观影响。例如，有些生活型的企业家，满足于经营有钱可赚的小企业，并不刻意追求大发展，而是将服务质量和生活舒适放在第一位；有些企业由其经营性质所决定，较难找到适应快速增长的管理技能（见专题实例8-3），[15] 如夫妻零售店，主要靠人际接触从大超市争取顾客，业务规模扩大一定程度后就不可能增长，关键在于如何保持稳定盈利。当然，对有些企业来说，做大不一定会对管理提出很大的挑战。例如，布局于大型输气管线附近的城市管道燃气公司，只要依附于大型输气管线所经过的地区建设入户管网，其运营效率似乎并不会受到因跨区发展而致业务规模增大的影响。

专题实例 8-3

企业规模：多大合适

美食一条街上有一家"扬州风味店"，店面不足 50m²，仅容 10 张小桌。整个小店的经营，老公当厨师，老婆管杂务，儿子做采购。小店经营的饭菜，花样与品种并不特别多，但味道正宗、质量稳定。该店开张不久，就吸引了许多江苏老乡，一年后，由于生意红火，午餐、晚餐时间去吃饭，常常需要排队等候了。

这时，小店的老板做出一个决定，租下了两边与自己小店紧挨着的房子，使小店的规模一下子扩大了好几倍，并且在改头换面的装修过程中，将小店的名称也改成了"扬州大酒楼"。但不承想，一年后，大酒楼却因开支过大、生意清淡、经营亏损而关门停业。再后来，小店老板在旁边又开了家"扬州风味馆"。

"扬州风味馆"的规模仅为当初"扬州风味店"的两倍。不久后，午餐、晚餐时间到风味馆吃饭的客人又需要排队了。[16]这个例子表明，任何业态都有其自身的生存特点，由地理位置、客源规模、服务品质、成本控制等所决定，只有确定适当的规模，才可能持续盈利。

对于大与好的关系，麦肯锡的研究表明，并非规模越大越好，大有大的难处。[17]在全球市场价值居前的大公司中，真正非常赚钱的为极少数，这些极少数公司的共同特征是，在做大的同时努力使事情变得简单，而不像其他公司那样大而业务与管理很复杂。由此可见，为了做到规模增大、风险受控、经营稳健，在日常运作、投资调控、环境应变等方面，企业必须具有化繁为简的实力。例如，在处理管控与激活的关系时，要做到收放自如，"放"而不至于业务风险失控，整体实力受损；"收"而不至于机体集权僵化，市场应变不灵，从而能平衡兼顾整体实力与个体灵活、内部文化约束与外部商业需要的关系。[18]显然，这里的内部文化约束往往依赖于过去，存在行为惯性，而外部商业需要通常着眼于未来，更需创新突破。

从管控模式角度看，伴随着企业从小到大的成长，业务从最基本的整合、集约、多元，向较为复杂的集成化、平台化、专家化发展，自然会有顾客规模、地理区域、产品种类的扩张，从而无意中引发"大企业病"（见图8-6）。这里，"大企业病"主要是指伴随着企业规模的变大，创业者逐渐将工作重心转移到企业内部的日常管控事务上，这样在无形中就减少了对外部顾客及内部骨干的关注，致使企业整体上出现机能失调、响应不灵的情况。其最终表现为，面对顾客需求、竞争格局、经营环境等因素的动态变化，企业逐渐显现出活力退化等症状。比如，公司增大，员工人数增加，老板对每个员工的关心程度摊薄；顾客总量递增，单一顾客受重视程度相对弱化；运营规模增大，内外协调变难，顾客敏感性下降。这些因素共同作用，最终就有可能成为阻碍企业进一步发展的隐性"瓶颈"。

为消除以上这种企业发展的隐性"瓶颈"，防止企业在做大的过程中，对外顾客敏感性退化，对内人才吸引力弱化，在追求科学化做事中，忘了人性化管理，结果导致骨干员工与目标顾客流失率上升，企业需要特别注意，将能量从受困于内部事务拖累转向关注员工成长、聚焦顾客服务，以增强企业的市场敏感性与响应力。[19] 如图 8-7 所示，可以将大型公司分解成多个类似于创业公司的组织单元，通过协调好不同单元的工作团队的关系，使其从线性、平面高塔式的职能组织变成星云状的敏捷立体网络组织，使整个公司具备类似于蚁群的智慧，有着自组织、自适应功能，也就是各单元及其团队成员基于对整个组织根本使命的认同，建立起各自职责分工明确、角色定位清晰、关注顾客需求的大而灵活的整体实力。例如，可以考虑在同一企业集团内，根据产品种类、区域市场甚至子、孙公司或事业部等的不同，在资产配置、财务考核、战略布局、操作流程等方面，有针对性地采取有着不同侧重的灵活管控措施。

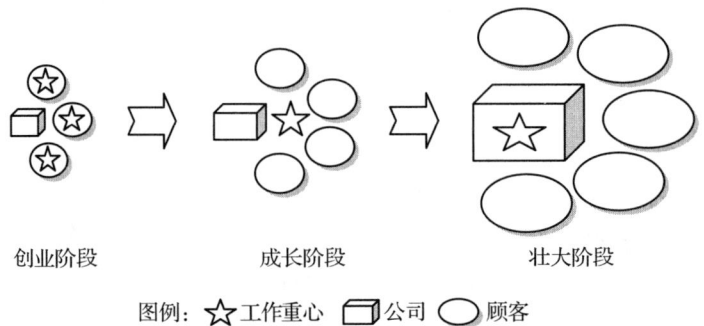

图 8-6 "大企业病"的成因[20]

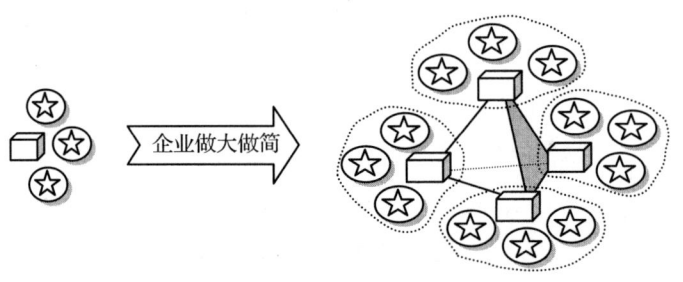

图 8-7 化解"大企业病"

具体地，伴随着企业的发展，需要不断强化以下几方面的工作。一是上虚下实。采取扁平、授权、分权等做法，下移战略重心，虚化由上至下的控制，落实自下而上的建议，激活了解情况的一线员工的创业激情，做好顾客增值服务。二是内虚外实。虚化内部管控的程序官僚，加强相关各方及时双向的信息交流；落实对外服务的具体措施，提升企业的顾客响应速度。三是形虚神实。虚化管理的形式主义，以提升员工行为的随机应变性；夯实精神文化，以加强全体员工对于企业价值原则的理解深刻性。例如，为了强化产品或服务质量，可通过引入类似神秘顾客、飞行检查、第三方监控等做法，借助文化、轶事、惯例等形式，在企业中培养长效的重视顾客的理念、态度、行为。在做大过程中，不断淡化对于明星企业家的个人依赖性，强化对于企业工作流程、团队能力与群体经验的依赖性，以确保企业定位的科学观与价值观的有序新老交替和代际传承。

从关系模式角度看，关键是要弄清体现在业务及管控模式背后的人、财、物与信息的流转方式，通过设计适当的关系协调机制，促进企业相关利益主体之间的长期互惠共生。图 8-8 就反映了一个常见的组织类型与收入来源的关系。这里，若将组织看成是产品或服务的提供商，顾客看成是产品或服务的接受者，赞助者看成是组织收入的来源者，那么根据提供商、接受者、来源者这三者关系的不同，就可将组织分成 A 类营利性组织，C、B、D 三类非营利组织。这里的三类"非营利"组织，分别指不想谋求利润组织、没有利润可谋求组织与想谋求利润而无法或很难求得利润组织，如慈善、国防、治安等机构。显然，其中的营利性组织就对应于市场经济中自负盈亏的企业，这类组织的收入全部来自顾客，自然需要关注顾客需求，向市场提供顾客愿意掏钱购买的产品或服务，否则就会因得不到收入而无法生存；类似私立大学这样的组织，其收入主要源自顾客，即学生所交的学费等，小部分来自赞助者；类似公立大学这样的组织，其收入部分来自顾客，主要源自赞助者，如政府财政预算拨款等；类似于慈善机构的组织，其收入全部来自赞助者，顾客只是其全额免费的服务对象。

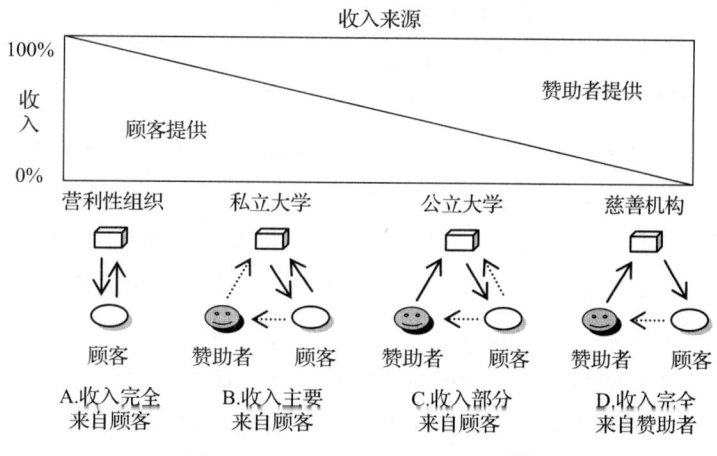

图 8-8 组织类型与收入来源 [21]

传统上对于企业战略管理的研究主要涉及的是营利性组织，通常不包括政府部门与慈善机构等非营利组织。在非营利组织中，运用企业战略管理思想，始于 20 世纪 80 年代初，这主要是由于这类组织包括了各级政府部门、慈善机构、医院、学校、教会等，规模日益膨胀，人数逐步增加，对于整个社会的影响与作用也越来越大。从图 8-8 可以看出，正是由收入来源结构所决定，不同类型的组织在顾客服务理念上存在着显著的差异。例如，其收入来源的性质类似于 D 类组织的政府机构，在无意中就比较容易对决定其命运的上级赞助者负责，而不太可能对得到其免费服务的公众顾客负责。在互联网时代，当许多公司以免费为卖点吸引网民时，提供许多对顾客来说是免费的服务，这些企业的经营模式，就变得有点类似于非营利组织，此时，从收入来源、服务提供、享用服务的关系看，顾客、赞助者、企业之间的界限就变得不如原先纯粹的营利性组织那样清晰。

对一些互联网公司来说，分析发生在不同市场参与主体之间的人、财（包括收入、成本、投资等）、物（包括产品或服务）、信息（包括管理指令、需求意愿、技术突破等）流的方向，可能发现在这些流之间，存在着错位不匹配或难以同步的现象，此时，似乎很难分清到底谁是顾客、谁是企业、谁是赞助者。这种现象的存在，实际上增加了企业经营的不确定性，使得提供产品或服务的企业可能没有收益，而支付了费用的企业可能得不到真正所需的产品或服务。例如，向有着较高点击率的网站投放了广告，最终却没有引来真正的购买者；为网民提供了许多免费软件，最终却不知道向谁收费以维持企业经营。类似的问题在实体经济中也存在。例如，在企业科技成果从基础研究、应用研究到开发研究再到生产与真正产品销售的商品化过程中，若技术推动与需求拉动不能有效匹配，则由企业或顾客所支付的前期研发费用的投入将完全成为泡影。

为了解决以上这种在虚拟及实体经济中所存在的产业链或企业内部不同主体之间的角色模糊，人、财、物及信息流关系不清，并由此所引发的收支不匹配、买卖不对称、信息不同步的问题，需要设计能厘清各方利益主体之间收付存结算关系的机制。例如，房产中介签委托合同再提供看房信息服务以约束跳单、以签约后的月租比例收费用，亚马逊按销售提成支付互联网渠道广告费用，[22] 淘宝凭借支付宝建立买卖双方的信用担保体系，IBM 将销售费用与盈利比例挂钩。这些做法都能将类似于 D 类非营利组织中的环状箭头联系变成类似于营利性组织的产业上下游或企业内部各环节的双向箭头联系，从而有效解决产品或服务从企业到顾客的价值流与支出或费用从顾客到企业的收入流的同步对称匹配问题，为形成多主体互惠共生、关系持续的经营业态，杜绝由于价值流与收入流不匹配、不对称、不同步可能引发的产业链脱节，奠定坚实的基础。华为"以客户为中心，突破核心技术"（见专题实例 8-4）的经营模式具有很好的借鉴意义。

专题实例 8-4

华为参与领路：以客户为中心，突破核心技术

2011 年，任正非被《财富》（中文版）评为"中国最具影响力的 50 位商界领袖"

的第 1 名。华为 2010 年的销售收入为 1 850 亿元，首次进入《财富》世界 500 强，排第 397 位；2021 年达到 1 291.83 亿美元，排第 44 位。

华为现已走到通信业的世界前沿，任正非说，以前靠西方公司领路，现在华为也要参与领路。任正非认为，这条路就是"以客户为中心"，而不是"以技术为中心"。以客户为中心，了解、发现、挖掘客户需求，协助客户满足需求，为客户创造价值。[23]

客户的需求不断变换、日趋复杂，会倒逼企业不断改进与提升自己的业务。基于对行业发展与市场竞争的深刻理解，华为通过加强研发创新，推动技术与产品的升级，更好地满足客户的需求，通过实现核心技术层面的突破，努力攀登技术领先的战略高地。

综上所述，经营模式重构的关键在于，创造价值空间，提高管控效率，协调利益相关者关系，也就是通过整合多个环节与多种要素的作用，形成内在一致、相互匹配的有效做事结构与流程，创造与满足顾客需求；[24] 建立产业链上下游及企业内部各利益相关主体分工合作、利益共享的长效机制，确保相关主体的持久活力。具体地说，经营模式设计需要关注这样几个方面的问题（见战略启示 8-8）。第一，以顾客为中心，关注顾客价值需求，弄清其真正偏好，明确顾客最需要的是什么，从而确定谁是顾客、谁不是顾客，需要做些什么与不做什么。第二，确定业务范围，例如，以合适的方式、时机、步骤，介入选定的产业链环节。第三，明确企业盈利的基础支撑平台与利益分享机制，通过构建企业特色，形成经营优势。经营模式重构，可从对产业链价值创造活动及利益分配关系的诊断入手，通过剖析产业链各业务活动环节的销售收入、费用支出、投资报酬率等分摊结构与变动趋势，从中发现产能瓶颈与盈利弱环、产能过剩与盈利强环，通过采取切实有效的措施，掌控瓶颈弱环，限制过剩强环，完善信号传递、信任建立、信誉确认机制，促进企业及所在业态的可持续发展。

战略启示 8-8

经营模式重构：强、大、稳、简

经营模式设计，要以顾客为中心，确定业务范围，建立产业链上下游及企业内部各利益相关主体分工合作、利益共享的长效机制，掌控瓶颈弱环，限制过剩强环，形成经营优势。

经营模式重构涉及业务、管控、关系模式的调整，需适应企业外部环境、使命宗旨、内部实力的变化，以确保企业强而有专精优势、大而有体量规模、稳而扎实健康、简而敏捷高效。

拓展思考题

1. 在公司的创业、成长过程中，有时为了更好地发展，需要对战略进行调整或转型。请举例说明：出现哪些情况时，特别需要战略调整或转型？转型可能涉及哪些方面的内容？

2. 某企业作为国内最大的扬声器零配件生产企业和电声配件出口基地，所生产的各种扬声器零配件应有尽有，占了国内市场份额的80%。由于产业上下游企业间经常有业务的供销联系，该企业对电声行业最终产品市场的行情十分了解，因此，为推动企业的进一步发展，有人提出"前向整合，直接组装扬声器，参与最终产品市场竞争"的战略建议。请问：该企业是否应采纳此建议？如果该企业采用这一战略建议，在实际运作方面可能需要进一步解决哪些问题？为什么？

3. 考虑企业业务发展战略时，相对于做专、做精而言，在什么情况下更为适合采取做大的多元化战略？请说明理由。

4. 关于业务演化路径，存在着这样一种做法，就是通过重新定义企业的业务内涵，改变工作重点，调整活动流程，使得企业的运行越来越贴近顾客。例如，从卖复印机产品，到提供复印机相关服务，再到提供复印服务；从计算机销售，到提供计算机解决方案，再到提供算力服务；从汽车销售，到提供汽车使用保障，再到提供交通服务。请借鉴以上做法的思路，对你所在企业的业务内涵进行重新定义，并给出相应的工作重点与活动流程的调整建议。

5. 对任何企业来说，其规模的扩大总是有极限的。随着企业业务的不断发展，你认为最终可能制约企业规模增长的瓶颈有哪些？对于这些瓶颈，可采取哪些措施应对？

6. 有研究表明，规模很大、管理良好的公司是一些例外，而非普遍规律。这意味着"大有大的难处"，伴随着企业的做大，一般很难实现人均盈利或投资报酬率水平的同步提升。请问造成这种现象的可能原因有哪些？对此有何解决对策？

7. 结合下例提供的情况，请说明通过无关多元经营进入新领域可能会面临哪些问题？假设该企业初始进入电子体温计生产领域非常成功，那么为了形成长期竞争优势，尚需注意做好哪些方面的工作？为什么？

某企业的年产值100多万元，主要业务是制作各种生产模具，并因此接触了许多生产塑料制品的客户。为了寻找新的增长点，当有个客户提出合作生产电子体温计的建议时，与该企业领导的思想一拍即合。为此，该企业立即安排人员进行市场调查。经对市场上不同人群、不同价格的调查，最终得到结论：有73%的人愿意购买电子体温计。这样，该企业立即和合作方签订协议，投入模具与资金等组织生产，并由合作方最终装配成品，再交企业组织销售。

前后不到两个月，产品很快就生产出来了，但是销售却遇到了困难。其主要原因在于，该企业的营销人员原来一直从事模具市场的业务经营，对如何进行体温计这一新产品的市场开拓并不熟悉。最后，该企业整整花了一个月时间，才了解到销售这种产品必须要有"计量产品生产许可证"和"医疗器械管理许可证"，弄清楚了体温计进商场到底需要具备哪些条件。为此，企业专门组织临床测验，办理计量鉴定，这样前后又花去了一年时间。这一年中，该企业领导隔三岔五地被医药管理局和技术监督局等部门请去组织会议，住各种各样的高档饭店，先后共花费了20多万元，也终于办齐了各种必要证件。

尽管20多万元的额外支出加重了该企业的负担，但此时企业已是骑虎难下，只好咬着牙把销售点一个个铺开。当时有些商家认为，该企业没有做产品宣传，担心销不出去。但该企业的领导很乐观，认为市场调查结果很好，按市场调查测算的利润前景，对企业来说，市场规模会很可观。该领导坚信，只要将当地市场打开，企业就自然能获得足够的资金，以作为进一步向其他地区扩张的本钱。这样看来，原来模具产品的那区区100万元产值就显得有点微不足道了。为此，该企业领导将原有的模具经营事务全部都交给助手管理，自己则全身心地投入新产品的市场销售。

可最后的事实无情地证明市场远没有想象的那么好。产品放在商店无人问津，因而其在货架上的位置也就逐渐被商家从上层移到下层，越移越靠近角落，有的商家干脆把该企业的产品撤出了柜台。经多方请教，该企业才明白，好产品也是需要宣传的，对于需要改变人们传统的体温测量习惯的新产品，其市场推广就更需要宣传了。可是宣传需要大量的资金，报纸上的一小块地方登一天广告就要1万多元，电视或网络广告的费用就更不用说了。结果，由于无力投入广告，该企业只好眼睁睁地看着自己的新产品逐渐淹没在不断涌现的五花八门的商品之中。就这样，由于多数商店最后退回了产品，该企业只好将产品包括所有证书都卖给了一家医疗保健公司，总算收回了一小部分成本。

该企业风风火火坚持了两年，最后还是以失败告终。

资料来源及注释

[1] 约翰逊，斯科尔斯.公司战略教程[M].金占明，贾秀梅，译.北京：华夏出版社，1998：147.

[2] 基默威特.谁说距离不是问题：哈佛学者探讨影响国际贸易四因素[N].参考消息，2001-12-03（4）.

[3] 波特.聚区与新竞争经济学[M]// 波特.未来的战略.成都：四川人民出版社，2000：244-268；PORTER M E. The competitive advantage of nations[J]. Harvard Business Review，1990（2）.

[4] 彭显伦.了解中国的消费者[M]// 麦肯锡高层管理论丛.北京：经济科学出版社，2005（3）：1-11.

[5] 陈硕.欧美幽默与漫画杰作[M].成都：四川文艺出版社，1999：106-107.

[6] 斯塔基，怀特.纵向合并何时可行、何时不可行？[M]// 程嘉树，欧高敦.麦肯锡高层管理论丛（Ⅲ）.北京：经济科学出版社，1997.

[7] 金贻龙，李向磊.鞋王富贵鸟"折翼"[N].中国经营报，2019-09-17.此处引用时，文字有改动.

[8] MARKIDES C C. To diversify or not to diversify[J]. Harvard Business Review，1997（6）.该文的中文翻译稿可参见：斯托尔克.企业成长战略[M].北京：中国人民大学出版社，1999：75-93.

[9] 彭璆，张健.宗庆后：娃哈哈不能淡化个人影响 零售业或分拆上市[EB/OL].（2011-03-09）[2022-03-01]. http://www.sina.com.cn.此处引用时，文字有改动.

[10] DIXIT A K，PINDYCK R S. The options approach to capital investment[J]. Harvard Business Review，1995（3）；LESLIE K J，MICHAELS M P. 现实期权的真正力量[M]// 欧高敦.麦肯锡高层管理论丛（Ⅵ）.北京：经济科学出版社，1998；LUEHRMAN T A. Strategy as a Portfolio of real options[J]. Harvard Business Review，1998（5）.

[11] SHARPE W F. Portfolio theory and capital markets[M]. McGraw-Hill，Inc.，1970.

[12] ROWE A J，MASON R O，DICKEL K E，et al.Strategic management: a methodological approach[M]. Addison-Wesley Publishing Company，Inc.，1994：250-271；项保华.企业战略管理：概念、技能与案例[M].北京：科学出版社，1994：131-140；巴泽尔，盖尔.战略与绩效：PIMS原则[M].吴冠之，等译.北京：华夏出版社，2000：4-7.

[13] HARPER N W C，VIGUERIE S P. Are you too focused？[J]. The McKinsey Quarterly，Special Edition，2002.

[14] 朱志砺.中国企业的战略迷失[J].智囊，2000（6）.

[15] 佚名.保持小规模也是经营之道[N].国际先驱论坛报，2005-11-27.转引自参考消息，

[16] 根据复旦大学2010级春2班EMBA印春祥的战略课程作业改编。

[17] 佚名. 对现代跨国公司来说, 并非规模越大越好[N]. 金融时报, 2005-11-02. 转引自参考消息, 2005-11-14（4）.

[18] 迈尔斯R, 迈尔斯G, 斯诺. 有利于行动: 关于各种可选择组织形式价值的综合理论[M]//哈默. 战略柔性: 变革中的管理. 北京: 机械工业出版社, 2000: 103-126; 坎贝尔. 建立核心技能[M]//坎贝尔, 卢克斯. 战略协同. 北京: 机械工业出版社, 2000: 302-304.

[19] 有关这方面的讨论, 参见斯莱沃斯基. 发现利润区: 战略性企业设计为您带来明天的利润[M]. 凌晓东, 等译. 北京: 中信出版社, 2000: 第2～3章.

[20] 斯莱沃斯基. 发现利润区: 战略性企业设计为您带来明天的利润[M]. 凌晓东, 等译. 北京: 中信出版社, 2000: 18, 图2.1 "公司重心的变动". 此处引用时, 对原图示的表达方式及相关文字已做了调整。

[21] WHEELEN T L, HUNGER J D. Strategic management and business policy[M]. 4th ed. Addison-Wesley Publishing Company, Inc., 1992: 389, Figure 13.1. 本节内容中有关非营利性组织战略管理的讨论参考了该书第13章的一些思想。

[22] 王锐, 陈年. 跨界"穿越"[J]. 北大商业评论, 2011（5）: 72-80.

[23] 《财富》(中文版)编辑部. 中国最具影响力的50位商界领袖[J]. 2011（4）: 44-54; 韩文. "华为式创新"需要多元的创新生态[N]. 中国经营报, 2019-06-01. 此处引用, 文字有改动。

[24] 郝亚洲. 空白市场战略[J]. 北大商业评论, 2011（4）: 10-15.

第 9 章　竞合互动关系

【学习目标】

知识目标：了解市场竞争合作互动关系的本质、前提与进化原理。
技能目标：掌握最优合作对策需具备的四大特征与现实合作对策。
能力目标：理解博弈论的基本思想，掌握跨期动态价值定位思路。

【要点提示】

竞合进化原理
合作基础：关系持续性、未来影响重要性。
最优对策特征：善良性、报应性、宽容性、清晰性。

现实合作对策
既要善待对手，也要善待伙伴。
不仅重视前提与思路合理，更要关注措施落实与操作可行。

博弈理论启示
博弈的对象、基础、方法均可变，若能影响玩家、认知、行为、时空、规则、增值，就可改变博弈各方的互动关系及对策结果。

动态价值定位
关注企业战略行动对于行业竞争格局可能产生的跨期影响，采取切实有效的措施，引导行业向良性互动方向发展。

9.1 竞合进化原理

本章主要讨论人际及企业竞合互动关系的处理对策，它涉及战略中心命题"由谁做"的问题。应该说，竞争与合作都只是实现目标的一种手段，不存在简单的优劣对错之分。在商场中，有时需要竞争，有时需要合作，还有时需要在不同层面同时采取竞争或合作的不同做法。在错误的时间、错误的地点，与错误的对象展开错误的竞争或合作，必将给企业造成战略损失。此外，竞争与合作有良性与恶性之分，恶性竞争会导致两败俱伤，良性竞争会推动双方前进；恶性合作会短期得益而长期受损，良性合作则会短期受损而长期得益。这里的关键在于，区别具体情况，权衡竞争与合作做法的长短期效应，选择合适的竞争或合作对策。

必须看到，竞争与合作关系的形成是建立在有关各方的互动基础之上的。在这里，互动可以分为企业互动与个人互动两类。具体来说，企业互动可以包括企业内部各部门及员工之间的互动，横向的同行企业之间的互动，纵向的产业链各环节之间的互动；个人互动可以包括个人自我的心态、情绪与行为的互动，横向的亲戚朋友、同事伙伴之间的互动，纵向的上下级、长幼辈之间的互动。当然，互动还可以按个人、群体、组织、社会、国家等不同层次进行划分。就纵向各方的互动而言，由于共同利益与责任的存在，有着更多的合作必要性，但在各环节之间的短期利益分配上，又客观存在着相互竞争性；就横向同业各方的互动而言，由于短期资源与市场需求有限，存在着更多的竞争可能性，但在共同做大市场、争取更多社会资源对于行业发展的支持上，又存在着相互合作的必要性。

从互动的角度考察竞争与合作关系，可以看到，人们内心的初始心理假设会影响其待人接物的心态，从而导致不同的行为模式，结果在有关各方行为的相互作用下，就会形成不同的市场及人际互动关系，并反过来强化人们的初始心理假设，最终产生"自我实现"预言的效果。事实上，商场既存在利益分割矛盾，也存在共创市场的互惠可能。调整心态，更有助于找到互惠发展机会。由此可见，"商场如战场"这一提法实际上有待商榷。战场，只能有一个胜者，有可能消灭对手，它通常需要使用武力，以争地盘为主；而商场，可以多赢，不可能真正消灭对手，通常使用智力，以争取顾客为主。而且由于竞合关系非常微妙，随时都在变，有时勇猛反而不胜，有时争斗的要点、方向均模糊不清，更有时竞争的时机、方法、对象均不容易把握。[1] 在商场，只要行业有钱赚，对手灭了会再生，行业的新进入者可能比被灭掉的对手更为强大，如通过购并陷入经营困境的企业而再生出来的对手，往往会有更大的成本与实力方面的优势，从而也就具有更强的市场竞争力。

在竞争与合作关系的处理上，由于竞争往往先从直接的眼前利益争夺开始,而合作则更多地从双方利益互让开始,因而不仅需要合作各方的相互信任、相互沟通与相互理解,更需要有创新性的思路与操作,以便为合作各方带来真正的长期多赢结果。正因为如此,现实中人们更习惯于采用短期见效的竞争手段,而容易忽视实际存在的合作可能,甚至形成竞争性的思维定式,最终放弃了对于可能的合作机会的探索。从这个角度看,在当前我国商界竞争甚于合作的氛围中,谁能在激烈的竞争中发现多赢的合作途径,谁就更有可能在长期竞争中站稳脚跟。真正的企业经营之道,必将如老子在《道德经》中所言,"天之道,利而不害;圣人之道,为而不争",即在互利互惠、利物利人的基础上,求得企业自身的发展。

现实经营中,绝大多数企业所存在的竞合认知误区,就是总将眼光盯住对手,试图超越或击败对手,结果在快速动态变化的环境中失去自我,迷失方向。对应于给定的资源与能力,一个企业如果过多地将精力用在关注对手上,必然会影响其对顾客及可能的合作共事者的关注,从而影响到与这些人建立良好的互动关系。这种只注重握紧拳头与对手竞争,而忽视张开双臂与顾客合作的做法,一方面会使自己觉得四面受敌,无端增加精神负担,从而扰乱正常的行动计划;另一方面会在无形中妨碍自己与顾客及供应商等方面的积极沟通,影响多赢合作关系的建立。事实上,"为照亮自己前进的路,是无须吹灭别人手中的蜡烛的",更何况有时"如盲人提灯夜行,在可能方便别人的同时,也方便了自己,免得被人撞倒"。[2] 所以,企业若能从做好顾客服务,加强与企业的合作共事者的联系入手,不断挑战自我,超越自我,争取今天比昨天做得更好,明天又比今天做得更好,也许会更有助于增强自身的持续经营优势。

真正解决竞合关系对策的选择问题,关键在于了解竞合进化的本质及演变规律,弄清竞合的前提条件与可能对策。为此,特构造如下"重复囚徒两难"对策模型,以模拟现实中的人际竞合互动关系。假设有甲、乙两个对策参与者,用出红牌或黑牌的方式,模拟实际中的竞争或合作,甲、乙各出一次牌,称为一局,其中,出红牌表示与对方合作,出黑牌表示背叛对方。双方出牌后,按表9-1的规则计分:红牌对红牌,双方各得3分;红牌对黑牌,红方得0分,黑方得5分;黑牌对黑牌,双方各得1分。计分规则表明,合作可使双方总分达到6分,即存在着合作的共同利益;但背叛有可能使其中一方得到5分,这意味着存在着对背叛的诱惑。

表 9-1 竞合对策模拟计分规则

乙方出牌	甲方出牌	
	合作-红牌	背叛-黑牌
合作-红牌	(3, 3)	(0, 5)
背叛-黑牌	(5, 0)	(1, 1)

为了考察群体竞合互动，根据以上模型，通常将全部的游戏参与者分成 8 个小组，再将这 8 个小组细分成两个次级群体，每个次级群体包括 4 个小组。整个对策，在每个次级群体内部 4 个小组的每两组之间各安排一次 15 局的对策。具体对策时，每组先推选一位组长与计分员，组长负责出牌，计分员负责记录每次对局的得分值以及完成与每个不同的对局组的共 15 次对局所花的总时间。在正式开始出牌对策前，甲、乙可以通过谈判沟通，达成相互理解与默契，但实际出牌时允许不遵守谈判的承诺，自行相机决定如何出牌。在互动对策开始前，对策活动的主持者不对合作或背叛的利弊做任何引导性提示，以此考察竞合对局的进化过程。根据以上设计，从单局对策看，对双方都存在着较大的背叛诱惑，只是个人的理性选择会造成集体的非理性结果——双方互相背叛；从多局重复对策看，实际上存在着双方合作，以求得更大的共同利益的激励。

所有小组之间的对策结束后，计算各次两两小组对策的前 10 局、后 5 局、全部 15 局的得分加总值及对策所花的时间，4 个小组之间全部 3 次两两小组对策的前 10 局、后 5 局、共 45 局的得分加总值。只计前 10 局的得分，可排除有限次对局中，在对局将结束时可能出现的相互背叛行为对得分的影响。只计后 5 局的得分，可说明持续关系将结束时，将会更频繁地出现类似于非重复对局的相互背叛情况。为了考察实际中是否存在最佳的竞合对策，选择第一次级群体中的第 1 小组作为参照组，让其采用这样的对策：公开向对手表明对局策略为"先合作，然后一报还一报"，即第一次出红牌，并且是比对方先出牌，以表示合作是真实的，然后就看对方手上第一次出什么牌，接着就出什么牌，但每次也还是先于对方出牌。

基于以上设计，1998～2017 年，作者在上海、深圳、杭州、南京、温州等地曾组织过由 49 个班级、约 2 500 名各类人员参加的模拟对策。从中直接得出的结论有：第一，越是始终合作的双方，其完成所有 15 次对局所需的时间就越短；第二，相对于不合作的群体而言，合作的群体其双方得分之和将更高；第三，15 次对局中越接近于最后的对局，双方之间越可能产生背叛行为；第四，有背叛记录的对局者，在与新对局者建立合作关系时会遇到困难；第五，单局对策中的"损人利己"做法，如果运用到多局重复对策中，会带来"损人不仅不利己，甚至还会害己"的结果。若进一步考虑到相互信任的合作群体与相互欺骗的争斗群体相比，在决策行动过后，前者会具有更愉快的心情，而后者更可能担惊受怕，甚至睡不好觉，那么基于人生单位时间，特别是单位愉快时间的效率最高或利益最大的评判，可见合作的群体会表现出更大的整体优势。

"重复囚徒两难"对策模型阐明了从一次性囚徒困境的竞争冲突向重复囚

徒困境的互惠合作演化的内在规律，其中所体现的原理可以用来指导企业的市场竞合互动关系的处理。在具体操作上，关键是要改进企业的辨别能力，以便识别谁是可能的合作者，谁是必然的竞争者，弄清什么情况下能合作，什么情况下易产生背叛行为。商场不是要学会欺骗，但要防止被人欺骗，正所谓"害人之心不可有，防人之心不可无"。对此，罗伯特·艾克斯罗德有着透彻的研究，他认为，合作的真正基础是关系的持续性与未来影响的重要性，即长期互利回报，而不是相互信任。这有如通常情况下，既没有人会持续请一个从不回请的人吃饭，也没有人会坦然接受陌路者突然给予的一份自己无法回报的恩惠。[3] 在这里，脱离持续互利回报关系，就只有短期的利益之争，很难有长期合作的可能。

关系持续性与未来影响重要性这两个原则可以作为判别合作能否存在的依据（见战略启示 9-1）。一些数学模型和试验已经表明，在一种个体可以长期互利互惠并对那些"行骗"的同伴进行报复的环境中，合作这种表面看起来不符合逻辑的无私行为能发展起来；反之，制度缺陷、所有者缺位、监督失效、外部制约欠缺，就更可能产生背信弃义的情况。从人生的角度看，每个人来到世上都离不开他人的帮助，必须与他人合作，以获得他人的支持。尽管合作不是天生的，但每个人心中都有公平正义感，《科学》周刊的研究证明，[4] 人类大脑中存在着公平中心，专门负责处理人际公平关系，面对采取太过不公平行为的人，人们会自发地加以拒绝与制止，这使得公平合作成为利他自利、促进各种社会自成整体的黏合剂。[5] 这里的问题在于，互利关系在市场竞争中是动态变化的，不是永恒不变的，现实中经常出现这样的情况，"逆境中朋友也会成敌人，而顺境中敌人也会变朋友"。要想建立较为长期的持续互利关系，必须注意处理好利益分配的公平性，以获得合作各方内心的真正认同，这是企业间有效合作的关键所在。

战略启示 9-1

合作行为基础

关系持续性、未来影响重要性（基于长期互利回报，而不是简单的信任。）

从关系持续性与未来影响重要性看合作与背叛的关系，为了促进合作，要努力满足这两个合作前提条件；而为了破坏合作，就必须使这两个前提条件失效。单位中即将离任的人员更可能产生违规行为，如所谓的"56～58岁"现象就是例证；我国干部任职的交流制度故意打破各方的关系持续性，有助于减少某些干部的裙带关系；一些有经验的顾客在商店购物时，说自己下次还要来，所传递的就是关系持续、未来重要的信息，以此暗示商家宰客是不明智的；只做一次性生意的流动商贩，更可能欺诈顾客；长期经营的大商场，一般有较好的声誉。当然，对企业来说，不仅要能识别出可能的合作机会，还需要采取对策，通过制度或合约设计，改变各方关系的性质，为合作提供现实的保障。

现实中，为了促进合作，可以采取类似前面模拟对策中第1小组的做法，"先合作，然后一报还一报"。这一对策具有这样几个特性：一是善良性，只要对方合作就继续合作，以避免不必要的冲突；二是报应性，面对他人的无理背叛是可被激怒的，并且具有给予回应的能力与意愿，从而不是软弱可欺的；三是宽容性，在给挑衅以反击后，如果对方重新表示合作，则可以重新与其合作；四是清晰性，先出牌表明态度，行为简单清晰，使对方能适应。例如，现实中本来应该合作的各方，往往由于对人际互动关系处理失当，结果出现了与各方初衷相悖的不可收拾的局面，其主要原因可能就在于各方态度、意图、行为等信息沟通传递的清晰性不够，从而产生了误会、误解。正因为如此，从长期看，具有以上四方面特性的对策能识别与形成善良群体，并在演化中击败其他群体，建立起稳定的合作关系，可以作为企业推动合作的首选思路（见战略启示9-2）。

战略启示 9-2

最优合作对策

对策：先合作，然后一报还一报。
特征：善良性、报应性、宽容性、清晰性。

核心：保持企业自身对背叛及合作的制约回报能力。

善良性、报应性、宽容性、清晰性这四个特征缺一不可，这样才有可能保证合作关系的建立。例如，对一个"空降"老总来说，在新上任时，遇到他人送来的可签可不签的文件时，通常给予签字放行，就传递了愿意与人合作的善良性的信息，可以引来合作做事的伙伴；同时，需要事后通过侧面了解，迅速熟悉所签文件的背景与影响，提升自己识别与防止他人借善良性而投机取巧谋私利的报应性能力，以使可能的不怀好意者不敢贸然行动。另外，当有些人事后就自己曾经有过的不当行为表示忏悔时，需要有宽容的态度，不计前嫌，以扩大合作者的队伍。当然，有了善良性、报应性、宽容性还是不一定能真正达成合作的结果。许多人都有这样的体验，觉得自己善良、宽容，也有制约或报应他人违规的力量，但因误会而最后未能达成合作。因此，如何使合作意图具备"清晰性"，以消除可能出现的误会，实现真正的合作，也是需要人们给予特别注意的。

当然，运用以上对策的前提是，相关各方须明确商场"争财不争气"，目标在于利益回报而不是战胜对手，并且各自同时具备灵活运用"大棒与胡萝卜"的能力，也就是真的需要有点如古语"量小非君子，无毒不丈夫"所言的那种本事，能掌握在宽容与报应的相互制衡中取得动态平衡的艺术。对此，社会生物学也有研究认为，任何行为都要有策略，以鹰策略和鸽子策略为例，它们各自独立不能成为"宜斯策略"，即生态稳定进化策略（evolutionarily stable strategy，ESS），而只有它们以一定的比率共存，才能形成宜斯策略。[6] 企业竞合关系的处理，也是以稳者生存为宜，这包含了适者生存的含义，因为从跨期影响的角度看，适者若不能持续经营，不能保证成功业务的稳定复制，则所有的努力都将只具有瞬间存在的意义，会如过眼烟云，似昙花一现。

考虑到现实中的合作往往是有期限的，不可能长期重复进行，这意味着一次持续一段时间的合作结束前，人们会寻找建立新的合作关系，此时还是有可能产生背叛。这里，信任关系就发挥着十分重要的作用，如果没有信任关系，每个对局者都认为对方最终总会背叛，均试图先于对手采取背叛做法，以便确保自己能从中获益，以此类推，似乎就不可能建立起初始的合作关系。尽管如此，仍不能否认，为防止对方背叛，在真正终止合作前，还是需要努力营造双方持续合作的愉快气氛与预期（见战略启示9-3），同时在进行与合作密切相关的专用性资产等投资时，需认真评估双方合作关系可能的持续期。当然，更好的做法是按照最优对策的要求，始终保持自身对背叛及合作的适度回报能力，而且也只有适度的回报，才是制约损人利己行为、弘扬互惠共生合作精神的最有效武器。[7]

战略启示 9-3

狮子求婚凭啥 [8]

有一头狮子向樵夫的女儿求婚。樵夫不同意，但又不敢直接拒绝。他对狮子说："我女儿特别害怕你的牙齿和爪子，如果你能把它们都拔掉，我就答应你与我女儿的婚事"。

狮子听后，很爽快地按樵夫说的去办了。当狮子再次来求婚时，樵夫拿起一根大棍子，就将它赶跑了。

以上分析表明，增强自身经营优势，对于试图建立与维护的合作关系具有决定性的作用。但在现实中，面对各方力量不对称的情况，如何通过强弱各方的沟通，采取切实有效的行动，建立起大家都希望的合作关系，却是一项极具艺术性、挑战性的工作。例如，善良性是合作的前提，而要做到善良又不被欺，就需具备报应性，而这一点对弱小方来说往往又不具备。这就要求合作中相对强大的一方应该主动些，如先做出清晰的善良性表示，这样也许会更有助于合作关系的形成。有研究表明，[9]人类的信任几乎都是由"感觉"而不是意志支配的。当一方以实际行动表示对另一方的信任时，被信任的一方往往也会产生无法控制的想回报对方的愿望。

正是因为人们在相信别人对自己有利时也会选择信任别人，所以对强大的一方来说，如果想促进合作，其力量的合理运用尤为关键，至少要以不损害对方利益为前提。例如，某控制系统软件开发商在为客户企业安装调试软件中多留了一个心眼，即对那些故意拖欠开发费的客户，在系统中设置了付款预警提示功能。如果顾客看到提示后，过了一定时间仍不付款，系统将自动停止运作。这样做，既维护了自身利益，又未对正常付费客户造成损害。而如本书前面第6章6.1节中提到的强势软件开发商，为防盗版，对通过正规渠道销售的软件，要求顾客安装后必须经过激活才能正常使用，这项工作只增加了正版软件使用者的麻烦，而并未真正起到制约盗版软件使用者的作用，似乎有点将力量用错了地方。

9.2　现实合作对策

理论上看，在所谓的"天时、地利、人和"成功三要素中，对管理者来说，只有"人和"具有一定的可控性，而且也只有从"人和"入手，才有可能拓宽与发挥"天时""地利"的作用。就具体操作而言，为了达成"人和"的目标，一方面，需要有观念的转变，主观上愿意合作；另一方面，需要有战略思路的创新，能提出可操作的多赢共事与分利的方案。尽管作为战略分析，在考虑合作对策的同时，并不排除现实中可能存在的竞争，但这里的关键还在于，弄清竞争与合作的前提条件与转化机制。知道什么情况下，存在着合作的可能，可以采取什么措施推动合作，以确保合作的双赢甚至多赢目标的实现。知道什么情况下，不可能产生双赢或多赢合作结果，不必为合作而枉费心机。从现实的企业对策看，小企业只能靠创新或被动寻求支持取得发展，而大企业则更多地依靠购并或结盟来寻求扩张。对大企业来说，没有市场组合方面的创新，就较难突破规模扩张的市场支撑瓶颈；没有战略联盟方面的能耐，就较难突破实力提升的资源能力瓶颈。就企业在现实合作中所遇到的难题的成因而言，一部分属于人类社会的共性，另一部分属于特殊企业领导人的个性。

从人类社会的共性看，通常认为，19世纪是化学世纪，20世纪是物理学世纪。在过去的一个世纪里，尽管自然科学技术取得了显著的进步，但社会科学却并没有产生明显的进步。物质文明的条件改善了，享受物质文明的人却变化很少，其先天的动物性竞争本能并未被后天的社会性合作修炼所显著改变，这使得人类仍无法解决如何和谐相处的问题，稍有争端即兵戎相见。也正因为如此,有人认为,21世纪是生物学、信息学及社会学的世纪,人类必须加强社会科学研究,处理好自身的和谐相处问题,平衡好自身发展与自然生态的共生关系,否则科技的更大进步将很可能导致人类更快的自我毁灭。作为这方面的例证,现实中就常见这样令人遗憾的情形:原本是亲朋好友的创业团队,在合作共事成功后,却因为名利权争端与恩怨情仇纠结等引发矛盾冲突,相关各方不惜花重金、耗精力、伤感情地请律师、求高人,试图强势摆平对方,但就是不肯放下身段,与曾经的伙伴冷静协商,向对方表示妥协、谦让的姿态。

从领导人的个性看,关于企业的竞合关系,有一个形象的比喻是这样说的:有些地方的企业家像打桥牌,联手打败对方;有些地方的企业家像下围棋,牺牲局部获取整体利益;还有些地方的企业家像打麻将,盯着上家,防着下家,自己不行,也不让其他人行。在我国,有许多企业家推崇军事谋略,将其简单地搬至商场运作;还有许多企业家崇拜英雄,内心存有"皇帝情结""宁为鸡口,无为牛后",这些都在一定程度上阻碍了企业间竞争性合作的开展。不容否认,这些行为及观念的产生,可能有着深刻的制度环境与历史根源,但还是与企业家个人的理性取舍不无直接关系。因此,必须强调商场以利益互惠为根本,围绕这一根本,只需从与企业有直接业务联系的那部分同行企业及上下游厂家入手,就完全有可能形成小范围的持续多赢的竞争合作关系。

若进一步考虑到现代全球经济实际上已成为一张密不可分、难以解开的网,其中你中有我、我中有你,大家彼此利害攸关,结成了利益共同体。[10] 可见,尽管每个企业都在各自求生存、求发展,但事实上如果离开其他企业的配合,最终可能还是会垮掉,甚至会由此产生连锁反应,波及更多的其他企业与个人。因此,在处理现实的竞争合作关系时,既要善待对手,也要善待伙伴。从善待对手看,至少不要在认知上有意无意地刺激对方,无端挑起对方激烈的竞争行动。例如,有位企业家,非常推崇《孙子兵法·谋攻篇》中的"知彼知己,百战不殆",无意中将写有这句话的横幅挂在自己办公室的墙上。当有人问他,这会令走进其办公室的顾客、供应商甚至同行合作伙伴做何联想时,他马上意识到,这一横幅会向人暗示"请小心提防,我会知你、打你并战胜你"。于是他很快就让人取下了该横幅,换上了另一传播愉快合作思想的新条幅。

在善待对手时,除了不要故意激怒对手(见专题实例9-1),更不要以击败对手作为主要目标。一个在品质、价格、服务等方面过分关注击败对手的企业,可能会无意中偏离顾客的真正需要。争夺顾客不同于攻城略地,关键在于顾客的心。如果没有产品及服务整体质量的保证,只是简单地消灭对手,不一定能达到留住顾客的心的目的,更何况大多数情况下,对手是不可能被完全消灭的,即使被消灭了也会再生。这一点与战场上的敌我之争不一样,战场以进攻并消灭对手为目标，而商场以满足顾客为主要目标，关键在于客户关系的持续。商场有可能实现对手之间的互惠共存，而且常常出现这样的情景，在没有可做比较的竞争对手的行业中，顾客失去了比较选择的基础，企业自身也更难经营，因为不存在企业生态，不易形成配套齐全的产业链。比如，某中式快餐店，原来为叫板洋快餐，故意将店开到某洋快餐店的对面，经营状况良好。后来由于城市改造，洋快餐先行拆迁，原以为这样生意会更好，结果却发现经营额不仅没有上升，反而下降了许多。

专题实例 9-1

某企业愤而调整战略

某微波炉生产企业原准备让出一部分国内市场，集中精力向国外发展。但后来一家同行公司在一些媒体上刊登文章，说连做羽绒服出身的厂家也做起了微波炉生意，有影射攻击该微波炉企业之嫌，结果在该企业内引起了强烈反响，员工们觉得这是对自己企业的一种侮辱，感到非常愤怒。为此，该企业决定调整策略，在加快拓展国外市场的同时，继续巩固自己的国内市场。[11]

从善待伙伴来看，对于上游供应商与下游销售渠道顾客，关键要从做大整个市场的角度出发，寻求互惠合作的途径。增加自己企业的盈利，不应靠挤压他人的利益来实现，而应通过提升自我能力及工作效率，将事情做得更好来获得。为了一时的短期利益，采取"店大欺客"或"客大欺店"的做法，会损及产业链上下游企业的良性互动关系。一些品牌企业就经常遇到顾客或市场响应的灵活性与公司渠道管理的可控性关系的权衡难题。例如，为了加强市场开拓力度，就需放松渠道整合，甚至允许原定牌生产商直接参与品牌企业的市场开拓，向销售渠道供货，成为快速响应的服务终端，但这样做的结果是，有可能出现生产商的失控，最终脱离品牌企业成为竞争对手。也许出路在于，从改善上下游产供销的内部协同性入手，争取在加快市场响应的同时加强内部控制。例如，在与企业核心能力相关的领域，建立长期互惠合作的伙伴关系，以促进各方的战略投入；而在与非核心能力相关的领域，引入市场竞争机制，建立动态的业务外包关系。当然，这里的善待伙伴，还应包括善待企业内部的员工。在需要培养团队精神，发挥群策群力作用，增强整体协同效应的领域，要建立内部合作制度；而在需要增强个体活力，推动创新突破，提高企业运行效率的领域，需引进内部竞争机制。

关于竞争与合作，随着现代科技的发展，许多重大科技问题要得到解决，所需的研究开发费用不断提高，越来越需要全社会的共同努力；随着市场竞争的加剧，实力相当的企业之间仅靠相互攻击与恶性价格战只会造成市场萎缩、两败俱伤的结局,这使得越来越多的企业倾向于采用结盟的形式,以便在互补互赖的基础上,实现互惠共生(见战略启示 9-4)。这种同行企业间的结盟合作,主要有这样几种形式。一是资源互补利用。比如,新企业与老字号企业之间的合作,新企业可以利用老字号企业的商誉扩大产品销量,老字号企业可以利用新企业的先进生产设备与技术提高产品质量,双方互通有无,共同受益。二是风险共担,联合投入相似的资源,减少无效的重复工作。比如,许多同行厂家联合开发共用技术平台,信息公司合作开发共享软件标准等。三是市场同创,联合扩大市场总需求。比如,从整个行业的角度出发,联合开展广告促销活动,提升整类产品的市场需求水平,这肯定要比每个企业只为自己的产品做广告更有助于增加各企业的销售额与盈利率。

战略启示 9-4
战略结盟:互补互赖、战略协同

可能性:资源互补,风险共担,市场同创。

必要性:需要多种技能、难以独立开发、必须统一协调。

充分性:关系持续、措施落实、互惠互利、战略一致。

当然,从战略上的相互紧密依赖性考虑,原本相互竞争的企业,最容易在以下领域里达成联盟。[12] 第一,从事该领域的业务需要多种技能;第二,没有哪一个企业能独立开发所有这些多种技能;第三,这些多种技能即使能通过市场途径获得,不经过统一协调也难以有效地发挥作用。这三个条件决定了合作双方存在着强依赖性,但要真正合作成功,还需合作双方在战略上形成共识,在措施上积极落实,也就是要"大处着眼、小处入手",做好结盟过程的整合工作,确保双方互惠互利。为了使结盟合作关系持续,要指定专人专职负责战略结盟事宜,以加强各方的相互沟通,特别是争取获得有关领导与操作部门的长期支持。事实上,由于合作各方认知的不同,有时为了达成互惠协议,使合作各方能积极投入,从而通过努力取得多赢的结果,需要在合作关系协同的思路上有所创新。

在合作关系的建立中,特别需要注意的是,不要为了结盟而结盟。在跨国经营中比较容易出现这样的情况是因为:外企强势品牌想利用当地企业的渠道,当地企业想借外企品牌的光。这种情况下的结盟,一方面,如果外企不注意渠道的可控性,就可能出现当地企业"挂羊头卖狗肉",产生正规渠道销假货的现象,从而使自己的正宗品牌受损;另一方面,若当地企业不注意掌握渠道,同时也不关注自身品牌的建设,则在合资失败时,可能就会面临既无品牌又无渠道的局面。比如,国内某企业,在合资潮中,为了吸引外方进入,接受了外方提出的三年内不能生产自有品牌产品的条件，主动放弃自己在国内已有影响并且市场正在向好的品牌产品，还将公司的优质资产，特别是骨干技术人员和先进设备毫无保留地交给由外方控股的合资公司，结果在合资失败后，承受了"赔了夫人又折兵"的双重损失。

在能明显带来互惠结果的情况下，合作相对来说比较容易成功。特别地，如果不帮助人家就会使自己利益受损，或者帮助人家会使自己利益有所增加，此时，互惠就会成为人们的自觉行动。比如，农田病虫害防治就需要多家农户同时行动，养蜂者与果园主之间就存在着双赢合作关系。有时，乍一看并不存在合作途径，但只要改变假设，转变观念，也可能找到有效的竞争合作途径。例如，有企业将打假变成改造制假者，使制假者成为自己品牌的合法经营者，产生了很好的社会与经济效益。在这里，分析造假现象屡禁不止的原因，可以看到这样几种情况：第一，存在市场需求；第二，存在想赚钱的动机；第三，存在有制假经营能力者。显然，这三种情况，并不能通过法律等措施禁绝，而如果品牌企业能将有制假经营能力者改造成为合法的生产者，就可同时将前述三种不利情况转化为企业进行市场渗透的推动力。

再进一步考虑到打假诉讼过程的漫长，对那些产品更新很快的产品来说，可能官司还没打完，产品市场寿命早已终结，更何况，关闭一家造假工厂，同时可能会有新的造假厂出现。正是基于以上考虑，现实中就有公司采取了改造制假者的做法。例如，曾因廉价仿冒品而苦恼的某品牌公司，最后就采取了与生产仿制品的主要公司合作的方式。[13] 当然，这里在寻找改造对象时，不妨将假冒分成几个等级，至少就其中水平最高的假冒者而言，其生产的假冒品常常达到几可乱真的地步，如果对其加以改造，也许代价会比打假及相关的执行成本要低得多。而且事实上在与高明的造假者合作中，有时还真的能得到回报。例如，某音响品牌企业在打假中发现，造假者所使用的生产工艺是该品牌企业所没有的，并且很好地解决了该品牌企业一直没有解决的技术难题。这些造假者在试图以低价逼真模仿品牌企业的产品时，的确动了不少脑筋，采取了不少品牌企业所没有的具有低成本、高品质优势的"创新性"做法，这也是高技术品牌企业在打假时可注意吸收学习的。当然，这里需要说明，在这种与造假厂商的合作过程中，企业不能放松管理，必须制定严格的制度，采取打假与结盟并行，但以结盟为主的做法。

关于竞争同行的合作，需要注意，并不是所有情况下的合作都能成功。尽管出于共同的目标，一些同行企业很容易达成共谋协议，但这并不意味着就没有人会违背共谋协议。对此，微观经济学关于垄断竞争的研究表明，[14] 共谋协议具有形成容易、实施困难的特点（见战略启示9-5），而且参与共谋的厂商数越多、市场上大买主越多、各企业的产品越同一、信息成本越高、行业需求或成本条件越不稳定、新进入的竞争者越多，则共谋协议的实施就越不可能成功。在这里，信息成本是指监督共谋参与者是否执行共谋协议的代价，违背共谋协议并被发现，这样的信息传递越滞后，被同行察觉的可能性越小，违规者的潜在得益就越大。

战略启示 9-5
共谋协议的特点：形成容易、实施困难

参与厂商数越多、大买主越多、产品越同一、信息成本越高、行业需求及成本条件越不稳定、新进入竞争者越多，则共谋协议的实施就越不可能成功。

对照以上条件，许多不宜或不可能共谋的企业，如果硬要搞结盟，即使撇开可能违反国家有关反不正当竞争法规而会遭到政府惩罚不谈，也将难免最终失败的结局。这里有一个颇为经典的例子，[15]许多年前，由辽宁、吉林、黑龙江、内蒙古等地 300 多家企业成立的中国北方箸业协会，正式通告到大连参加中日箸业恳谈会的日本 20 多家商社的代表，宣布提高对日本出口卫生筷子的价格，升幅为 20%。此事被有关媒体称为"中国人开始成熟了"，从"单兵作战"走向"集团冲锋"，从"委曲求全"走向"独立自主"。但是好景不长，由这么多家大小不等、分布广泛的企业组成的价格联盟，正好符合战略启示 9-5 中所提到的几乎所有妨碍共谋成功的条件，结果日商对联盟价格采取了各个击破的方式，很快就使北方箸业协会的成员企业之间陷入了新一轮更为严重的价格战之中。到当年年底，筷子价格跌进了谷底。最后，此事被媒体报道痛称为"'筷子'的悲哀"。[16]可见，不注意把握竞争与合作的时机及规律，仅凭良好的愿望行事，是难免失败结局的。

9.3 博弈理论启示

博弈理论也称对策理论、游戏理论，简单地说，它研究的是存在人际互动关系时的取舍抉择行为及其可能的结果。人际互动既可能合作也可能竞争，博弈理论经典的内容，更多地涉及非合作的竞争，这与博弈理论最早主要用于指导战争对策不无关系。在我国，对于博弈理论，为人们所熟知的有"田忌赛马"的故事，实际上，这种情况在现实商场中不太可能发生，因为各方都不会如此愚蠢，会在竞争性的利益对抗博弈中一厢情愿地把自己将如何行动的信息事先透露给对方，并且真的按照所透露的信息行动。国际上，1994 年是博弈理论最引人关注的一年，当年的诺贝尔经济学奖授予了三位研究博弈理论的专家。只是在经济学家的眼中，博弈理论涉及更多的是非合作博弈，[17]而且这些讨论所使用的数学符号体系严重妨碍了一般公众对于它的真正内涵的理解，

有时甚至连经济学家们也无法理解彼此到底在说什么。[18]

就博弈论用于指导管理实践而言，其中存在的问题也不少。例如，博弈论做了太多的信息充分、双方完全理性、同时出招之类的假设，并以此为基础计算均衡的实现。[19] 事实上，尽管可以认为人们的行为是理性的，即想使某种或某些东西最大化，但问题在于这些东西并不一定就是利润。[20] 更何况，现实博弈中，人们更多地通过沟通、适应、演化等方式，借助于各方的相互作用来达成某一均衡，这使严格意义上的博弈论面临应用与验证的困难，它似乎可以解释各种现象，但最终结果却依赖于许多情境变量，从而无法为决策者提供有价值的预测结论或操作建议。因此，在经过了 50 多年的数学框架发展后，博弈理论才开始走出象牙塔，关注竞争与合作的相互关系，逐渐进入企业战略的应用领域。根据前面对于竞合关系的讨论，在利用博弈理论研究企业战略时，必须再次明确指导思想，商场不同于战场，市场竞争不一定你死我活，一个企业惊人业绩的取得，并不一定以其他企业的惨痛失败为代价。商场是一种竞争与合作的混合体，它的结局不一定非得如战争或体育比赛那样，最后分出输赢，商场通过战略创新，常常可以取得多赢的结果。

对于竞争与合作对策，通常人们倾向于认为，有时受到主客观条件的制约，也就是需要遵循各种预设或潜在的规则，尽管自己想合作，但最终竞争还是不可避免；还有时企业几乎不受什么规则制约，可以自由地采取各种行动，此时如果企业要合作，是有可能与相关利益相关者建立互惠合作关系的。但实际上，以动态发展的眼光考察商场的对策，可以发现其中所涉及的几乎所有领域都是可以改变的。企业经营成功的关键在于，尽可能通过改变对策的性质，使其朝有利的良性互动的方向发展，从而营造各方共惠多赢的结果，而不是接受预设，来什么对策就开展什么对策。在处理市场竞合互动方面，企业最易犯的错误就是，自以为很有实力，面对企业遇到的所有挑战都不假思索地盲目应战，最后变成在错误的时间、地点，与错误的对手进行一场绝不可能有结果的错误对策。

正是基于对博弈论的深刻研究，亚当·布兰登勃格与拜瑞·内勒巴夫认为，可将现实的企业对策中可能涉及的关键要素归纳为五个方面，即玩家（player）、增值（added values）、规则（rules）、战术（tactics）、范围（scope），简称"PARTS"。[21] 借鉴"PARTS"的分类思路，结合战略中心命题，可将影响博弈的要素分解为"对象、基础、方法"三大类，并进一步细化为九个要素（见战略启示 9-6），作为对于现实的企业竞合对策可能涉及的互动领域与关系的一种概括。在这里，"对象"涉及"与谁博"层面的问题，可以分为玩家、认知、行为三个要素；"基础"涉及"博什么"层面的问题，可以分为产品内涵、顾客偏爱、终端可获三个要素；"方法"涉及"如何博"层面的问题，可以分为时空、规则、增值三个要素。利用博弈论研究市场竞合互动战略，主要是想从"对象、基础、方法"三个方面出发，寻找其中存在的影响对策的关键要素，通过改变这些要素，使得对策结果从你输我赢的零和，甚至大家都输的负和，变成大家都赢的正和，也即达成双赢或多赢的结果。当然，这里也不排除在有些情况下，还需考虑如何使对策向着仅仅有利于企业自身发展的独赢结果演变。

战略启示 9-6
博弈理论启示

对策涉及三层面九因素，改变其中的任一要素，都有可能起到改变互动结果的作用。

1. 对象：玩家、认知、行为。
2. 基础：产品内涵、顾客偏爱、终端可获。
3. 方法：时空、规则、增值。

第一，就博弈"对象"而言，"玩家"指的是对策的参与者。这里称玩家而不称竞争者或合作者，是因为在现实中任何一个参与对局者，其角色具有不确定性，是动态变化的。正如第 5 章六力互动模型的分析所表明的那样，供方、买方、替代品厂商、互补品厂商、同行厂商、潜在进入者这六种市场力量之间存在着既竞争又合作的关系。总体上看，在创造顾客价值上是合作者，而在瓜分顾客价值上是竞争者。例如，对于制假者，如果从打击禁止的角度考虑，要查处、制裁甚至消灭它，自然就是竞争对手；而如果从资源能力的角度考虑，要改造、利用甚至整合它，自然就成为潜在伙伴。从改变玩家着手，从而改变对策的做法，有这样几类：改变玩家的竞争或合作性质，改变参与对策的玩家的数量，如引进竞争者或合作者、与对手的对手联合、与朋友的朋友竞争等。

在玩家已定、不能改变的情况下，可以通过改变认知的方式达到改变对策的目的。在这里，"认知"指的是玩家关于对策的看法。通过改变认知来影响对策，有时需要尽可能消除玩家关于对策的模糊甚至错误的认识，有时则需要人为地增加一些让人捉摸不定的迷雾。例如，许多年前，联合利华曾采取提前高调发布涨价信息等手段，向同行竞争者传递相互协调涨价的意图，通过媒体集中报道涨价计划，引导市场预期。就这样，通过认知互动，吸引竞争对手跟进涨价，达成事实上的价格合谋，做到在保持各自市场份额不变的基础上，实现行业集体涨价。这种试图通过改变认知等方式与同行合谋涨价的做法，后被中华人民共和国国家发展和改革委员会（简称"国家发改委"）叫停，相关参与企业还因此受到罚款处理。[22] 又如，我国一些名牌羽绒服及羽绒被厂，受假冒产品冲击，致使顾客的信任度降低，销售受阻。针对这一情况，后来发展出来的采取现场灌装、制作的销售方式有效地解决了顾客对羽绒产品质量真假难辨的认知问题,推动了产品的销售。当然,这种做法对有些企业并不适用,许多产品的生产甚至根本不可能像羽绒服或羽绒那样能将生产设备搬到销售现场,更无法将生产所需的各类原材料经济、便利、及时地配送到分布于市场各地的销售点。进一步,若玩家、认知都是企业至少在短期内无法改变的,则就只有从直接改变玩家的行为入手,以期实现改变对策之目的。这里,改变行为就是通过运用各种手段,先设法让对方按既定方案行动,以使对策结果朝着企业预期的方向发展。

第二,就博弈"基础"而言,产品内涵、顾客偏爱、终端可获这三者作为整体,是企业博弈的最终目的之所在。关于这一点,本书的第 6 章 6.3 节中已有分析,这里不再赘述。

第三,就博弈"方法"而言,"时空"涉及对策的时间、空间的范围界限。企业可以通过扩大或缩小对策范围,来达到改变对策,从而增强自身利益的目标。通过改变范围来改变对策,这方面的途径很多,常见的寻求市场空缺、找时间差等,其所关注的重点就是竞争范围的改变。平常人们说的"冤家路窄",实际上若从时间、空间上考虑回避,也是有可能的,在不同的时间通过同一条路,或者同一时间在不同的路上通过,自然就能回避正面交锋。许多企业总是瞄准对手的顾客做工作,而不对自己的顾客做工作;都从大家争抢的顾客入手,而不从被人忽略的顾客入手,自然走不出恶性竞争的困境。

博弈方法涉及的另一要素是"规则",它指的是对策中各参与者所习惯采取的做法。关于规则,有些是由法律限定的,有些是长期经营实践中约定俗成的,还有些只是各有关参与者的临时协议。通过改变规则来改变对策,企业可以采取一些做法来增强自身优势,如更好地利用现有规则、修改现有规则、创造新规则等。既然规则是由人制定并由人执行的,那么它也能由人来修改或重写。这里的关键是,规则应以服务于顾客价值创造为目标,根据顾客需求的变化适时做出修正。例如,我国笔记本电脑市场的发展曾大致经历过这样几个发展阶段:第一阶段,得产品者得天下,以技术取胜;第二阶段,得渠道者得天下,以营销取胜;第三阶段,得服务者得天下,以支持取胜;第四阶段,得顾客者得天下,以满意取胜。其规则的变化,使得竞争越来越趋向于依靠企业实力的竞争。当然,改变规则的难点在于,有些规则是潜隐的,一般不太容易看出,所以,为了发现并改变这些规则,需要加强战略洞察力的修炼。

博弈方法涉及的第三个要素是"增值",它指的是对策中各参与者的附加价值,即对整个对策所起的作用。通常情况下,改变增值以改变对策,应从增加自身价值,降低其他参与者的价值的角度入手,从而使企业成为其中谁也离不开的最有价值的局中人。改变增值的做法,目标在于增加企业自身利益,从对策参与者整体看,既可能多赢,也可能零和甚至负和。例如,某企业的产品具有独创性,在市场上非常畅销,订单积压,交不出货。对此,企业至少可以采取两种做法:一种是常规做法,扩大生产能力,充分满足经销商的批量订货要求;另一种是逆向做法,稳定生产能力,加强产品特色,继续保持市场相对缺货。按常规做法,随着能力的扩大,企业对经销商的依赖会加强,为了加大促销力度可能需要采取铺底、赊欠、降价等方式,最终伴随着销量的上升,也许会出现盈利水平反而下降的情况。按逆向做法,随着市场的深入,产品供不应求,市场价格稳中有升,经销商更急于要货,可能会带款提货,甚至先付款再延期提货,最终也许会出现销量不增而盈利水平却有所上升的情况。

总之,利用博弈论的"对象、基础、方法"组合战略,考虑竞争与合作关系的处理,必须看到博弈中的诸多要素都是可变的,并且这一可变不仅仅是企业能施加影响,其他"玩家"也可以施加影响。因此,在这种情况下,只是从自身利益出发,试图使所有的改变均朝着对自己有利的方向发展是根本不可能的。必须清醒地认识到,商场运作所体现的是"自己活,也要让人活"的原则,改变对策的关键,是要发现能促进所有玩家多赢的方向,并采取措施引导人们朝此方向发展,在这个过程中求得企业自身的发展,如此才更容易形成竞合良性互动的局面。

9.4 动态价值定位

动态价值定位,着重考虑企业随时间发展变化的过程中,如何创造顾客价值并实现企业价值的问题,因此,涉及了战略的持续经营优势、业务演化发展、竞合互动关系三维构架的所有方面,需要对战略的特色、取舍、组合做综合考虑。在动态变化的环境中,企业关键是要做好这样三个方面的工作:保持战略的敏感性与灵活性,实现"人所欲"与"己所欲"的有机匹配;加强动态价值管理,注意引导行业的市场均衡,向良性互动的方向发展;关注市场各方力量的认知互动,积极采取有效的战略措施,处理好多区域、多品牌、多产品等情况下竞争企业间的多点交锋问题。下面将就这些问题逐一展开讨论。

第一,关于保持战略的敏感性与灵活性。一方面要时刻关注企业现有及潜在顾客的需求变化,另一方面要注意建立柔性应变的内部实力系统,以此把握市场变化先机,实现企业发展,否则,企业很容易在变化中丧失原有的优势。比如,某日本公司,原来供应我国某洗衣机生产企业的洗衣机配套芯片,后来由于市场竞争,该国内企业向日本公司提出要求,希望解决芯片的保密程序问题。但由于该日本公司的官僚体制,为修改这么一个程序,需从事业部、中国部、亚洲部、日本总部层层上报,因太过繁复,该公司直接与顾客接触的销售部门不愿改也无法改。这一情况被美国的一家小公司获悉后,马上答应按顾客的要求对通用芯片进行改进。面对美国公司的竞争，后来尽管日本公司也不得不答应改进，但提出要在原有芯片库存销售完毕之后才改进。由此可见，一个患有"大企业病"的公司，若无法对顾客需求做出适时反应，在动态竞争环境中，将很难抵御快速响应的同行，甚至只是小企业的竞争。

关注顾客需求变化，必须注意把握顾客认知价值的动态变化情况，处理好顾客价值各构成要素比重之间的关系，过分超前或滞后于顾客认知，都将不利于企业价值的实现。例如，对于时间性很强的产品，顾客主要关注的可能是响应速度；对于经久耐用性的产品，顾客主要关注的可能是内在质量。再如，经济衰退时期，市场极度不景气，顾客购物等待心态严重，渐进型的创新已经很难打动顾客，只有激进型的创新才有可能激发起顾客的购买欲望；而在功能设计方面，则可能以简约实用、价格低廉更能吸引顾客的注意。此时，如果过分强调产品改善、花色品种、优质服务、顾客满意等，可能都会加重顾客的抗拒等待心理。考虑到现实竞争中，面对市场饱和或需求多变的情况，与对手合作、屈服于对手、直接进攻这三种常规战略似乎有点无能为力，基本上都不可能带来企业业务的真正增长，甚至还可能引发市场争夺战。此时，若能采取基于时间的竞争战略，[23] 用信息技术整合订货、设计、制造、物流系统，提升企业响应变化的节拍，如建立及时生产系统，压缩订单响应时间，加强零部件物流追踪管理，对从订单到顾客需求满足进行全过程控制，实现快速、可靠、经济的响应等，也许可以有效地解决仅仅凭库存增加、产能扩容等无法解决的适应不确定多变的顾客需求的问题。

第二，关于加强动态价值管理。按照第 7 章对于企业所创造的产品或服务的总价值的讨论，如果将其中的顾客价值用顾客认知利益与顾客认知价格之比也就是性价比来表示，那么做好动态价值管理的关键，就是弄清企业自身产品或服务的顾客价值定位的变化，以及它会在同行竞争者与顾客心目中到底造成什么影响。若顾客认为价值提升，而竞争者不以为然，则意味着企业的产品或服务的相对竞争优势增强；若顾客与竞争者均认为价值提升，则竞争者必定会采取相应的措施，最终抵消企业的价值定位变化，使得企业的产品或服务的相对竞争优势维持不变；若顾客认为价值下降，而竞争者维持现状，则意味着企业的产品或服务的相对竞争优势变弱。这里的核心在于，企业、顾客、竞争者对于价值认知的变动会导致他们之间互动关系的改变。

关于动态价值定位，可以使用顾客价值图的方法来分析。[24] 在顾客价值图中，纵轴表示顾客认知价格，横轴表示顾客认知利益，其中的等价值线表示具有相同性价比，即具有相同的"顾客认知利益/顾客认知价格"数值的各点的连线，其上的各点对顾客来说具有相同的价值。根据图 9-1 所示的顾客价值图，相对于等价值线 $OABC$ 上的点而言，所有由处于等价值线以上部分的点组成的区域，称为价值劣势区域，其中各点均对应于较低的顾客价值；所有由处于等价值线以下部分的点组成的区域，称为价值优势区域，其中各点均对应于较高的顾客价值。这样，假设初始时有 A、B、C 三家企业，其价值定位正好分布于等价值线上的 A、B、C 三点，其中各点所对应的柱状高度就表示各企业所相应拥有的顾客量。

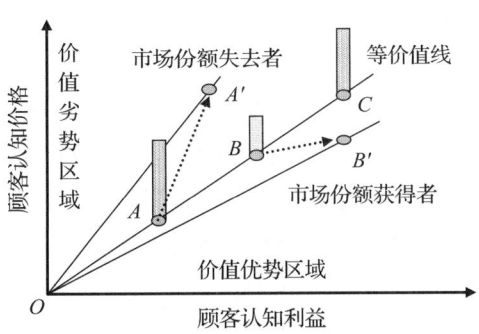

图 9-1 顾客价值图分析：市场份额变动

在初始状态，A、B、C 三家企业分别处于低、中、高价位区，但都落在相同的等价值线上，此时各企业的市场份额分布稳定。现假设 B 企业采取改善产品性能等措施，显著地提升了顾客认知利益，但没有相应调整价格等可能增加顾客认知价格的因素，也就是使其产品的价值定位从 B 点实际上变动到了 B' 点。显然，B 企业产品的新价值定位相对于 A、C 两家企业的定位来说，进入了价值优势区域，从而引起 A、C 两家企业的顾客向 B 企业的转移。针对这种情况，A、C 两家企业在不能迅速提升产品性能的情况下，就只好采取降价的方式来应战。这样，由于 B 企业的重新价值定位行为，最终引发了全行业等价值线的偏离，从原来的 OABC 变到了现在的 OB'。这种变化的结果，是 A、C 两家企业的产品认知价值不变，但价格下降；B 企业价格基本不变，但为提升产品认知价值多花了投资。这意味着，伴随顾客价值的提升，并未给行业中的企业带来利益的增加。

再假设 A 企业采取改善产品性能等措施，略微提升了顾客认知利益，但 A 企业自认为已大大提升了顾客认知价值，所以决定大幅度提高其产品的价格，这样就使其产品的价值定位从 A 点变动到了 A' 点。显然，相对于 B、C 两家企业的定位来说，A 企业产品的新价值定位进入了价值劣势区域，处于新的等价值线 OA' 上。此时，如果 B、C 两家企业也跟进提价，使得全行业定位于新的等价值线 OA' 上，若这种产品具有刚性需求而又没有相近的替代品，则意味着整个行业的企业价值上升而顾客价值下降，否则可能会导致全行业需求的萎缩，甚至转向其他相近的替代品。若 B、C 两家企业维持原状不变，则可能会有 A 企业的顾客向 B、C 两家企业转移，而 A 企业若最终发现自己的顾客流失，只好采取将价格降回到变动前的位置的做法，但此时要想恢复原先的顾客数量水平已不可能，A企业也许就可能会再发动新的价值定位攻势。由此可见，企业在进行价值定位时，必须关注其行动可能对行业或自身经营带来的潜在影响。

根据顾客价值图分析，各企业产品或服务的顾客价值高低，直接反映了各企业竞争力的相对强弱。从动态的角度看，各企业任何偏离等价值线的行动，如果被同行识别出来，都有可能打破行业中企业间的竞争均衡格局，导致新一轮的企业顾客价值重新定位与市场顾客分布的重新调整。因此，做好动态价值管理，必须考虑企业自身战略行动对行业均衡的走向可能造成的影响，采取有效措施引导行业向良性互动发展，以防引起全行业亏损。例如，企业重新进行价值定位，若是在企业品牌顾客、流动顾客甚至潜在顾客中悄悄进行，而不是针对整个市场上包括竞争对手品牌顾客在内的所有顾客进行，则就有可能回避同行的仿效，从而起到稳定企业顾客，增强自身竞争优势的作用。

第三，关于关注市场各方力量的认知互动。这里，特别需注意处理好多个企业在多个市场同时相遇的所谓多点竞争问题。对小企业来说，如果与大企业相遇，显然可以采取以小搏大的做法，即在大企业的局部市场采取降价措施，使得大企业无法应战。因为大企业产品系列化、市场分布较广，一个局部市场的降价举措可能会引发整个市场的比价调整，这样就会显得代价高昂、得不偿失，最终只好听任小企业降价而不采取反击措施。而对大企业来说，面临强大对手对于自己主要市场的挑战，如果直接应战会导致自己主阵地的失守，而此时若采取主动出击的做法，也到对方的主阵地去进行反击，则可能会迫使对方放弃进攻意愿。例如，在跨区域交锋中，面对新的外来竞争者，一个企业无论怎样固守当地市场都会丢失部分市场份额，而若主动出击，也到对方的主要市场上去设点，既可补回部分在自己门前丢失的业务，还能消耗对方实力，压缩其盈利空间，最后产生围魏救赵、曲线救国的作用。[25]

正是这种多市场竞争与合作的相互依赖性，各方都具备报复或合作的能力，但又必须面对面地长期相处，从而满足了关系持续性与互惠这两个合作的充分条件，有时会在一些企业之间达成一种默契，即相互之间坚守各自的份额，不太愿意去发动新的攻势，以互不侵犯来保持市场的相对均衡。当然，相对均衡只能出现在市场相对稳定的情况下，一旦行业内出现新进入的竞争者，或者市场需求发生较大的波动，这种竞争与合作的均衡格局就很容易被打破。即使如此，有一点仍可以肯定，就是正因为相互作用的存在，对同时参与多个市场竞争的企业来说，谁都不太愿意在一个市场上过分竞争，以免引发多市场全方位的价格战，使得自己在一个市场得到的好处被竞争对手在另一个市场上的报复所抵消。

以上情况的存在，并不排除一个实力雄厚的企业可能会在所有市场同时开战的可能，因为此时该企业有可能在全局市场上取胜。[26]例如，某实力雄厚的企业为了保持自己在高端产品市场的优势，故意推出大量与其他低端市场企业所生产的产品几无差异的无品牌产品，通过微利甚至微亏的做法，挤压这些企业的盈利空间，使其无法积累起充分的实力，难以参与该企业所在的高端产品市场的竞争，从而维护自己企业在高端市场品牌产品的盈利地位。从这个角度看，基于市场信号传递的需要，有时为了牵制对手，企业故意在某些市场区域出现，即使实际的经营无利可图也在所不惜；有时为了达成竞争各方的平衡，主动撤出某些市场，以便向竞争对手表示相互谦让的意愿。例如，曾有两个实力相当的南北分布的企业，其所生产的某产品基本上共同瓜分全国市场，其中实力稍强、位于南边的企业，为了防止位于北边的企业南下，故意在北边企业的主战场上设点销售，只是产品的实际投放量并不多，而且故意不计该产品所涉及的较高运费支出，将价格定得很低，从而造成北边企业的错觉，不敢轻举妄动贸然南下，结果双方相安无事。

此外，从市场进入与退出障碍的角度看，如果市场退出机制完善，障碍较低，价格战将有助于将成本弱势企业淘汰出局，使得行业资源重组，结构趋于优化。如果退出机制欠缺，或者退出所引发的经济、政治、社会、心理等障碍较大（例如，各地政府出于就业、稳定等考虑，会不惜一切代价支持当地的大企业办下去；个人出于名誉损失等考虑，在情绪上担心失败而抗拒退出），则价格战将无助于行业资源整合，其结果只会是相互消耗、两败俱伤。从理性分析看，我国的家电行业受区域本位等因素影响，似乎属于有较高退出障碍的情况，其中的各方巨头之间好像不应发动价格战，但为什么现实观察到的情况却并非如此呢？这里的问题也许在于，前些年，我国家电市场作为一个成长中的市场，各巨头为争夺其中的潜在顾客，以扩大自己的市场占有率，往往会不惜采取各种营销手段，相互展开激烈的市场竞争，希望自己能出奇制胜，在不断"偷袭"中获得更大利益。这种以"奇"制胜的思想，在实际操作中尽管有可能取得一时的小利，但在逻辑上却潜伏着更大的长期麻烦。

出奇制胜，若是想通过反常规操作，借助突然袭击，给对手以意外，从而达到自己得益而使人受损的目的，则必须先消除他人的警觉心，也就是先取得他人的信任，让人心理不设防。因此在这种做法真正见效的地方，总是会伤害那些对你比较信任，从而放松警惕的人，长此以往，自然就会使你的信誉全失、众叛亲离。这意味着，采取这种战略，要么假设自己特别聪明，每次总能先让他人不设防，然后靠一次性的奇袭将其打垮，使其永世不得翻身；要么假设自己的行动非常隐秘，从而无人知晓，或者人们见怪不怪，永远不会长心眼，不会报复反击，也能容忍企业的做法；还有就是像骗子一样，打一枪换一个地方。显然，这些假设及做法都不可能持续。按这些思路以奇取胜，其所带来的恶果就是，各方陷入相互设防、循环报复、永无宁日的消耗战。当然，出奇制胜的关键在于"奇"什么，若奇在损人，则如上所述，很容易引发他人防范，而不可能长期见效；但若奇在帮人，如提供超越顾客预期的增值，让人感受到意外惊喜，使人受益而自己也得益，这种依赖于企业自身的实力与努力，通过创新达成双赢的奇，则完全有可能长期使用。

拓展思考题

1. 许多人在网上注册时提供的信息很不准确或根本就是虚拟的，以致有人说，"在网上，即使你是一条狗，也没有人能知道"。有鉴于此，如果企业希望借助于网上平台开展业务，该如何处理人际竞合互动关系？如何解决对虚拟化"顾客"的量身定制问题？

2. 不同的企业由不同的人所组成，它们所面对的必然是并不相同的外部环境、使命宗旨、自身实力三假设，因而应该相应地采取互不相同的战略举措。但现实中人们经常发现，许多企业特别是处于同一行业中的企业，常常采取几乎相同的做法，即存在较为严重的竞争趋同现象，请问这是为什么？

3. 2008年，我国乳业曾发生三聚氰胺事件，行业内规模居前的企业几乎无一幸免。事后总结经验教训，面对剧烈的市场竞争，这些企业原本可以采取哪些措施，在确保自身盈利的同时，又能有效地规避此类风险？怎样才能做到"活得久"？

4. 阅读专题实例9-2，请说明：为什么不同物种间的动物也有可能建立合作关系？这需要具备什么前提条件？为什么？

专题实例9-2

动物合作：猴与狼共生

某动物园进行"猴与狼共居一室"的实验，[27]结果发现，一对机灵的猕猴将两只凶恶的狼整得服服帖帖。这对猕猴来自山西，雄猴5岁，雌猴3岁，体重约7千克；两只狼来自内蒙古，刚2岁，体重约15千克。实验伊始，猴居高处，狼住笼底，狼对猴凶光毕露，恨不得吃了猴，只是苦于无法高攀，可望而不可即，而猕猴则终日胆战心惊。

一天正午，两狼酣睡。突然，雄猴飞身而下，利爪闪电般地往狼脸上狠抓了一把，又飞身上笼顶。狼负痛长嚎一声，脸上留下一条7厘米左右长的伤痕，尽管狼恨得咬牙切齿，但奈何不了猴。不多时，雌猴伴做攻击之势，另一只狼朝雌猴猛扑过去，雌猴一个急闪，雄猴瞅此空当猛击此狼。两狼恶狠狠地盯着两猴，然稍有分神，两猴即闪展腾挪马上出击。如此数番，两狼脸部鲜血淋漓，三四个小时下来，狼收敛凶光，现出畏色。

半月后，狼彻底屈服。吃食时，猴吃饱了，狼才敢吃；晴日里，猴潇洒地独享阳光，狼畏缩在一边"凉"着。如此数日，猴恩威并施，又安抚起狼来了。一天，饲养员给它们送去了牛肉、花生等食物，猕猴见到沾满血的牛肉，吓得尖叫。面对美食，狼口水直流，不敢上前。雌猴似有灵犀，扬手把肉扔给狼吃。时间一长，共处一室的狼、猴渐渐成了好朋友。

5. 南方某市包装机械行业有兄弟俩，他们各开一家生产同样产品的企业。20世纪90年代末，兄弟俩相互竞争，拼得你死我活，产品价格下降1/3，几乎每年让利百万元。周边同类企业的产品价格也受兄弟俩的竞争拖累，下降了1/3。但出乎预料的是，正是这种近乎自杀的降价竞争，使得该市的包装机械在全国变得很有竞争力，并随着销量与规模的增加，各企业的日子反而更好过了。这是典型的由于竞争对手的存在，结果造成了双活的局面。反之，如果当初这些企业联合不降价，也许整个产品市场会被其他地区的竞争对手所占领。请问：这些企业之间无意中进行的自相残杀的价格战为什么能造成该地区各企业的多赢局面？这种局面是否有可能持续？如何才能持续？

6. 根据下例提供的情况，请回答：在处理与H省市场经销商A公司的关系过程中，作为生产商的B企业存在什么问题？该怎样建立渠道上下游企业之间的良性竞合互动关系？

　　某地A公司经销北方B企业生产的医药中间体。该中间体是一种几乎没有什么特色的生产原料，主要供应H省的一些药厂、化工厂、保健品厂。当时H省市场上销售的该中间体，既有该省本地企业生产的，也有国际市场进口的。H省的本地产品，主要由于各生产企业的销售渠道不畅，造成生产批量较小，因而成本较高，价格居高不下；进口产品质优价廉，只是由于要求现款交易，对经销该产品的公司有较高的流动资金要求，致使国内销售渠道的开拓进展缓慢。

　　与A公司合作前，B企业在上海采取的做法是，寻求一家公司作为自己产品的区域总经销。结果，该总经销在建立好下游销售渠道网络后，却突然转而经营质优价廉的进口原料，致使B企业在上海的市场严重受挫。鉴于以上教训，在H省市场上，B企业一方面委托A公司经销，另一方面积极自主地开拓市场渠道，有时甚至不惜与A公司抢顾客，试图建立自己的营销网络。对此，A公司尽管有点不满，但刚开始也想不出应对措施，无可奈何，只好承认现实。

　　但经过一段时间的经营后，A公司采取了对策。A公司在H省找到一家生产该医药中间体的C厂，经过双方协商，达成这样的战略联盟：C厂采取特别优惠措施，给A公司提供在价格上可与B企业相抗衡的同类医药中间体；A公司承诺帮助C厂销售一定数量的该中间体，以扩大C厂的生产批量，从而真正达到在成本上可与B企业相匹敌的水平。这样，经过C厂与A公司的产销联手努力，A公司终于在市场上站稳了脚跟，同时救活了原来在B企业的竞争压力下濒临倒闭的C厂。

　　此后，A公司为强化自身竞争优势，不断扩大市场经销网络范围。在经销C厂2/3左右产量的医药中间体的同时，A公司还经销了许多其他企业生产的该种医药中间体，有时也做一些进口的医药中间体业务。另外，A公司还充分发挥自身的贸易优势，为自己帮助其经销医药中间体的企业提供生产所需的化工基本原材料的采购服务。这样做的结果是，在降低合作双方经营资金需求，提高最终市场竞争力的同时，为A公司自身持续经营优势的确立奠定了坚实的基础。

资料来源及注释

[1] 索尔曼，弗利德曼. 企业竞争战略[M]. 尉腾蛟，译. 北京：中国友谊出版公司，1985.

[2] NALEBUFF B J, BRANDENBURGER A M. Co-opetition[M]. Harper Collins Publishers，1996：3.

[3] 艾克斯罗德. 对策中的制胜之道：合作的进化[M]. 吴坚忠，译. 上海：上海人民出版社，2000.

[4] 佚名. 大脑有个"公平中心"[N]. 参考消息，2006-10-23（7）.

[5] 唐格莱. 进化生物学家提出动物利他主义亦有利于人[N]. 参考消息, 1999-03-10(12).

[6] 威尔逊. 社会生物学：新的综合[M]. 李昆峰, 编译. 成都：四川人民出版社, 1985：105-110.

[7] 研究宗教与道德及伦理学的关系，发现其核心内容均涉及相互制约的回报思想。只是根据对人性的不同假设，存在着复仇、报应、同情、博爱等多种层次不同的回报提法，如"以其人之道还治其人之身""恶有恶报，善有善报""己所不欲，勿施于人""己所欲，施于人"等。参见罗斯特. 黄金法则[M]. 北京：华夏出版社, 2000.

[8] 伊索. 伊索寓言[M]. 白山, 译. 北京：北京燕山出版社, 2001：70. 此处引用时，文字有较大改动。

[9] 格里姆斯. 信任是人之本性[N]. 参考消息, 2003-08-11（15）.

[10] 汉迪. 超越确定性：组织变革的观念[M]. 徐华, 美云, 译. 北京：华夏出版社, 2000：21.

[11] 韩文刚. 格兰仕变"软"了吗？[N]. 中国经营报, 1999-04-13（5）. 此处引用已对原文做了较大改动。

[12] BESANKO D, DRANOVE D, SHANLEY M. The economics of strategy [M]. John Wiley & Sons, Inc., 1996：159.

[13] 大前研一. 怎样同强大的中国打交道[N]. 参考消息, 2002-04-18（8）.

[14] MILLER R L. Intermediate microeconomics: theory, issues, applications [M]. McGraw-Hill, Inc., 1982: Chapter 14.

[15] 佚名. 先绑在一块儿、再与日商讨价[N]. 报刊文摘, 1996-03-11.

[16] 佚名. "筷子"的悲哀[N]. 报刊文摘, 1996-12-30.

[17] 张维迎. 博弈论与信息经济学[M]. 上海：上海三联书店, 1996：5.

[18] 佚名. 思想与世界：凯恩斯传记作者谈凯恩斯[J]. 参考消息, 2000-12-20+23（4）连载.

[19] CAMERER C F. Does strategy research need game theory [J]. Strategic Management Journal, 1991（12）：137-152.

[20] SALONER G. Modeling, game theory, and strategic management [J]. Strategic Management Journal, 1991（12）：119-136.

[21] BRANDENBURGER A M, NALEBUFF B J. The right game: use game theory to shape strategy[J]. Harvard Business Review, 1995（4）；内勒巴夫, 布兰登勃格. 合作竞争[M]. 合肥：安徽人民出版社, 2000.

[22] 范旭光, 钟晶晶. 联合利华发声明称尊重发改委处罚决定[N]. 新京报, 2011-05-07.

[23] George Stalk, Jr. Time - the next source of competitive advantage [J]. Harvard Business Review, 1988（4）.

[24] 莱金斯格, 马恩. 设定价值而非价格[M]// 程嘉树, 欧高敦. 麦肯锡高层管理论丛（Ⅲ）. 北京：经济科学出版社, 1997.

[25] BAUM J A C, KORN H J. Dynamics of dyadic competitive interaction [J]. Strategic Management Journal, 1999（3）.

[26] 泰勒尔. 产业组织理论[M]. 马捷, 吴有昌, 陈耀, 等译. 北京：中国人民大学出版社, 1997：315.

[27] 佚名. 猴狼同居一室、猕猴智驯恶狼[N]. 杭州：都市快报, 2000-11-19（3）. 此处引用时，文字有改动。

The Art and Practice of
Strategic Management

第 4 篇
战略实践：行动管理

第 10 章　战略决策管理
第 11 章　战略变革管理
第 12 章　战略激励管理

本篇共分三章，分别讨论以下内容。

第 10 章 "战略决策管理"，从阐析由 "企业凝聚力、行为宽容性、环境敏感性" 构成的战略决策基点入手，讨论了战略决策的一般工作程序与其中所涉及的关键因素，提出了战略决策的当下理性原则，研究了战略行动管理过程中所存在的思维认知与实际行为的互动、互赖联系。本章试图阐明战略方案制订与措施落实的内在联系，说明在动态变化的不确定环境中，战略决策必须树立干中学的思想。

第 11 章 "战略变革管理"，从分析战略变革概念的内涵及由此引发的管理悖论入手，基于跨期连续、亦此亦彼、彼此兼顾的思路，提出了突破悖论的对策，围绕战略变革管理，探讨了领导作用的发挥问题，给出了企业制度建设的基本原则与文化构建的指导思想。本章试图揭示一般管理原理面临变化的环境时实际应用的局限性，并在此基础上给出更为适合战略变革管理需要的理论原则与方法体系。

第 12 章 "战略激励管理"，从剖析企业活力的源泉入手，提出了企业活力的本质在于行动力的看法，研究了行动力的三个有机组成部分——能力、愿力、助力，着重论证了通过提升人们内心的 "成长、成就、成员" 感，以增强行动力的战略激励思路与原则，讨论了与此相应的跨期报酬体系与行为调节杠杆的设计问题。本章试图说明，没有与战略行动管理相匹配的报酬激励体系，就很难指望会有真正的战略变革行为与奇迹的出现。

第 10 章　战略决策管理

【学习目标】

知识目标：了解战略决策基点、战略决策一般工作程序与关键因素。
技能目标：理解战略决策当下理性原则、知行关系的协调。
能力目标：理解战略制定与措施落实的联系，决策需在干中学。

【要点提示】

战略决策基点
企业凝聚力、行为宽容性、环境敏感性。

一般工作程序
弄清问题性质、确定问题边界、制订解决方案、采取解题行动、进行反馈调整。

当下理性原则
以有限的认知能力，面对无限变化的世界，假设战略决策在做出的当下是理性的，也就是不论出于什么原因，只要人们做出了选择，就认为至少是出于决策当时的综合理性权衡考虑。

知行关系协调：谨防战略决策陷阱
只说不干、盲目蛮干、创新不力、心态消极、缺乏支持、方向不明。

10.1　战略决策基点

战略管理不仅在于知，更在于行。本书前面所讨论的内容，如图 10-1 所示,其中提到的"时机""时间"就事关战略实践行动过程,不仅涉及总体上的优势持续、业务演化与竞合互动等战略构建问题,还涉及战略推进所遇到的决策、变革、激励等行动管理问题,这也就是本章开始的本书第4篇所关注的内容。按照战略中心命题的分类,第4篇的第10~12章将分别回答战略实施行动过程中所遇到的"做什么"的动态选择、"如何做"的过程变革、"由谁做"的活力激发等问题。

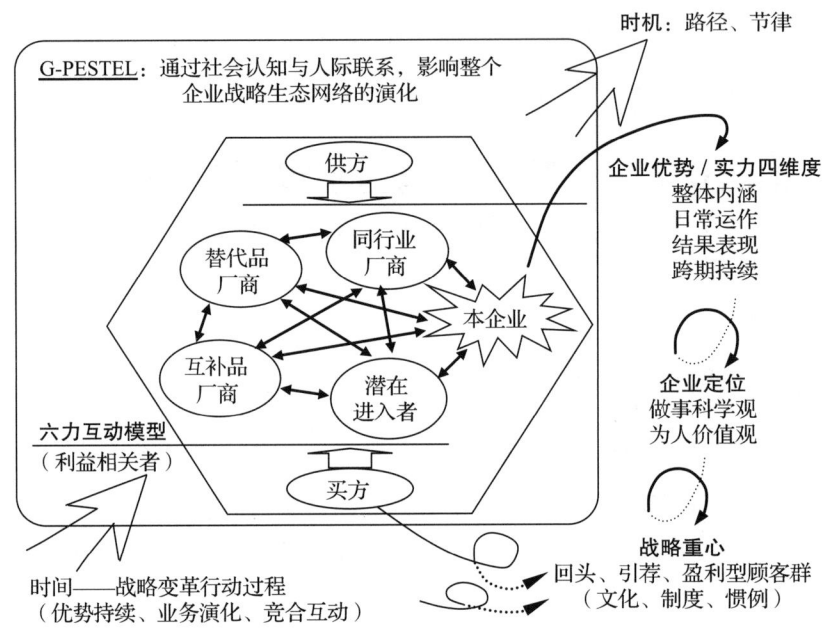

图10-1　企业生态综合:模式、结构与过程

本节首先讨论战略决策基点的确定,它是整个战略行动的出发点与指导原则。探讨战略决策基点,可从第1章提出的关于宇宙人生的预设入手。显然,从"不确定人生"看,由于个体渺小无助,需要组织为其提供心理寄托,从而要求战略行动能形成一定的"企业凝聚力"。从"多样化世界"看,考虑到总体上的多样化是以个体特异性为基础的,而个体的特异性又需以企业对员工的"行为宽容性"为支撑。从"互适应关系"看,互适应的前提是相互了解,这就要求企业整体具备"环境敏感性"。有鉴于此,可将"企业凝聚力""行为宽容性""环境敏感性"作为战略决策的基点,并以此作为区别战略决策与组织中一般决策的依据。

当然,"企业凝聚力""行为宽容性""环境敏感性"是作为整体提出的。就企业凝聚力而言,它通过追求组织发展的适度可预见性,以消解员工面对不确定人生所产生的焦虑情绪,体现的是企业对于员工需求的关注。在现实竞争环境中,凝聚力的形成必须以切实可期望的企业发展前景为基础,而不只是依靠文化等软性因素的作用，更需要防止的是，仅仅出于企业自身的需要，借助于各种所谓的制度设计等手段，威逼利诱、强行压制骨干员工，使其不敢或不能离开企业。那些变味的凝聚力，即使出发点很好，其结果也有点类似俗话所说的"离不开的天堂就是地狱"。

就行为宽容性而言，它为员工的能动创新与企业的动态应变奠定了基础。这里的关键是要确定宽容的边界与尺度，如预设的行为结果标准或过程规范等。正如国内某著名IT公司总裁所言："在公司划定的跑道内，是跑是飞都允许，即大家可以八仙过海各显神通，但是越界进到人家的跑道则是不行的。"

就环境敏感性而言，精微、敏锐的感知能力是企业把握环境变化动态，并与环境形成互适应关系的基础。事实上，无论企业的战略取向是顾客导向、技术导向、竞争导向，都需要以能动态领悟企业外部的变化信息为前提。

从操作的角度看，凝聚力、宽容性、敏感性都以企业的一定实力为支撑，也就是说，面对不确定的多变环境，企业必须保持稳健的财务预算，否则将无法真正体现战略决策基点的要求。显然，在缺乏一定冗余资源保障的情况下，可能会由于企业经营风险的增大，而使员工对企业未来的发展失去信心，从而破坏企业的凝聚力；无法应付伴随着行为宽容的多样化探索，结果可能引起效率损失与突发事件；难以支撑保持环境敏感所必需的适当过剩系统能力的建设与维护费用。由此可见，面对"不确定人生、多样化世界、互适应关系"的挑战，为体现"企业凝聚力、行为宽容性、环境敏感性"的决策要求，企业经营必须以财务稳健为前提。[1]

应该看到，战略决策基点只是从根本原则与指导思想上为战略决策提供了依据。在实际决策中，还必须结合企业的具体情况，艺术性地把握其中的平衡尺度，以满足战略三假设的有机匹配、动态可调要求，做到既发挥企业使命目标的导向作用，又兼顾环境与实力变化的权变选择。从这个角度看，战略决策必须对企业目前处于什么地位、具备何种生存条件、想朝什么目标前进等问题有清醒的认识。显然，对企业目前的地位及其环境状况不清楚，就很难确定未来之路到底该怎样走。

战略决策基点为将战略构想转化为战略行动提供了根本的思路指导。为将这种思路指导转化为实际行动，必须看到，在现实企业中，战略构想的提出更多地涉及企业中高层管理人员，而战略方案的贯彻实施则更多地涉及企业中下层员工，在这两部分人员之间可能存在着认知上的差异。因此，为使企业上下在战略行动上步调更为协同，需要将战略决策基点进一步细化，以从行为规则与价值理念两个层面提供依据（见战略启示10-1）。

战略启示 10-1
战略决策基点及细化

基点：企业凝聚力、行为宽容性、环境敏感性。

行为规则：合情、合理、合法，公平、公正、公开。

价值理念：结果导向、以人为本、一次做对、系统思考、不断创新。

从行为规则看，[2]需要强调加强沟通、积极协调、上下共识、相互谦让、精诚合作，注意合情、合理、合法，做到公平、公正、公开，围绕员工敬业乐业、自愿投入、能力胜任，建立企业的特色战略优势。从价值理念看，第一，结果导向，明确贡献在外部，强调只有以让他人盈利为前提，才可实现企业自身持续生存之目标；第二，以人为本，明确做事先做人，强调领导是员工的榜样，应以提升员工素质为中心；第三，一次做对，明确习惯成自然，强调任何机会都是非重复的，尽管面对不确定环境，有时谋事在人、成事为天，但在做事的过程中，对工作还是必须要有敬业、自律、求精的投入态度；第四，系统思考，明确协同出优势，强调从整体出发思考解决局部难题，在观念上体现企业各部门的功能互适要求；第五，不断创新，明确变化为灵魂，强调改善提高永无止境，方法上需持续改进。

行为规则与价值理念作为战略决策基点的细化表现，从一定意义上看，为战略决策划定了伦理准则，确保企业最终选定的战略方案能满足企业广大利益相关者的需要，以最终得到他们对于企业战略行动的认同与支持。当然，要将这些基点与第3章和第4章提到的企业定位思考结合起来，以使这里提到的行为规则与价值理念能得到基于客观规律的科学观与基于主观偏好的价值观的指导，让人们更清楚地知道，在受到时间、精力、资源局限，对多个主体、多重价值、多元目标难以兼顾时，需遵循怎样的有关为人处世的轻重缓急与优先排序原则，该怎样进行现实行动方案的取舍决策。

10.2 一般工作程序

关于战略决策，从活动内容及过程的角度看，通常涉及四个方面：第一，战略决策者需要掌握情况，即通过平常的积累或专门的调研等多种方式，了解企业相关各方面对于外部环境、使命宗旨、自身实力三假设的看法；第二，在战略决策者之间，充分交换有关战略三假设的信息与认知；第三，仔细酝酿构建与比较权衡各种可行及不可行、可选及不可选的战略方案；第四，经过正式会议等形式，确定并落实最终的战略方案。就一般决策程序而言，战略决策行动贯穿于整个战略管理全过程，可以分成以下五个略有交叉重叠的决策环节

（见战略启示10-2）：[3] 弄清问题性质、确定问题边界、制订解决方案、采取解题行动、进行反馈调整。显然，据此行动，可以改善或提高决策质量。

◉ 战略启示 10-2

战略决策：一般工作程序

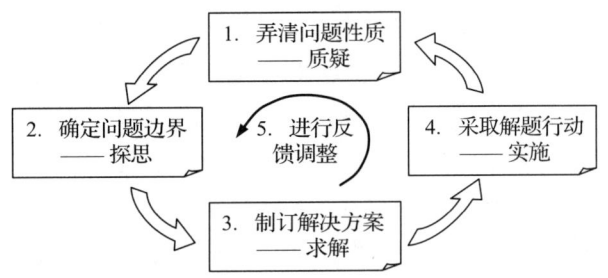

就弄清问题性质而言，关键在于明确战略决策问题的定义（见战略启示10-3）。一般地，问题就是指实际情况与目标预期之间所形成的偏差，大到足以引起人们重视的程度。由此可见，一个问题涉及四方面主客观要素的认知：一是实际情况，二是目标预期，三是存在偏差，四是引起重视。现实中经常见到的人们对于问题的看法的分歧，许多情况下就是由于不同的人对构成问题四要素中的一个或多个要素的认知不一致。从这个角度看，提出适当的问题，认清问题的性质，在很大程度上为问题的解决铺平了道路。

◉ 战略启示 10-3

什么叫问题

问题是指实际情况与目标预期之间所形成的偏差，大到足以引起人们重视的程度。问题的产生涉及实际情况、目标预期、存在偏差、引起重视四要素，现实中有可能由于各人对于四要素的认知差异，对同一现象产生不同的问题感觉。

问题按其性质不同，可以大致分为常发性与偶发性两大类。对于常发性问题，一般采取程序化的方式，按照规章原则解决，通常不能算是真正的决策；对于偶发性问题，一般按照例外的原则，根据特殊情况做权变处理，所以需要做出决策。弄清问题性质的关键在于，新问题最初产生时，如何判定这是偶发性问题或是常发性问题的首次出现。对于首次出现的常发普遍性问题，必须建立新的普适的解决原则，若被当成偶发特殊性问题处理，可能就会失去解决问题的良机。

此外，考虑到市场及人际互动的存在，现实中出现的许多战略问题与其产生的原因之间，既可能多因单果，也可能单因单果，甚至还可能单因多果。这里的关键在于，对内外环境变化保持敏感，认真关注各种可能的原因。为了找到问题产生的真正原因，有时可能需要不断改变假设，变换观察问题的角度，寻找新的可能的原因，并对照问题的实际情况，确定真正的原因。就制定解题对策而言，只有找到了问题产生的真正原因，才有可能达成问题的解决。现实中常见的问题性质不清、原因不明却盲目决策的情况，结果常常事倍功半，甚至还会因此而延误解决问题的最佳时机。

就确定问题边界而言，关键在于明确解决战略决策问题的目标及条件。问题边界的确定，既为搜集有关决策资料提供依据，也为最终决策方案的论证选择提供标准。许多情况下，最终决策方案的提出及选择，在很大程度上会受到所确定的问题边界的影响。例如，"二战"期间，英、美军方为保障海上运输，讨论货船上是否应装高射炮的方案。[4] 如果从货船装上高射炮后击落敌机的情况看，装上高射炮后，货船击落敌机的概率仅为4%，似乎不应装高射炮；而如果从保护货船不被敌机击沉的情况看，装上高射炮后，货船被击沉率从20%降到了10%，最后决定实施该方案，以便有效地保障海上运输。显然，击落敌机与保护货船提供的是两个不同的目标视角，基于不同的视角，就会导出不同的决策建议。

当然，在现实的企业决策中，对于以上这种目标及条件，有时只存在于关键决策者的心中，有关人员也可能心知肚明，但出于政治方面的考虑，并不轻易地公开表露出来。例如，某公司老总为了通过战略变革过程，对主要干部进行调整，故意在公司里推行某种流行的管理模式，并声称根据该模式提出的不设副总要求，要将原来的副总降为高级助理。尽管在这样做时，公司并没有降低相关人员的工资福利等物质待遇，也没有削减他们的职权，但让人觉得好像被降级了，似乎很没面子，感到没有必要继续待在该公司里。但就在这些人陆续离开公司后，该公司老总却重新招聘或提拔了几位能人，再次设置了副总的岗位。再如，某公司老总为在公司中削弱几位能力欠佳的创业元老的地位，故意请来国际知名的管理咨询公司，借战略重整的名义，对公司的业务流程进行大规模的调整，将原来主要受几位元老控制的领域，通过采取将原先模糊的边界清晰化并引进空降兵的做法，淡化了元老的人治影响，甚至架空了一些元老的权力。而在完成元老的权力交接，迫使他们退居二线后，随着咨询公司的离开，该老总又重新按照便于实际做事的要求，将清晰的边界模糊化，在方便各部门工作配合的同时，收回了原先分散的权力。

就制订解决方案而言，关键是要对从不同认知角度提出的战略决策方案，在相互交流、相互尊重、相互谦让的基础上，做出必要的妥协，以达成行动共识。考虑到战略决策需倾听不同的声音，因而在做出最终决策时，往往需要在不违反解决问题边界的前提下，对不同意见做折中考虑。在许多情况下，折中可以做到不偏离决策目标，而在另一些情况下，折中可能会严重背离决策目标。例如，在解决市场上许多顾客争购一块充饥面包的问题时，决策可采取切割面包进行分配的方式，以暂时解决大家共同的需求，并且这样做实际上也能更好地发挥面包的效用；而类似地，在解决市场上许多顾客争购一尊名贵石雕的问题时，如果也采取切割的做法就显得非常荒谬，因为这样做会破坏石雕的整体价值，也许此时更好的做法是，将石雕拍卖给其中的某一方，或者让其中的各方分时段地轮流持有。

现实的战略决策中，企业的资源、能力、信誉作为一个有机的整体，如果随意进行拆解或分散，也会产生类似石雕分割的后果。例如，受资源有限的约束，有时需要从多个可行的战略方案中做出选择，此时，考虑到每一个方案都既有人赞成也有人反对，大家谁也说服不了谁，有些企业最后干脆采取所有方案一起上，或者哪个方案都不上的做法。所有方案一起上，结果会由于企业实力的分散，最后可能一个也做不成；而哪个方案都不上，其实只是代表一种战略上的拖延选择，最后可能会坐失企业发展的良机。面对这种情况，对大多数企业来说，利用现有的资源、能力、信誉，只要大家齐心协力，团结合作，可能不管实施其中的哪一种方案，实际上也许都能产生成效，因为至少抓住了一个方面的市场发展机会。

这里需要说明，妥协有时需要引进外部力量，特别是在面对有限的资源与不确定的环境时，如果缺乏权威，众多决策者存在意见分歧，难以达成协议，事情可能就会久拖不决。此时，借鉴中国古训"有疑则卜"的说法，若能请进一个各方认可与信任的决策参与者，如大家公认的"权威"人士、"著名"顾问或管理咨询公司等，则在其帮助下，也许可以方便地达成一致看法，从而推动战略变革行动的实施。当然，有些情况下，妥协所涉及的取舍问题很容易解决。例如，对于许多刚创业的小公司，通常目标很清楚，有钱赚即可，只要有活就先干了再说，基本上处于被动的别无选择的情况。而当企业规模或实力增大到拥有自主选择空间时，此时可能马上就会出现需要处理的妥协关系，甚至使命目标的确定问题。

就采取解题行动而言，关键在于细节的落实。对战略方案的实施来说，主要涉及的是一个组织的思想与行动落实问题。此时需要回答的问题有：谁应该了解此决策？应采取何种行动？谁来采取行动？怎样才能使工作适合人们的能力？显然，一个良好的决策方案如果仅仅停留在构想上而没有得到人们的真正认同，就会使前述四个问题的解决落空，结果只是会议开了，文件发了，机构建了，实效却没有。当然，从企业运行的根本看，这里的战略行动必须符合战略管理决策准则，能改善组织对于外部的贡献，如果有无行动对贡献毫无影响，则就不必为决策而决策。

从战略方案实施的过程看，第一，企业上下需通过有效沟通，以清楚认识企业业务现状与发展目标。第二，弄清影响企业战略目标实现的障碍有哪些，以及这些障碍是属于组织管理方面，还是属于心理认知方面。第三，找出这些障碍的责任人。显然，只有明确了谁可以对这些障碍负责，才有可能采取措施，真正清除这些障碍，甚至在一时找不到真正知情的明确责任人的情况下，只需随意地指定一位责任人，也能起到将原本无人负责的事情变成至少有人负责，从而最终推动或促进问题的解决。第四，确定需要及可能采取什么具体行动，以清除影响企业战略目标的实现的障碍。[5]在这里，特别要注意，对于战略方案的落实，必须采取措施，做出制度化的结构设计安排，防止类似搞运动，"一阵风"刮过就算。

就进行反馈调整而言，关键是要对战略问题的形成与解决过程做全程的动态跟踪管理。决策总是由人做出的，人受其所掌握的信息不全及所具备的认知能力不足等所限，难免会出错。例如，有时决策本身就有错误，在实施前没有被发现；有时由于环境条件的变化，使得原本有效的决策不再有效；还有时，由于决策实施过程中的操作失误，需要加以修正。这些都需要企业在行动过程中进行动态跟踪观察，以适时了解决策的具体实施情况，对可能存在的问题及时做出调整。特别是在信息时代，决策者往往远离事件的发生现场，更需注意一线实时信息的搜集反馈。

就本质而言，战略决策更多涉及创造性的直觉、洞察力、预见力等艺术层面的东西，而不是纯粹分析性的逻辑推理、趋势预测等科学层面的东西，它在很大程度上所遭遇的是一个干中学的实践过程。进一步考虑到环境变化加剧，企业实力有限，客观上很难做到事先将所有可能出现的情况都预料到，并像诸葛亮一样制定出"锦囊妙计"。因此，企业与环境互适的关键，在于实时沟通与响应体系的建立。必须清楚界定企业决策的关键影响者，让人们知道到底由谁决策及决策的制定程序，从而做到心中有数，在遇到新情况时，自己到底可以向谁、以何种方式提交信息反馈报告或行动对策建议，如此才能提升企业对于环境的敏感性与适应性。

一般来说，企业可能存在的战略性问题可以分为清障、探路、防患三类。[6]就清障型问题而言，主要涉及的是方向明确的情况下，前进道路有点受阻，需要克服困难，清除或绕过障碍。就探路型问题而言，是指原有方向已不再具有吸引力，不知道未来往哪儿发展为好，此时，既需要探索新的可能之道，也需要在多种道路中进行选择。就防患型问题而言，诚如古人所说的"名为治平无事，实有不测之忧"，此时通常表面上看不出存在什么问题，也就是不知道问题到底在哪儿。这种情况可以称为"没有问题的问题"，如何提出与解决此类问题，是许多正处于发展顶峰的所谓成功企业所面临的最大挑战，也就是所谓的"圣人不治已乱，治未乱"。

对战略管理来说，最需要的就是发现防患型问题的没事找事的能力，营造出有助于提高此类没事找事能力的环境，以使人们能提前识别出各种潜在问题，从而做到未雨绸缪，利用大好形势下的丰富资源条件，采取积极措施，将问题消灭在萌芽状态。对于这一点，尽管目前存在多种战略流派，但都没有专门涉及有关防患型问题的发现能力与机制的讨论。其中的原因可能在于，发现这些问题，特别需要有思维本身的创新与突破，而受有限理性、情感、直觉等因素的影响，要做到这一点似乎并不容易。但是，如果秉承"没有最好，只有更好"的想法，那么在人们一时找不到合适的问题时，至少可以这样来考虑防患型问题的提出：就企业目前的经营而言，是否可以采取更为适当的措施，以使得"业务更高妙、方法更高效、体验更愉悦、人才更适用"？

10.3　当下理性原则

从企业经营效益的角度考虑，作为理性分析，战略决策的主要依据是，在给定环境约束下，以最少的资源及最低的负效应实现共识的目标，或者以给定的资源及负效应实现最大的目标，也就是通常所说的"两利相衡取其重，两害相衡取其轻"。当然，在实际指导战略方案的选择过程中，尽管不能忽视以上基于环境 – 价值 – 资源的内在理性协调的原则在实际战略方案的判断选择中仍起着十分重要的作用，但考虑到不同的战略方案之间客观上总存在着一些互不可比的特点，再加上决策者主观认知因素的影响，不可否认的是，战略方案的最终选定，也就是人们最终所表现出来的战略决策行动，还是会受各种难以量化的主客观因素的影响，从而使得战略决策在某种意义上带有了一定"非理性"的特点。

具体来说，影响战略决策的所谓"非理性"因素主要有战略决策者对于风险的态度、源自外部环境的压力、企业文化价值观的影响、战略决策者的个人需要与欲望、组织内外部政治关系等。此外，由于受自身的知识经验、思维能力、思想品德及所处的时代环境等因素的影响，战略决策者的个人认知水平也必然带有局限性。以上因素，最终会以各种表现形式对战略决策产生重要的影响，对此，战略决策者在进行战略方案选择与实施时，必须给予充分的重视（见战略启示10-4）。

第一，从战略决策者对于风险的态度看，由战略决策环境的动态不确定性所决定，任何战略方案总是具有一定风险的。[7] 从经营风险角度考虑，有时许多事情并不在于企业能不能做，而是取决于敢不敢做。以简单的抛硬币博弈游戏为例，若规则为国徽朝上赢100元，朝下则输0元，可能谁都愿意玩；而若规则变成国徽朝上赢100 100元，朝下则输100 000元，也许就很少有人敢玩了。在这里，前后两种规则下游戏收益的均值未变，只是收益波动特别是向下波动的范围变大了。可见类似收益波动的方差之类的数值可在一定程度上描述战略方案的风险不确定性。显然，对于同样水平的风险性，不同的人可能会有显著不同的主观感受，这使得战略方案的最终选定在很大程度上取决于战略决策者群体对于风险的态度。

第二，从源自外部环境的压力看，一方面，企业外部环境关键战略要素的变化会影响各战略备选方案相对吸引力的大小，从而最终间接影响战略决策者的选择；另一方面，战略决策者在进行战略方案选择时，还必须考虑直接源自企业各利益相关者集团的压力，如企业的顾客、股东、潜在职工、地方社团、一般社会公众、供应商、政府机构等对企业的期望与要求，而且在很多情况下，这些期望与要求常常是相互矛盾的。有鉴于此，企业在进行战略决策时，需要平衡考虑以下问题：哪些利益相关者集团能对企业战略的成败产生至关重大的影响？若实施选定的战略方案，他们将获得哪些好处？如果他们得不到预期的好处，可能会采取什么行动？他们采取这些行动的可能性有多大？通过这种分析与加强沟通，企业战略决策者可以更好地应对外在压力问题。

第三，从企业文化价值观的影响看，企业战略方案的制订若贯彻第4章4.2节提到的"人欲己为"与"己欲施人"相结合的思想，则必然需要以双向平等的态度调整企业与顾客的关系，而一旦这种调整与企业现有的文化价值观发生矛盾与冲突，如需要部分放弃企业长期形成的习惯做法与熟悉的业务时，战略决策者就必须考虑该战略方案与企业文化是否相容的问题。一般来说，如果选定的企业战略方案与企业文化不相适应，则企业战略决策者必须反思：是否可以忽视文化因素的作用？是否需要改变战略实施计划，以便围绕企业文化进行组织管理？是通过改变文化以适应战略的要求，还是必须调整战略以适应文化的要求？显然，战略决策者在最终选定企业战略方案时，如果不注意方案与企业文化的关系，脱离企业文化的要求，贸然采取战略变革行动，将是十分危险的；特别是在企业战略与企业原有文化可能发生强烈冲突的情况下，试图忽视企业文化因素对于企业战略的重要作用，一意孤行，更是非常愚蠢的做法。

战略启示10-4

战略检验五问题[8]

1. 是否以创造价值为企业经营根本？
2. 是否认真听取了企业客户的意见？
3. 是否知道该舍弃什么以专注特色？
4. 是否企业上下共同参与战略制定？
5. 是否做到优先目标聚焦而非分散？

第四，从战略决策者的个人需要与欲望看，战略决策者作为对企业成败负全责或主要责任的人，其自身也有各种各样的个人需要与欲望，它们都会程度不同地影响战略决策。这种个人需要与欲望对于战略决策的影响，有时是以直接外显的形式表达出来的，这相对来说比较容易识别；有时碍于环境因素的制约，是以间接内隐的形式表达出来的，这相对来说就比较难以识别。很多情况下，一个极有吸引力的战略方案没被选中，可能仅仅是因为这一方案的实施将与战略决策者内隐的个人需要与欲望发生矛盾；而一个在其他人看来不甚理想的战略方案却被选中，只是因为它正好符合某个企业战略决策者个人的内隐偏好。此外，还有一些带有战略决策者个人主观色彩的因素，有时甚至会严重影响战略决策者对于战略方案的正确选择，从而给企业经营带来灾难性的后果。因此，在战略决策中，有必要强调对于企业整体使命与目标的追求，要求战略决策者据此协调和处理好个人需要与战略选择的关系。

第五，从组织内外部政治关系的角度看，几乎所有的社会组织都存在着一定程度的内部政治关系，即在该组织的正式与非正式群体以及个人之间所形成的一种活动联系。对于企业内部的政治关系，企业战略决策者必须给予足够的重视，否则，各种政治手腕与花招迭出，将会耗掉人们大量宝贵的时间和精力，扰乱甚至破坏整个组织目标的实现，消磨与涣散企业员工的意志，从而导致企业向心力减弱，企业中具有很强事业心的人才流失。通常来说，围绕企业战略决策所涉及的关键问题，必然会出现各种不同的正式与非正式群体，这些群体往往基于共同的信念与利益关系而形成，在战略选择上，总倾向于首先关心小群体的目标，其次甚至再次才考虑企业的整体目标。因此，企业战略决策者必须注意，通过企业文化建设等途径，积极引导这些群体的形成，努力培养其企业整体观念，以获得企业中主要群体及个人对于战略决策的支持。

第六，从战略决策者的个人认知水平看，尽管在理性上绝大多数战略决策者都清楚，战略决策必须建立在多种不同意见的交流的基础之上，只有经过集思广益，方能发现较好的"拟做"战略方案。如果一项战略决策的形成过程没有听到任何反对意见，并在毫无争议的气氛中获得一致通过，通常意味着要么所有战略决策者可能都忽略了某些共同的问题，要么企业主要决策者在有意无意中形成了"一言堂"的习气。在很多企业，后一种情况的形成主要是由于战略决策者个人没有认识到这一点，习惯于在讨论会中先发言，结果其发言被其他与会者当成了领导的决定，从而影响了他们敞开思想谈论自己的观点的积极性。

根据以上讨论，可见所谓的影响决策的"非理性"因素实际上都是决策者理性选择的结果，只是这种理性受到特定时空、情境的制约而已。对现实的决策来说，做到完全理性既无必要也无可能，而只能是理性、直觉、情感的综合，毕竟以人们的有限认知能力，不可能把握无限变化的世界，更何况，即使能得到完全的信息，在时间、成本、效率上也可能不允许或不合算。有鉴于此，不妨就将体现在实际战略决策背后的所有这些考虑统称为"当下理性原则"（见战略启示 10-5）。按照"当下理性"的说法，承认所有战略选择在决策的当下是理性的，也就是不论出于什么原因，只要人们做出了选择，就认为至少在决策当时是一种综合权衡的理性结果。至于对"当下"做出的决策，如果事后加以追溯，有人也许会略感后悔，无论其原因是由于决策前的认知不全面、受外在影响，还是一时的情绪化，这种基于新情况的判断仍不能否认基于此前时空与情境所做决策的理性性质。

战略启示 10-5
战略决策：当下理性原则

以有限的认知能力面对无限变化的世界，综合考虑直觉、情感、理智对于决策有意无意的影响，可以认为决策遵循的是当下理性原则，具有不可追溯与后悔性，即假设所有战略决策在做出的当下总是理性的，也就是不论出于什么原因，只要人们做出了选择，就认为至少是出于决策当时的综合理性权衡考虑。

这里之所以提出当下理性原则，主要出于这样几个方面的看法。第一，这是基于有限的认知能力与无限变化的世界的一种必然选择。如图 10-2 所示，在旧世界中，组织学习能力增长的速度总是快于信息膨胀的速度，企业存在着先掌握所有信息，再做出完全理性的决策的可能。而在新世界中，信息膨胀速度大于组织学习能力增长的速度，人们再也不可能做到在决策前掌握所有信息，而只能基于部分信息做出有限的"当下理性"决策。第二，由战略行动过程的艺术性特点所决定，有时是不可能也没必要事先进行理性讨论与决策的，可能干中学是唯一有效的途径。在这方面，有点类似学习跳舞、游泳、驾车等"做事"技巧，如果离开实践去抽象地讨论如何做的决策问题，是根本不可能得出什么结论的。

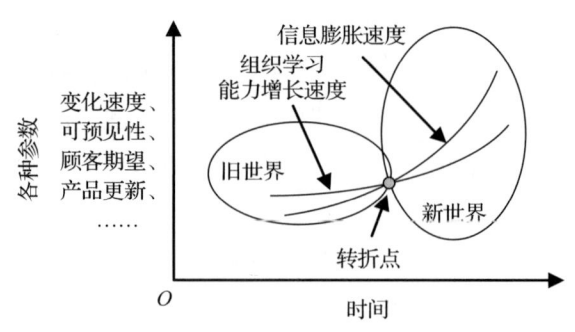

图 10-2　环境变化与当下理性[9]

第三，考虑到战略信息来源的渠道与数量的增加，必然会增加协调与分析的成本，只能通过权衡完全理性的决策的收益与成本，做出相对来说更为适当的取舍。例如，美国在总结有关"9·11"事件情报工作的教训时，得出三方面结论：[10] 一是必须大大改善联邦调查局与中央情报局以及内部各部门之间的协调工作，要明确由谁负责协调，应使其具有怎样的权力。二是不要总是从西方的犹太－基督教文化角度思考问题。在"9·11"之前，人们根本想不到民用客机也会被当成武器，尽管此前已有许多预兆。三是可以利用的情报要比以前想象的多得多，但关键是如何以此为基础建立有用的防务预警系统。

第四，在以下几种情况下，多搜集信息不仅不一定有用，有时甚至还会产生负作用。例如，在人、事、物的因果关系不清时，信息多了反而会让人无所适从。在信息会对人的心态与行为产生互动影响的情况下，可能真的有点无知无畏。心理学研究认为，[11] 人们在无意中给自己所加的暗示，由于受当事者情感的影响，有时可能会产生想啥是啥、怕啥来啥、越怕越甚、自我实现的后果。这也从一个侧面说明，为什么面对具有很大经营风险的决策，有时太了解情况、考虑过多的人反而会显得犹豫不定。在环境变化很快的情况下，了解太多过去的经验教训，可能对未来不一定适用，甚至还有可能因此而在无形中束缚人们的手脚，从而妨碍创新突破。

第五，根据决策所面临的熟悉、陌生、复杂三类不同环境，结合为自己做决策还是为别人做决策的不同，可以给出如下几种决策应对方式：面对熟悉的环境，可凭经验规则、知识积累做决策；面对陌生的环境，需采取小步试探、摸索前进的做法。面对模糊不清、捉摸不透的复杂环境，如果为自己做决策，例如，天使投资人或创业企业家选投资方案，可以遵循"内心更坦然、未来不后悔"的原则，决定采取怎样的行动方案；而如果为他人做决策，例如，职业经理人或国企领导人为董事会提供解决方案，就需更多地依据事实数据，凭借理性逻辑说话，而不是仅仅依赖自己个人的感性直觉。更为一般地，无论面对怎样变化的环境，均可遵循这样的决策行动准则：做最坏的打算，不做赢得起而输不起的生意；尽最大的努力，寻求与拓展向上发展空间；在历练中成长，学会从不确定中获益。[12]

10.4 知行关系协调

战略管理不仅关心知，更关心行。企业战略决策除了需注意体现战略决策基点与当下理性原则要求，遵循适当的工作程序，认真协调好战略决策各影响因素外，还需特别关注战略的思维认知与实际行为的互动、互赖关系。现实的战略决策行动由于受到理性分析、直觉判断、情绪反应的综合影响，会呈现出较为复杂的知行关系。一般情况下，人们知而后行，或者行而致知，在知与行之间存在着相互协调性，也就是能做到言行一致，心口如一。但有时也会出现这样的情况：知而未行或行而非知，使得内心产生知行背离的失调感觉。面对知行失调，人们总会通过调整自己的行为或心态，重新取得内心知行协调的感觉。应该说，导致知行失调的原因是多方面的，既有感知偏差，使得获得的感知并非真知，导致无法行动；也有情感压倒理性，结果行非所知；还有迫于情境，致使行非所愿。这些都会影响战略行动过程，让人在无意中掉入以下六个常见的战略决策陷阱：只说不干、盲目蛮干、创新不力、心态消极、缺乏支持、方向不明（见战略启示10-6）。

战略启示10-6
知行关系协调：谨防战略决策陷阱

只说不干、盲目蛮干、创新不力、心态消极、缺乏支持、方向不明。

就只说不干陷阱而言，特别是在互联网时代，人们知道许多关于如何做的知识，但因惰性及太多的高谈阔论而表现为知行背离、知多行少（见专题实例10-1）。例如，大量使用消极的指责性语言，使人陷入为批评而批评的怪圈；太多涉及抽象复杂的概念，使人越听越迷糊，结果让人不得要领，更不用说付诸行动实践了。解决这一问题，需从领导者入手，积极关注了解情况与如何做好工作；尽量使用平直的语言与简单的概念；对问题不仅问"为什么"，更要问"如何解"；建立将决策落实到行动，并对行动结果及时反馈的机制；重视干中学，相信经验是最好的教师，不干是得不到真谛的。必须看到，战略建议只有付诸行动，才有可能产生真正的效果。[13]特别是面对动态变化的不确定环境，在战略变革上，坐而论道还不如起而行动。

专题实例10-1
成功：不在能知，乃在能行

美国有家网站调查了1 000位成功人士，他们中有99%的人说不清自己为什么成功，在成功之前，也没有一份完整的走向成功的计划书。接着，该网站向公众征集1 000份完美的成功计划书。经过层层筛选，最终由专家评出1 000份完美的成功计划书。每份计划书，对成功的描述全面而详尽，不仅有细致的行动计划，还列出了启动资金和最终成功所需的费用，让人看了就会产生想实践的冲动，并且坚信自己一定能成功。

随后，该网站对这1 000份完美计划书的拟定者进行了采访。结果发现，这些拟定者在现实中竟然全是未成功人士，或者说都是正在努力追求实现梦想的人。由此该网站最后得出结论：人生伟业的建立，不在能知，乃在能行。[14]

在现实的决策过程中，存在着这样三种不良倾向，会非常巧妙地使人陷入茫然不知所措，从而放弃变革行动的陷阱之中。第一，太多的权威观点，把问题弄得越来越复杂，以致使人觉得不可能有对策。对于此类权威的做法，米切尔·拉伯夫有一个不无嘲弄的说法："作为一个教授，早在几年前，我就学会了，假如你对事情不了解，或是不愿意自己采取某种行动，那只要谈谈问题的复杂性，就可以过关。这会让你看起来既有学问，又不会惹一身腥。"[15] 第二，有些人专找方案的不足之处，永远在等待更好的方案。第三，太多的权威提出互不相同的意见，而且均振振有词地声称，只有自己的方案最好。面对以上问题，可能的对策只有一个，即重新回到战略"三假设"，弄清各人到底是在谈什么，然后给出战略"三出路"。

就盲目蛮干陷阱而言，一方面，由于对战略"三假设"缺乏整体思考，结果在社会潮流的冲击下迷失方向，失去了个性与自我。例如，看到大家都在搞购并、结盟等，不顾自身实力，不管目标企业情况到底如何，是否由于行业整体衰退而致经营维艰，都倾向于不惜代价购进，结果给自己企业的未来发展背上了沉重的包袱。另一方面，企业内部信息传递渠道不畅，特别是没有人愿意、敢于或受到鼓励向上级及时报告真实的坏消息，致使企业战略决策没有针对性。例如，当企业在某一战略项目上投入大量的资金后，即使结果并不理想，高层决策者也往往不愿接受失败的现实，总希望出现奇迹，所以，在战略决策上就倾向于，既然已经投入了这么多的资金，就决不能随便放弃、半途而废，而应该再投入更多的力量，以争取最后的成功，致使在最终失败时，发现此前因为承诺升级，未能及时抽身退出，结果浪费了太多的资源。当然，还有一种情况，就是由于对于过去的成功经验的轻信、盲信甚至迷信，影响了对新情况的正确感知，结果导致了无意中的盲目蛮干。

图10-3表明，企业对于过往成功经验的深层记忆会对自身的认知风格、行为倾向、思维模式、组织惯例、技巧、文化等产生重要的影响。例如，可能会使其变得过度自信、骄傲自满，无形中容易忽视对于企业经营状况的各种警示信息，从而导致战略选择的核心刚性、变动惰性，降低企业适应环境变化的能力。[16] 这样的结果，就会使企业逐渐从繁荣的顶峰走向衰退的低谷，然后在惨痛现实的无情教育下，不得不痛苦地放弃基于现有经验的记忆，以再次获得各种创新性的见解，慢慢地再将企业重新推向繁荣。例如，[17] 日立公司制造的核电站用的涡轮机出现破损，导致核电站停止运行；丰田公司在知道所生产的汽车有缺陷的情况下，仍不实施召回。这两家日本公司所出现的问题，表面上看，是因为太过关注削减成本造成的，但其深层的原因还可能在于，技术上的自满懈怠和出了问题后文过饰非的恶习终于侵蚀到了日本有代表性的顶级企业。

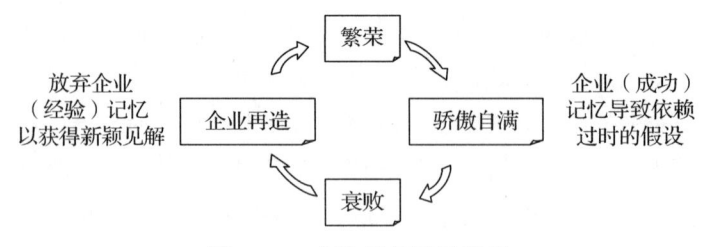

图 10-3 成败兴衰因果循环

就创新不力陷阱而言，战略需要不断创新，由于开发成功一个新产品并取得巨大成功容易形成知觉偏差，认为按照同样的思路去行动就可以再次成功地开发出新产品，并给企业带来好运，而实际上，按这样的想法进行第二次开发，其所得到的新产品通常不太可能再给企业带来较高利润。如专题实例10-2所示，已被过去的经验证明是成功的战略，如果不适时创新，将无法匹配战略"三假设"的动态变化。在开拓新业务时，墨守成规、守株待兔，期待以此取得再次成功，结果往往令人失望。因此，企业创新应该"像外行一样思考，像专家一样行动"。[18] 再如，有些企业在处理竞争与合作的关系上，受思维定式影响，看不到竞合关系的动态多变性。如果无法觉知昨日的竞争对手可以是今天的合作伙伴，对手的对手也能变成自己的伙伴，就会在很大程度上限制战略决策的思路创新，结果在面对几近成熟行业的市场竞争时，仍简单地采用拼价格的做法，与其他企业展开白热化的市场份额争夺战，就易陷入恶性竞争消耗战中。

专题实例 10-2

柯达败落与富士转型

创立于19世80年代的柯达公司，曾经通过向用户免费提供相机，随后用户付费冲洗照片，获得良好的收益，在化学药剂和相纸领域的市场份额一度达到80%。也正因为如此，对于进行国际扩张，凭大规模生产降低成本，靠研发投资推出更好的产品，开展广告营销活动帮助消费者了解柯达，并未引起公司的高度重视，使得公司难以适应此后日趋激烈的市场竞争，终致后来逐渐败落。

例如，20世纪后半叶，面对即时成像技术威胁到柯达化学药剂和胶片业务的利润，富士推出价格远低于柯达的胶片产品，数码成像技术冲击柯达的核心业务，柯达公司的应对均乏善可陈。与此形成对比，1934年成立的富士公司，最初也以胶卷胶片为核心业务，却一直努力提升和拓展自身的技术实力，20世纪80年代感受到信息技术和数码化浪潮即将出现，马上开始着手准备企业转型。[19]

富士以技术发展为核心，利用自己的核心技术，创造、延展和保持竞争力，构建协调不同产品、整合不同技术的创新能力。2003年富士谋求彻底转型，次年落实中期经营计划，确认公司所拥有的核心技术，以及在什么领域能进一步应用这些技术。基于能"进入、站稳、发展"的标准,公司整合优化出医药品(化妆品)、医疗设备、光电、数码影像、印刷及高性能材料等六大新成长领域。

富士转型,聚焦核心技术,整合创新发展,取得良好业绩。2014年,公司在东京总部建立开放创新中心,以图加深核心技术与社会需求融合,创造具有新价值的产品和服务。2016年1月,富士会长兼CEO古森重隆在接受采访时谈到,如果将企业拥有的价值观、技术等称为"种子",市场上希望有的各种产品称为"需求",则技术种子和市场需求相吻合,就是公司能长久立足之道。

为了促进创新,需要在企业内部形成"组织宽容犯错,个人勇于认错"的互信文化氛围,以加强变革行动的动态创新性、适应性、权变性。必须看到,在动态变化的环境中,企业经营优势持续的关键在于,使企业上下思维开放,不断学习、不断创新、不断提高。具体地说,对于非程序性的工作,若因为企业内谁都没有经验而最终出了差错,可以不惩罚相关当事人,但需及时总结出差错的经过及原因,作为人们共同学习提高的培训资料;对程序性的工作,要加强培训学习,健全相关操作规程,以保证一次做好。事实上,从创新的角度考虑,企业不求找到做事方式完全一样的人,只求具有同样敬业乐业精神的人,诚如某企业集团一位技术副总所说,"没有不可修的设备,修好了也还可以再修",以这样的态度对待工作,所体现的就是一种追求不断自我超越的创新精神。

就心态消极陷阱而言,面临不断变革的挑战,许多人由于受各种主客观环境的影响,患上了一种消极厌世的不适症,似乎对什么都看不顺眼,结果使自己的心态也变得越来越消极。例如,对于困难,以消极心态看待,可能会觉得没有前途了,从而放弃努力,结果真的错失机会;而以积极心态看待,可能会觉得克服困难就前进了,从而更加投入,结果真的成功了。战略定位上,存在着内外环境主客互动整合、市场竞争与合作相互交织等能动因素的作用,人们应以积极的心态看待变化,少一点抱怨,多一点行动,这样,世界更有可能会变好。更何况,面对困难与挑战,企业领导者若能心态积极,不轻言放弃,不随便说"不行了"或"不可能成功"等,这本身就能向员工传递一种强烈的成功信念,激发起员工更大的工作激情与干劲。

就缺乏支持陷阱而言,将企业整体看成是一架机械大钟,如果缺乏相互支持整合,就会像散落一地、相互独立的钟表零件,即使逐个推动,也很难实现钟表的整体功能。企业的支持体系,如权力、信息、物流、激励等结构,必须能像给钟表上发条一样,不断地给全体员工充电、加能,使员工精神饱满地投入到变革行动中。在这方面,战略决策者必须清楚地认识到,员工没有激情与行动,除了激励问题,也有可能是企业的支持体系存在问题。作为领导者,在此必须清楚,"没有无用的士兵,只有无用的将军",在抱怨下属员工不能干时,实际上还需反思是否自己不会培养人,没有给员工以支持,以使其能力随企业的发展而得到相应的提升;"以平凡的员工,创造非凡的业绩",要及时总结经验,简化企业运作流程,保证普通员工也能适应企业发展的要求;"知之者不如好之者,好之者不如乐之者",通过加强企业使命愿景的宣传,以营造良好的物质与文化氛围,培养员工发自内心的工作与生活乐趣。正因为如此,明茨伯格指出,战略需要"安静、谦逊、细心"的参与式而非英雄式的领导。[20]

就方向不明陷阱而言,关键是没有认清战略"三假设",从而使得企业整体使命与目标比较模糊,导致战略决策招法混乱。例如,在众多机会面前,没有明确的取舍原则,试图广种薄收,致使企业资源与能力严重分散,造成遍地开花但少结果。在经营优势的培育上,本末倒置,未将精力聚焦于产品或服务的内涵品质提升,以及加强与顾客的直接沟通联系上,而将大量资金用于玩弄新奇概念的广告策划、形象宣传等,结果引来同行的竞相仿效,触发整个行业更为激烈的市场消耗战。再如,将精力更多地放在如何消除企业缺点上,从而忽视了对于自身优点的发挥。事实上,在任何时候,每个企业都会有相对的缺点与优点存在,受制于有限的资源,很难同时做到既对缺点有所改正,又能充分利用优点。更进一步,考虑到改正缺点至多起到减少失误的作用,而利用优点则有可能及时获益,所以,在变化的环境中,努力发挥优势,抓住发展机会,才是战略正道,如此可预防企业受不断解决沉积问题的拖累,反而无暇顾及更为重要的长期战略性发展。

具体考察个体、群体及组织的现实行为过程,可见战略决策陷阱的产生还受到众多因素的作用,[21]如问题的表达、思考的基准、得失的情况、公平的感受等,这些都会在有意无意中影响人们的思维形式与行为选择,造成知行关系的冲突失调。因此,改变问题的提问或表达方式,可以引发战略决策"想、看、做"的重心转移,从而带来不同的行为后果。[22]例如,若设定任务是讨论"如何开发企业产品市场?"人们就会进入"想"的过程,"分析"应遵循怎样的步骤、每一步骤需要涉及哪些环节等,此时会更多地关注问题本身的分解,而不是最终解答的导出。若设定任务是"设计制作一个受顾客喜欢的产品",人们关心的重点将会是如何"创造"出一个"看"得见的东西,而不再是对问题本身的概念进行抽象的界定,此时要求对发散性思维进行整合,以给出具体可行的解决方案。若设定的任务是"将产品成功推向市场并实现盈利",人们就会关注"做"的"实践"过程,设法克服过程中可能出现的困难,此时不仅需要有创新的想法、具体的产品,更需要有持之以恒地推动做事全过程展开的行动保障体系。

拓展思考题

1. 从理性分析的角度看，人们对于所在的组织或企业的未来发展通常总是能提出一些富有创意而且也具有操作性的建议，但从实践运作的角度看，事后回顾却发现，人们对许多想法似乎说过就算做过了，并没有真正落到实处，更不用说真正取得成果。请问：现实组织中，产生这种"知道、说过，但没有做到"现象的根本原因是什么？

2. 企业组织中的程序官僚，往往不在乎做什么事，而只在乎如何做。[23]例如，当人们试图马上拍板做决定时，程序官僚会把讨论转向如何做决定。他们总是这样说："让我们确定一下，我们是否遵循了正确的程序。"这就常常会引起无休止的程序争论，从而会议偏离初始召开的真正目的。请问：遇到类似这种情况时，该如何扭转这一局面？为什么？

3. 许多单位的日常运作总会存在一些相互推诿"踢皮球"现象。例如，对于多发的常规性工作，因各部门之间管理责权界限划分不清，尽管谁都承认自己有责任，但谁都不愿首先主动承担责任；对于偶发的例外性工作，通常无法事先划入任何部门的责权范围，这是环境的非预期变化所造成的，此时，若缺乏跨部门协同，也会引发遇事无人负责现象。面对这些情况，请回答：如何解决这种部门间的工作推诿问题？

4. 战略决策经常需要开会，会议太多会造成时间浪费。有人觉得，开会的真正含义就是组织机制有缺陷，毕竟对同一个人来说，开会与工作不可能同时做。在设计完善的组织中，每个人都知道自己需要做什么，从而无须经常开会，对热衷于开会的人来说，似乎开会就是工作，工作就是开会，会议接着会议，却不知道会议的真正目的是什么。例如，某人组织会议，常以"下不为例"做结论。有次会议上，他海阔天空地谈论了一下午，却未做任何决定，而当有人提出这样的会议没有收获时，他却认为收获很大，"至少通过会议统一了思想，下次遇事多商量"。结合这种情况，请谈谈：召开战略决策会议的真正目的是什么？作为企业战略负责人，在主持战略决策会议时需特别注意哪些事项？

资料来源及注释

[1] 德赫斯.长寿公司：商业"竞争风暴"中的生存方式[M].王晓霞，陈昊，译.北京：经济日报出版社，1998：导言.

[2] 严岱年.现代工业训练楷模[M].南京：东南大学出版社，1997：73.

[3] 德鲁克.卓有成效的管理者[M].王雷，译.北京：机械工业出版社，2020.

[4] 王建新.兵法与企业经营[M].北京：中国经济出版社，1993：34.

[5] 布莱斯科，斯德尔.水牛的腾飞：走向经营成功之路[M].陈晓，译.北京：清华大学出版社，1999.

[6] 波诺.与机会有缘[M].李宏伟，译.呼和浩特：内蒙古文化出版社，1997.

[7] "风险型"决策通常需要以存在概率分布为基础，更为严谨的甚至要求存在客观概率分布。除此以外的其他决策，要么属于"确定型"，要么属于"不确定型"。参见 SHARPE W F. Portfolio theory and capital markets [M]. McGraw-Hill, Inc., 1970：25. 在本书的讨论中，对风险与不确定这两种不同的提法将不做严格的区分。

[8] HARNISH V. 5种方法帮你树立正确的经营策略[EB/OL].（2011-04-14）[2022-03-01]. http://www.fortunechina.com/management/c/2011-04-14/content_54536.htm?id=mail. 此处引用时，已根据原文的思想对文字做了重新组织。

[9] 奥本.现代企业诊断[M].陈玲，译.北京：机械工业出版社，2000：5-7.

[10] 特纳. 美中央情报局前局长特纳谈美情报工作的三个教训[N]. 参考消息, 2002-06-02（2）. 原载[美]基督教科学箴言报, 2002-05-28.

[11] 朱光潜. 变态心理学派别[M]. 北京：商务印书馆, 2019.

[12] TALEB N N. Antifragile: things that gain from disorder [M]. Random House Publishing Group, 2012.

[13] PFEFFER J, SUTTON R I. The smart-talk trap [J]. Harvard Business Review, 1999(3).

[14] 沈岳明. 成功不在能知在能行[N]. 报刊文摘, 2011-01-05（3）. 原载致富时代, 2010（6）. 此处引用时, 文字有删改。

[15] 拉伯夫. 世界上最伟大的管理原则[M]. 徐海波, 编译. 北京：科学技术出版社, 1989：8.

[16] 科勒普罗斯. 法人直觉：创建21世纪的机敏企业[M]. 王诗成, 黄日松, 译. 沈阳：辽宁教育出版社, 1998：11+39.

[17] 佚名."日本制造"品质神话动摇[N]. 参考消息, 2006-07-22（4）. 原载日本经济新闻, 2006-07-17.

[18] 金出武雄. 像外行一样思考, 像专家一样实践：科研成功之道[M]. 马金成, 王国强, 译. 北京：电子工业出版社, 2006：VIII.

[19] 科恩. 福布斯：传统业务巨大成功注定柯达衰落[EB/OL].（2011-10-02）[2022-03-01]. http://www.sina.com.cn；李剑. 富士胶片：核心业务消失, 核心技术永存[J]. 哈佛商业评论（中文版）, 2016（3）. 此处引用时, 文字有改动。

[20] 汤唯唯. 摧毁一家企业的文化需要多久？访加拿大麦吉尔大学管理学院教授明茨伯格[N]. 中国经营报, 2009-06-15（C3）.

[21] 巴泽曼. 管理决策中的判断[M]. 杜伟宇, 李同吉, 译. 北京：人民邮电出版社, 2007.

[22] MINTZBERG H, WESTLEY F. Decision making: it's not what you think [J]. Sloan Management Review, Spring 2001(42): Issue 3.

[23] 拉伯夫. 世界上最伟大的管理原则[M]. 徐海波, 编译. 北京：科学技术出版社, 1989：47-48.

第 11 章　战略变革管理

【学习目标】

知识目标：了解战略变革的概念、管理悖论突破的思路方法。
技能目标：理解战略领导作用发挥，掌握领导要诀 30 字。
能力目标：学会组织文化诊断法，掌握制度文化构建原则。

【要点提示】

战略变革透视

在人们能感知并及时做出响应的时间及空间测度范围内，所有变革都具有连续渐变的特点，而在人们难以感知并无法及时调适的时间及空间测度范围内，所有变革似乎都具有跳跃突变的特点。

管理悖论突破：思路与对策

悖论成因：静态离散、非此即彼、顾此失彼。

悖论突破思路：跨期连续、亦此亦彼、彼此兼顾。

对策 1：兼容并蓄、力量协同。

对策 2：化整为零、小步前进。

对策 3：模块结构、灵活适应。

领导作用发挥

发挥战略领导作用，需从管好自我入手，为企业构想愿景与目标，给员工带来希望、信心与激情，通过营造良好的敬业、乐业工作氛围，引领员工投入战略行动并取得成果。

制度文化构建

制度设计目标在于,为人们愉快、高效地做正确的事提供保证,良好的制度有助于发挥员工的作用、为顾客创造价值并提升企业存在的意义。文化理念形成,经历的是潜移默化的替代过程,不是不破不立,而是不立不破。

11.1 战略变革透视

讨论战略变革管理,有必要先弄清变革的概念。作为最一般的解释,通常认为变革就是有所不同或使其不同,即主动或被动发生变化。正如战略启示 11-1 所表明的,变革可分为极端的连续渐变与跳跃突变两类,以及介于这两个极端之间的众多情形。对于变革的渐变或突变的分类,总是相对于观察者的认知敏感度与响应时滞性而言的。在人们能感知并及时做出响应的时间及空间测度范围内,似乎一切变化都具有连续渐变的特点;而在人们难以感知、无法及时调适的时间及空间测度范围内,似乎最终发现的变化都具有跳跃突变的特点。

◉ **战略启示 11-1**

变革(变化)的概念

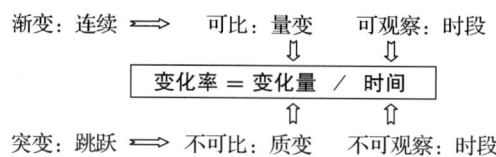

根据以上对于变革概念的界定,考虑到战略变革更多地涉及有人系统的互动行为,而人的行为变化,更多地表现为渐变而不是突变。现实中观察到的,似乎有点类似突变的人类行为,往往是由于人们对他人传递的渐变信息不敏感,结果当许多未被正确感知的渐变累积成为质变时,看起来就有点像是突变。从这个角度看,危机管理、突变战略等概念的提出,实际上都是由于企业的环境敏感性与互适能力不足造成的。如果企业具备理想的见微知著、快速调适能力,就不太可能遭遇危机、突变的情况,因为一旦发现此类征兆,早就在企业的日常管理中被消解于无形中了。

进一步结合第 10 章关于"当下理性原则"及"环境敏感性"的讨论,可见战略变革管理实践中所面临的变化更多是介于连续渐变与跳跃突变之间的某种状态,它既具有历史继承性,又具有未来创新性。从继承性来看,战略变革具有一定的路径依赖特点;而从创新性来看,战略变革具有一定的冲破现状的特点。尽管就观念突破而言,也许可以通过知识及思维的长期积累,最后在一次性顿悟中完成，但就战略行动而言，实践的成功必须依靠行为及做事方式的渐变调整，以最终形成新的运行模式或规程，才算真正完成。考虑到对于渐变人们一般比较容易适应，所以，讨论战略变革，应该更多地关注那些令人意外、违背习惯的事件，以及由此所引发的与人们安于现状的心态的矛盾冲突。由于现实企业所面对的战略"三假设"总是动态变化的，这就决定了变革将是战略的常态，对于由此所引发的风险与不确定，企业必须秉承的态度是，微笑着去迎接它。

讨论战略变革，不是为变革而变革，关键在于推进目标，改善绩效。对于那些缺乏目标指导，不能导致业绩改善的所谓变革，实际上可以看成是一种人为制造的组织内部混乱。从管理的角度看，战略行动所带来的现状改变，以及由此引发的变动情况下的管理问题，对于传统的主要关注静态或比较静态的管理理论提出了严峻的挑战，使得许多在通常情况下被看成是金科玉律的管理原理成了似是而非的悖论。根据前面第1章对于战略运作框架的讨论，结合国内外文献对于变革管理所做的论述，这里特别地从企业整体的角度出发，对战略变革所引发的管理难题做如下十个方面的归纳，不妨称其为"战略变革十悖论"（见战略启示11-2），以此作为战略变革行动管理的理论依据。

战略启示 11-2
战略变革透视：管理悖论

出错谁负责？制度作何用？　　　　育人靠培训？预算不该超？
瓶颈能消除？竞合有定数？　　　　许诺可作奖？为人多准则？
责权须对应？授权难见效？

第一，出错谁负责？一旦企业经营中出现失误，首先遇到的问题就是谁该对此负责。在相对稳定的环境中，每个人都有其相应明确的责任，都需按照一定的流程与规则办事，此时如果工作出错，通常被认为应由当事者负责。但在急剧变化的环境中，由于存在着不确定性，许多失误的产生是企业创新、试错、学习探索的必然产物。此时，如果片面地要求当事者对失误负责，并对其做相应的惩罚，必将在组织内形成人人谨小慎微的局面，从而不利于企业的发展。更何况，在这种情况下，即使当事者想负责也负不了责，因为环境变化常常超出当事者的控制能力。由此可知，面对不确定的变化环境，应将失误看成是一个学习过程，营造一个容许试错的文化，才有助于企业的创新性发展。

适应环境变化不仅仅是个别下属的事，更是整个企业组织的责任，客观上说，解决环境变化所带来的问题，常常需要整个组织的协同作用。例如，由于顾客需求变化所造成的产品销售受阻，如果仅从营销部门入手，简单地加大营销工作力度，是不可能真正见效的。因此，在不确定的变化的环境中，出了问题领导首先要主动承担责任，并参与问题的解决，才有可能获得更高层、更系统、更全面的解决方案，从而取得更好的效果，而简单地就事论事常常会导致不良后果。事实上，作为变革领导者，必须看到，对每个人来说，一旦出错，从自身入手，寻求改进，总是能做点什么的；而从外部入手，往往更多的是抱怨环境、责怪别人，所得出的结论必然是无可奈何、无能为力。[1] 这样，只会破坏自己的心境，使自己失去行动的信心与激情，结果可能就会真的不想找，也找不到解决方案了。

在组织中，常见的情况是，出错总倾向于能瞒则瞒，实在瞒不住了再上报；上报后，领导为了找到责任主体，总是找当事人查原因；而当事人担心受罚，往往不愿承担责任，就进一步找原因；最后把原因归于企业外部或其他不可控因素，结果谁都可以不负责。这样，久而久之，培养了一种受害者心态，似乎出了问题，都是人家错，自己只是替罪羊。对领导来说，在战略方案拍板时需要勇气，在发现决策失败时，能首先承认自己的错误，及时采取纠正措施，更需要勇气。战略变革要求营造一种人人勇于承担责任的氛围，以提高组织对于环境变化的快速反应能力。为此，需要从领导开始，培养人人从自身找原因的意识。在动态变化的环境中，也只有领导勇于积极承担责任，才能上行下效，在企业中培养出一种相互信任、人人负责、反应敏捷、学习提高的风气。

第二，制度作何用？对企业来说，必须明确，制度是一种实现企业目标的手段，而不是目标本身；制定制度不是简单地为了控制人的行为，更重要的是为了推动企业的发展。制度是依据过去的情况制定的，制定与贯彻总是需要经过相当的时间过程，制定者受认知水平所限，不可能超前预计各种可能发生的情况。由此可见，相对于不断变化的情况来说，现实中在执行的制度总是滞后的。在动态变化的环境中，战略变革所带来的对于现有制度的冲击会更大，此时，往往环境变化远远快于制度变化。企业外部环境越动态多变，就越不可能制定出能迅速跟上这一变化步伐的有效制度。例如，面对多变的顾客需求市场，关键是要通过适当的制度，激发出员工的主动学习精神。因此，在战略变革中，制度设计应更多地从释放人的潜能出发，而不是简单地为了控制人的行为，只有这样，才能使环境、制度、员工在动态变化中形成良性互动联系。正如诺贝尔经济学奖得主道格拉斯·诺斯认为的，只要保持制度的灵活性和在此制度下选择的多样化，一切预测都没有什么必要，因为弹性的制度，能保证在此路不通的情况下，还有其余的路可以走。[2]

第三，瓶颈能消除？从战略"三假设"来看，企业发展的瓶颈始终存在，不可能消除，只是其具体表现形式会随着环境的变化而不断变化。就企业发展的潜力来说，至少有一点可以肯定，那就是随着企业规模的不断壮大，企业家自身的管理运作能力最终必将成为瓶颈。现实中，有的企业家基于创业初期在短时期内取得快速发展的经历，在企业发展达到一定规模后，仍提出要每过若干年就翻几番，甚至十年翻十倍的规划目标，可能就是没有清楚地看到企业此时的发展瓶颈到底何在；要么心中也清楚，提出这样的目标，只是为了鼓舞士气，而不是为了实际操作。显然，企业在没有遇到管理能力等瓶颈前，在初始的小规模基础上是有可能做到高速发展的，但并不能由此做趋势外推，认为在发展达到相当的规模以后，企业的未来还能一直按原有的速度发展，原因是，此时企业的管理能力、市场容量、资源整合等都有可能成为制约瓶颈。

第四，竞合有定数？在动态环境中，关于竞争与合作可能会遭遇更多的不确定因素，但从人际关系处理的角度看，企业并非只能听天由命，而是可以有所作为。实际上，如第9章9.3节"博弈理论启示"所指出的，只要注意战略创新，竞争格局是可以改变的。不仅竞合的玩家、认知、行为可能改变，竞合的时空、规则、增值等也都可以改变，更为重要的是，竞合的性质也有可能由于前述各项的改变而发生根本性的变化。例如，从竞争变成合作，或者从合作演变为竞争。必须看到，企业存在的根本，是追求顾客、股东、员工、社会的"四满意"，关键是要在为顾客创造价值的过程中，实现企业自身的价值，而创造顾客价值常常需要多种市场力量协同合作。因此，关注企业与其他市场力量在共同创造市场上的合作性，同时重视各方在市场利益分割上的竞争性，将有助于营造更好的多赢共生的企业经营环境，建立更为良性的战略互动关系。

第五，责权须对应？在进行管理岗位设计时，管理理论一般都强调应该遵循责任与职权相对应的原则。但考虑到环境的动态变化，企业的使命与目标及实力等，均处于适应环境变化的调整之中，此时人们之间的岗位责权关系，就如一支足球队的队员在球场上的分工合作关系。显然，考虑球场上千变万化的动态情况，还有各种不确定因素的影响，对于每个球员的责任与职权是不可能事先规定清楚的。现实中，更多地存在这样的管理情况：有些岗位的责任是清楚的，而职权是模糊的；有些岗位的职权是清楚的，而责任是模糊的；甚至还有些岗位，可能其责任与职权都是模糊的。真正的责任与职权都能事先规定清楚的岗位，实际上很少，即使有，今后也很容易被计算机或机器人所替代。应对动态环境下出现的责权边界不易清楚界定的情况，关键在于提升员工对于组织使命与团队目标的认同感，尽可能地将利益与行动挂钩，以促使责大于权者主动寻求各方的支持，权大于责者积极承担更大的责任，从而在大家共同努力、互助合作的基础上，将精力真正聚焦到如何把工作做得更好上。

第六，授权难见效？在现实中，有许多企业家认为授权很困难，一是没有人才，无法授权；二是授权后下属不接受，还是会将权力上交。这两种说法，实际上都会通过企业家与其下属的互动，形成"自我实现"的结果。在这里，运用刚刚讨论过的出错找领导的例子，就可明白之所以产生以上说法，其根子都在企业家自身。例如，所谓的没有人才，既可能培养不够，也可能使用不当，还可能识别不出；所谓的下属不接受授权，既可能根本没有授，也可能没有界定清楚，还可能嘴上讲授权，行动上仍集权。这些情况下的授权失败，企业家自身应负主要责任。当然，还有一种情况，就是企业家由于自己管得太宽，最终造成企业运作不良后，真正觉得有必要授权，但不知道如何授权。此时，有一个简单的检查授权是否能生效的办法，就是在划定基本的职责权限后，是否同时给予下属在职权范围内说"行"与说"不行"的权力。[3] 现实中，许多大企业存在授权失败且官僚作风严重的情况，主要就是由于下属只拥有一定的说"不"的否决权，而没有真正获得说"行"的肯定权。

第七，育人靠培训？有些企业的领导，一谈到提升员工素质，首先想到的是培训，但忽略了培训内容及方式与企业文化特别是领导自身行为风格的匹配性。经常出现的情况是，下属员工参加的学习培训，主要领导借口事务太忙而未参与，结果由于不知下属到底学会了什么，上下沟通还是缺少共同语言，造成许多本可避免的误会。更有甚者，企业领导采取集权管理，下属接受的却是分权管理培训，或者领导采取分权管理，下属接受的却是集权管理培训，这样的培训，自然会引发更大程度上的管理思想混乱。管理原理的运用，离不开具体企业的战略"三假设"，关键是要上下达成共识，从而找到适合自身的适当模式。另外，培训学习只是学习的一个方面，在动态变化的环境中，更强调干中学，全方位地注意改变假设，广泛地倾听与接受各方面的信息，将其转变为企业的顾客价值创造活动。这需要在企业内营造一个持续学习的氛围，这种氛围当然也包括领导的言传身教。就如一方面要求员工对顾客微笑服务，另一方面企业领导又总是板着面孔教训人，显然，在这样的企业环境中，员工的脸上难有发自内心的微笑。

第八，预算不该超？如果不考虑企业管理上存在的人为漏洞，在动态变化的环境中，预算超支更有可能是出于这样一些原因，如为抓住新的市场机会，为应付竞争对手的非预期挑战，为满足顾客变化了的需求。从战略的角度看，所有这些都是必需的，在这些情况下，如果还是采取常规做法，可能反而不利于企业的发展。这意味着，在变革的条件下，为了做好工作，预算超支可能会成为常态。这里的关键是，如何做好财务管理，既防止可能的管理漏洞，又不至于因为控制过严而影响了企业的发展。超支的预算为企业各部门灵活适应环境变化提供了资源保障，但同时应该看到，这种超支如果发生在整个企业层次，则有可能给企业发展造成灾难性的影响，比如，由资金周转不灵引发财务危机、信用危机、形象危机等，甚至还会通过恶性互动导致企业破产。有鉴于此，在动态变化的环境中，企业整体必须保持一定的机动财力，做好资源冗余储备，以备不时之需。

第九，许诺可作奖？许诺必须兑现，在环境变化相对可预期的情况下，通常比较容易做到，因而此时的许诺能给员工以明确的方向与期许，从而有助于增强企业员工的向心力。但在动态变化的环境中，市场变化的复杂性与不确定性显著增强，此时如果事先给员工许诺，就有可能面临难以兑现的尴尬局面。这种情况的增多，会使企业领导在员工心目中失去信用，而失去信用的领导，要想推动具有不确定性的战略变革，必将面临较大的困难。应该看到，事先给人一个许诺，让其觉得届时能得到什么利益，而到时候又说不能给，这在实际上所起的是一种打击积极性的惩罚作用。因此，许诺须兑现。为了做到这一点，面对动态变化的环境，更需要通过激励制度的建设，将人们的利益与企业效益挂钩，使员工行为与企业运营之间能形成风险同担、利益共享的关系。

第十，为人多准则？有些企业领导使用多重价值准则指导整个企业运作及员工行为，结果常常使人陷入伦理困境，致使员工面临多重角色的转换困难。例如，对外强调竞争冷酷无情，认为商场只有利益没有朋友，认钱不认人；对内强调相互帮助，团结合作，以充分调动员工特别是骨干员工的积极性。在实际的商场运作中，不时指点下属对竞争对手使用阴损毒招，同时又觉得能凭自己对下属的信任与回报，保证下属会对自己及企业忠心耿耿。还有的企业领导，对谁都不信任，当着甲的面表扬甲干得不错，请甲帮助监督乙的工作，随时向自己汇报；而当着乙的面又表扬乙干得不错，请乙帮助监督丙的工作，随时向自己汇报；再当着丙的面表扬丙干得不错，请丙帮助监督甲的工作。这样的阴招看似很高明，能让每个下属都臣服自己，但没承想下属之间的相互沟通会让他们很快得知领导的手法，结果变成员工一起蒙领导。以上种种，都是由于领导没有找到有效处理竞合关系的思路，从而陷入了伦理困境。殊不知，在以上做法的影响下，无论原先是可信的或不可信的人，最终都会成为不可信之人，因为这些领导行为本身就会造成自我实现的负面后果。

11.2 管理悖论突破

以上讨论表明，"战略变革十悖论"的形成，主要是由变革的动态演化特征所决定的。由战略或各种内外部因素所引发的变革行动过程，通常会涉及新旧系统及做法的交替转换，带有动态不确定的性质，可能产生多样性变异的后果。传统的静态离散管理思想存在着严重的简单"一分为二""非此即彼"的思维误区，[4] 不太适合战略变革行动所涉及的过渡态管理要求。因为在过渡态管理中，大量面临的是新旧共存、亦此亦彼的情况，此时简单地采用"非黑即白"的分类方式已不太合适，容易陷入顾此失彼的尴尬境地。应该看到，在过渡态管理中，为了应对类似非黑非白、亦黑亦白的"灰色问题"，需要特别关注本书第2章提出的"视角多元性"，并在"和而不同"思路的指导下，采取亦此亦彼、彼此兼顾的跨期连续管理思想（见战略启示11-3）。

战略启示 11-3

管理悖论突破：兼容调和各级变量 [5]

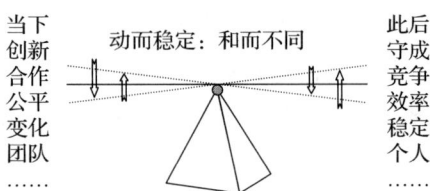

说明：平衡演化过程——以"与"表示不同变量共存，而不是以"或"表示非此即彼。

在战略启示11-3中，强调"动而稳定：和而不同"，是指面对新旧共存与交替的变化环境，既要在企业使命愿景上形成基本共识，又要对个体行为保持宽容与特色，以应对不确定性与多样性的挑战，从而做到既顺应动态变化，又不失持续稳定性。对此，在具体对策上，可以采取这样几种做法：一是兼容并蓄、力量协同，借此吸纳各方建议，取得更广泛力量的支持，将其导向企业发展目标；二是化整为零、小步前进，采取类似于"W"形的投一点、收一点、快回报的做法，有助于增强变革行动的信心与动力，解决类似于"V"字形的高投入、高回报、长时滞所可能引发的风险累积问题，使得企业能更柔性地应对未来不确定的变化；三是模块结构、灵活适应，借此增强企业对于环境的敏感性，更好地解决市场需求变动所引发的能力瓶颈问题（见战略启示11-4）。显然，这三种做法作为整体，相互依赖，互为补充，为突破变革管理悖论，加强过渡态动态过程管理提供了支撑。

战略启示 11-4

管理悖论突破：思路与对策

悖论成因：静态离散、非此即彼、顾此失彼。

悖论突破思路：跨期连续、亦此亦彼、彼此兼顾。

对策1：兼容并蓄、力量协同。

对策2：化整为零、小步前进。

对策3：模块结构、灵活适应。

以上提出的解决管理悖论的建议，有助于拓宽战略思路，更容易找到许多原本不存在的商机。例如，某市商业中心地区，随着市场经济的发展，变得越来越繁华，商铺租金飞涨，按照年度承租方式，高昂的租金与较长的租期使得承租者的风险提升，许多小商户不敢贸然入市经营。在实力强大的大商户数量有限的情况下，有人采取化整为零、小步前进的做法，将商铺改成按天甚至按小时出租，结果引来了许多小商户的试探性入租。再如，某地城市不大，常有出租车在机场空车候客，但少有人愿乘。原因是人们觉得路程太短，打车不划算。后来，出租车司机主动提出几人合乘，大家分摊车费，结果使得打车费用接近乘公交费用，出租车成了能送客人到家的准公交，很好地解决了顾客与司机的双赢问题。

战略变革经常涉及新旧系统转换，需要解决新旧体系共存过渡的问题，此时在选择管理考核调控指标时，应重点关注差异性而不是平均数。例如，在新老产品更替过程中，与所有产品的总销售额年均变化指标相比，新老产品销售额差异变化的指标更能反映企业新产品的相对市场适应性。再如，与掌握平均每位顾客的盈利情况相比，了解不同顾客对企业盈利的贡献情况，更能采取有针对性的顾客管理与服务措施。这意味着，为真正做到兼容并蓄、力量协同，必须先了解不同个体、不同业务、不同部门的差异所在，这样才能将精力用到关键环节上，最终达成预期的整合目标。还有，面对不确定的环境，企业为做到快速响应，对变化保持敏感性，就必须将组织结构小型化、模块化、柔性化。小型化要求将工作流程的节拍细分，模块化要求将企业的业务功能细分，柔性化要求各模块的接口灵活。这种组织设计的思想，可以满足任务多变、环境多变的要求。当然，从根本上看，突破战略变革管理悖论的关键，还在于做好人的工作，形成以人的学习实践能力为核心的动态经营优势。

从做好人的工作入手，战略变革的关键在于转变用人观念，充分发挥人的潜能，争取"以平凡的员工创造非凡的业绩"。应该看到，就个体而言，所谓的"杰出"人才毕竟只是少数，更多的员工都属于各具特色的"平凡"人。企业长期发展不能只依赖于少数杰出人才，更何况在动态竞争的环境中，杰出人才客观上更具可流动性，更有可能成为其他企业的猎头对象。而对于平凡的员工个体，若能通过环境与制度建设，将他们组合成为足以创造非凡业绩的群体，则借助于他们之间的优势互补、精诚合作，最后为企业所创造出来的经营优势，也许更符合持续经营优势的"学不全"条件，可以作为企业长期发展的基础。[6]

将平凡员工集合成为优秀团队，关键在于加强企业文化与管理制度的建设，形成自我组织、不断学习、实践提高的群体合作氛围，使得即使是平凡的员工，一旦进入企业，其能力也能获得迅速提高，充分发挥出自身的特长，而一旦离开企业这样的制度环境支撑，就较难发挥出同样的作用。这样的环境氛围，可以起到吸引更多的人才来企业工作的作用。建立这种将平凡转变为非凡的机制，要求从战略上考虑，将非凡的业绩目标分解成平凡的员工都能完成也乐于完成的一项项具体任务，并保证这些任务之间能形成有机的整体。

就整个企业组织来说，这里的关键在于，以企业整体的财务稳健性为支撑，设计适当的激励体系，通过促进员工的相互接触交流，增强个体、整体、环境的各层次工作之间的相互配合性。

就组织中的每个人来说，关键在于调整心态，以积极的眼光看待周围的一切，从自我入手，营造真正令人愉悦的人际互动关系氛围。对此，这里有一个形象的比喻，觉得每个人都有选择生活在"天堂"还是生活在"地狱"的权利，关键在于他如何看待周边与其相关的人。在看待别人时，如果他能更多地发现别人的长处，就会觉得这些人似乎个个如"天使"，很好相处，好像自己就生活在"天堂"里；而如果他更多地关注别人的短处，就会觉得这些人似乎个个如"魔鬼"，很难相处，好像自己就生活在"地狱"里。而且问题在于，他对人的这种看法以及由此引发的行为，会在无形之中传递给他人，引起他人回报以相似的态度与反应性行为，从而造成"自我实现"的人际互动结果。

在这方面，企业领导往往起着较为主导的作用。因此，企业领导需注意从自身做起，充分重视"用人所长、容人所短"。现实中，许多企业家抱怨人才缺乏、创新不足，实际上原因可能就在于其自身的看人及用人的胸怀与眼光。必须指出，在动态的环境中，人才的能力与企业领导对其如何使用之间存在着互动关系。领导信任、关心帮助较多，个人的信心就会增强，锻炼的机会就会增加，能力也能在实践中迅速提高；领导怀疑、批评指责较多，个人的信心就会丧失，锻炼的机会就会减少，能力提升速度相对也较慢。作为领导，心中应该清楚，从本质上看，只要管理岗位设计合理，"没有做不好的工作，只有不愿做工作的人"。

从长期的观点考虑，许多优秀人才更为关注的是寻找一项可以为之奋斗的事业，而不仅仅是一项简单的工作。诚哉斯言，"找个卖力的单位容易，找个卖命的单位难"。对企业来说，留人需留心，要想成为真正能让人愿意为之"卖命"的单位，必须能帮员工实现自己的梦想，让员工对未来充满信心与希望。要使企业能成为员工敬业、乐业的场所，必须转变传统的工作观与企业观。要让员工看到，工作不仅是赚钱的手段，更是人生的有机组成部分；企业不仅是投入产出的转换机器，更是具有存在意义的社会组织。[7]为此，要求企业领导从超越自我入手，努力营造一个充满生机与活力的觅才、引才、育才、用才、留才的文化氛围，设计和保持宽松工作环境与灵活动态机制，从而实现员工的人生价值与企业的社会价值同步提升，以克服单纯依靠物质奖惩激励所可能引起的问题，达成敬业与乐业两者之间的真正和谐统一。

当然，对每个人来说，都需以积极态度迎接变革，既重视动态变革环境所带来的变化，也欣赏动态变革本身的丰富多彩、高潮迭起的过程。应该看到，人生的过程与结果都需关注，工作作为人生的一部分，有时结果比较理想，有时结果并不令人满意。但无论如何，只要以积极的心态看待问题，工作本身对谁都会是一种丰富的体验，一种学习，一种创造，一种提高。特别是在逆境中，若能以此眼光看待人、事、物，这种内心假设与观察角度的改变，必将带来意外的人生收获。例如，面对一个工作作风霸道、听不进不同意见的领导，可以把这看成是对自己沟通能力的一种挑战；面对一个单调无趣、比较烦人而又不得不在其中工作的环境，可将其看成是自己人生经历的过程体验。这样，也许就更能以良好的心境去面对它，从而在无意之中也就锻炼出了一种能胜任更为重要而复杂的工作的能力（见战略启示 11-5）。

战略启示 11-5

掌舵·划船 [8]

有个故事，说的是甲、乙两支划船队进行划船比赛，甲队以微弱优势险胜乙队。乙队输了的原因在于，乙队这条船上，八人掌舵，一人划船；而甲队这条船上，一人掌舵，八人划船。尽管谁都知道，乙队船上的划船手最辛苦，但他却因输了比赛而遭解雇。有趣的是，这位被炒了鱿鱼的乙队划船手，到许多划船队应聘都大受欢迎，而且做任何工作都能愉快胜任。

引申这一故事，在一个内部管理乱象横生的企业，每个必须在其中工作的人，都可将这看成是锻炼自己能力的好机会，积极主动地迎接挑战，如果此时悲观消极，一味地怨天尤人，则不仅无助于企业问题的解决，更无助于个人自身的成长。

在日常工作中，面对突发事件，同样也可以用过程体验的观念去看待，以便调整好自己的心态与行为。比如，在高层建筑里，某人想到顶楼去办事，正好碰到电梯停电，而不得不爬楼梯。对于这一偶发情况，心态消极者可能会觉得真倒霉，怎么正好自己来办事就碰上了，从而情绪很不好，一路不停地抱怨，想想现在要爬上去，最后还得走下来，结果是越爬越没劲，等到达顶楼时，可能已经根本没有心思办事了，或者在办事时心绪很差，更有甚者可能会影响一整天的工作情绪。同样的事情，心态积极者遇到了，可能会想这正是锻炼身体的好机会，把它当成是爬山，精神抖擞，浑身是劲，一会儿就到了顶楼，办完事也轻松地下楼，这一整天他的情绪丝毫未受此事影响，工作起来照样充满激情。

必须看到，作为一个社会人，人们的大多数观念与态度都是经过外界的长期影响而自觉或不自觉地形成的。因此，为形成积极的心态，每个人都需特别注意，突破环境设限与自我设限。这里，环境设限是外显的，往往事过境迁就可自然去除，而自我设限是内隐的，许多时候它比外显的限制更能造成自我发展的局限。[9] 突破自我设限的最好办法，就是积极行动，以小步前进树立信心，最终达成大的突破。"播下一个行动，你将收获一种习惯；播下一种习惯，你将收获一种性格；播下一种性格，你将收获一种命运。"[10] 这里的关键在于，要从行动开始，"千里之行，始于足下"，唯有立即行动，才能改变现状。这主要是由于通过行动所创造的现实变化能对心态调整产生积极的"自我实现"的互动效果。

最后，在关注人际互动时，一方面，必须看到每个人都是一个特殊的个体，至少在处理人际互动关系时，需要有区别地加以对待，而不能采取一刀切的机械做法；另一方面，还要将视野拓宽，不仅需注意企业领导、员工之间的内部互动，还需注意与包括顾客、股东、供方、同行等在内的各种外部交往对象的互动，让人觉得在简单的业务联系与结果回报之外，还有着一种令人愉快的人生过程体验。为此，有必要了解不同个体在不同情形下可能表现出来的人格意识差异，以便在相互尊重与理解的基础上形成更好的人际互动关系。一般来说，在外部及自我双重约束下，每个人都可能表现出物质人、社会人、精神人这样几种人格意识。在不同人格意识影响下，人际互动的重点略有不同。例如，物质人更关注利益互动，社会人更重视角色互动，精神人更看重理念互动。良好的人际关系的形成，需平衡处理好利益、角色、理念这三种互动的协同关系。

11.3　领导作用发挥

"知人者智，自知者明。"发挥战略领导作用，应从认识自我，管理好自己的生命时间开始。通常，就领导日常所处理的事务来说，可以根据其重要与紧急程度的不同，大致划分为四类，从而得到如表 11-1 所示的时间管理方格。在时间管理方格中，关于个人时间的安排，作者曾在很多场合进行过调查，发现主要的分歧表现在，到底应先处理"紧急且重要"的事情，还是应先处理"不紧急但重要"的事情。作为战略决策者，回答这一时间安排问题，关键在于弄清"紧急"到底是如何引起的，如果是人为的事先考虑不周，则不可取；如果是不可控环境的偶然变动，则情有可原。当然，从管理者个人的承受能力看，无论出于什么原因，若长期处于"救火"状态中，而未能防患于未然，则可能会因工作压力太大，影响到自己的身心健康。

表 11-1 时间管理方格

重要程度	紧急程度	
	紧急	不紧急
重要	危机化解 急迫问题处理 限期任务或计划	竞合互动考虑 持续经营优势构建 战略构思、适当休闲
不重要	不速之客 接听某些电话 批复某些信件或公文 主持某些仪式	琐碎工作 回复某些电话 阅读某些信件或公文 出席某些联谊会

当然，在时间管理方格中，对于重要与不重要的判断，是与观察的角度及考虑问题的出发点有关的。例如，对于一个临时上门找领导的员工，若仅仅将其看成是不速之客，则需要临时接待该员工，似乎就成了既不重要又不紧急的事情。但问题在于，许多情况下，在没有真正与此员工接触之前，是无法判定他找领导的真实意图的。如果通过交谈发现，他是受了某些与他交往甚厚的企业重要顾客的特别委托，专门前来反映这些顾客对企业近期战略举措的不同看法的，显然，这就是一件需要领导给予优先关注的重要事情。另外，即使员工可能要谈的只是个人私事，若从建立良好的人际互动关系考虑，注意倾听自然也就成了一件不紧急但重要的事情了，因为临时抱佛脚式的工作动员不如润物细无声式的日常交流。特别是在谁都认为领导很忙，似乎应该非常关注时间效率的今天，人们习惯于认为讲求效率就是公事公办，少说废话，尽管这样做也许真的节省了更多的时间办正事，但肯定会给人留下领导比较缺乏人情味的印象，[11]并进而影响到团队士气，使其在工作上得不到人们的真心配合，一旦遇到经营危机或管理难题，也就有可能面临援兵难求，只能孤军独战的局面。

讨论自我时间管理，必须强调，关键在于减少时间的无谓浪费，区别轻重缓急，提高时间的利用效率，而绝不是简单地加重自身的工作负荷。现实中，面对瞬息万变的企业环境，人们的工作压力不断增加，生活节奏越来越快。在这种氛围中，许多人出自人性的弱点，往往过分重视他人对自己的看法，为外部的各种诱惑所左右，从"忙"到"盲"（失去方向），再从"盲"到"茫"（不知所措），甚至透支生命，失去自我。其实，只要稍加反省就可明白，别人的看法并不能真正影响每个人能获得的幸福。[12]应该看到，经济在于他人满足，这是社会标准；幸福在于自我感觉，这是个人标准。领导能否保持良好的精神状态，不仅会影响到领导自身的情绪，更会影响到其所在组织中人群的士气，从这个角度看，设法加强自我调节，经常做些自我放松运动，减轻精神压力，营造身心快乐的人生，也将是领导的一项长期重要的战略任务。

营造良好的敬业、乐业的工作氛围，在理性思考上，很容易得到人们的认同，但在现实的操作过程中，往往受各种主客观因素的影响，又会自觉不自觉地偏离这一要求。因此，必须加强行为习惯的培养，通过持之以恒的行动，慢慢地使有意识的行为演变成为无意识或潜意识的直觉行动（见专题实例11-1）。为此，根据有关领导理论，结合作者多年从事企业咨询的经验，针对我国许多企业规模一大就战略失调的深层领导问题，从进行这些企业领导的言行修炼入手，特总结出了以下"领导要诀30字"（见战略启示11-6）。[13]

专题实例 11-1

一团和气的秘密

山上有两个庙，甲庙中的和尚，相互敌视，经常吵架，生活痛苦；乙庙中的和尚，个个笑容满面，一团和气，生活快乐。

甲庙的住持便好奇地前去乙庙，请教其中的一个小和尚："你们是怎样让庙里的和尚永远保持愉快的气氛的呢？"小和尚回答："因为我们经常做错事。"甲庙住持听后正感疑惑，忽见一个和尚匆匆从外面回来，走进大厅，不慎滑了一跤。此时，正在拖地的和尚立刻跑过来，扶起他说："都是我的错，把地擦得太湿了。"站在门口的和尚也跟着进来，懊悔地说："都是我的错，没有提醒你，大厅正在擦地。"被扶起的和尚则自责地说："不，不，这是我的错，都怪我走路时太不小心了。"[14]

前来请教的住持看了这一幕，心领神会，他知道答案了。

战略启示 11-6

领导要诀 30 字

七字诀：对不起，是我错了。　　　三字诀：干得好！
六字诀：你有什么建议？　　　　　二字诀：谢谢！
五字诀：就照你的办！　　　　　　一字诀：请……
四字诀：我们一起……　　　　　　无字诀：微笑。

七字诀："对不起，是我错了。"领导勇于承认自己的错误，才能实现自我超越与发展，下属才愿意指出领导的不足，企业也才有可能回避战略决策上的重大失误。在这方面，许多从小到大发展起来的企业所面临的挑战最大（见战略启示11-7）。过去的成功，使得这类企业的领导在员工中建立了威望，下属对领导的看法，从不信、相信、坚信，变成了盲信或迷信，领导的自我感觉也从有决心、有信心、有雄心，渐变成了有傲心或狂心，结果常常自以为是，动辄"照我说的做，没错！"这种盲目的过度自信，既不利于创新思想的形成，又增加了决策失误的可能，更不利于企业内坏消息的及时上报，这也是许多企业一大就垮的深层原因之一。

战略启示 11-7

"欢迎"批评[15]

小张:"科长,对于批评,您不介意吧?"
科长:"绝不,反而很喜欢。"
小张:"是呀,真诚的批评好处很多……"
科长:"特别重要的是,这可以让我知道,到底谁对我不满。"

从管理角度来看,企业内部如果出了问题,各部门都应该秉持"责任在我"的意识,首先主动从自己的工作中找原因,而不是互相推卸责任。这样做,才有可能达成问题的更高层次的根本性解决,也更有助于公司内团结合作文化的形成。当然,为倡导这种气氛,企业领导必须特别注意建立从错误中学习的制度,而不是严惩犯错者的制度。若不然,就会造成人们有错误尽量隐瞒,瞒不住就推卸责任,实在推卸不掉,就找外部"客观"原因的恶性循环。长此以往,在这类企业中,就必然会出现人人自危的紧张人际关系。勇于承认自己的错误,对领导来说尤为重要,对于一个从不认错的领导,将不会有人愿意指出他的过错,从而也就使他失去了借助他人的提示促进自己学习提升的机会(见战略启示 11-8)。

战略启示 11-8

从不认错的经理:认错了?

有位过度自信、从不认错的经理,有一天当众宣布,自己真的错了,这使其下属惊讶不已。"您错了?"在场的一个人惊叫道,"这不可能吧?""对!"经理答道,"有一回,我认为自己犯了错误,但是后来发现,我搞错了。"[16]

六字诀:"你有什么建议?"广开言路,吸纳好建议,以此作为企业长期发展的创新思想源。身为企业领导,经常对下属做指示,提建议,久而久之,习惯成自然,无意中就会变得更喜欢说,而不太注意听,甚至在企业内部召开征求意见的"诸葛亮会"时,也倾向于搞"一言堂"。对此,下属心中自然清楚,领导只想做报告,发表他自己的看法,绝对听不进他人的意见,知道自己讲了也没用,提了建议领导也根本听不进去,因此即使真的有了什么好想法,也不愿对领导谈,而只是被动地接受领导的各种指派。这样,更使得领导认为,员工只是自己心目中"听话"的工具,并由此主观武断地认为下属无能,提不出什么好建议,企业根本没有什么人才。实际上,这种问题的根子还是在领导自己身上。

五字诀:"就照你的办!"注意倾听下属建议,不只是一种表面姿态,更重要的是在听到好想法时,能真心积极地采纳。一旦你肯定了下属满腔热情地提出的想法，让下属觉得能按照自己的意图去做事，即使他们的好想法实际上是在你的启发下得出的，也还是能很好地增强下属的自我实现成就感，从而激发起他们的创新热情，并且进一步提出更多更好的建议。领导的支持与肯定，可以提升下属的参与意识与主动投入精神，而下属工作积极性的提高会反过来推动领导自身意图的贯彻。显然，如果每个员工都觉得企业的成功正是采纳自己建议的结果，就更能以主人翁的姿态去行动，而这一点，正是许多企业家所追求的管理至境。

四字诀："我们一起……"在员工按照自己的想法去组织实施的过程中，可能会碰到一些预料之外的困难，需要领导的进一步支持才能克服，此时，领导要以"我们一起"的姿态，给予及时的支持、鼓励与帮助。实际中出现的许多实施问题，在员工层面不能有效解决，可能只是因为他们不具备相应的资源使用支配权，而不是真的没有解决办法。在这种情况下，如果领导抱着袖手旁观的态度，认为谁提出方案就该由谁负责解决方案实施中出现的问题，一旦解决不了，就将追究方案提出者事先考虑不周的责任，则很容易在员工心中形成多一事不如少一事的想法，这样，久而久之，就会发现企业中没有员工愿意主动提出创新建议了。经常采用类似"我们一起……"的说法或做法，而不是强调"你自己去……""我自己来……"等，还有一个额外的好处，就是有利于在企业中形成团队合作的做事氛围。从本质上看，管理就是借力与提供助力，从而发挥出全体员工的积极性，如果领导事必躬亲，大家可能反而会觉得你对人不信任，不给人机会，结果吃力不讨好，好心办坏事。

三字诀："干得好！"对于下属完成的工作，要及时给予正面反馈。任何人都希望自己的工作能得到他人特别是领导的适当、及时的认可。考虑到对于员工业绩的奖励，按正式的物质报酬制度，总是定期进行的，通常不可能在员工取得业绩的当时就加以及时鼓励，而从发挥激励作用来看，激励越及时，其效果就越好。因此，为弥补物质奖励在及时性上的不足，领导在工作现场发现员工表现不错时，应该及时给予鼓励与表扬。在此，需要说明，表扬应该针对具体的人与事，要善于发现员工个体特色，对其确实做得特别好的方面，给予积极肯定，而不是千篇一律地对谁都说"辛苦了"，让人觉得缺乏诚意。结合员工的具体行为，领导现场给予的肯定，真正体现了领导对员工的细致关注与尊重，更能满足员工的心理需求，常常能起到一般物质奖励难以替代的激励作用。

二字诀："谢谢！"对于下属为企业所做的每一件事，从领导的角度来看，应该心存感激之情，而不应看成是理所当然。如果简单地将领导与下属的关系看成是"我指挥，你干活"，那么除工作配合外，人际感情关系就不复存在，员工作为人的生存价值就容易受到忽视。"人为赚钱而工作，但是为了得到承认而活着"。用人要情理兼顾，留人首先要留心。领导以心换心，以真情换真情，更有助于与员工建立真诚、平等的人际关系，从而提升员工的向心力，增强企业的凝聚力。

一字诀："请……"对于企业员工，特别是高层次人才，领导若采用简单粗暴的命令式做法，比较容易引发他们的不满和抵触情绪，从而会对领导有意无意地敬而远之，内心产生敢怒不敢言的想法。显然，这是不利于其工作主动性与创造精神的发挥的。现实中，许多民营企业的领导为了引进高层次人才，通常比较注意有形的物质待遇的改善，而对于无形的精神文明环境的建设却不太注意，并且在潜意识里往往存在着"有钱能使鬼推磨"的想法。在这些企业中，经常发生这样的情况：许多人"引进之前是人才，引进以后变奴才"；一边花精力与代价引进，另一边引进后不久又流失。从类似多用"请"字这样的细节入手，逐步形成尊重人才、礼贤下士的氛围，将更有助于营造吸引与留住人才的软性工作环境。

无字诀：微笑。令人愉快的工作环境不仅包括有形的物质环境，而且更重要的是还包括无形的精神环境。营造具有快乐氛围的精神环境，领导起着主导作用。在此，即使领导什么都不想说，经常保持微笑也是最简单有效的做法。真诚的微笑能减轻压力，使人身心愉悦；可以化解怨恨，使人活得更有激情。在心情愉快的状态下，人们的工作热情、积极性、主动性与创造性都会得到更好的发挥。有研究表明，业绩最佳的商业领导者与普通领导者相比，逗人开怀大笑的机会要高出三倍。[17] 人的情绪具有相互感染性，领导者的乐观情绪会影响到员工，进而通过员工影响到顾客。微笑的领导者会培养出微笑的员工，并使员工能轻而易举地向顾客提供微笑服务。当然，要让人产生发自内心的微笑，还有赖于多方工作的配合。

实际上，以上所介绍的"领导要诀30字"，不仅适用于领导，也适用于员工，还适用于一般的为人处世，因为其中所表达的深层理论含义涉及了管理沟通、团队合作、管理授权、报酬激励、人才培养、自我超越等多方面的内容，具有一定的普遍适用性。只是在现实运用时，需在理解这30字的真正内涵的基础上，将其转换成更符合相应的组织或个人特色的语言习惯，从而使其更适应所在企业的环境氛围，也更容易做到大家常说、常做，以此促进企业团队合作精神的形成，增强员工的凝聚力，更好地发挥群体智慧，推动企业的长期可持续发展。

对领导来说，除了真正领会、经常使用"领导要诀30字"，尽量回避"领导慎用30字"（见战略启示11-9），以形成良好的语言习惯，关键还在于弄清自己的职责定位。2000年11月，《南方周末》进行过以"理想的老板"为题的征文，结果表明，人们心目中的理想老板，是那些对人性与趋势敏感，并懂得用人的老板。[18] 当然，作为战略变革行动的领导，除保持敏锐的环境感悟力外，还需特别注意做好以下几方面的工作：[19] 一是能构想战略愿景与目标，为企业注入生命活力；二是能提出相应的战略措施，为战略的有效执行奠定基础；三是能给员工带来希望与信心，从而激发起员工投入战略行动的热情；四是能真正领着员工，采取切实有效的行动，一步一个脚印地为实现战略目标而努力。

战略启示 11-9
领导慎用 30 字

七字：照我说的做，没错！——刚愎自用

六字：我早就想到了！——揽功归己

五字：你怎么老是……——委过于人

四字：绝不可能……——扼杀创新

三字：我来做。——事必躬亲

二字：今后……——贻误商机

一字：我……——自我中心

无语：黑脸！红脸！白脸！

对于战略领导，关键在于带领与引导，它不依赖于领导者某些特别的超凡魅力，而更多地在于对战略方向、方法、过程的取舍决策，能体现社会责任感，关注道德、沟通与对下属的提携，具有深入一线组织战略行动的能力。例如，某公司曾先后上任过两位极具典型特点的老总，他们都拥有名校的 MBA 学位，其中的一位嘴上时时挂着战略，为了能从业务上"镇住"公司高层中的博士们，口中还时不时地冒出许多高深莫测的战略术语，却由于沟通不到位，下属不知所云，不愿配合，实施难落实，最后并没有真正做成什么战略；另一位嘴上很少提及战略，经常与员工一起讨论交流，共同应对大家熟悉并需要解决的一个个具体问题，却由于得到了公司上下的由衷支持，结果大家共同努力，一步步将战略构想细化落实到了日常措施与行动中，最后似乎很自然地就实现了预想的战略目标，显示出了高超的战略领导水平。

就具体对战略领导作用的发挥而言，一方面，需注意不同的员工所具有的个人特质差异，采取不同的领导方式。实际上，战略领导必须面对不确定，做出取舍决策，此时，如果硬要让一个不习惯拿主意的人做决定，显然对于组织及当事者都是不合适的。[20] 现实中，有人表现出更强的企业家心态，喜欢创造性思维，勇于打破现有格局，善于处理未知世界，化腐朽为神奇；有人表现出更强的经理人心态，讲究实际，追求计划、秩序、可预见，将潜在可能变成现实可能；还有人表现为更强的实干家心态，喜欢什么事情都自己动手，希望能按一定的程序做成事。对于不同的人才，应有不同的使用考虑，以实现整个团队的互补搭配。另一方面，企业战略中心命题清晰程度的不同，会影响与决定战略领导的不同特征。由战略启示 11-10 可见，就战略中心命题的"做什么"与"如何做"而言，对应于不同清晰程度的组合情况，自然匹配相应的不同的领导风格。例如，在"做什么"与"如何做"都清楚的情况下，通常可以制定较为详尽的目标与过程管理标准，按照具体标准的数字要求来进行领导；而在"做什么"与"如何做"都不清楚的情况下，则需要强调的只是一定程度上的使命愿景共识，至于具体目标及实施过程，都应放手允许员工探索。显然，不同的情况，需要不同的企业实力，会对员工的素质与能力提升提出不同的要求。

战略启示 11-10

领导风格与战略中心命题 [21]

做什么	如何做	领导特点与类比
1. 已知	已知	目标–过程导向，用数字说话
2. 已知	未知	目标导向，迭代前行
3. 未知	已知	过程导向，如拍电影
4. 未知	未知	演化导向，似探迷雾

总之，发挥战略领导作用，其关键在于，释放个体潜能，增强整体活力，在这两者之间形成良性互动关系。从个体来看，需关注独特个性，提升能力与才干，让人做事并取得成果；从组织来看，需管得有理，形成整体特色，让人互动互赖出成果；从时序来看，需动而平衡，保持跨期稳定，在内外互动演化中求生存与发展。此外，考虑到战略变革的领导大量涉及动态不确定，需特别关注由此可能造成的压力增大、心理焦虑，采取各种措施鼓舞士气，消除人们对于变革的抵触情绪。应注意到，任何变革都是有阻力的，既得利益者会担心自己的利益受损，对变革持否定态度；看不清变革是否会对自己有利的人，会对变革持消极态度；当变革看起来会对别人更有利时，有些人会有意无意地抗拒变革。[22] 因此，现存组织都有安于现状、不思进取的倾向，除非通过有效的制度文化建设，在组织内形成强大的适应环境变化、创新变革的氛围，使之成为类似于遗传基因那样的组织要素，让变革成为人们的自觉行动。最后，对战略变革领导者来说，若想有效地推动变革，必须充分评估自己及支持的力量是否足够，在变革力量不足的情况下，贸然发动战略变革，往往很难见效，此时，可以采取的做法是，少说多做，一步一个脚印，低调地渐次推进变革行动。

11.4 制度文化构建

从战略的角度出发，考察制度文化构建问题，其核心在于能为员工提供一个充分发挥潜能、做好顾客服务、提升生命意义的框架，以使他们能在适当的科学观与价值观的指导下，充满激情地工作与生活。首先，就制度建设而言，战略启示 11-11 表明，人的行为受制于制度环境，改变制度环境，可以影响人的行为，最终影响工作业绩。应该说，制度是人们选择的结果，好的制度浑然天成，清晰而精妙，简洁且高效。但在现实运作中，必须看到，制度改革必然会触及并改变社会初始的分配格局，使得其中某些人的利益受到损害。这就可能出现这样的情况，有时即使是一个大家都看得见、看得清的优秀制度，也会由于其结果可能损害某些关键决策者的当前利益而无法付诸实施。这意味着，制度建设实际上是一个政治过程，制度改革会有阻力与代价，需要创新和探索。

战略启示 11-11
从分粥看制度设计 [23]

七人小团体，各人私利但相互平等，要在没有称量用具的情况下分食一锅粥，解决每天的吃饭问题。大家献计献策，先后设计了以下五种分粥制度。

制度一：指定或推举一人负责分粥。开始时，此人还能公平地分粥，但不久以后，就有意无意地为自己及对自己溜须拍马者多分，结果导致社会风气败坏。

制度二：大家轮流主持分粥。这样做尽管机会均等，但每人每周只有一天吃饱，甚至还有剩余，其余六天都更加饥饿难捱，结果造成了每天苦乐不均的资源浪费。

制度三：民主选举一个分粥委员会和一个监督委员会，形成民主监督与制约机制。但由于监督委员会常常提出各种议案，分粥委员会又据理力争，等达成协议粥早就凉了。

制度四：每人轮流值日分粥，但分粥的那个人最后拿粥。令人惊奇的是，在如此设计的制度的作用下，不管由谁掌勺分，最终分到七只碗里的粥几乎每次都是一样多。

制度五：大家参与分，抓阄决定谁得哪份。这是我国民间经常采用的方法，它全面兼顾了简洁、高效、公平的要求，而且对于不是无限可分或真正分匀很困难的东西，也可以分。

制度五的设计，兼顾了过程参与、机会均等的要求，分完后，大家不会也无法相互埋怨，甚至对于偶发的一次性分配难题，这种制度也能妥善处理，因而易促进人们合作做事、和谐共处。

分析企业制度的关键在于，弄清体现在制度设计背后的指导原则。关于制度设计原则，西方伦理学关注道德与正义原则，如平等、公正、最少受惠者立场等，[24] 东方管理文化中强调"以人为本、以德为先、以法为准"。如果认为"以人为本"重在"被人接受"，"以德为先"要求"个人自律"，"以法为准"关注"群体规则"，那么"人、德、法"作为整体，实际上就平衡兼顾了道家的水性管理、顺势而为的"思想"，儒家的仁者爱人、和而不同的"心肠"，法家的赏罚分明、童叟无欺的"手段"。从这个角度看，东西方在共同价值的追求上不存在实质性的差异，只是在多元价值的追求发生冲突而难以兼顾时，对其轻重缓急或优先排序可能会有分歧看法或不同做法。这些所谓的价值观追求上的分歧或不同，主要是由社会情境、习俗惯例等差异造成的，而非人性本身之互异。认清这一点，将有助于促进跨文化人群之间的相互沟通与理解。

制度建设的操作难点在于，如何将指导思想与实用制度联系起来。例如，美国西点军校就认为，[25]责任可以用制度来规定，制度可以用纪律来加强，但最难的是在纪律约束的外表下，去反复灌输一种理想。更何况，制度的制定与执行本身也是有代价的。所有的监控、考评都存在着操作成本，若由此所引发的费用增加远远超过了由此所带来的可能效益，还因此使得员工的主动性与创新意愿下降，则也许更为合适的做法是，将这些费用节省下来，直接用于激励员工，以营造相互信任的氛围。因此，从战略管理的角度看，制定制度不是为捆住人们的手脚，而是为释放员工的潜能，促进相互精诚合作，让人们更好地以群体方式做事，防止个人无意识中可能出现的工作失误，从而保证做事到位。由此可见，制度的作用不是万能的，它需要软性文化等方面的指导、约束与配合。专题案例 11-2 中韦尔奇对文化变革的观点值得借鉴。

据此考察战略启示 11-11 中提到的制度，可见其中主要关注的是分配的程序正义问题，没有顾及现实中可能存在的每个人对于粥的消费与分配能力的不同，以及由此带来的事实上的制度设计结果的可能不公平。对此，如果从生物基因遗传有差异的角度重新审视，考虑到客观上存在的个体遗传特质的差异，社会似乎应该针对个体性别、年龄等情况的不同，提供人们互不相同、丰富多彩的选择机会，只有这样，才有可能为每个人提供互异的特别生存环境，从而实现生态学意义上的特异个体与特异机会的真正"公平"匹配。[26]这种体现实质正义的制度设计指导原则，从管理操作的角度看，需要以资源及创意的极大丰富为基础，更多地反映了整个社会追求与努力的方向。

在具体涉及企业内部的制度设计时，存在着多种多样的分歧看法。比如，有人挑战"用人不疑，疑人不用"的传统提法，认为应该"用人有疑，疑人也用"。乍一看，似乎这种提法显得更具包容性，但深入分析可见这种修正实际上很难操作。首先，在疑人思想的指导下，很难在用人者与被用者之间形成相互信任的积极互动关系。其次，对于所用之人，如何划分"可疑的人"与"可信的人"，这在很大程度上取决于当事者的主观看法。因此，评价企业制度，要注意其实施的简便性，而不是仅仅流于形式，成为一种说在嘴上、写在纸上，但无法落实到行动上的花架子。

专题实例 11-2

韦尔奇论文化变革

韦尔奇看到："如果你想让列车再快 10 千米，只需要加一加功率；而若想使车速增加一倍，你就必须要更换铁轨了。资产重组可以一时提高公司的生产力，但若没有文化上的改变，就无法维持高生产力的发展。"[27]

文化变革之一：做真正该做的事。领导的关键在于，寻找合适的经理人员并激发他们的工作动机。

文化变革之二：不断超越自我。韦尔奇强调"扩展"概念，其内涵是不断向员工提出似乎过高的要求。"扩展性目标"只是激励手段，而非考核的标准，否则人们会由于害怕失败而不敢创新。

文化变革之三：更精简、更迅捷、更自信。培养员工自信心的办法，就是放权与尊重。"掐着他们的脖子，你是无法将自信注入他们心中的。你必须要松手放开他们，给他们赢得胜利的机会，让他们从自己所扮演的角色中获得自信。"

再如，还有人主张"制度疑人，信人使用"，即在制定制度时，假设人的本性是恶的，需要严格管理，积极防范；而在人才使用上，假设人的本性是善的，应该大胆放手，发挥潜能。实际上，从人际互动的角度看，中性制度的提法可能更为恰当，即企业制度设计既不疑人，也不信人，让每一个员工都感到很容易认同。这主要是由于制度作为一种手段，它的设计目标应体现在如何保证人们愉快、高效地做正确的事上。制度设计时的周全考虑，不是特别针对人，而是为了将事情做得更好，它不涉及疑人与否的问题，更不应故意做疑人甚至整人的设计。良好的制度本身，所体现的设计思想，应该有助于人们更好地发挥能力的作用，为顾客创造更大的价值，让员工看到生命的意义。而如果从疑人出发，必定先在内心对员工做不可靠、不可信假设，这种假设必然会影响心态，最终影响到领导的行为，那么怎能做到真正发自内心地信人使用，又怎能营造领导者与被领导者之间相互信任的互动关系？

企业制度设计必须考虑制度与人的行为之间所存在的互动关系。专题实例11-3表明，在人性假设和管理风格上，前后两任总经理存在明显差异，若能注意兼容并蓄，本可做到取长补短，进一步改善经营状况，但由于从一个极端走向另一个极端，忽视了被管理者的心理及行为习惯的改变过程，结果引发了员工的消极被动反应。由宽松的放任自律突然转向严格的制度监控，被员工认为是对人的不信任，从而引发内心抵触情绪，导致工作主动性显著下降。我国古代有人主张"无为而治"，认为"事愈烦而天下愈乱，法愈滋而奸愈炽"。制度一旦过于烦琐、细致，其留给员工的自由、主动发挥的余地也就较少，再加上制度往往具有滞后性，就更有可能成为影响员工主观能动性发挥的拖累。

专题实例11-3

政策越多、制度越详，效果越差

某公司的前任总经理斯迈，为人非常谦逊，采取的是典型的放任式管理，除最基本的制度外，甚至对员工的出勤情况，只要不影响本职工作，就从不关注。例如，公司尽管对生产一线员工的上班时间有严格要求，但是对采购部的人员考勤就比较随意。再加上该总经理的生产经验非常丰富，常常面带微笑，极具亲和力，结果赢得了公司上下员工的极大尊重，全体员工主动遵守制度，从未发生过违章违纪的事件。

后来，随着斯迈的退休离任，董事会任命了设备部维修工程师出身的严利为总经理。严总经理雷厉风行，敢说敢做，上任后不久，就发现公司员工的上下班时间太随意，有的部门经理加班到晚上仍未回家，而其秘书却按时下班；还有生产部的员工，每天在岗时间只有7个半小时。为了加强管理，提高效率，严总经理责令人事部制定了一系列详细的考勤制度。

为加强考勤管理，公司专门新购了打卡考勤机，要求员工每天上班打卡，对没有打卡者以旷工计。旷工一次给予警告，两次扣10%的当月奖金，三次扣30%的当月奖金……制度实施后，经常见到无意中忘记打卡的员工在回家的路上突然想起没打卡，然后折返回公司补打卡；各部门经理忙于为每月因公、因事少打卡的员工签字做证明；更常见的是，员工们围坐在公司内厅的沙发上等候打卡。

在公司的管理会上，严总经理责怪秘书们不称职，要求各部门秘书下班时间不得早于部门经理，这使得各部门的经理要么支付秘书陪同加班费，要么干脆带头按时回家。对生产部的员工，公司制定了严格的考核制度，要求必须在下班铃响后停机。为此，生产部员工一致提出要求，公司必须明确原本没有留出的诸如喝水、更衣、如厕、接电话等时间。这样，当月报表下来后，公司发现，尽管每人的工作时间达到了8小时，但实际产量却有所下降，质量控制成本也随着开停机次数及时间的增多而大幅上升。

更为可笑的是，公司经过缜密的观察测算，认为给办公室人员免费提供面巾纸的支出太大，而且也没有必要，结果宣布取消原有的面巾纸领用制。但几天后却发现，洗手间的用纸量上去了，原来人们在用这里面的纸擦手，并且浪费现象严重。为此，人事部只好指定专人负责，制定了长达三页的文件，让员工人手一份，对他们进行宣讲、培训，并指定专职人员负责洗手间的手纸领发工作。此事最后成为公司员工茶余饭后嘲讽管理者无能的笑料。[28]

在战略变革管理中，除了关注企业制度建设外，还需关注更为软性的企业文化建设。建设企业文化，首先需要了解什么是企业文化，战略启示11-12提供了较为简单的分析工具。通常，企业文化是指一定程度上能为企业全体成员所接受与共享的固有价值、思维方式、行为习惯、心理期望与信念体系，它渗透于企业的各个领域。企业文化作为一种企业存在，是企业成员在企业长期发展的过程中，经过无数经验教训的历练学习与渐进积累而产生，并经有意识地升华提炼而成的。企业文化深深地根植于企业的创业史话、模范事迹、做事风格、习俗流程、规章制度、精神风貌、道德准则、技能表现之中，一经形成，短期内一般很难迅速改变，构成了影响和决定企业全体人员共识的行为规范的基础。

战略启示 11-12
"SAOC"（组织文化简要问题）测定法 [29]

在你的企业里，究竟什么事情最重要？什么人易被提升？什么行为受奖惩？谁如鱼得水？谁日子难熬？如果用一句话来描述你的企业，该怎么说？

企业文化可以起到硬性制度所起不到的作用。例如，在处理长短期、跨职能、上下游的利益分配关系的问题时，由于不存在事实上的客观标准的解答，如果没有对于整个组织文化价值观、成员角色职责、运行规则惯例等的认同，将很难化解关于分配公平性的争论与冲突。正因为如此，对于客观上不存在多赢解决方案的矛盾冲突，也许可以采用这样的处理原则：做事上，要打破成规，追求更好的方式；分享时，要兼顾惯例，保持平静的心态。当然，这里提到的惯例，如果背离了人类根本的公平、正义等道德原则，而退化成为纯粹基于动物本能的弱肉强食的丛林法则，肯定会产生问题，因而也是有必要加以修正调整的（见战略启示 11-13）。

战略启示 11-13
弱肉强食与安分守己

在组织中，基于角色、规则、惯例等文化认同而产生的安分守己，对于缓解收入分配上因无绝对公平解而产生的心理冲突，具有重要的作用。但这种忍耐与认同，对于推进战略变革，却无疑具有麻痹神经的阻碍作用。有一则俄国寓言对此描述得极为形象。

有一天，小鱼试图反抗大鱼歼灭同类的行为，就拷问大鱼说："你为什么吃我？"大鱼回答："那么，请你试试看，我让你吃，你吃得下去吗？"大鱼的观点，就是要求认命不争，小鱼退避大鱼为守己，退避不了游入大鱼之口就是"安分"。[30]

企业文化建设通常需要经过以下步骤。

第一，确立企业经营核心理念，这相当于企业的灵魂与人的精神，也是企业文化的内核。例如，诺基亚曾经每年在全球召开一系列名为"诺基亚之道"的会议，[31] 通过头脑风暴法收集关于什么是诺基亚至关重要的意见，然后集中到最高管理层，由他们过滤提炼成公司战略性的远景规划，最后再通过特别的胶片介绍形式，向各个级别的员工渗透。正是这种形式，使得诺基亚的价值观传递到了每个员工，从而达成公司上下的齐心协力。

第二，改变员工的基本态度或心态。比如，围绕文化内核，提出基本的心态构架，利用发生在企业内部的实际例子，说明积极心态、消极心态的潜在作用，阐明企业文化对于"四满意"的影响等，使员工认识到企业文化的意义与价值。显然，对于企业文化，只有首先建立起员工的信心，才有可能去贯彻落实，从而产生现实作用。

第三，选择适当的切入问题的角度，通过转换人们的视角，达成对于核心理念、基本心态的认同。在此可通过改变假设，阐明对同一问题可能存在的多种不同的看法，选择能使企业员工达成共识的角度，在企业中形成一种服务于顾客、壮大公司、丰富人生的文化观念。

第四，制定共识的行为规范，如技术、服务、质量等。在理念、心态、角度共识的基础上，确立普遍接受的可行性操作规范。这涉及日常工作程序、待人接物做法等简单操作手册，使人们相互配合做几遍就能熟知，最后习惯成自然，从而表现出一种其他企业很难仿效的内在素质。

对战略变革管理来说，企业文化建设的关键在于，如何既保持企业核心价值观的相对稳定性，又能在具体操作上体现出不断创新的思想。必须注意，企业文化对变革推动力量的大小，主要取决于人们对文化的信仰程度、信心强度与行动力度。[32] 此外，在进行企业文化建设时，必须看到，文化理念的形成，实际上经历的是一个潜移默化的替代过程，这与心理倾向的形成一样，不是不破不立，而是不立不破。过分的教育批判或警示，一方面，可能会激起人们的逆反情绪，从而导致教育批判效果的下降；另一方面，如果用词或表达方式失当，从心理学的角度看，还会起到负面的具象提示与强化作用。例如，有研究表明，对于自杀、暴力等事件的评论报道，会对惨剧的发生起到暗示诱导作用，甚至引起易感人群的无意识仿效。[33] 2004 年 4 月 1 日，《南方周末》在相关文章中就提到这样一件事：某个瘾君子在成功走出戒毒所后，一直坚持没有复吸，后来有一天，在无意之中看见了"谢绝毒品，珍惜生命"的劝导标语，就被"毒"字牢牢攫住，心理上无法摆脱，再次沦为吸毒者。

俗话说："地上种了菜就不易长草，心中有了善就不易生恶。"心理学的研究认为，停止思考某一件事的唯一方式，就是思考另外一件事。这主要是因为，在批判的过程中，人们最常用的就是对原有的具象的东西，加上抽象的否定贬责之词，如不要、不好、不适用、不应该等，抽象加具象的多次重复强化。因为抽象的概念易忘，具象的东西印象深，结果在无形中反而强化了原本希望消除的具象的东西。专题实例 11-4 所描述的买笔的故事，就形象地说明了抽象否定加上具象提示最终会使人在头脑中忘掉否定，而留下非预想的具象提示。消除一种阻碍企业发展的文化的影响，不能简单地通过对该文化的批判来实现，必须提出一种能为人们所接受的新理念，并以此逐渐替代原有的文化理念。简单的强势批判，其效果常常不如对希望树立的东西直接进行正面的潜移默化的引导。

专题实例 11-4

买笔的故事

新加坡某著名作家托同事为其买圆珠笔,[34]因为他特别讨厌黑色,就再三叮嘱同事:"不要买黑色的,请记住,我不喜欢黑色,暗暗沉沉,肃肃杀杀。千万不要忘记呀,一共12支,全不要黑色。"

次日,当同事把那一把笔交给他时,差点没把他给搞晕:12支笔,全都是黑色的。他责怪同事粗心,同事还振振有词地反驳:"你一再强调,黑的、黑的。忙了一天,当我昏昏沉沉地走进商场时,脑子里能想起的,就只有印象最深的两个词——12支、黑色,于是就特别地给你挑了来。"

显然,如果当时作家不是因为过分担心同事可能会搞错,从而反复强调自己"不要黑色",而是直截了当地说:"请帮我买12支笔,全要蓝色的。"也许结果就会不一样。

由上可见,企业文化建设的难点在于,找到一种更好、更合适的替代文化。文化的形成往往有其深刻的社会与历史根源,且带有自身的功能要求,在影响原有文化形成的内外环境发生变化前,文化本身往往不易凭空改变。例如,就战略文化与企业资源的关系而言,有人认为,[35]资源稀缺,更易产生通过创新以脱贫致富的雄心壮志,并形成一种追求成功与卓越的强劲动力;而资源富裕,更易产生自鸣得意与不求上进的懒散文化氛围。黑格尔认为,文化"不是一块不动的石头,而是生命洋溢的,有如一道洪流,离开它的源头愈远,它就膨胀得愈大"。[36]有鉴于此,更为合适的文化建设方式,也许是在融合原有文化的基础上,实现吐故纳新。

对于企业文化如何体现创新精神,必须明确,创新本身不是目标,它只是一个实现企业使命与目标的手段。从根本上说,企业文化既有继承性,又有创新性。企业文化有时需要创新,有时需要继承,完全取决于企业所面临的战略"三假设"的变化情况。对于许多企业办的内部报纸刊物,作为企业文化宣传的窗口,应该引起企业领导的充分重视,将其重点放在如何做好企业文化建设上。实际上,从企业文化为员工注入生命活力、营造企业积极向上与不断创新的精神的角度看,办好企业内部报刊的关键在于,结合企业员工实际,体现赞美、信息、教育和鼓励四要素。[37]特别地,如果能注意让每位员工的姓名尽量多地以正面肯定的形式出现在这些宣传资料上,那么这些资料对于企业文化的建设必将发挥巨大的作用。

总之,考察企业实力,制度为表,文化为里,惯例为体。现实中,对于企业文化,关键是要弄清这样一些问题:更多地依靠移植复制,还是更多地重视融合提高?重在快速注入改造,还是重在潜移默化?可以有意而为,还是需要自然生成?是存在一劳永逸的统一模式,还是需经历不断演化的过程?对于这些问题,到底有无标准答案?是否存在最优解?还是只有满意解?此外,一种特定的企业文化，对于企业经营成败的影响是必要条件还是充分条件？企业文化与经营业绩是否存在必然联系？实际上，如果认为企业成功在于特色，企业经营是一个内外互动的演化过程，那么对于制度文化惯例的评价，就只有与战略"三假设"是否有机结合，能否与环境互适、互动的考虑，而不存在其他简单的优劣判断标准。

拓展思考题

1. 假如你在原始森林中遇见了一个从未见过的恐怖怪物，你觉得此时最好怎么行动？有人认为，变革就如这样的"怪物"，回避不了，但又从未面对过，此时你又该怎样行动为好？为什么？

2. 假设你是公司的CEO，临时接到董事局的通知，安排你及家人于次日去一个遥远的海滨城市度假三个月。在此期间，你不能以任何形式与公司联系，更不能做遥控指挥。为使公司的工作不因你的临时度假而受到影响，现允许你写一份不超过500字的文件，对未来三个月内公司的运作进行交接安排。你将如何写这份工作安排书？借由这一假想的领导突然离岗度假测试，你能否从中受到启发，找到进一步提高自己战略领导能力的途径？

3. 关于企业文化的建设，有些公司采取组织员工学习、领导言传身教等做法，早集中、晚汇报、唱厂歌、喊口号，让身在其中的人受到群体环境的强烈感染，在无形之中认同公司的理念，从而自觉地将其运用到公司的经营实践中。还有些公司，就如何抓好质量、服务顾客等方面的问题，在行动计划与行为规范上对员工提出明确要求，使员工通过实践操作，感悟出公司文化内涵，从而最终达成对公司文化的认同。理论上，对这两种做法的优劣利弊存在着不同的看法，[38]是观念与态度影响行为，还是行为影响观念与态度，实际上其中存在的是互动联系。对此，若一定要进行先后次序与因果关系的人为划分，在实践操作上，的确很困难，也许根本没有必要。此外，与文化建设相关的，还有一个重要问题，就是有人认为，科学管理重在控制人的行为，行为科学重在控制人的心理，而企业文化重在控制人的灵魂，似乎管理越来越让人失去自我，变成了社会组织的奴隶。对此，有人认为，有效的文化应该具有稳定、包容、不拒绝变化的特点，而不应成为令人窒息、抑制企业新生力量的"陷阱"，更不应该是扼杀、埋葬自由创新思想的"坟墓"。根据以上讨论，请问：企业文化建设应该特别注意些什么？为什么？

4. 甲公司在收购濒临倒闭的乙企业后，委派了一位全权代表到乙企业，全权代表主持会议，重新选举了厂长。通过对乙企业生产能力的考察，全权代表对新厂长提出要求——必须将工厂的月产量提高一倍。当新厂长回答不可能时，该全权代表说："如果这样，你可以打辞职报告，我找能提高产量的人来干。"结果，新厂长被逼上梁山，只好背水一战。新厂长召开车间主任会议，层层分解目标，对于认为完不成指标者，也如法炮制地说："你可以打辞职报告，我会让能提高产量的人来干。"结果令人奇怪的是，这样一来，乙企业当月的产量就增加了一倍。看到企业人员、设备都没有变，在一个月内产量就提升了一倍，员工们更加认为企业原来的厂长实在是不行。结合这一例子，谈谈为了保证战略变革的有效推行，企业需要具备哪些条件。

资料来源及注释

[1] 布莱斯科，斯德尔. 水牛的腾飞：走向经营成功之路 [M]. 陈晓，译. 北京：清华大学出版社，1999.

[2] 王力为. 诺贝尔经济学奖得主在沪讲学：更灵活才能更实惠 [N]. 新闻晨报，2002-03-19（A8）.

[3] 爱迪思. 把握变革 [M]. 陈甦，译. 北京：华夏出版社，2004.

[4] 奥本. 现代企业诊断 [M]. 陈玲，译. 北京：机械工业出版社，2000.

[5] 在图的表达形式上借鉴了戴维·克雷恩. 智力资本的战略管理 [M]. 北京：新华出版社，1999：14，图2-1.

[6] 格伯. 企业家迷信 [M]. 洪允息，译. 北京：新华出版社，1996：64.

[7] 圣吉. 第五项修炼 [M]. 李晨晔，译. 北京：中信出版社，2018.

[8] 佚名. 趁乱练功、大有可为 [N]. 经济日报，1996-05-29. 此处引用时，已对原文做了改编。

[9] 迪尔凯姆. 社会学方法的规则 [M]. 胡伟，译. 北京：华夏出版社，1999.

[10] 希尔. 人人都能成功 [M]. 李润生，李海宁，译. 武汉：湖北人民出版社，1996：109.

[11] 麦考梅克. 自我超越 [M]. 顾淑馨，译. 上海：上海三联书店，1996：35.

[12] 叔本华. 爱与生的苦恼 [M]. 金铃，译. 北京：华龄出版社，2001：195.

[13] 项保华. 领导要诀30字 [J]. 总裁，2000（1）.

[14] 李宝焦. 认错未必是输 [N]. 中国剪报，1999-06-22（2）. 原载羊城新快报，1999-06-03.

[15] 佚名. 欢迎批评 [J]. 特别文摘，2009（1）：50. 原载广州文摘报，此处引用时，文字有改动。

[16] 陈硕. 欧美幽默与漫画杰作 [M]. 成都：四川文艺出版社，1999：287.

[17] 戈尔曼. 你能成为领导者吗？ [N]. 参考消息，2002-07-22（15）. 原载 [美] 行列周刊，2002-06-16（1）.

[18] 陈衔. 好老板要具备什么条件？ [N]. 南方周末，2000-12-21（17）.

[19] PITURRO M. The transformation officer [J]. Management Review, 2000（2）.

[20] 格伯. 企业家迷信 [M]. 洪允息，译. 北京：新华出版社，1996：8-15.

[21] 奥本. 现代企业诊断 [M]. 陈玲，译. 北京：机械工业出版社，2000：155-160. 此处引用时，借鉴了该书的思想，内容上按本书框架重新整理。

[22] 马基雅维里. 君主论 [M]. 俞卓立，译释. 北京：中国社会出版社，1999：38.

[23] 讨论中提到的前四种制度，系根据约翰·罗尔斯的《正义论》(中国社会科学出版社，1988年）第81页有关分蛋糕的讨论转化而来，国内多家媒体曾有报道或转载，而以上提到的第五种制度，是本书作者对于我国民间常见做法的总结。

[24] 罗尔斯. 正义论 [M]. 何怀宏，等译. 北京：中国社会科学出版社，1988.

[25] 樊高月. 西点军校 [M]. 海口：海南出版社，1996：159.

[26] 威尔逊. 社会生物学：新的综合 [M]. 李昆峰，编译. 成都：四川人民出版社，1985.

[27] 宗文. 迅捷来自精简、精简源于自信：GE舵主韦尔奇的企业文化理念 [N]. 中国经营报，2000-03-07（18）.

[28] 尚飞. 有感于"企业政策越多、制订得越详细，员工主动性越差". 浙大2001春MBA"战略管理"课程随笔. 此处引用时，文字有较大改动。

[29] 胡斌. 破解企业文化迷阵 [J]. 企业家信息，2001（3）. 原载财经界，2001（2）. 此处引用时，文字有改动。

[30] 林语堂. 林语堂散文 [M]. 杭州：浙江文艺出版社，2000：235.

[31] 刘燕. 移动之王：访诺基亚公司董事长兼总裁约玛·奥利拉 [N]. 中国经营报，2000-07-25（12）.

[32] 科特，赫斯克特. 企业文化与经营业绩 [M]. 曾中，李晓涛，译. 北京：华夏出版社，1997.

[33] 迈尔斯. 社会心理学 [M]. 侯玉波，乐国

安，张智勇，等译．北京：人民邮电出版社，2006：155．

[34] 张永华．买笔的故事[J]．报刊文摘，2005-06-03（3）．原载文学与人生，2005（6-8）合刊．此处引用时，文字有适当调整。

[35] GRANT R M. Contemporary strategy analysis：concepts，techniques，applications [M]. 4th ed. Blackwell Publishers Inc.，2002: 31.

[36] 周叔莲．七问企业文化[J]．企业改革与管理,2001(3)．转引自企业家信息,2001(5)．

[37] 艾施．玫琳凯谈人的管理[M]．陈淑琴，范丽娟，译．杭州：浙江人民出版社，1995：25.

[38] 彼得斯，沃特曼．寻求企业最佳管理法：美国最佳公司的经验教训[M]．周维伯，等译．北京：新华出版社，1985：145.

第 12 章 战略激励管理

【学习目标】

知识目标： 理解企业活力源泉、行动力激发、战略激励准则。
技能目标： 理解战略激励思路、跨期报酬体系与行为调节杠杆。
能力目标： 掌握并设计与战略行动管理相匹配的报酬激励体系。

【要点提示】

企业活力源泉

行动力（活力）＝能力＋愿力＋助力

行动力激发＝提升企业员工的"成长、成就、成员"感

战略激励准则

在战略激励上，人们总是会去做受到奖励的行为，而不管这种奖励是战略决策者有意或无意之中施加的。

跨期报酬体系

平衡兼顾多主体、跨时期、信息不对称、动态公平性等问题，促进员工身心协调、敬业乐业、和谐发展，求得企业持续经营。

行为调节杠杆

战略行动管理必须构建适当的行为调节杠杆，建立企业运行所需的动态灵活的环境互适调控机制。

12.1　企业活力源泉

如果将企业看成是一个生命有机体，那么战略中心命题"做什么、如何做、由谁做"的解决，其关键在于回答好"由谁做"的问题。从行为层面看，解决了谁来做的问题，也就解决了企业活力问题。考察任何一个企业的实际战略管理过程，显见，无论是怎样的战略，若不能在企业里找到合适的执行者，将战略思路转变为切实有效的行为实践，则最终只能称为是无效的或空想的战略。毋庸讳言，几乎所有企业的运作都离不开人的直接或间接参与，所谓的战略资源观、能力观等，都必须体现在行为观上。企业由许多人构成，企业活力需要以人为本，建立在人的能动行为的基础之上。为此，探讨企业活力问题，既需要了解整体的人群表现，也需要关注个体的动力情况。

从整体上看，企业活力只能借助于过程来描述，主要表现为这样一种特征，即能主动求变或灵活应变，创造产品或服务特色，以做到在动态变化的环境中持续地演化生存。例如，对经济不景气有较强的抵抗力，在经济复苏时能较快恢复。[1] 在行为表现上，有活力的企业能更好地适应环境变化，拥有区别于其他企业的独特生存技能，如生产技术、经营诀窍等，能对市场的现实及潜在的顾客需求保持敏感性与适应性，有能力开发多种多样的新产品，提高产品质量、降低价格并保证交货期，从而在竞争中立于不败之地。[2] 可以认为，企业活力本质上是一种行动力。

就构成个体行动力的基础而言，可以进一步分解为能力、愿力与助力（简称"三力"）三个方面（见战略启示 12-1）。在这里，能力体现在个人所拥有或掌握的经验、知识、方法等内在素质上，表现为能不能"做事"。对企业来说，通过合理的岗位设计，再辅之以适当的在职或离职培训，有可能做到使所有的人都能基本胜任所在岗位的工作。愿力反映了当事者对需要做的事肯不肯做的激情强度，它既可能出自员工的内在需求，也可能受外在因素的激发，可以分为奖惩推挤或愿景拉引两类。当然，对那些喜欢工作的人来说，若真的已与企业运作融为一体，成为以企业为家的"企业家"，事实上是很难区分其愿力形成的内外推拉性质的。助力涉及信息、网络、机制等支撑环境，它使得员工最终能拥有做成事所需的适当人、财、物的使用支配权，而不管这种使用支配权的获得是直接的还是间接的，其获得过程的链条有多长。

战略启示 12-1

企业活力源泉：行动力

行动力（活力）= 能力 + 愿力 + 助力

能力：岗位合理，适当培训，人人都能胜任。

愿力：内在或外来？推挤或拉引？融入事业？
助力：是否具有做成事所需的人、财、物支撑体系？

根据以上讨论，能力涉及能否做成事的潜在可能性，愿力决定是否有投入做事的主观能动性，助力影响在需要帮助时能否获得适当、及时的支持的客观可能性。增强企业活力或行动力，可以从改善能力、调动激情、促进合作三个方面入手。考察"三力"的构成与相互关系，可见仅当行为主体具有能力与愿力，并可获得助力支撑时，才有可能取得预期的战略行动结果。在现实中，如果发现一项本应采取的行动或一件本应做成的事没有结果，基本上都可以从"三力"不足或不匹配上获得一定的解释。例如，有时是由于能力欠缺做不成，有时是由于愿力不足没投入，有时是由于缺乏助力没做成，有时是由于"三力"均不到位而无果，甚至有时是由于"三力"分离没合成。

古语云："求木之长者，必固其根本；欲流之远者，必浚其泉源；思国之安者，必积其德义。"战略激励管理的中心任务，就在于增强企业活力，也就是弄清战略行动力三部分的来源，采取措施固本培元，以保持这些源泉的喷涌不息。应该看到，行动力实际上体现的是组织的生命力，而能力、愿力、助力作为生命力的组成部分，是以有机互动、互赖的整体形式存在的。例如，能力的增强，有助于获得助力，并由于更易创出成果，在无形中提升了愿力；愿力的增强，有助于改善能力，也会影响与感化助力环境；助力的增强，有助于克服能力之不足，更易激发出愿力。因此，探讨行动力不能采取相互割裂的机械主义态度。

如果借鉴第4章4.3节的有关讨论，认为人生的根本意义在于"调适心态、创造业绩、体验过程"，那么与此相应就可导出人生"活力"的"成长、成就、成员"（简称"三成"）三源泉。这是由于，"调适心态"就在于通过逐渐参透人生，获得随缘自适与心性完善，从而让人产生一种心智上的"成长"感；"创造业绩"就在于取得工作成果，获得社会认同与物质回报，从而让人产生一种努力建树上的"成就"感；"体验过程"就在于感受人、事、物，获得群体互赖与精神寄托，从而让人产生信仰、归属上的"成员"感（见战略启示12-2）。这样，如果粗略地认为成长感、成就感、成员感分别相应于能力、愿力、助力，可见"三成"就构成了"三力"的基础。

战略启示 12-2
企业活力源泉：人生意义与行动力激发

成长感：调适心态，参透人生，心性完善　　行动力激发＝提升企业员工"成长、成
成就感：创造业绩，社会认同，物质回报　　就、成员"感
成员感：体验过程，群体互赖，精神归属

战略激励管理的关键在于，为员工提供心智成长、个人发展、组织归属等方面的机会与前景，增强员工的"三成"感，从而提升企业的行动力。例如，通过加强培训、工作丰富、信息共享等，提升企业市场竞争力，使员工产生"成长"感，形成进一步动态学习的能力；通过加强技术开发、设备投资、改善工艺等，提升企业最终业绩，使员工产生"成就"感，形成进一步投入企业的愿力；通过沟通理解、通力合作、稳定就业等，提升企业整体凝聚力，使员工产生"成员"感，形成进一步发展的助力。从实践运作的角度看，"成长、成就、成员"感与"能力、愿力、助力"的相互联系不像前面描述的那样简单，它们之间实际上存在着较为复杂的互动、互适、互赖关系。在一个会让人做不成事的环境中，想做事的人肯定会感受英雄无用武之地的无奈，内心燃起的工作激情也会因此被浇灭。例如，某市高科技园区，对公关部的一般岗位应聘人员提出必须外语专业研究生毕业、工作经历两年以上的要求，这样的高潜能、低使用，让人进来后觉得工作毫无挑战性与成就感，结果先后费力录用多人，而他们都只工作一周就走了。

从流量的角度出发，考察企业活力源泉，关键是如何把握其加速、稳定、减速机制，这就有必要了解"三成""三力"的形成过程与原理。一般地，若将所有能提供员工"三成"感的因素统称为"激励"，而最终形成的"三力"作用泛称为"行为"，则战略激励管理至少涉及这样三个问题：一是单一"激励"对"行为"的影响规律，即单指标的激励-响应关系；二是多个"激励"对整体"行为"的影响规律，即多个激励因素的影响权重的相对关系；三是跨越多个时间周期的"激励"与"行为"关系模式，即涉及跨期取舍的激励-响应关系。

第一，就单指标的激励-响应关系而言，在激励作用强度上，单指标，特别是物质、经济方面的指标，受边际效用递减规律作用，超过一定水平后，激励效果可能会递减甚至会出现负效应。如图12-1所示，左边表示了经济学上"向后弯曲"的劳动供给曲线。按照经济学理论的解释，之所以产生"向后弯曲"的劳动供给曲线，主要是由于人每天的生命时间有限，用于工作就不能用于休闲，结果导致人们对于工作与休闲的相对偏好会随工资率的变动而改变。从"向后弯曲"的劳动供给曲线，很容易推导出类似于图12-1右边的单指标激励-响应模式，从中可见，对于单一指标，追加激励超过一定限度后，不仅没有正效用，有时还可能产生负作用。

第二，就多因素的相对权重而言，经典的激励解释有需求层次论、X理论与Y理论等，这里的问题在于，这些分析都基于解构的思路，对多种需求采取简单排序的做法，忽略了实际上存在的多种激励的交互复合效应，如单因多果或多因单果等，以及各种激励效果受时间、情境变化影响等。显而易见的是，在特定情境下，对某些个人来说完全无欲的东西，实际上就相当于其对于激励的影响权重近乎为零，此时这类东西对该个体来说，就将完全丧失激励作用。

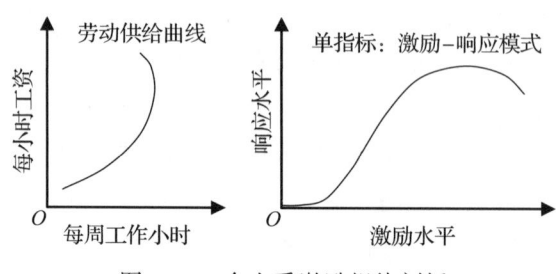

图 12-1　个人受激励规律剖析

第三，作为跨越多个时期的激励，通常越是远期不确定的激励，效果越差，激励越及时，效果越好。另外，跨期取舍决策中，各种激励要素之间存在着权重、强度、跨期的关联影响。尽管就特定时刻而言，单一指标的激励作用一般会随该指标激励的增大而逐渐弱化，但也不排除存在这样的可能，即当事者本来对某种激励不太在意，但看到当前的激励强度特别大，就逮住机会积极响应，从而很快获得远超过自己正常预期或所需的此类激励的回报，使得自己未来的行为再也不受此类激励的诱惑或影响。就如某人在一段时间内全力以赴只顾赚钱，这看起来有点像纯粹的"经济人"，但当他积累了一定的实力后，却再也不问赚钱的事，行为一下子变得非常超脱，重新关注起自己原来一直喜欢的艺术之类的事情，这看起来又有点像纯粹的"精神人"。显然，在这里只是运用简单的静态人性论，是不可能有效解释人们行为的这种跨期演变的。

当然，从激励-响应的内在机制看，关键要在人们的预期与现实之间形成与保持适当的差距，从而让人产生试图消除这种差距的心理动力。考虑到恒定不变的差距，如果持续存在而难以消除，则人们最后会习以为常，从而对差距变得麻木不仁。因此，战略激励管理需关注如何为所形成的心理动力提供能力与助力支撑，使之能转化为战略行动，迅速消除差距，取得成果；同时要通过对预期的动态管理，根据情况变化不断营造新的预期，从而始终保持适当水平的心理动力。有鉴于此，尽管从做事的角度看，有时只要兴趣所至，做成事本身所具有的成就感也会给人带来愉悦，从而产生乐在其中的过程体验，使得行为者看起来似乎具有不带功利性的内在动机；但从做人的角度看，考虑到组织内部的个体之间总是存在信息交换，更受到外在激励或环境的影响，人们总是会有意无意地进行着相互比较，根据自己所选的参照体系进行主观评价，对自身价值做出投入与回报是否公平的判断，并反过来受此判断影响，导致自己后续工作心理动力的变化。由此可见，企业或个人活力源泉的开发，需做长期动态考虑。

12.2 战略激励准则

基于第 10 章讨论的战略决策基点，关注企业凝聚力、行为宽容性、环境敏感性，第 11 章探讨的管理悖论突破，重视兼容并蓄、力量协同、化整为零、小步前进，模块结构、灵活适应，战略激励准则确定的关键在于，以"让人愉快、高效地做正确的事"思想为指导，围绕"成长、成就、成员"感与"能力、愿力、助力"进行细化展开。在这方面，近年已有一些研究成果[3] 突破了传统的简单财务指标考核的局限性，结合考虑了顾客满意、业务顺畅、学习创新等众多因素的作用，大大拓展了战略激励考核的视野与方法。

考虑战略激励准则，可从分析激励对象入手。在战略实施中，与企业运行直接相关的主体有顾客、股东和员工，正是这三者的良性互动，才推动了企业的演化发展（见战略启示 12-3）。如图 12-2 所示，对顾客来说，在选择企业产品或服务的同时，也为股东提供了回报；对股东来说，在获得投资收益回报的同时，也解决了员工的就业问题；对员工来说，在获得工作回报的同时，也为顾客提供了产品或服务。顾客价值、股东收益、员工活动这三者之间相互依赖、协同发展，为企业战略愿景的实现构成了稳定的战略激励三角形支撑关系。

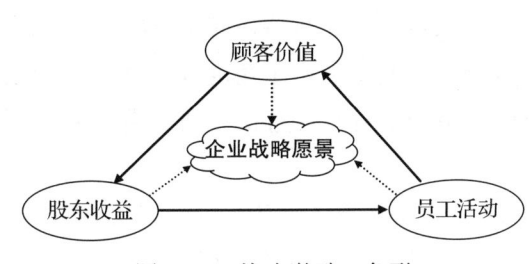

图 12-2　战略激励三角形

战略启示 12-3
战略激励准则：中心、指标、对象

中心：以"让人愉快、高效地做正确的事"思想为指导，为企业的长期生存与持续经营提供活力保障。

指标：需突破简单的财务指标考核的局限性，结合考虑顾客满意、业务顺畅、学习创新等因素的作用。

对象：战略实施中涉及的主要有顾客、股东和员工，正是这三者的良性互动，才推动了企业的成长与发展。

从战略激励准则制定的目标来看，必须促进战略激励三角形关系的良性互动、稳定发展，保证战略行动的导向正确、手段高效、过程愉快。从战略激励准则制定的具体操作要求看，必须保证激励准则在设计、认知、行动、考核上体现合理、简洁、清晰、易行、愉悦的特点。设计是指准则的制定，认知是指对准则的理解,行动是指对准则的贯彻,考核是指对准则执行情况的评估。实际上,由战略激励三角形可知,战略激励准则制定的主要工作在于,对顾客价值、股东收益、员工活动这三类衡量指标的选择、深化与简化,确定好这三类指标之间的因果关系,平衡处理好这三类指标之间相互关联的比例系数。

具体地,就顾客价值而言,如果直接从顾客角度进行测量,可能有价格、质量、服务、速度、创新等指标。从实际操作看,这里存在数据收集、客观评估等困难。但若从这些价值指标最终在顾客购买行为上的表现看,也许可以采取相对来说比较客观,而且企业收集数据也较容易的指标,如老顾客带新顾客率、新顾客增加率、老顾客流失率等,还有如第5章5.4节中提到的,有关顾客对于企业盈利贡献的数据等。只有这样得到的数据,才能做到在兼顾顾客价值的同时,也为企业带来价值,促进持续经营优势的形成,从而可以用作战略激励管理衡量顾客价值方面的准则。

就股东收益而言,主要有净利润、投资报酬率、现金流三个指标,但由于这三个指标相对来说比较综合,如净利润、投资报酬率往往事后才能准确计算,而且考虑到未来贴现的影响,有些指标及其相互之间还存在着长短期互为消长的关系。这表明,这三个指标在衡量股东收益上仍不完善。对战略激励来说,关键是要弄清由于哪些最底层指标的变化,最终导致了净利润、投资报酬率、现金流的变化。从这个角度看,更为直接的激励准则应该是收、付、存三方面的流量指标,这些指标的纵向与横向比较的同步改善,可以确保股东收益的增长。

就员工活动而言,其衡量指标可以分三个层次来考虑,分别涉及操作、态度与创新等能力。第一层次是常规运作,如学习掌握操作技能的速度等;第二层次是主动发挥,如积极投入做好顾客服务等;第三层次是创新思考,如对现有工作提出切实可行的创造性改进方案等。对于这些方面的准则,有些很容易找到衡量指标,有些不太容易找到,还有些看起来似乎根本不可能有效衡量。事实上,关于员工活动方面的战略激励准则,关键是能否找到可以直接促进战略业绩改善的简单调控指标,如产品质量合格率、顾客引荐增加率、创新建议数量与质量、新产品销售额增长率等。

确定战略激励准则的核心在于,处理好以下三方面的关系。第一,员工活动与股东收益。通过确定合理的因果挂钩分配比例,协调好员工与股东之间的长期共生与短期冲突的利益分配关系。第二,员工活动与顾客价值。通过在这两者之间建立相互对应关系,可以确保伴随着员工活动的改善,必有顾客价值的提升,形成员工与顾客的利益共生关系。第三,顾客价值与股东收益。通过明确顾客价值指标的改善,可以促进股东利益的改善,从而厘清从员工活动到顾客价值,再到股东收益的逻辑关系,以保证整个战略激励准则的有效性。

当然，以上只是尝试性地提出了战略激励准则框架，在具体操作上，必须结合不同企业的具体情况，对战略激励三角形的相关因素进行深化，使其成为真正适用于具体企业的可行性操作方案。这里的关键在于，要对顾客、股东、员工这三个方面做统筹考虑，构想的准则要能准确地体现战略业绩的要求。这方面存在的问题较多，比如，在考虑顾客价值指标时，通常采用衡量顾客满意度的做法，而不太关注新产品开发、组织学习能力等战略业绩指标。[4]更何况对于顾客满意度的调查，未触及顾客重复购买或购买意图，还经常由于设计不合理，结果仅仅测量了错误的活动或顾客，并不真正反映产品的相对价值、相对满意度等情况。[5]再加上经理任期短期化，导致考核的短期化，使得战略激励准则也常常显得有点急功近利。

在战略激励管理过程中，就员工的战略业绩考评而言，其中可能会遇到许多问题，必须注意加以妥善解决。

第一，实际中有许多重要因素很难定量评价，有时甚至根本不可能衡量。在这种情况下，不能因此而忽视这些因素对于战略实施可能产生的潜在严重影响，特别要防止出现这种倾向：以简单的可量化衡量来代替甚至排除不可量化的衡量。战略考评必须将重点放在那些对企业业绩最具决定性影响的因素上，想方设法对其加以适当的衡量，而不能仅仅因为衡量有困难就完全放弃努力。关注这些最具决定性影响的因素，可以促使人们考虑该因素的控制问题，这总比对重要因素放任自流不加监控要好得多。更何况，在许多情况下，只要人们真正想方设法，是有可能使原先看似不可能的衡量变成可能的。根据这一战略考评指导思想，无疑应该将战略实施中费用支出比例最高、出现问题最多、产生效益最大的领域，作为战略考评关注的重点。

第二，在战略考评中，要注意防止短期行为导向。短期行为导向的出现，有多方面的原因。比如，企业高层管理人员因为没有时间或缺乏能力，不太考虑战略实施的长期影响，因而更多地关注企业目前的利益。特别是对一个处于动态变化环境中的企业来说，眼前所能得到的利益也许要比未来可能得到的更大利益现实得多，因为未来的利益毕竟存在着很大的不确定性。正因为如此，要彻底排除对于企业短期利益的考虑是不可能的，长期观念的建立需要战略决策者有较长的任期及面临较稳定的环境等情况为前提。当然，这里还是需要说明，对于短期与长期利益之间所存在的互为消长关系，不同的个人会有不同的看法，并且都会根据自己的主观价值判断做出适当的跨期选择。

第三，在战略考评中，还会涉及的一个问题是目标转换与行为替代。必须看到，在战略激励三角形中，对于员工活动的考评，最终是为了激发与提升员工的积极性，为顾客创造更大的价值，为股东带来更多的投资收益。如果活动考评指标设计不当，即在活动考评指标与目标要求之间不存在必然的因果相关联系,有时就会出现员工活动达到了考评要求,但结果却没有达成战略目标,更有甚者还会背离甚至妨碍战略目标实现的情况。此时,很容易造成实际上的目标与手段的转换,那些本来只是实现目标的手段的东西,结果被人们当成了目标本身来追求。例如,提高市场占有率,本来只是提高企业效益的一种途径,而如果不考虑具体的行业环境与企业条件,把它当成一种终极目标来追求,就易引发同行企业之间的价格战,最后结局可能是市场占有率略有上升而利润水平却显著下降,甚至还有可能市场占有率不升而利润水平却下降。

第四,战略考评还要注意这样一个问题,就是在尝试着要做正确的事情时,却常常掉进错误的激励陷阱,即由于认识与操作上的失误,不经意间忽视了对于错误行为的惩罚,甚至在无意中奖励了错误行为,同时又忽视了对于正确行为的奖励,甚至在实际上惩罚了正确行为。这可以通过一则寓言来说明:有位渔夫坐在船上,看见一条蛇咬着一只青蛙朝他游来,农夫抓起蛇,放了青蛙。但农夫转而一想,觉得蛇可能是因为饿了才咬青蛙的,于是,就给了蛇一点吃的东西,然后放了它。过了一会儿,渔夫发现,那条蛇嘴里咬着两只青蛙向他游来。在这里,尽管渔夫在主观上同情青蛙,不希望蛇咬青蛙,但在实际做法上,不仅没有惩罚而且客观上还奖励了蛇咬青蛙的行为,结果无形之中就鼓励了蛇去咬更多的青蛙。类似渔夫的做法,在战略实施中也很常见。

第五,过分关注考评的奖惩作用,而没注意利用考评提升员工的能力。战略激励中涉及的考评,实际上只是企业实现战略使命与目标的一种手段,如果运用得当,可将考核的目的从简单的激励转化到了解情况、提升能力上来。例如,通过考评协助员工找到解决问题的对策,则无疑能起到增强员工实力,从而达到更好地提供顾客所需的产品或服务的目的。而且这种做法也有助于在企业内形成积极努力、奋发向上的局面;反之,若只是简单地为考核而考核,则总是先进者受鼓励,而落后者受挫折,这对整个企业发展来说是不利的,因为企业需要的是全体员工的共同努力。

第六,过多地强调负向惩罚而不是正向奖励。综合考虑正向激励与负向惩罚的关系,应该更多地使用奖励手段,对达到或超过标准的行为进行鼓励,而不是用惩罚手段对未能达到标准的行为进行惩处。这是因为,建立低标准同时对超过标准的行为给予奖励,与建立高标准同时对达不到标准的行为进行惩罚相比,尽管企业所花的代价相差无几,但从人们的心理感受来说,结果却大不一样。没有得奖只是做得不够好的问题,而受惩罚则是做得太差的问题,这样两种不同的感受,会对人们的积极性产生截然不同的影响。特别是在企业的战略行动需要全体员工同心协力地投入的情况下,重负向惩罚而轻正向激励的做法,其可能产生的负面作用会更大。事实上,正向激励为主、负向惩罚为辅的做法,不仅适用于员工,也适用于顾客处理。据说,某商场中有两位卖同样糖果的售货员，一位卖得多，得到顾客的表扬也多，另一位正相反。原因是，在称糖时，前者先抓一小把，再一次次往上加；而后者则先抓一大把，再一次次往下拿。

对战略考评的指导思想，应该多做加法而少做减法，其关键在于如何把握激励准则制定的合理宽严程度。如果企业业绩考核准则定得太低，再采用超标奖励方法，一方面会引起企业支出的大幅度增加，另一方面会因为标准太容易达到，从而不太能对企业业绩水平的提高产生积极的激励作用；反过来，如果企业业绩考核准则定得太高，再滥用惩罚手段，一方面会迫使人们隐瞒实情，有意无意地报喜不报忧，甚至编造假报告蒙骗上级，以避免受罚，另一方面还可能有人会采取包括贿赂、施压等在内的各种手段，促使准则制定人员降低标准。此外，奖惩的使用，还需考虑不同的个人有不同的需要，最好能采取因人而异的做法。

最后需要说明，战略考评的关键，是要能将行为与结果有机地结合起来，通过激励一种行为，希望达成某种预期的结果，而预期结果的实现，又为进一步增大激励提供物质基础，从而形成良性循环。为做好战略激励工作，必须认识到，从激励的角度考虑，只有手段使用的错误，没有员工行为的错误。人们总是会去做能得到奖励的事情，而不管这种奖励是战略决策者有意还是无意之中施加的（见战略启示12-4）。在绝大多数情况下，存在着这样的战略激励考评原理：奖励什么就得到什么，惩罚什么就能减少什么。[6]这意味着，若能注意在员工活动中植入他们对于个人"成长、成就、成员"感的内在需求，不管这是物质的还是精神的，他们一定会将这些活动做得更好；如果能将这种员工的内在需求与顾客价值联系起来，则能在满足员工需要的同时达成企业的目标。因此，如果发现企业战略实施没有得到预想的结果，最好重新仔细分析一下到底是什么行为在企业中受到了实质性的奖励，也许很快就能从中找到真正的原因。

战略启示 12-4
战略激励准则：考评原理

在战略激励上，只有手段使用的错误，没有员工行为的错误。人们总是会去做受到奖励的行为，而不管这种奖励是战略决策者有意还是无意之中施加的。

战略考评，不仅要关注考评的奖惩作用，更需要利用考评提升员工能力；在奖惩操作上，应体现正向激励为主、负向惩罚为辅的原则，以形成敬业、乐业的企业氛围。

12.3 跨期报酬体系

考虑跨期报酬体系的设计，需要关注企业的战略取向、管理层次、竞争环境与薪酬设计之间的互动影响。例如，业务发展规模与所处阶段，对技术的重视程度，整体市场是增长、稳定、还是萎缩等，这些战略特征都会对企业报酬体系的设计提出要求。[7] 再如，决策者的类型也会影响跨期报酬体系的设计，显然，创业企业家更关心市场拓展，职业经理人更重视战略有序实施，技术实干家更关注产品质量及工艺改进。在动态环境中，为了建立与战略行动管理要求相匹配的跨期报酬制度，须特别关注委托－代理关系中存在的由信息不对称引发的道德风险问题。比如，简单地就甲方让乙方去办一件事而言，双方之间就存在着一种委托－代理关系，这其中的甲方、乙方分别称为委托人与代理人。在这种委托－代理关系中，若双方所掌握的信息不一样，就称为存在信息不对称；若由于信息不对称的存在，代理人可以不按委托人的利益行事，最终不会也不可能受到约束，就称为存在道德风险。道德风险的存在，意味着代理人有可能以牺牲委托人的利益来追求自身利益的最大化。

举例来说，对于总经理的报酬，若公司董事会采取在固定年薪外再按利润 5% 挂钩的奖励办法，则对一个在正常情况下年盈利 2 000 万元的企业来说，总经理每年可以得到 100 万元的利润挂钩奖。但是，如果总经理的个人资产已有相当积累，不太在乎利润挂钩奖的多少，他就有可能利用信息不对称，告诉董事会因企业发展需要，办公室需重新装修，以提升企业形象，而实际上这样做却只是为了满足他自己的个人享乐需求。他也可以告诉董事会由于市场竞争激烈，生意不太好做，需要加强公关，而实际上却经常与亲朋好友出入娱乐场所，利用企业的钱建立个人关系。正是总经理不再像过去那样全身心地投入工作，而是将精力更多地用于个人享乐，结果加大了企业整体的挥霍浪费。这样，一年下来，就使得企业的年利润从 2 000 万元降到 1 600 万元，而总经理个人则只是少得了 20 万元的挂钩奖。显然，总经理的行为若属于偶尔为之，则董事会是很难监督的。

之所以会产生类似上例中总经理的个人收入少得 20 万元，却能实际获得 400 万元的轻松与享受的现象，其原因就在于这种委托－代理关系中所存在的不可观察性与不可契约性，最终导致了信息不对称。所谓不可观察性，是指委托人难以对代理人的实际办事过程进行全面监控；不可契约性，是指委托人无法事先对代理人的行动及结果通过合约形式做限定；信息不对称，是指代理人能做到单方面人为地隐藏信息及行动，故意不让委托人了解。对此，从产权的角度找原因，就是因为现实中存在着交易成本，如果没有合理界定的产权结构，就不可能根本解决不可契约性问题。根据经济学上的科斯定理，在交易成本为零的情况下，产权界定只影响收入分配，而与资源配置效率无关；但在交易成本不为零的情况下，产权界定不仅影响收入分配，也影响资源配置效率。[8] 因此，只有产权界定合理，才有可能同时解决可契约性与不可契约性这两类委托-代理问题。

对于信息不对称所产生的问题,有些情况下,可以通过业绩挂钩奖励制度的有效设计来获得部分的解决。例如,就常见的基数累进挂钩奖励制度而言,往往指标基数越低,实际完成业绩越高,所得奖金也就越高,这在客观上使得代理人具有利用不对称信息向委托人争取较低指标基数的动力。如果能设计一种自行申报挂钩奖励制度,使得自行申报的指标越准确,实际完成业绩越高,所得奖金就越高,就有可能促进人们如实反映自己的成本、能力等情况,提出最有可能实现的申报指标。有鉴于此,综合基数累进与自行申报两种奖励制度,可提出如下提成奖励制度一般设计框架:

$$B = \begin{cases} 0 & 0 < Q \le Q_0 \\ B_0 + \alpha(Q - Q_0) & Q_0 < Q \le Q_f \\ B_0 + \alpha(Q_f - Q_0) + \beta(Q - Q_f) & Q_f < Q \end{cases}$$

式中,B 为总奖金,Q_f 为规定业绩指标的目标定额数,Q 为业绩实际完成数;α、β、γ 为制度设计参数,且有 $0 < \alpha$、β、$\gamma < 1$,γ 为奖金起计业绩指标数占目标指标定额数的比例;$Q_0 = \gamma Q_f$ 为奖金提成起计业绩指标定额,B_0 为完成起计业绩指标定额应得奖金数,$\alpha(1-\gamma)Q_f$ 为完成业绩目标指标定额的提成奖金总额。

这样,根据上式可得结论:若 $\alpha < \beta$,表示递增比例提成制;若 $\alpha = \beta$,表示固定比例提成制;若 $\alpha > \beta$,表示递减比例提成制。显然,采取递增或固定比例提成制,则实际完成数越大,目标定额数越低,奖金提成额就越大,此时,对被考核者存在着讨价还价要求降低目标定额数的激励;采取递减比例提成制,且使相关设计参数进一步满足 $\alpha(1-\gamma) > \beta$ 的关系,就能得到实际完成数越大的结果,且与目标定额数越接近,奖金的提成额就会越大的结果,此时,对被考核者存在着尽量按自身实力准确申报目标定额的激励(见图12-3)。

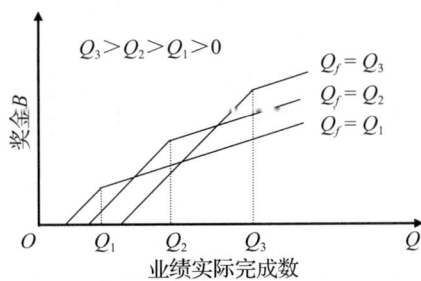

图 12-3 自行申报奖励制:递减比例提成制且 $\alpha(1-\gamma) > \beta$

由以上讨论可知,只要选取适当的制度设计参数 α、β、γ,使之满足条件 $\alpha(1-\gamma) > \beta$,就能构建出递减比例提成制的奖励框架。然后,只要由人们自行申报自己最有可能完成的业绩目标定额,并根据其最后实际完成的业绩,按照设计的递减比例提成制计算奖金,就有可能解决信息不对称的情况下让人讲真话的问题。因为按这样的一种方法计算奖金,只有事先申报数越接近于事后取得的实际完成数的人,最终能获得相应实际完成数下的更高奖金额。图12-3就表示了$B_0=0$时所对应的这样一种自行申报奖励制度。在具体运用此方法时,还可以采取更为简单的做法,即根据确定好的奖励框架,事先逐一计算出对应于不同水平的自行申报目标定额值Q_f与实际业绩完成值Q的奖金额B,然后,以目标定额为列,实际业绩为行,奖金额为内容,最终制成对应于不同申报额与实绩对照奖金提成速查表(见表12-1),并将此表向需自行申报目标者公布。

这样,根据表12-1的数据,人们自然很容易看出,对应于自己可能的实际能力Q,最好申报多大的目标定额值Q_f,才能最终得到最大的奖金B。根据作者在所咨询企业试用的经验,采用这种方法,在操作上需特别注意:第一,申报者必须是能对自己的经营业绩有真正影响力的人,也就是说,企业经营不会受宏观政策等不可抗力因素的影响而出现申报者不可控的大起大落的情况,否则,事先申报目标定额就没有什么实际意义;第二,奖金提成起计业绩指标定额Q_0,应该让每个申报者都能达到,否则在出现本期可能完不成Q_0的异常情况时,申报者为得到更大的奖金,可能完全放弃努力,索性将本期业绩人为地结转到下一期;第三,保持设计参数α、β、γ的相对稳定,频繁调整这些参数,会破坏人们的心理预期。特别是随着产能的提高,不断调低奖励系数,使得员工需要完成更高的指标,才能得到与上年相同数额的奖金,这会给人鞭打快牛的感觉,不仅会引起抵触情绪,甚至还会破坏委托－代理关系赖以建立的互信基础。[9]

表 12-1　申报额与实绩对照奖金提成速查表

奖金 B / 万元		实际完成年销售额 Q / 百万元							
		174	176	178	180	182	184	186	188	190
自行申报年目标销售额 Q_f / 百万元	174	33.5	33.7	34.0	34.3	34.5	34.8	35.1	35.3	35.6
	176	32.9	33.8	34.1	34.4	34.7	34.9	35.2	35.5	35.7
	178	32.3	33.3	34.2	34.5	34.8	35.0	35.3	35.6	35.8
	180	31.7	32.7	33.7	34.6	34.9	35.2	35.4	35.7	36.0
	182	31.2	32.1	33.1	34.0	35.0	35.3	35.5	35.8	36.1
	184	30.6	31.5	32.5	33.5	34.4	35.4	35.7	35.9	36.2
	186	30.0	31.0	31.9	32.9	33.8	34.8	35.8	36.0	36.3
	188	29.4	30.4	31.3	32.3	33.3	34.2	35.2	36.2	36.4
	190	28.8	29.8	30.8	31.7	32.7	33.7	34.6	35.6	36.5

注:以上表格的设计参数为$B_0=0$,$\alpha=0.4808$,$\beta=0.1346$,$\gamma=0.6$。

在信息相对公开透明的情况下,进行跨期报酬体系的设计,还需关注与人们的心理期望及认知感受相关的公平问题。毕竟人们关于利弊得失、公平与否等的看法都是相对于一定的比较基准而言的。下面这个小故事可以说明这一点。据说有个葡萄园园主，清晨 6 点去市场雇了一名工人到自己的葡萄园工作，当时约定，到傍晚劳动结束，报酬为 1 块银币。再后来，园主在上午 9 点、中午 12 点、下午 3 点及 5 点，又多次去市场陆续雇了一些工人到葡萄园工作，并同样约定，劳动结束时给 1 块银币作为报酬。傍晚收工时，园主吩咐领班将工人们叫到一起，从最后进园的人开始，到最先进来的人为止，每人付给 1 块银币的报酬。起初，看到最后进园者得到 1 块银币离开时，那些较早进园还没领到工钱的人觉得自己可能会得到多于 1 块银币的报酬，而到最后发现自己拿到的也只是原先约定的 1 块银币时，就开始埋怨主人的不公平了。[10] 在这里，园主既没有违反约定，也没有用他人的钱来支付工人报酬，更没有减少部分工人的报酬以增加另一部分工人的报酬，却引起了不平，其中的关键是没有体现按贡献大小分配的原则，从而引发了人际公平问题。由此联想到有些组织，它们过分关注引进人才，对其采取了与原有人才明显不同的待遇，结果导致所谓的"空降兵"与"子弟兵"的矛盾冲突，其根源也正是这些企业采取了与葡萄园主相似的做法！

当然，为真正解决以上存在的信息不对称、动态公平性问题，关键在于处理好跨期报酬体系设计中所涉及的多主体、跨时期、变情境的平衡兼顾问题（见战略启示 12-5）。例如，针对企业演化所处的阶段不同，面临的各种内外部环境情况的不同，采取与时俱进的激励导向政策；针对企业内不同的部门，根据其任务性质及其战略中心命题的风险程度差异，采取不同的考评激励方式；注意员工预期、参照标准、欲望特征、风险偏好等对于报酬体系的影响，采取物质上富"口袋"与精神上富"脑袋"并举的做法。在进行跨期报酬体系设计时，除了需关注及时、高效、可预期、给足面子等要求外，为增强员工的"成长、成就、成员"感，还需从能力、愿力、助力入手，不断改善全体员工的内在素质，以全方位提升企业组织的战略行动力。

战略启示 12-5

跨期报酬体系

需平衡兼顾战略行动涉及的多主体、跨时期、信息不对称、动态公平性等问题，在促进员工身心协调、敬业乐业、和谐发展的基础上，确保企业的持续经营。

在具体做法上，可通过实施多层次的利润分享计划，如认股权、股票增值权、递延奖金等，将企业发展与员工的长短期利益结合起来。例如，使工资加奖金与当前业绩挂钩，以管理职务股的分红体现岗位责任大小，用管理期权股与长期贡献挂钩。再如，在我国目前情况下，作为一种特别考虑，对离任者所持股权的转让，可按照递延报酬的思路，采取这样的做法：以类似期权的形式，实行分步回购或允许自由转让，从而减少离任者在离任后的短期内可能做出有损企业利益的行为。在这里，实施持股计划，关键是要解决不可契约性的问题，以充分调动核心管理层与骨干员工的主动投入精神。在操作上，必须注意管理者持股的动态可调性，始终保持对企业发展有重大影响者能持有较大比例的管理股；同时必须注意管理决策体制的改革，将吸收持股者参与企业重大决策看成是激发骨干员工工作热情的有机组成部分。

就战略决策者的激励考核而言，还可以进一步从以下三方面出发，做细化深入的探讨。第一，当前市场的相对盈利水平，如利润较同行增长更快等，这样做的好处是，引进了行业竞争参照，更能衡量经营者的实际水平，问题在于考核信息的收集比较困难。第二，企业长期发展潜力，如持续经营优势构建等。第三，市场机会把握，如战略投资项目的成功率等。当然，在这些考核的基础上，还涉及员工与战略决策者之间相对激励关系的处理问题。在这方面，既存在不同国家之间的明显差异，如美国倾向于给经理人员较高的报酬，而日本相对来说则要低一些；也存在着不同性质的企业之间的差异，如企业业绩与管理人员的努力程度相关性较大的企业，倾向于给经理人员较高的报酬，而相对来说，员工对企业业绩能产生较大影响的企业，经理人员与一般员工的报酬差距要小一些。

从企业业务发展所处的阶段看，跨期报酬体系的运作还涉及如何根据业务演化情况，对报酬体系进行适时、灵活的调整问题。在这方面，结合对于企业具体情况不同的考虑，存在着长期评价、战略投资、指标加权等激励考核方法。[11] 就长期评价法而言，就是为企业战略决策者设定一个较长时期的目标，如要求做到在未来五年中每股盈利平均每年递增5%等，而仅当最终完成该目标时，才能获得相应的报酬；中途退出或最后没有达成预设的目标，均不能获得相应约定的报酬，或者至少可以说，不能全额获得相应的报酬。就战略投资法而言，就是将企业的日常支出与战略支出区别开来，并分别就这两者的使用效益情况进行评价，以此判别企业的长期发展前景。就指标加权法而言，就是先将企业分成高速增长、一般发展、低速增长三类，然后进行综合考评。

对于跨期报酬体系，必须作为一个整体来看待，这里的关键是针对员工需求的多样性，综合考虑待遇、情感、事业等多种激励措施的作用。从广义上看，所有能影响员工的激情与行为的因素，都有可能影响企业的战略行动力，也就可以看成是战略激励要素。这意味着，战略激励管理无小事，企业几乎所有方面的工作都有激励影响。例如，曾有位厂长出差回来，发现企业产量突然较前段时间有所下降，检查各大环节，均找不出原因。[12] 最后经过仔细分析，发现原因竟是厂里的厕所坏了，因为厕所没有及时修好，许多员工只好跑到厂外去使用厕所，结果有人乘机溜号，最终导致总体生产效率下降。再如，注意倾听员工意见，关心其个人发展，尽管所需要的只是领导的态度、耐心与细心，但实际上也能起到激励人的作用。作为战略领导，必须看到，尽管人是为了金钱而工作，但都是为了得到承认而活着。沟通倾听正好满足人的社会交往需求，领导认真倾听员工意见的行为本身就具有奇妙的激励效果。

此外，一个良好的跨期报酬体系，还必须关注这样几个层面的问题。第一，激励体系的跨期行为导向作用。对于这一点，可从孔子对两个弟子不同行为的评价中获得启示（见战略启示12-6）。[13]培根说过："一次不公正的裁判，其恶果超过十次犯罪。因为犯罪是冒犯法律，好比污染水流；而不公正的审判，则毁坏法律，好比污染了水源。"[14]其中所传递的思想理念，就是奖善惩恶的做法本身，会起着指引人们未来行为的作用，在本质上与孔子的做法是一致的。第二，激励体系涉及人的生理、心理、精神多个层次需求的满足，如能形成与精神层面的信念相关的动因，则其对员工行为将具有更为长期、深远的激励影响（见战略启示12-7）。每个有着自己的坚定信仰的人，都会对自己的行动充满信心与希望，从而在行为上也就会更加有恒、更为投入，并且更有可能乐在其中。第三，激励的更为持续的动力，源自于个人不断自我超越的精神，战略报酬设计应关注逐步从依赖外在激励转化为依赖内在激励。总之，战略行动管理需注意企业跨期发展问题，在设计报酬激励体系时，不能只停留于纯粹生物性的刺激-反应层面，需要不断提升企业的意义，使其与个人的生存意义结合起来，以实现真正的员工身心协调、敬业乐业、和谐发展。

◉ 战略启示 12-6

孔子论奖励

鲁国律法规定，若有人肯出钱去赎回被邻国抓去做臣妾的百姓，政府都依例付给一笔赏金。子贡赎了人，却不愿接受赏金，孔子知道了就批评他说："君子做事可以移风易俗，行为将成为大众的规范，怎么可以只为了自己高兴，就随意去做呢？现在鲁国富人少，大都是穷人，你这样创下恶例，使大家觉得赎人而接受赏金是丢脸的事，以后还有谁赎得起人，赎人回国的风气也将慢慢消失。"

另有一例，子路救起溺水之人，主人送了一头牛道谢，子路收了。孔子听到后说："从此鲁国人必乐于拯救溺水之人了。"因为一个肯救，一个肯谢，则会酿成风气。所以凡人行事，不仅要看行为本身，更重要的是要看行为的利弊；不仅要看行为的当前效果，还要看事情的长期影响；不仅要看相关个人的得失，更要看对于社会大众的导向。

◉ 战略启示 12-7

信仰与行动 [15]

从前有兄弟两人，哥哥出家当了和尚，弟弟在家做泥瓦匠。哥哥在庙里，成天不停地念经拜佛；弟弟在家乡，整天辛勤地砌砖垒墙。有一天，哥儿俩碰在一起。

弟弟问哥哥："你老是口中念念有词，究竟为什么呢？"

哥哥说："我指望有朝一日，能从人间升入天堂。"

哥哥问弟弟："你整天手脚忙碌，又是为什么呢？"

弟弟说："跟你相反，我坚信总有一天，能把天堂'搬到'人间。"

12.4 行为调节杠杆

战略行动管理，以企业凝聚力、行为宽容性、环境敏感性为决策指导，以"兼容并蓄、力量协同，化整为零、小步前进，模块结构、灵活适应"为变革手段，而从深层操作看，关键在于找到行为调节杠杆，建立动态灵活的自适应机制（见战略启示12-8）。如果说跨期报酬体系关注的重点在于解决激励的时序关系处理问题，则行为调节杠杆着重解决的是激励的截面平衡调控问题。考察现实企业的运行，其中存在着多种复杂的增长、稳定、减速等内部调适机制，有着功能各异的作为企业及其主体行为调节的杠杆。这些杠杆对控制或保持系统行为适当而不失稳，发挥着有点类似于汽车的加速与制动系统的功能。战略行动管理需要发现或设计此类杠杆，艺术性地灵活运用这些杠杆，以创造与保持具有企业特色的经营优势。

战略启示12-8

行为调节杠杆

战略行动管理必须构建适当的行为调节杠杆，建立企业运行所需的动态灵活的环境互适调控机制。

注意观察现实企业的运作，若能走出非此即彼的静态管理误区，在常见的矛盾冲突现象背后，通常总能发现其中存在着某种调节杠杆，可以用来解决由此及彼的连续过渡问题。一个缺乏有效制衡杠杆作用的企业，比较容易陷入混乱，甚至产生动态失衡现象。例如，安然、世通公司事件的出现，从某种意义上看，就是由于其内部管理制度及文化的设计缺乏类似于行为调节杠杆的动态平衡调适机制。应该说，在这类杠杆体系中，存在着复杂的层级结构，由次级杠杆可以构成更高层的杠杆，各层级杠杆之间具有互适性，而各层级杠杆又都具有自身特定的结构功能。因为此类可调杠杆位置的改变能影响企业行为，所以战略激励管理的重要任务之一就是发现甚至构建此类杠杆，弄清这些杠杆的相互作用机理。

斯坦福商学院和麦肯锡公司的一个小组曾做过有关此类杠杆的研究。他们通过对13家跨国公司的高级职员进行近两年的深入采访，发现在涉及全球与当地冲突要求的取舍决策中，常用的有七类"杠杆"：[16] 一是战略，即公司战略对当地决策的作用；二是结构，即组织的正式权责定义对解决全球与当地需要的影响；三是过程，工作流程的说明是否有助于消除全球与当地要求之间的紧张关系；四是激励措施，奖励制度是否鼓励平衡兼顾全球与当地重点的关系；五是计量方法，关注结果的衡量体系；六是网络，有助于解决争端和促进知识及资源共享的个人关系；七是文化，有助于决策者形成共识的共享价值观等。

根据在日常管理中各公司采用这些"杠杆"的程度，对这 13 家跨国公司进行评分。结果表明，除了结构杠杆在所有公司中均被采用，其他杠杆在这些公司中的运用情况可以分为两种类型：一类主要涉及三个硬杠杆，即过程、计量方法、激励措施，如丰田公司和通用电气；另一类则更重视三个软杠杆，即战略、网络、文化，如 3M 公司。显然，偏重"硬杠杆"还是"软杠杆"，涉及组织惯例。调查表明，3M 公司属于典型的"软"公司，丰田公司和通用电气属于"硬"公司，而安然公司则"软""硬"兼施，尽管对于是否因此而导致了它的垮台目前难有定论，但这至少表明，在"软""硬"之间求得平衡，可能是战略行动的难点所在。

从理论上看，对于战略行为调节杠杆，既可以不断细分，也可以不断复合，为了说明方便，下面将就较底层的基础工具与较上层的综合模块这两类典型杠杆做些剖析。就基础工具型的底层杠杆而言，在许多用一分为二的观点无法调和的两难管理问题背后，通常总潜藏战略行为调节杠杆的作用。例如，为促进业务增长，可用销量递增挂钩奖励比例或期权额度做杠杆，调节目标导向的强度；为保持业务稳定，可采取质量、成本、利润、回款的相对权重为杠杆，改变管理焦点之所在；为进行能量聚焦，可以以奖惩与工作难易挂钩系数为杠杆，影响工作精力的投向；为推动创新，可以以新、老产品不同的销售挂钩奖惩系数为杠杆，调节企业创新的节律；为加强团队建设，可以以个人及团队奖惩的相对比例为杠杆，改变关注个体或整体的程度；为发挥主观能动性，可以以科技人员自主研究时间的比重为杠杆，调控个体自由的幅度；为加强人才培养，可以以"传帮带"中师徒业绩挂钩计奖的比例为杠杆，改变师徒技艺交流的深度（见战略启示 12-9）。

战略启示 12-9

行为目标与调节杠杆：应用举例

促进增长：销量递增比例计奖或期权；
业务稳定：质量、成本、利润、回款；
能量聚焦：奖励与工作难易程度挂钩；
创新频度：新、老产品奖惩系数不同；

发挥主动：科技人员可自主开展研究；
团队建设：个人、团队奖惩比例调节；
人才培养：传帮带者与梯队业绩挂钩。

当然，就基础工具型杠杆的运用而言，关键在于战略行为目标的确定，而具体杠杆的形式与内容，则可以灵活构建与组合运用。如表12-2所示，就战略决策者的考评而言，可以采取指标加权的考核方式，而其中各指标的权重就相当于一种杠杆，调节这些权重的相对大小，可以影响企业战略决策者的跨期行为取向。对于高速增长企业，以考核资产报酬率、市场份额增长、战略投资项目为主，在权重分配上，资产报酬率占10%，市场份额增长与战略投资项目各占45%；对于一般发展企业，以考核资产报酬率、现金流量、市场份额增长、战略投资项目等为主，这四个方面的因素各占25%的权重；对于低速增长企业，以考核资产报酬率、现金流量为主，它们各占50%的权重。[17]

表 12-2 战略决策者考评：指标加权法

各考核指标权重 / %	企业类型		
	高速增长企业	一般发展企业	低速增长企业
资产报酬率	10	25	50
市场份额增长	45	25	—
战略投资项目	45	25	—
现金流量	—	25	50

就奖优惩劣而言，需要结合企业战略"三假设"的具体情况，平衡兼顾奖励优秀与淘汰落后的关系，以防造成不良后果。例如，在许多企业中存在着"业绩就是一切"的倾向，似乎"业绩好，一俊遮百丑；业绩不好，一丑要你命"。这种以优胜劣汰为中心，最终形成的绩效考核制度，如果企业上下所掌握的信息实际上并不一致，同时又缺乏对员工真实行为的监控与约束，就有可能催生浮躁的文化，在企业发展的上升阶段，表现为急功近利，而在下降阶段，则可能弄虚作假。安然公司事件所代表的，就是此类情况的典例，在优胜劣汰绩效考核制度下，金钱的作用越来越大，致富和头脑聪明被混为一谈。个人卓越占上风，团队精神遭摒弃，荒唐的内部竞争，造就了狂乱、谎言甚至偷窃，致使安然在不断"进取"中丧失了道德，变成了唯利是图者的集合体。[18]由此可见，使用优胜劣汰的行为调节杠杆，必须注意其适用范围，至少对于工作分工不同但又需要配合的管理团队，如果过度强调相对淘汰制，可能会有碍内部合作关系的建立。

就企业内相关主体间的竞合利益关系处理而言，行为调节杠杆的设定至关重要。例如，某房地产公司，原先对营销部采取承包经营的做法，将销售与物质利益直接挂钩，具体考核每个人的销售指标，并以此为基础确定奖金提成。结果，个人积极性得到了充分调动，只是各人单兵作战，相互配合很差。一来新客户，大家争抢，热情过头；至于老客户，各人自管，互不照应，一旦原来联系的业务员临时不在，其他人也不会主动招呼。执行一段时间后，整体的销售情况并不理想。后来，公司改变奖励办法，采取奖金的大部分与销售部的整体业绩挂钩的做法。为此，营销部经理组织销售人员每星期开一次碰头会，分析市场行情，交流现有客户信息。这样，由于大家齐心协力，工作相互配合，销售业绩一下子比前两个月翻了一番。可见，调节或改变在个体与团体间的利益分配比例，可以起到影响企业内部人际竞争与合作氛围的作用。

就企业内部岗位轮换交流而言，行为调节杠杆也能发挥作用。例如，许多企业都会面临这样的情况，优秀的业务员往往具有很强的市场开拓能力，对企业来说，最好的做法是始终让这些人员去开拓新市场，而由另一部分人去维持原有市场。但这种做法一般会遭到优秀业务员的反对，因为他们辛苦创下的江山却由其他人去享受。许多企业采取的是与业务额挂钩的奖励方式，优秀业务员到新地区后，个人利益会受损。考虑到这种情况，如果企业在报酬制度设计上做这样两方面的安排，将有助于优秀业务员的流动，在制度上促进新、老业务员之间的相互配合：一是与维持市场相比，开拓新市场可以享受较高的奖金挂钩比例；二是市场开拓者调到新市场后，原市场中由其开拓出来的客户的业务额，在一定期限内可由其继续享有适当比例的挂钩奖励。当然，要真正做到这一点，企业的信息系统必须能提供支持，以便将不同的业务员所开拓的市场区别开来，有针对性地进行考核。

就企业面临的紧缩裁员来说，也需要找到适当的行为调节杠杆，以作为指导如何裁员的依据。一般来说，裁员是指裁掉那些相对于企业发展战略及工作任务来说不适用或富余的人员，在具体裁减对象的选择上，有全面按比例、按区域或按功能几类。裁员的关键，是要区别不同员工的具体情况，采取个性化的应对措施，以便留住优秀者、淘汰不合适者，防止由于杠杆选取及操作不当，造成员工的逆向选择，即想留的留不住，想裁的裁不掉。例如，某公司为解决裁员问题，设计了详尽的"员工自动离职计划"，给主动提出离职者一笔现金补偿。显见，这里涉及的可调杠杆就是单一的补偿额，而没有考虑留住骨干所需的杠杆。由于该公司给出的现金补偿额是根据年资长短计算的，对公司希望留住的业务骨干来说，离职既能得到可观的回报，又不愁找不到新工作，于是纷纷提出离职请求；而对公司希望裁减的能力较弱者来说，考虑到离职后重新找工作不易，反而没人提出离职。面对这一情况，公司高层只好收回政策，重新采取逐个谈话的做法，但因此搞得人心惶惶，致使公司运作几近瘫痪。

以上所讨论的主要属于较底层的基础工具型杠杆，而就综合模块型的较上层杠杆而言，通常涉及多个层面的工具型杠杆的运用，此时需要平衡协调多种杠杆的作用，以解决多属性调控问题。例如，建立企业创新机制，就涉及以下诸多方面：让科技人员有时间（如25%）用于有兴趣的自选课题研究；按产品销售额或利润等比例（如10%）提取研发基金，以使创新设想得到资源支撑；将奖惩与销售额中源自近几年（如3年）开发的新产品的比例（如25%）

挂钩，以将创新导向企业绩效；将研发预算按一定比例（如6∶4）用于提高现有业务的生产率与进行新产品开发，以处理好新、老业务关系；建立研发人员定期（如每周、每月等）交流制度，技术与市场两个部门的人员每年按比例（如20%）实行岗位轮换，促进技术与市场两方面观念的有机融合；调整内部上下权责关系（如相对集权或分权程度），使直接贴近并了解外部变化的一线员工具备像抓机遇的行家一样行动的能力、愿力、助力，能及时发现并抓住管理层未曾看见的市场机遇，并通过努力取得商业上的成功；[19]对探索行为保持相对的宽容，为企业可能的多样化发展提供较为冗余（如较低的负债率）的财务保障。

再如，就人才梯队建设综合模块型杠杆而言，为保证企业人才的专业、年龄等梯队结构能满足企业未来发展的需要，需结合企业内外环境的可能变化，估计今后的业务发展态势，如年增10%（可调杠杆），从而提出相应的人才需求规划，如年增5%（可调杠杆），确定目前招聘的时序计划（可调杠杆），确保若干年后企业人才的专业及年龄分布较为合理，如不会出现干部断层，不会产生专业结构与人才背景单一现象，以防由于专业偏窄，只招少数名校学生可能产生的层次单一与小团体现象，不利于多样性、宽容性氛围的形成，影响组织的环境适应能力。在这方面涉及的可用于调控相关变量动态平衡的杠杆还有：相对淘汰率会影响人才的强制流动，财务杠杆率会影响企业抵御不景气风险的能力，员工培训率会改善员工的整体素质，业务员跑新顾客量会影响潜在市场的开拓能力。

当然，现实的战略行动模块的设计，可以通过对以上讨论中提到的各类可调杠杆的组合来完成，只是需要特别注意企业所面临的具体环境，处理好杠杆组合中所涉及的各杠杆相互关系及各自位置的设定问题，如时序、权重、边界、手段、进退等战略规则的制定，[20]以最终形成企业整体的持续经营优势。例如，某大卖场依靠数据挖掘，加强预测、备货、销售管理，实现自动精确配送，做出快节奏的市场响应，从而形成自身的经营特色；某电脑公司通过以销定产，网上销售，到款后安排生产，资金高效周转，低成本运作，从而获得综合经营优势。再如，在高科技产业，许多产品具有网络外部性，[21]即产品对用户而言的价值会随着用户总数量的增加而递增，具体可分为以下三类：一是交流平台标准，使用的人越多越方便；二是交流平台规模，涉及的人越多越增值（如广告发布的接收者）；三是学习积累效应，了解的人越多越易学。面对这种情况，敏捷快速成长（可调杠杆）的企业更容易生存，并能以此改变人们的预期，吸引更多的潜在顾客，从而形成良性循环。

最后，就企业对环境变化的互适性而言，一般企业实际所处的状态都介于积极开拓型与被动防守型之间，战略行为调节杠杆的设计，必须考虑这一情况，最终构建出来的综合模块型杠杆应能满足在积极开拓型与被动防守型之间进行无缝连续调节的要求。积极开拓型，涉及不确定、增长、风险、创新等调节杠杆，要求管理者随机应变，比较符合那种特别重视新产品开发与先机把握的市场导向企业的情况，代表着相对多变的极端情形；被动防守型，涉及稳定需求、低成本与价格竞争压力、质量可靠性等调节杠杆，要求管理者稳重守成，比较符合那种特别关心成本效率改善与产品稳定的内部导向企业的情况，代表着相对稳定的极端情形。为了设计出能真正满足企业战略行动管理需要的行为调节杠杆体系，需要经历一个较长时间的不断探索与磨合的过程，以更好地利用干中学的方式，对各杠杆的适当值及相互匹配关系进行多种组合的调节试验，通过观察实用效果，逐步构建相对完善的综合模块型杠杆体系。

拓展思考题

1. 从理论上说，企业发展是一个过程，所以在战略决策中，需要平衡考虑长短期利益的影响，但在实际中却发现，人们对于短期利益的关注往往更甚于对长期利益的关注。请问这是为什么？

2. 有人通过考察日、美两国工人们的态度和行为，发现：①美国工人不同于日本工人，他们对质量的小步改进不感兴趣，而是希望能取得突破性的进展，以实现几乎不可能实现的梦想；②变化对美国工人是一种威胁，但是如果他们觉得自己可以控制这种变化，那么变化就能起到积极作用；③在改进产品的过程中，日本工人往往有条不紊，而美国工人则比较容易感情冲动；④对于质量改进，给工人们提供新工具，有时比给奖金更有效果；⑤美国工人通过试错来学习，要求一次就把事情干好是行不通的。[22] 根据以上对于美国工人行为特征的描述，请问美国企业在制定战略激励措施时应该特别注意些什么？为什么？

3. 某机械厂实行多品种混合生产，各产品的边际利润略有差别。由于订单很多，需要提高产量以满足用户要求。该厂的统计资料表明，在原来的生产定额下，全体一线生产工人基本上都能达到生产定额要求，平均每月超额25%完成任务。根据每超额1%奖20元的规定，人均每月可得超产奖500元。为了在原有基础上进一步调动一线生产工人的积极性，现提出这样几种新的奖惩考评方案。方案A：以原定额为基数，每超1%奖40元，每低1%罚40元。方案B：以原定额为基数，每低1%罚40元；超额完成任务时，超额小于等于25%的部分每1%奖40元，超额25%以上的部分每1%奖60元。方案C：给全体一线生产工人每人每月增加500元固定工资，同时，提高生产定额25%，然后以新定额为基数，每超1%奖50元，每低1%罚50元。对于以上几种奖惩方案，请问最受一线生产工人、科室人员欢迎的方案分别是哪一个？如果这些方案都是工厂财力能支撑的，也就是说只要能增产，在付了超产奖后仍能大大提高工厂的总体利润水平，请问哪一个方案最易被各方人士所共同接受？

4. 某厂发生这样一件事。一次上夜班，由于工厂值班室人员没有按时来开门，工人们拥在工厂门口，争论着或走或等。当有人提出，今天我们就是回家休息也无责任时，有两个人采取了截然相反的做法。机修工甲破门而入，让工人进去生产，结果违反了任何人不得私自破门进厂的规定；值班长乙认为，宁可不进车间也不能违反制度，反正今天责任不在我们，结果他带着许多工人回家休息，从而影响了生产进度。事后，除了要对失职的值班室人员按厂纪厂规处理没有异议外，对甲与乙的处理，存在着两种不同的意见：一种意见认为应该表扬乙而批评甲，理由是厂纪厂规每个人均应严格遵守；另一种意见则认为应该表扬甲而处理乙，理由是甲损己利公，乙假公济私。根据案例的情况，请回答：除了上述两种处理方式外，是否还存在其他更好的办法？从战略激励管理的角度考虑，你倾向于采取哪种处理方式？为什么？为了使被表扬者与被批评者均心服口服，你认为该怎样处理才能妥善化解管理者与被管理者的矛盾？

5. 某饮料厂管理极度混乱，所生产出来的饮料，有人在流水线旁毫无顾忌地随意取用，还有人以衣服、拎包等做掩饰，直接从厂门口带出，这种现象已成为企业的一大怪事。对此，认真负责的工厂警卫曾多次抓住可疑分子，要求开包检查，但均被回以"你要搜，拿搜查证来"，结果不了了之。后来，警卫采取形松实紧的做法，注意观察，终于人赃俱获，将私带饮料出厂者交给了厂长。在是否要给予处罚的问题上，厂长考虑到该私带饮料出厂者是个会闹事的主儿，想想一次拿几瓶饮料也才值几元钱，而如果给予处罚，却有可能被他吵得天翻地覆，浪费自己的时间和精力，结果会得不偿失。最后，厂家只是轻描淡写地批评几句就算了。请就该厂长的做法是否合适谈谈你的看法，并考虑如果让你来治理该厂，你会如何扭转这种局面。

6. 有种观点认为，一个管理到位的组织应该做到无论缺了谁都能照常运转。但是，在这种情况下，对于管理者自然就提出了这样的问题：既然如此，人们到底需要管理者干什么？这里所涉及的，实际就是"管理者对于企业的贡献或增值是什么"的问题。请问针对人们经常谈论的许多企业的总裁拿高薪的问题，是否存在较为客观的标准帮助人们确定这些高管人员的综合薪酬水平到底该多高才合适？能否找到用于制约这些人员的薪酬不断快速上升的可调杠杆？

资料来源及注释

[1] 上野明. 日本优秀企业成功的条件 [M]. 陈重，郎惠男，编译. 长春：吉林人民出版社，1986.

[2] 通产省产业政策局企业行动课. 企业活力 [M]. 长春：吉林人民出版社，1986：3.

[3] 德鲁克. 公司绩效测评 [M]. 李焰，江娅，译. 北京：中国人民大学出版社，1999；KAPLAN R S, NORTON D P. Having trouble with your strategy？ Then map it [J]. Harvard Business Review，2000（5）.

[4] SLATER S F, NARVER J C. Customer-led and market-oriented: let's not confuse the two [J]. Strategic Management Journal，1998（10）.

[5] REICHHELD F F. Learning from customer defections [J]. Harvard Business Review，1996（2）.

[6] 拉伯夫. 世界上最伟大的管理原则 [M]. 徐海波，编译. 北京：科学技术文献出版社，1989：115-116.

[7] BOYD B K, SALAMIN A. Strategic reward systems：a contingency model of pay system design [J]. Strategic Management Journal，2001（22）：777-792.

[8] MILLER R L. Intermediate microeconomics：theory，issues，applications [M]. McGraw-Hill, Inc.，1982：Chapter 20.

[9] 平狄克，鲁宾费尔德. 微观经济学 [M]. 张军，等译. 北京：中国人民大学出版社，1997：502-504.

[10] New testament [M]. American Bible Society，1976：Matthew 20.

[11] WHEELEN T L, HUNGER J D. Strategic management and business policy [M]. Addison-Wesley Publishing Company, Inc.，1992：320.

[12] 季莹明.管理无小事[N].杭州:绿城房产,1999-11-01(4).

[13] 袁了凡.了凡四训语解精编[M].天台山国清讲寺法物流通处,浙出书临(97)第144号:33-34.

[14] 焦友龙.追究考察者责任[N].南方周末,2002-09-19(23).

[15] 根据本书作者早期的《读书笔记》整理,原出处不详。

[16] 佚名.跨国公司管理的七大"杠杆"[N].参考消息,2002-05-07(4).

[17] WHEELEN T L, HUNGER J D.Strategic management and business policy [M]. Addison-Wesley Publishing Company, Inc., 1992: 320.

[18] 佚名.傲慢和贪婪葬送了安然公司[N].参考消息,2002-01-31(4).

[19] 弗拉德特,米肖.能动型公司:应变、更新、迅速出击[M].梁豪,译.上海:上海译文出版社,2001:26-39.

[20] EISENHARDT K M, SULL D N. Strategy as simple rules [J]. Harvard Business Review, 2001(1).

[21] 芝加哥大学商学院,欧洲管理学院,密歇根大学商学院,等.把握战略:MBA战略精要[M].北京:北京大学出版社,2003:21-27.

[22] 佚名.如何激励美国工人改进工作[N].参考消息,1993-05-04.

The Art and Practice of
Strategic Management

附录
研究·咨询·教学·案例

附录 A　战略研究方法探索
附录 B　战略咨询参考框架
附录 C　战略案例教学指南
附录 D　战略教学案例六则

附录A"战略研究方法探索",作为对本书所讨论的战略艺术与实务的补充,以专题论文的形式,着重讨论了战略研究对象与问题性质,阐明了战略理论的构建标准与研究方法,对现有战略理论与方法进行了系统简要的评述,并在此基础上总结介绍了本书所给出的战略思路与框架。

附录B"战略咨询参考框架",从探讨战略咨询的理论依据、研究思路、咨询原则入手,剖析了促进咨询者与被咨询者双方良性互动的战略访谈技巧,阐明了战略咨询对于被咨询企业而言的价值定位,给出了运用本书的战略思路与框架、撰写战略咨询报告的基本要求与内容格式。

附录C"战略案例教学指南",介绍了战略课程教学的缘起及其战略案例教学的适用性与局限性,战略管理案例的常见类型及教学组织方式,提供了经过本书作者的探索,证明比较切实可行的案例教学组织实施建议,包括怎样进行学员分组、安排小组讨论、活跃课内气氛等,给出了有关本书附录D中教学案例的简单使用说明,讨论了如何加强案例教学效果调控,确保战略教学成功的总体思路与指导思想。

附录D"战略教学案例六则",提供了六个基于作者战略咨询实践整理的战略管理案例,每个案例都给出了作为课内讨论用的参考问题。各案例与教学内容的大致配合关系为:"亚德公司创业管理"配合第1章,涉及企业战略目标与发展瓶颈的论证;"智仪公司深层发展"配合第2章,涉及企业定位与代际传承;"商城公司成功之谜"配合第3~5章,着重讨论区域钻石模型与企业优势/实力的关系;"络绎控股多元经营"配合第6章,主要涉及做事的业务演化路径与做大、做强、做稳、做简;"思盟集团竞合互动"配合第7章,重点探讨同行企业之间的跨期多点市场竞合互动关系;"松泉医院业绩衡量"配合第4篇,特别关注战略实施行动过程的目标设定与行为调控问题。

附录 A 战略研究方法探索

A.1 研究对象与问题性质

战略以企业整体为研究对象，从分析企业经营优势的构成、来源、创建、保持与演变过程入手，探讨影响企业经营成败的关键因素，阐释造成不同企业最终业绩差异的深层原因。这里提到的经营优势，既可能源自竞争，也可能来自合作。为了解经营优势的构成，通常采取解剖成功企业的做法，结果得到的是一组涉及企业某一时刻的截面状况信息。若在掌握截面状况信息的基础上，进一步追问这一状况是怎么来的，就涉及了企业经营优势状况的演变过程，即所谓跨期时序的纵向趋势信息。由此可见，战略研究需要以企业的截面与纵向两方面的资料为基础。

从时点截面看企业经营优势，通常采用解构方法，如将经营优势分成资源、能力、信誉等要素。从时序纵向看企业经营优势，通常采用整合方法，如企业采取怎样的行动才能将资源、能力、信誉综合成整体经营优势等。当然，仅仅研究单个企业的截面与纵向的资料是不够的，战略还需要考虑进行不同企业的截面与纵向资料的比较研究，以弄清造成不同企业之间业绩差异的真正原因是什么。从这个角度看，战略不仅要研究成功的企业，同时也要探讨失败的企业。

战略研究需要考虑不同企业经营优势的时点状况与时序趋势，涉及企业内外部环境中的人、事、物等多种因素，这实际上是由企业这一研究对象的特点所决定的。现实中，企业作为可以权变决策与行动的主体，一经成立，就类似于生命有机体，既服务于自身的生存目的，又需要适应环境的动态变化，具有典型的复杂社会人文系统的特征，也就是会表现出高度组织化、有机整体性、层级突现性、时空及情境依赖性的性质。在这里，所谓突现性是指企业系统作为整体，总会显露出不同于其各层级的组成部分的特别特征。[1]

企业作为有机体，其围绕经营优势的运作，总体上呈现出来的是一个生存过程，而不是生命时点。从过程看，战略研究必然涉及时间跨度的界定，也就是探讨多长时间范围内的经营优势问题。考虑到现实中存在的信息沟通等时间要求，企业的许多活动的可调节性与响应性都会受到一定的时间约束，不可能在瞬间即时完成。正是由企业活动的调整与响应的这种时滞性所决定，战略研究所涉及的时间跨度长短的不同，自然会导致对经营优势影响因素的不同的考量。例如，做 2～3 年的短期企业规划，与做百年企业的筹划相比，最后得出的对于关键因素的看法显然是不同的。

由此可见，战略研究具有动态、灵活、综合的特点，需要考虑多元视角、跨期影响、层级互适要求，需根据企业的使命宗旨、外部环境、自身实力情况的变化，相机采取不同的做法。例如，从战略定位原理看，战略至少涉及这样几种重点不同的情况，一是抓住外部机会，二是增强自身实力，三是促进内外互动。显然，在环境较稳定的情况下，可以重点关注内在优势的建设；在环境多变的情况下，尤需注意外在良机的把握；[2] 而在通常情况下，则需考虑内外环境的互动关系。

A.2 理论标准与构建方法

为了进行战略理论构建，有必要先从科学哲学的角度出发，说明理论到底是什么以及怎样的理论才算"好"理论。通常认为，理论作为一组内在关联的，包含有类似于一般性法则并经得起检验的系统陈述，借助于系统化的结构，帮助解释和预测各种现象，增进人们的科学理解。[3] 一流理论做预测，二流理论划禁区，三流理论事后做解释。[4] 从理论的构建过程看，所有理论的提出，都是以过去的观察为基础的，同时，所有的观察都是以某种外显或内隐的理论假设为指导，或者说是据此做出解释的。

就理论构建可用的方法而言，常用的有归纳法与演绎法两类。就归纳法而言，它以被普遍公认为可靠的、对于特别事件的观察性陈述为依据，从中导出更为一般性的推论；就演绎法而言，它从假设出发，依据标准的逻辑推理过程，证明某些定理的存在的合理性。在这里，观察只是提供现象推断的基础，以便由此导出进一步的假设或假想模型，从中得出一般性的结论。考虑到人的认知能力或注意力总是有限的，不可能对人、事、物进行细节俱全的全方位观察，可以认为，现实中所进行的观察都是有选择的，它必然受到研究者主观上存在的思维定式与分类框架的影响。

根据以上方法得到理论后，如何判定其优劣呢？一般来说，有这样几个标准：一是所描述的一般条件关系本身具有充要性；二是能融入现有的科学知识体系中；三是理论陈述具有内在一致性。就实证模型的合理性而言，关键是检验它的预测能力；而就规范模型的合理性而言，重在考察它在帮助决策者实现目标方面的能力。由于战略问题的复杂性，若想得出一般性的结论，往往不太符合上述"充要性"要求，有时甚至要想做到清楚地表达各陈述的前提都非常困难，这就使得战略理论在解释与预测能力上的表现非常有限。而如果能牺牲一点一般性的要求，只是针对具体的特例层面做考虑，自然就可增加一些解释与预测能力。

当然，对于理论的优劣，还存在着证伪与证实两种判断标准。就证伪而言，认为唯此才能不断推动理论前进，逐步逼近真理。就证实而言，认为唯此才表明理论本身的完备性，经得起科学的检验。但对社会科学来说，因为不能进行严格意义上的重复试验，这使得许多情况下证伪不具有操作性。例如，许多战略陈述，由于其前提假设及推论依据均未能精确表述，需要不断修正。因此，战略理论的形成，实际上经历的是一个逐步修正、不断更新的过程，同时包含着证伪与证实的成分。

从战略研究的时序演化看，由图 A-1 可知，无论是采用解构还原的归纳法，总结成败企业的经验教训，还是运用综合建构的演绎法，给出有关企业成败的影响因素，若想以此作为假设的理论成果——战略原理方法，用于指导未来的企业战略实践，这其中都或多或少地会涉及某种隐含的主观假设。例如，在归纳法中就涉及有关企业的样本如何选择的问题，在演绎法中则涉及有关的影响因素如何确定的问题，这些都是带有主观性的。也正因为如此，战略理论往往既不能完全证伪，又不能完全证实，只能说明在什么前提下会有什么结论。

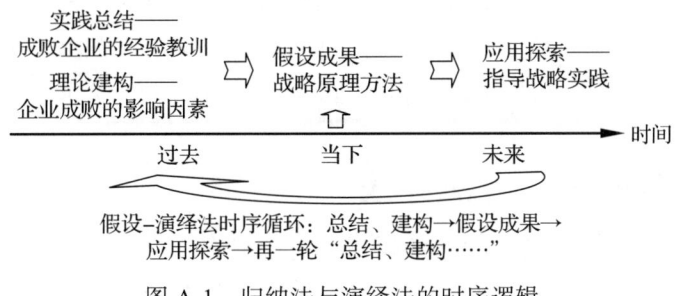

图 A-1　归纳法与演绎法的时序逻辑

研究方法时序逻辑上所存在的上述提到的这种无法回避的主观性，使得理论上很难找到真正不带原始假设的论述。而且即使能找到这样的表述，也许不是显得太宽泛，就是显得太具体，从而最终因为破坏了语言交流所需的简洁、明了的特点而丧失意义。因此，作为理论研究与探索，人们只能采取折中的做法，即主观划定一个大家基本认可的范围与边界，在这样的范围与边界中展开相关命题的讨论。

这种事先设定研究范围与边界的做法，尽管有助于研究者集中精力，从而能对所选定的命题做更为深入的思考，但同时也使得这种研究带有天然的局限性。原因是，环境动态变化的不确定性与多样性，常常会使战略实践的演化超出研究者预先划定的范围与边界。有鉴于此，战略研究需平衡兼顾简洁性与普适性两方面的要求。在这方面，习惯上人们比较相信严格的数量分析，而相对来说，容易忽视定性分析。数量分析要以扎实的定性分析为基础，缺乏定性理论指导的数量分析，完全有可能沦为纯粹的数字游戏。在这方面，有许多例子可以作为佐证。

例如，20世纪70年代初，美国福特汽车公司对Pinto车的汽缸进行了重新设计。后来揭示的资料表明，在其内部备忘录中，对此做了一项有点冷血的"费用/效益分析"。[5] 该分析假设，平均每1 250万辆车重新设计后的汽车，可能出现的事故后果是，造成2 100辆汽车被烧毁，360人被烧死或严重灼伤。按照当时美国国家公路交通安全局的赔偿标准，每位死者20万美元、烧伤者6.7万美元，共需支出死亡、伤害以及财产损失的赔偿4 950万美元。而福特汽车公司估计，如果进一步改进汽车设计，彻底消除事故隐患，平均每辆车需多花11美元，因而最终认为还不如直接赔钱合算。

以上分析非常冷酷，看起来似乎很科学，但还是忽略了更为重要的因素，即汽车事故发生时间的不确定以及由此带来的诉讼风险。事实上，即使仅仅从经济上考虑，至少还需分析，一旦发生汽车事故，可能引起的诉讼费用，以及由诉讼所引起的公众反感等造成的销售受阻损失。后来的事实充分证明了这一点，放在后座的汽缸因为碰撞而发生爆炸，造成了人员伤亡，福特汽车公司为打官司耗费了数百万美元，信誉受到严重影响，Pinto车被迫停产而损失惨重。这种分析的问题在于，将涉及企业与环境互动的多个可能的事故简单地看成了是一件件没有关联、相互独立的经济事件。

A.3 现有理论与方法评述

对于经营战略的探讨，可追溯到20世纪50年代的后期到60年代的早期，只是到了70年代，才开始真正繁荣起来。[6] 从对于企业间业绩差异的成因分析看，在经济理论方面，主要存在着三种关于由竞争优势带来超常业绩的解释：[7] 一是基于受到保护的市场地位而产生的垄断租金，二是凭借企业所拥有的特异资源而产生的李嘉图租金，三是依靠企业动态的更新能力而产生的熊彼特租金。[8] 在战略理论方面，存在着市场竞争地位、特异资源能力、组织网络位置、内外要素匹配、交易费用结构、战略互动对抗等多种解释。[9]在这些思想的背后，所体现的基本上属于截面经验观察的模式，也就是常常只使用单一案例单一时段的数据。而如果进一步提出这些试验性的结论是怎么导出的这一问题，自然就涉及跨期动态的研究。

考察跨期动态的问题，必然涉及时序关系甚至因果链的研究，需要进行成败两类企业的比较分析。在这方面，波特做了大量的研究，他认为，考察企业业绩差异通常涉及对超常回报的分析，其中关于超常回报状态的计量就涉及截面问题，而有关超常回报的溯源就涉及纵向问题。对于超常回报产生原因的解释，可以分成行业结构与企业定位两方面。按照波特的观点，行业结构说明了跨行业企业间的平均业绩差异，而企业定位则说明了行业内企业间的相对业绩差异。[10]

企业定位决定了企业在行业中的相对地位，它本身是由企业战略决定的，如差异化战略、低成本战略、专门化战略等。战略的本质是跨期平衡取舍，如竞争优势的类型、范围、程度等方面的动态选择。那么这些选择又是由什么决定的呢？波特认为，是企业价值创造活动，这是竞争优势的基本单元。若再问，这些活动是由什么因素决定的，就涉及企业价值创造活动的成本动因的分析，而动因又进一步受到初始条件与管理决策的影响。最后，波特将竞争优势的起源归结为企业的内外部环境，而这似乎有点像是循环解释，重新回到了前面所提到的行业结构与企业定位。

尽管波特以学习调适能力解释内部原因，以"钻石模型"（见本书第 5 章 5.2 节的讨论）说明外部原因，但这仍然无法回避事实上还是存在着循环解释的问题。因此波特认为，从总体上看，战略研究很难提出严格的数量化意义上的模型，而只能给出以解释、判断为基础，有点类似于专家系统的描述性框架。也正因为如此，借鉴生物学综合进化论的思想，近年来演化理论受到了战略研究者的关注，人们希望凭此可以更为清楚地提出与阐述企业竞争优势或业绩差异是如何形成的这一问题。

从演化的角度看待战略研究，采取的是历史描述方法，可以解释决定论与非决定论两方面的现象，其主要特点有：一是关注战略的动态性质，如企业演化的类型、途径、节律，组织成长、业绩变化、战略事件等；二是允许可能存在的战略变异，尤其是那些可能突破脚本法研究所框定范围的变化，从而使战略理论能涵盖现存组织内以及重建组织型这样两类变化；三是重视判断、选择过程与战略变革的互动、互赖影响；四是认为研究失败案例具有与研究成功企业同样重要的意义。[11]

从理论上看，战略研究的演化观点，试图提出具有动态路径依赖特点的研究框架，从而使得战略理论既能考虑战略过程可能存在的随机变异特点，又可兼顾其中存在的组织内外环境选择要求。在这里，企业高管人员在整个战略制定及实施过程中，对组织演化与生态可能起到的作用，如主动创造、引导与被动适应、顺从等不同类型，将具体依赖于人们实际所面临的环境变动情况。由此所决定，整个企业组织与外部环境之间也可能存在着多种层次水平的相互关系，例如，从只能被动适应环境，到可以有所作为，再到能主动求变等。[12]

基于演化的观点，从时间断面看，有许多原先看起来似乎是自发的战略行动，实际上受到了高层管理人员的战略意图的指导与引致，体现的是一种战略变异 – 选择 – 保留的行为，而反过来，高管人员在战略意图的确定上，又很大程度上受到了组织结构与制度惯性的制约，并不具有无限的自主选择性。[13] 例如，为了保证此前战略的有效实施而发展出来的控制系统，结果往往会成为妨碍高管人员此后进行相机权变决策的阻力。由此可见，高管人员的作用带有创造性、引导性、适应性等多种复杂特征，既需要考虑如何适应环境，同时又希望能做到不被环境拖累。

战略演化的观点表明，随着环境变化的加剧，现代的战略研究更为重视变化、差异、互动，更加关注成败企业群体的业绩分布，以及什么因素造成了企业成功与失败的分野，但这并不排除战略实践时仍需结合特定企业的具体情况。就特定企业来说，考虑演化要求，所提出的战略建议必须平衡兼顾这样几个方面的有机整体性特点：一是相对稳定性，能得到企业内在实力的持续支撑；二是相对快速性，可以适应动态变化的环境；三是精确复制性，可以通过模式移植而推动业务扩展。显然，这样的战略可能更具可操作性，同时也有较强的环境生存力。[14]

以上所提到的众多不同的战略观点，从实践的角度来考察，它们之间并不相互排斥，而是相互补充完善，为战略分析提供了不同的视角。例如，就明茨伯格等人总结的战略十大流派而言，[15] 实际上可按战略管理的思路来源、制定过程、关注重点三个维度进行大致归并。从思路来源看，认知学派强调过去的积累，创业学派重视当下的灵感，学习学派注重未来的探索；从战略制定过程看，计划学派讲究有序运作，权力学派关注政治斗争，文化学派强调价值共识；从战略关注重点看，设计学派强调内外匹配，定位学派注重产品行业，环境学派重视情境影响，结构学派聚焦组织转型。显然，这其中的每一流派，对于企业所面临的使命宗旨、外部环境、自身实力等状况与变化趋势，实际上有着不同的隐含前提假设，从而看到了企业战略实践所涉及的不同情境与层面的特别问题，因而其所导出的结论也就自然有着不同的适用范围。

A.4　本书思路与框架介绍

以上讨论表明，由战略研究对象的整体、复杂、动态的性质所决定，无论采用什么研究方法，就指导企业战略实践而言，实际上都涉及做事与做人两个互动互赖的方面，无法回避其中所存在的归纳与演绎的时序逻辑矛盾。

其一，就归纳法而言，通过回顾过去，从成功企业中找经验，从失败企业中寻教训，希望从中找出影响这两类企业业绩差异的原因。这实际上体现了认知学派的思想，问题在于，基于过去实践的经验教训总结，通常具有很强的情境依赖性，一方面，过去的情境未来不可能重复，另一方面，众多的历史事件本身可能就只是一种不可重复的时间过程堆积，其间并不存在内在因果联系。这意味着，借助归纳法得出的结论，可能会像从倒车镜中看到的东西，将很难用于指导企业未来的实践，也就是不具备时序上的移植或推广应用价值。

其二，就演绎法而言，通过前瞻分析，试图提出这样的企业经营指导建议，如"做点什么必定成功"或"不做什么必定失败"等。这些基于逻辑推理所给出的建议，通常称为理论建构，若进一步提出理论建构的基础是什么这样的疑问，可见，最终还是归结为对于企业过去实践的总结或研究者个人的直觉判断。若进一步考虑直觉判断的依据是什么，可见实际上就是创业学派所重视的当下灵感，它也只是当事者个人过去有意或无意所吸收的各类信息综合作用的结果，或者根据某些当事者并不自知的片断信息所做的一种简捷化的综合提炼，这就意味着，演绎法也还是无法回避类似归纳法所遇到的结论推广应用难题。

此外，从指导企业战略实践的要求来看，归纳法隐含假设了可由历史推断未来的向前逻辑前提，演绎法隐含了基于历史经验的逻辑起点假设。归纳法需要寻找造成企业成败差异的所有决定性因素，如果由于受到各种因素的制约，一时找不到或找到了但不完全，此时还是不能直接用于指导实践。而演绎法从现在建构未来，往往需要以企业的行为符合理性为基础，但由于理性所涉及的时间跨度很难清楚界定，带来了基于当下理性与长期理性的行为思路不一致。更何况，由现实存在的个人、群体、组织、社会互动所决定，企业的判断、选择带有很强的情境与过程依赖性。

基于以上考虑，本书在探讨战略管理构架时，以能指导企业战略实践为根本出发点，采用"假设-演绎"的研究方法，即先假设，再验证，然后再假设，再验证，以此试探前行。具体来说，就是先以理论文献与实践经验为基础，提出一个试探性的建构，即一个对于解决所面临的实践问题基本上"够用"的分析框架，然后将其放到有理论积累或实践经验的人群中去，进行正、反两方面的论证，重点考察该框架是否多了什么或缺了什么，并据此对框架进行因素增减修正，然后再以修正后的框架作为新框架，开始新一轮的理论与实践正反论证、探索修正，如此循环，永无止境。

显见，假设-演绎方法本质上属于一种开放式的探索体系，它从不试图给出终结性的解答，但为问题的解答指明了方向，给出可以操作的方法，使得人们可以借此不断向着更为简洁、完备、可行的理论建构体系推进。从这个意义上看，可以认为本书所提出的各种理论构架与实践建议都只是一种可以作为进一步研究的出发点的假设，而不是研究的终极结论。从这个角度看，本书的研究更多体现的是一种学习学派的思路，承认研究者或实践者自身在预测判断能力上的先天不足，强调在情况不明时，应该采用"摸着石头过河"的小步前进做法，以干中学的方式应对未来不确定的变化。因此，在阅读本书，尤其是试图借鉴运用本书的观点指导战略实践时，须特别注意本书所提出的各种观点的假设前提与适用范围，以免产生张冠李戴的结果。

在具体的研究方法上，本书提出的整个战略管理体系，无意之中大量涉及了三维度的分类体系。尽管老子有"道生一，一生二，二生三，三生万物"之说，但本书多处采用"三"来分类，如目标追求"三活"，中心命题"三做"，过程修炼"三高"，思维运作"三问题、三假设、三出路"，战略的"经营优势、业务演化、竞合互动"三维构架等，这一方面是受到了作者所读文献的潜移默化的影响，另一方面也是作者形成的一种思维习惯。作者认为，三维分类具有表述简洁、通俗易懂、方便记忆的特点，也许这与人们平常所处的是三维空间，对此更为熟悉不无关系。

考虑到实际战略研究所涉及的因素往往不是简单的"三"所能囊括的，如果有人提出类似"为什么一定是'三'而不是'二'或'四'"的质询，显然，这不是用科学方法可以论证回答的，在此只能说，这里所反映的就只是研究者个人的一种主观偏好与判断选择。在具体表达上，本书所秉持的是内容优先、兼顾形式的原则，而不局限于"三"的分类。例如，就贯穿于全书的跨期取舍、生存演化的思想而言，事实上就已在静态的三维构架基础上引进了动态的时序过程考虑。正因为如此，从严格意义上说，在总体思想上，本书的研究所采用的是基于四维时空的过程观，也就是不仅考察一个组织的三维静态结构，而且考虑其在时间维度上的变化情况。

从科学的角度出发，战略研究的观察维度至少应该大于或等于研究对象或所涉问题的维度，否则不可能求解。为此，本书研究隐含借鉴吸收了哲学、宗教、经济、心理、社会、政治、伦理、历史、人类以及生物综合进化论等学科的成果。当然，这并不意味着每一战略实践者都需要涉及广泛的领域，方可思考与解决实际战略问题。因为伴随着人类社会的长期演化发展，借助于基因与文化传承，已或多或少在人们心中打下了多学科实践综合的烙印，使得人们具备了处理复杂现象的直觉本能，只是这些本能有时存在偏差，尚需论证而已。

战略实践是一种科学与艺术的混合体，甚至从某种意义上看，艺术的成分更重些。尽管从理论的完备性看，不断拓宽研究领域会有助于开阔战略思考的视野，但如果考虑到实际操作的可行性，显见，毕竟人们的时间与精力有限，相对于要解决的众多判断选择问题而言，用于处理信息并做出决策的大脑注意力资源总是稀缺的。此时，如果研究所涉因素的面铺得太广，就有可能导致遍地开花、浅尝辄止，最终反而牺牲了对于研究深度的最低要求，使得研究积累很难达到形成观念升华所必需的"临界规模"，自然也就难以实现理论或实践的真正突破。[16] 更何况，战略需要创造性的行动，这一点有时是通过干中学的过程逐渐习得的，其完美实践的过程受到了神秘的潜意识、下意识的影响，太过冷静的复杂理性规划有时可能反而会压制人类潜能的自然表达，从而产生扼杀想象力的后果。对此，可引用一则寓言来说明。[17]

有一只蜈蚣，可以用它那100只脚跳出非常美妙的舞蹈。有只乌龟由于不喜欢看蜈蚣跳舞，就给蜈蚣写了一封信。在信中，乌龟称赞蜈蚣："伟大的蜈蚣，我对你的精湛舞技非常佩服，很想知道你是怎么做到这一点的。你是先举起你的第28号左脚，再举起你的第30号右脚，还是先举起你的第17号右脚，再举起你的第44号右脚？"蜈蚣读了信后，马上开始思考自己究竟是怎么跳的，到底先举起哪一只脚？蜈蚣为了一边跳舞、一边思考清楚乌龟的问题，结果却再也跳不了舞了。

基于以上思路，对于本书所提出的实践问题导向的战略管理构架，按其内在逻辑，可对其中的核心理念做如下概括：管理从人的行为入手，关键在于管得有"理"，企业战略就是通过取舍决策与活动组合，创造顾客所需的产品或服务之特色，战略管理就是朝着"方向正确、运作高效、心情舒畅"努力的系列行动的集合。企业战略的制定与实施的关键在于，通过"三高"修炼，解决"三做"问题，实现组织及个人的"三活"目标。这就是依据战略"疑、思、解"运作框架，通过对外部环境、使命宗旨、自身实力三个前提假设的剖析，明确企业战略定位，围绕持续经营优势构建、业务演化路径选择、竞合互动关系处理三大实践主题，做好战略实践的行动过程管理，解答其中所涉及的动态出现的"做什么、如何做、由谁做"的战略中心命题。

具体地，如本书第10章10.1节中的图10-1所示，本书认为，考察企业经营优势/实力，可从整体内涵（资源、能力、信誉）、日常运作（流程、结构、行为）、结果表现（产品或服务内涵、顾客偏爱、终端可获）、跨期持续（自胜、互动、创新）等多个层面对其进行解构分析。基于对企业实力与环境要素的综合考虑，企业定位不仅要关注做事与为人所涉及的客观规律性的定位，更要关注涉及多主体、多目标等发生矛盾冲突而难以兼顾时的轻重缓急排序，即主观价值观定位，以实现企业价值观与科学观的相互协调、支撑、匹配，并最终通过企业文化、制度、惯例等方式，强化企业战略重心——"建设与扩大或稳定使企业盈利的回头及引荐型顾客群"。

考察企业运行环境，就与企业经营直接相关的市场力量而言，六力互动模型作为一种有效的工具，可用来分析本企业与供方、买方、替代品厂商、互补品厂商、同行业厂商、潜在进入者等所结成的动态竞争及合作关系；就企业所在的地域、政治、经济、社会（文化）、技术、环境（生态）、法律等影响因素而言，G-PESTEL分析提供了有效的工具。当然，这里需要说明的是，在进行企业运行环境的分析时，需要特别关注体现在各种战略要素背后的社会认知与人际联系网络，真正了解其中做事者的观念及行为，以防止掉入见物不见人的纯粹抽象理性分析的陷阱。

基于"本企业"视角，除了对内外部关键战略要素做时间截面的解剖或综合外，本书还同时兼顾考虑了时间过程动态变化的影响。例如，经营优势如何构建与保持？市场各主体之间的竞合互动关系如何处理？如何伴随着业务发展，确保企业能做大、做强、做稳、做简，形成有助于创造价值空间、降低交易成本、协调利益相关者关系的经营模式，做到企业既大而管理简单，又有特色？这些问题的解决均涉及时间因素，此时，战略决策、变革、激励等行动管理成为焦点，战略不再局限于静态的截面快照，而成了动态的过程演化；战略举措不能一劳永逸，而需要兼顾当下与未来利益之间的关系；时机、路径、节律等选择，也就自然成为战略实践行动管理的重点。

资料来源及注释

[1] 迈尔. 生物学思想发展的历史 [M]. 涂长晟，等译. 成都：四川教育出版社，1990.

[2] EISENHARDT K M, SULL D N. Strategy as simple rules [J]. Harvard Business Review, 2001（1）.

[3] SETH A, ZINKHAN G. Strategy and the research process: a comment [J]. Strategic Management Journal, 1991（12）.

[4] 迈尔斯. 社会心理学 [M]. 侯玉波，乐国安，张智勇，等译. 北京：人民邮电出版社，2006：11.

[5] 索尔曼，弗利德曼. 企业竞争战略 [M]. 尉腾蛟，译. 北京：中国友谊出版公司，1985：122-123.

[6] HENDERSON B D. The concept of strategy [C]//ALBERT K J. The Strategic Management Handbook. McGraw-Hill Book Company, 1983: 1-9.

[7] POWELL T C. Competitive advantage: logical and philosophical considerations [J]. Strategic Management Journal, 2001（22）.

[8] MAKADOK R. Toward a synthesis of the resource-based and dynamic-capability views of rent creation [J]. Strategic Management Journal, 2001（22）.

[9] BARNETT W P, BURGELMAN R A. Evolutionary perspectives on strategy [J]. Strategic Management Journal, 1996（17）.

[10] PORTER M E. Towards a dynamic theory of strategy [J]. Strategic Management Journal, 1991（12）.

[11] BARNETT W P, BURGELMAN R A. Evolutionary perspectives on strategy [J]. Strategic Management Journal, 1996（17）.

[12] MIR R, WATSON A. Strategic management and the philosophy of science: the case for

a constructivist methodology [J]. Strategic Management Journal, 2000（9）.

[13] LOVAS B, GHOSHAL S. Strategy as guided evolution [J]. Strategic Management Journal, 2000（9）.

[14] 威尔逊. 社会生物学: 新的综合 [M]. 李昆峰, 编译. 成都: 四川人民出版社, 1985: 40-41.

[15] MINTZBERG H, AHLSTRAND B, LAMPEL J. Strategy safari: a guided tour through the wilds of strategic management [M]. Free Press, 1998.

[16] MONTGOMERY C A, WERNERFELT B, BALAKRISHNAN S. Strategy and the research process: a reply [J]. Strategic Management Journal, 1991（12）.

[17] 贾德. 苏菲的世界 [M]. 萧宝森, 译. 北京: 作家出版社, 1995: 494-495. 此处引用时, 文字有改动。

附录 B 战略咨询参考框架

B.1 战略咨询基本依据

　　战略咨询的基本依据，可从战略理论、研究思路、咨询原则三方面加以说明。首先，从战略理论看，如本书基于企业所追求的"活得了、活得好、活得久"之目标，围绕"做什么、如何做、由谁做"这一战略中心命题所提出的战略"疑、思、解"运作模式，以整合为导向的战略定位原理，以自胜为导向的经营优势，以持续为导向的业务演化，以权变为导向的竞合互动，以变革为导向的行动管理，以顾客回头与引荐率为中心的六力互动模型，这些都可作为进行战略咨询分析的理论依据。具体地，可围绕持续经营优势构建这一主线，展开业务演化、竞合互动、变革管理等问题的讨论。

　　在研究思路上，本书提出的战略思考框架可作为根本指导，如"疑、思、解"模式，可用于帮助引发实践思考，并从中导出战略出路；自我超越16字，可用于处理如何改变假设与观察角度的问题。在分析工具上，本书所讨论的战略前提假设的论证内容，可提供备选方法，如企业顾客回头、引荐与盈利性分析，六力互动模型，组织结构流程分析等。在战略构想上，本书给出的战略出路三维构架可作为根本依据，如持续经营优势判定六准则，业务演化路径选择的"进得去、站得稳、有发展"框架，处理竞合互动关系的博弈对策等。在战略实施行动管理上，本书讨论的战略决策、变革、激励管理可提供操作指导，如行动过程决策、变革悖论突破、领导作用发挥、行知关系协调等。如表B-1所示，就具体表示了本书所给出的战略管理实践的操作流程与相应方法。

表 B-1　战略管理实践的操作流程与方法

流程及相关篇目	目标	关注重点及主要工具、技巧
战略修炼（第 1 篇）	模式、思路、方法、途径	运作模式、思考基准、自我超越、内外互动
战略分析（第 2 篇）	认清现状	使命宗旨：科学观与价值观匹配 外部环境：六力互动模型 自身实力：资源、能力、信誉
战略形成（第 3 篇）	制定对策	持续优势：无法学、学不全、难替代 业务选择：强、大、稳、简与经营模式 竞合互动：善良性、报应性、宽容性、清晰性
战略实施（第 4 篇）	付诸行动	决策：理性、直觉、情感影响 变革：兼容并蓄、小步前进、模块结构 激励：活力源泉与行动调控

在咨询原则上，必须明确战略咨询的基点与归宿。战略咨询的根本目标在于，协助企业成功地适应变化，形成积极改进、不断完善、持续经营的自我发展机制，建立起能发现、吸引、培养、使用、保持优秀人才的企业环境。战略咨询隐含假设，一切都处于变化发展之中，不断挑战现有的战略理论与实践，与企业合作共同提出创新性的解决方案，是咨询者的长期任务。有鉴于此，战略咨询者应以开放的心态处理与咨询对象的关系，与其建立良好的双向互动关系。应该清楚地认识到，战略咨询的真正成功，主要取决于相应企业自身的素质与努力，例如，能在战略构想阶段提出有创意的见解，在战略配套管理上做到积极投入，措施落实。

最后，必须说明，战略咨询作为一种经营行为，其本身也需贯彻顾客为本的思想，既要看到咨询过程与结果，需得到顾客的认可才算真正有价值，也要防止为咨询者自身利益而故意误导顾客需求。咨询的真正价值应体现在源自顾客需求又能高于顾客需求，努力为顾客所在企业的发展提供超值服务。在这里，为了帮助战略咨询者真正判断自己的工作成效，建议对能使咨询企业盈利的目标顾客（服务对象）使用这样的简单回头客与引荐者衡量标准，即在与新的潜在咨询对象交谈时，是否敢于将原来已请你做过战略咨询的顾客单位的牵头人或负责人的联系方式直接告诉对方，让对方自行找这些人员了解你所做战略咨询的质量情况。如果你还不敢这么做，或这样做时心中还有点犹豫，那么至少说明以前的战略咨询工作尚未真正做到家。

B.2　战略咨询访谈技巧

关于战略咨询访谈方法，主要涉及访谈调研过程中的双向沟通与互动关系的处理技巧。访谈调研作为战略咨询的基础，主要是为了弄清战略"三假设"的情况。应该说，对于"三假设"的情况，企业内部人士肯定要比外部咨询者更熟悉。在调研中，宜采取了解情况、学习式的询问，尽量使用通俗易懂、贴近顾客的语言，重在弄清为什么，也就是各种观点的依据是什么。不要采取让人汇报工作、质疑挑战的提问方式，避免使用太过僵硬、令人无趣的专业词汇。特别要防止先入为主的观念的影响，杜绝总唱反调的批判式责问。必须注意，访谈的核心是了解情况——客观信息及主观感受，访谈本身也是一个沟通过程。尽量不要在未全面掌握情况时，随意对咨询对象企业的人与事进行简单的优劣评价；在对相关的人与事评述时，必须注意尽量促进企业内部人员之间的团结，而要特别注意防止的是，由于咨询者在访谈中的不当提问或相互传话，最终引起企业内部人员之间的相互猜疑。

在访谈中，请注意尽量采用启发式的提问，不要采取责问的方式或与对方激烈争论。要采用"为什么会这样？""您（你）认为该怎样为好？""你们原来采取这样的做法是基于什么想法？"等形式，在需要对某些内容提出质疑时，建议采用这样的方式提问，如"如果……你认为可能会怎么样？"关键不在于论证对与错，而在于将对方原有做法的前提假设与依据搞清楚，将目前方案存在的制约因素及他们认为的可能的改进做法搞清楚，以真正做到集思广益。此外，注意发现访谈中对方提出的好建议，积极给予肯定，以营造令人愉快的访谈氛围，促进访谈过程的良性互动。事实上，这种良性互动关系的建立，也为战略咨询方案的实施提供了良好的基础。

访谈中，咨询小组必须指定专人做好记录。需特别注意，访谈记录应尽量保持原汁原味，不要随便加进记录者的主观判断与人为筛选，以保持信息的准确性与完整性，从而为访谈结束后的整理与讨论提供可靠的原始材料，为今后做补充调研提供基础。尽管对许多咨询者来说，都有条件采用数字录音的形式做记录，但问题在于，这种方式的实际效率并不高，这主要是由于访谈过后，还需再花额外时间整理录音内容，而如果不整理，则要在数小时的录音中迅速找到想要的谈话内容并不是非常容易，更何况人们的记忆并不牢靠，有时甚至都不知道该从录音中找什么。当然，还有一点对做好访谈来说也非常重要，那就是除了专门记录者的记录外，访谈者本身也需注意倾听、认真记录。因为这样做本身可以向被访者传达信号，其发言是受到高度重视的，从而提高被访者的谈话积极性，使其更愿敞开心扉亮出自己的独特观点。显然，在这样坦诚的心灵对话中，访谈者也更容易找到战略灵感，由此所记录下来的思想火花，经过进一步整理，就可为此后研究报告的撰写奠定思路基础。

必须注意，访谈中的双向互动交流，实际上也能为其后的战略实施提供基础。有些咨询者不注意这一点，为证明自己的高明，在访谈中对被咨询企业的现有做法横加指责。殊不知，如此一来将大大降低企业的信心与主动精神，尽管这可能更有助于咨询者兜售自己的所谓"点子"给企业，因为此时企业已被咨询者"搞蒙"了。但问题在于，企业得到"点子"以后，靠谁去做？外来的东西，如果不能引起企业员工发自内心的共鸣，是否能生根开花结果？对于这类咨询者所开的处方，其指导思想可以形象地比喻成是消灭病毒型，而不是增强肌体免疫力型。在这种咨询方式作用下的企业，最后的情况往往是，要么在咨询者撤出后重新回到原有的做法上去，要么产生咨询"依赖症"，当情况略有变化时，自己没有调适能力，又须请咨询顾问。

正确的访谈方式下，咨询者扮演的应该是企业战略创意"助产士"的角色，通过咨询者的有效激发，在双方共同努力下，构建新的企业战略，让被咨询者在这一过程中掌握战略创新技巧，使其能洞察原先自己所忽略的问题。为贯彻这一设想，访谈中可以更多地使用"你这想法不错！但如果出现……情况，你认为该如何进一步解决？"这样的提问方式，以启发被访谈者提出更好的建议。而当被访谈者将所有建议都清楚表达后，可以问类似这样的问题："你这些想法非常有价值，为什么没有付诸行动？"从而进一步将访谈引导到如何克服障碍、实现战略设想上去。有时候这种访谈结束，战略行动的种子就自然地在被访谈者心中扎根了。从这个意义上说，访谈过程本身也可看成是一个推动战略贯彻落实的过程。

B.3 战略咨询价值定位

在战略构想上，就请外部咨询者与依靠企业自身力量相比较而言，考虑到标准化的战略咨询方案比较容易忽视量身定做的创新要求，似乎不可能普适于所有企业。对于什么是最为符合企业的外部环境、自身实力、使命宗旨的战略方案，从理论上说，企业内部人士要较外部人士更有发言权，这正如俗话说的"鞋子适不适脚，只有脚趾头才知道"。既然如此，为什么还有那么多的企业不是依靠自身力量解决战略难题，而是乐此不疲地寻求外部咨询顾问的帮助呢？回答这一问题，需要了解战略咨询的价值定位，也就是战略咨询顾问所能扮演的"角色"。一般来说，咨询顾问的作用可形象地大致分为三类。

是擦鞋匠。将战略咨询顾问比成"擦鞋匠"，将被咨询企业看成是"鞋子"，可见仅仅是"鞋子"脏了，希望借助咨询公司的帮助来擦干净，这是有可能的，但是若想将一双"草鞋"通过这种方式擦成"皮鞋"，或是将一双"旧鞋"擦成"新鞋"，则是不太现实的。按此说法，咨询顾问必须选择有潜质的企业作为咨询对象，那种自以为能解决企业所有管理问题的咨询顾问，最终出现咨询失效也将是必然的。某些管理咨询公司在宣传广告中声称，曾为许多著名企业做过管理咨询，对此企业心中应该清楚，其逻辑关系更可能是，由于这些著名企业本身的心态比较开放，听得进各种有益的建议而最终获得成功，绝不是仅仅因为咨询公司的帮助就变得非常成功。

二是挖宝人。将战略咨询顾问比成"挖宝人",要求咨询顾问不只是简单的"擦鞋匠",而且还应是鞋子价值的"发现者"。这意味着,尽管咨询顾问不能将"草鞋"擦成"皮鞋""旧鞋"擦成"新鞋",但可以告诉被咨询企业,"草鞋"派什么用场更好,"旧鞋"坏了可以补,以此发现或提升被咨询企业的潜在价值。在这里,被咨询企业主要是因为受困于日常经营事务,无暇做客观系统的思考,才变成当局者迷,所以需要请外部咨询公司帮忙。而咨询顾问凭借自身的知识与经验积累,通过广泛借鉴外部信息,有可能拓宽被咨询企业的战略经营思路。

三是助动者。将战略咨询顾问比成"助动者",要求咨询公司能对被咨询企业起到"催化剂"的作用。这意味着,借助于优秀咨询公司的中介沟通,有可能消除存在于被咨询企业内部人员之间的成见与摩擦,从而就企业未来该如何发展达成共识,形成合力。这方面的作用主要表现在:外部咨询者进行企业相关人员的访谈时,相关人员没有面对内部人交流时那么多的顾虑;利用咨询公司的权威形象,更易使企业内部就有争议的问题达成共识;在面对内部分歧意见决策困难时,由咨询公司来提建议,可以降低企业内部关键决策者的个人压力,从而推动决策的进行。

正是基于以上讨论,企业若想请咨询公司帮助,必须清楚自己到底缺的是什么,是"擦鞋匠""挖宝人",还是"助动者"?无论需要哪种类型的咨询服务,都必须建立在咨询公司与被咨询企业之间相互尊重、充分沟通的基础上。对于咨询公司所提出的建议,应该秉承这样的优劣判定原则:一个好的方案应该能使企业人员一看就清楚、一听就明白、容易操作并能取得实效。从满足被咨询企业的需要的角度看,一个最终不能解决企业问题的管理咨询方案,无论其原因是什么,甚至可能是由于企业不能或不愿实施,都不能称其为一个合格的方案。一个好的方案绝不像有些无良的咨询公司"忽悠"人时所说的那样,方案是先进的,符合国际水准,只是因为被咨询企业水平不够,结果无法落地实施并见成效。

事实上,对咨询者来说,其价值的真正体现,应该在于协助咨询对象企业解决战略构想与实施问题。必须明确,战略咨询并不等同于追求短期盈利的一时之"策划",它需要的是一步一个脚印的长期努力,这是一种企业内功的修炼过程。为此,对从事战略研究的高校教师来说,在选择咨询对象时,必须注意双方经营理念上的共识,不要为项目而项目,在双方观念差异较大的情况下,即使双方勉强签约,在此后的整个战略咨询过程中,也仍然会遇到相互之间观念冲突、难以磨合的问题,从而使自己陷入进退两难的困境。在此,依据作者的个人经验,特提出以下几条战略咨询项目的承接准则,以供借鉴参考。

第一，接受正当委托，在符合国家有关规定及法律要求的范围内，考虑协助企业进行战略构想。特别是作为高校教师，自身需具有自我超越精神，在承接项目时不以经济利益为唯一标准，贯彻学术价值与应用价值并重的原则。有学术价值的项目，若估计双方能合作愉快，并产生预期成果，则可以少算些经济账；没有学术价值的项目，如果双方很难合作，结果并不一定理想，则即使经济上合算也不干。一旦接受企业委托，必须注意保守企业秘密，严禁妄议企业事务；战略咨询绝不是已有模式的简单移植，咨询者须加强创新研究，注意不断自我超越。长此以往，才有可能树立良好的个人战略咨询声誉。

第二，咨询收费标准，须以双方就战略咨询作用达成的共识为依据。必须看到，战略咨询如果得不到企业高层领导的参与及支持，是不可能完成的，这意味着收费水平至少应达到能引起企业领导重视的程度。同时为防止企业领导对战略咨询存有不切实际的想法，如希望通过战略咨询，使企业产品的销售额迅速地翻两番等，咨询收费水平不能太高，以免由此带来企业内部人员的过高期望，从而引发对战略方案评价的逆反心理，总觉得战略咨询尚未达成预想的要求，结果给战略咨询工作造成人为的心理认同障碍。因此，最终咨询收费标准的确定，应建立在被咨询者与咨询研究者相互信任的基础上，以双方能相互理解，就咨询的真正作用达成共识为前提。

第三，对企业来说，在战略咨询收费标准的确定上，一方面，需考虑企业自身的需要与可能，另一方面，必须看到，其关键在于如何认定咨询活动的价值，而不仅仅是价格的争议。收费低廉但是无用的咨询，实际上不仅浪费了钱，而且还浪费了企业上下配合咨询访谈等的精力；而收费很高但是有用的咨询，若能帮助企业创造更大的价值，也仍然是值得的。对咨询者来说，考虑到战略咨询的价值，不仅体现在研究报告上，更体现在双方良性互动的交谈过程中。战略咨询作为一种知识性产品，尽管其价值的最终判断在企业，但同时需看到其价值的实现又与企业自身的努力程度密不可分。有鉴于此，为了保证战略咨询能得到被咨询企业的充分配合与支持，从培养回头与引荐型顾客群，以积累咨询者自身的口碑信誉的角度考虑，一般不宜承接这样一些情况下企业所委托的战略咨询项目，如企业核心领导不重视而由一般领导提出搞战略，企业高层处于群龙无首的状态，企业内部人际关系复杂，企业领导任期很短无法考虑长期问题。

B.4 战略咨询报告撰写

战略咨询报告作为战略咨询的最终成果，既是被咨询企业评价咨询者工作成效的主要依据，也是咨询者建立自己品牌形象的主要手段。尽管从咨询者的角度出发，报告最好能体现严谨、翔实、规范的原则，但从使用者的角度考虑，报告最好能采用简洁、实用、权变、高效、创新的原则。至少对战略报告而言，应该充分体现量身定做的思想，如果能尽量采取企业内部流行的文体来表达，就可提高战略报告的亲和力、可接受性。一个良好的战略报告，在企业有关领导看了以后，最好是说："这些我们早就知道了，为什么还没有行动呢？"如果他们说："我们从来不知道有这么一回事。"那可能意味着这一战略咨询报告离真正的付诸实施还比较远。这一点也正是管理大师德鲁克奉行的，他利用人们"素来知道"的东西，在赋予它们新的含义后，再把它们以可用的方式还给人们，使人们突然惊悟管理的意义。[1]

战略咨询报告的最终价值，必须体现在企业认可的战略构想与方案上。为此，作为一种沟通手段，希望最终完成的战略咨询报告能抓住关键，使一般管理人员很容易理解、掌握并付诸行动。如果写出的战略报告专业术语连篇，洋洋洒洒多达几十万字、数百页，甚至连专门搞战略研究的学者都难以完全读懂，则可以认为这种报告是无用的报告。这种报告对实践工作者来说，看了就会头皮发胀，也不可能有时间去读懂、读透、消化、理解，从而也就更谈不上真正的实施了。为此，建议战略报告采用幻灯片的形式呈现，文字简约、重点突出，每页幻灯片写清楚一个主题，这样既有利于报告使用者的宣传贯彻，也有利于报告的不断修改、完善。

从一个完整的战略咨询项目报告来看，通常需要包括这样一些内容：封面、项目说明（项目背景、运作过程、所得结论、致谢、完稿日期）、目录、项目报告正文。对于一些比较大的战略咨询项目，考虑到整个报告全文太长、太复杂，不利于企业主要领导快速阅读与了解大概情况，通常还需在完整的报告之外，再另行制作一个类似报告纲要性质的缩写本。以下就是关于战略咨询报告正文撰写的基本过程（见图 B-1）与内容格式的大致参考框架。

第一部分：基本情况简介。简要说明那些与后面所要论述的问题特别相关的背景信息，如被咨询企业的历史演变过程、业务现状与发展构想等。

第二部分：生存发展基础。着重论证被咨询企业各项业务发展的战略"三假设"，如服务对象，即顾客分布情况等；企业特长，即经营优势与实力情况等；制约因素，即影响企业优势建立与保持的瓶颈因素等。

第三部分：企业定位论证。通过与企业高层领导的反复交流，明确企业做事与做人的总体定位与具体目标，以此作为指导企业战略选择的重要依据。

第四部分：发展战略选择。在发展战略上，无论何种企业，实际上都会面临持续经营优势构建、业务演化路径选择、竞合互动关系处理这样几个方面的问题。而从操作上看，这几个方面的战略选择最终都反映在对于战略中心命题的回答上，并进而体现在以下几个决策层面：一是企业实力建设，即需要考虑如何完善主业、实现精专提升、加强风险控制的问题；二是纵向整合考虑，即如何有效地处理一业为主、前后向整合与相关拓展之间的关系问题；三是横向拓展分析，即需要探讨资本经营、横向整合、多元发展等不同发展形式，从中选择合适的发展途径；四是经营模式构建，作为业务发展、管理控制、互惠关系的综合考虑，需要关注分工合作、管控高效、关系融洽的运行机制的构建。

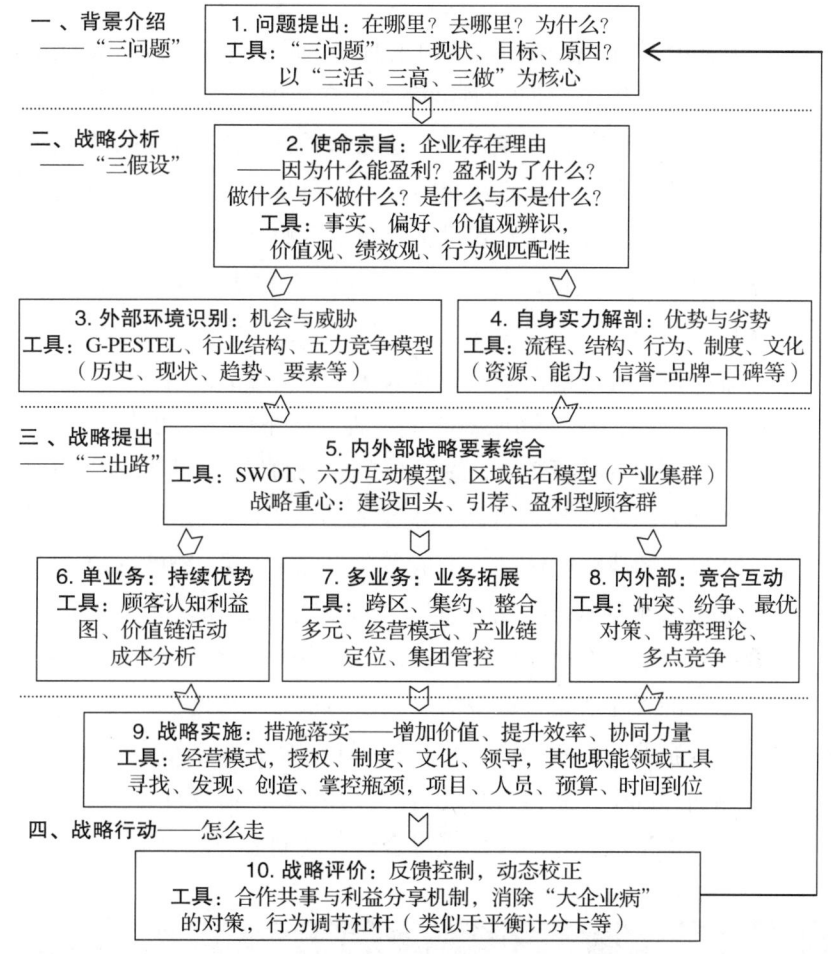

图 B-1　战略咨询报告形成过程

第五部分：战略变革措施。从企业资源、结构、制度、文化四层次出发，考虑提出战略变革措施，阐明进行企业内外部的市场、管理、资源整合的对策。

当然，关于战略咨询报告，以上提及的内容格式与图 B-1 描述的过程都只是形式，就其本质而言，每个企业的战略"三假设"都是不同的，其所面临的战略问题重点也是有差别的，好的战略咨询报告应该能反映这种差别，将精力集中于各企业最重要而又亟须解决的问题，给出有针对性的建议。此外，还必须说明，对战略咨询来说，尽管最终完成一份书面报告似乎必不可少，但实际上，更需引起重视的应该是战略咨询的整个互动过程。在战略咨询过程中，咨询者与被咨询者的双向沟通、相互激发，可以产生许多有创意的想法，有助于消除许多原先存在于企业领导与员工心中的疑虑，提升人们战略实施的主动性与创造性。从这个角度看，战略咨询者必须注意运用建设性沟通原理，掌握有关积极的心理暗示技巧，以营造双方良性互动的愉快氛围，为战略方案的构建以及其后的组织实施打下良好的基础。企业领导也应看到这一点，积极做好内部上下沟通工作，以便就战略变革达成共识，推动战略的真正实施。

具体就咨询报告怎么写的风格而言，需根据由谁写和为谁写的不同而略有差异。若由咨询公司出面写，完成的报告就必须强调战略分析框架的合理性、内在逻辑的严密性，通过充分说理，让被咨询企业的管理者认同与接受咨询建议。当然，此时递交的报告，在篇幅上必须要有一定的分量，这样会在无意中让阅读者觉得，其付出的费用更物有所值。若由公司自己组织人员写，则需要更多地利用内部资深员工的经验直觉，特别注意方案的可操作、可接受性，最好能达到这样的目标：报告简洁易懂，实施立竿见影，显然，这样做更容易得到内部各方面人员的认同，效率也更高些。

最后，战略管理是一个过程，而不是一个事件。从战略方案实施的角度看，咨询者必须清楚，这是一项长期的任务，如果企业自身不具备力量，要靠外部人员努力是不可能真正完成的。为此，在进行战略构想时，必须注意到，所提出的战略应该是一个依靠企业自身力量能顺利实施的战略，一个企业自身无法实施的战略实际上也是一个无用的战略。当然，企业的能力是动态变化的，通过咨询过程协助企业提高自身管理水平，使其具备自我发展能力，这也是咨询者在战略咨询中需要关注的重要工作之一。咨询者应有意识地通过与被咨询企业的有效沟通，将理论研究与实践紧密结合，在与企业合作解决实际问题的过程中，获得自身能力的提升，也只有这样，咨询者与被咨询企业之间才有可能形成真正的长期互惠合作、共同成长的关系。

资料来源及注释

[1] 塔兰特.杜鲁克：开创企业社会的人[M].美国驻华大使馆新闻文化出版处，1985：186.

附录 C　战略案例教学指南

C.1　战略课程教学缘起

企业战略以追求组织与个人"三活"为根本宗旨,希望通过"三高"修炼,解决"三做"决策问题。其教学与研究,必然体现跨职能、全方位、有机综合、过程管理的特点,需要关注学员把握全局、思维创新的整体管理知识、素质与技能的培养,对此,西方发达国家的商学院已经进行了较长时间的探索。早在 1911 年,哈佛商学院就开设了以培养学生高层管理能力为主要目标的经营政策课程。[1] 20 世纪 50 年代,福特基金会(Ford Foundation)与卡耐基公司(Carnegie Corporation)曾资助进行商学院的课程设置情况调查,结果得到的 Gordon-Howell 报告建议,美国各商学院应拓宽管理教育的知识面,开设一门经营政策方面的综合性课程,"为学生提供机会,将所有已学的相互割裂的职能经营领域管理知识综合起来,以用于复杂的现实经营问题的分析",培养学生在更广泛的经营领域中识别、分析、解决实际问题的能力。[2] 这一建议受到了广泛重视,到了 20 世纪 60 年代末,美国的绝大多数商学院都开设了经营政策之类的课程。

20 世纪 70 年代初,据当时美国企业界的用人部门反馈,管理教育培养的学生,往往比较熟悉各管理职能领域的专门知识与技能,而对于如何将这些专门知识与技能进行融会贯通、综合运用,却缺乏充分的认识。这样,在处理涉及企业全局的管理问题时,易受比较狭窄的职能领域观点的局限,致使跨职能的管理沟通出现障碍,导致相互之间协调欠佳、合作困难,从而影响了企业整体业绩的提升。美国管理教育资格认证的权威组织——国际精英商学院协会

（AACSB）也认为，管理专业的学生应该对企业组织有总体的了解。AACSB通过对成员学校课程设置的深入研究发现，管理专业的毕业生缺乏更为广泛的从整体上把握企业的观察力，还有许多成员学校缺乏以讲述企业组织总体的跨职能领域问题为重点的课程。为此，在其管理教育资格认证标准中正式提出要求，在管理类教学中，不论学生所学的具体专业是什么，在其所学课程中都必须包括一门经营政策与战略这样的综合性课程，以帮助学生将所学到的各管理职能领域的知识系统化，使毕业生建立起以前所缺乏的企业整体观念。[3]

20世纪80年代以来，随着人们对于管理教育与管理实践认识的加深，企业战略管理领域的研究逐渐呈现理论思想丛林发展的趋势，其内容涵盖了社会责任、企业伦理、动态环境、非营利组织、全球化经营等热点论题。作为一门课程，此时的"经营政策"所涉及的内容，已不再局限于传统的战略形成范畴，也不只是简单地关注机会、威胁、优势、劣势（SWOT）分析，而是拓展到了战略形成、实施、评价与控制等整个过程，更多地从企业整体的生存发展角度出发，关注综合管理决策与行动问题。也正因为如此，在课程及教材的名称上，有更多的学者开始采用含义更具包容性的"战略管理"来代替原先较为受限的"经营政策"。

20世纪80年代末至90年代初，伴随着国际上战略研究的深入与我国管理实践的推进，为满足市场上逐渐兴起的对于战略管理的需求，在我国，先是出现了一些有关企业战略方面的译著，接着有高校教师开始讲授"企业战略管理"之类的课程，并着手编写自己的教材。进入21世纪以后，企业战略差不多成为管理学界的"显学"，市场上充斥着各类以战略或相关论题为名的原版、译著以及中文专著，各种期刊上刊登了大量有关战略的学院派或实战派的文章。当然，伴随着该领域的著作、文章绝对数量的不断繁荣，是否真正带来了研究水平与实战能力的提升？会不会出现如钱锺书所说的"朝市之显学必成俗学"的情况？这是当前我国战略研究者所面临的最大挑战。当然，与战略课程内涵演变相对应的，是关于课程教学方式的争议。战略课程的教学，大量使用案例，必然涉及为什么要使用案例、如何选择案例、怎样处理案例教学与理论教学的关系等问题的思考。

第一，关于为什么要使用案例，主要是由于战略管理作为一种实践，其中存在的许多带有艺术与操作的成分，不通过案例形式就无法表达清楚。但这种说法，到底是由管理学科的本质特点所决定，还是由管理学科的积淀太浅所造成，目前似乎还无定论。考察早期出版的战略教材，如哈佛商学院的 *Business Policy*，可以发现全书几乎全是案例；[4] 而从近期的战略论著看，如明茨伯格等人的 *Strategy Safari*，可以发现其中不乏多学科综合的理论沉积。[5] 当然，如果由此就贸然得出结论，认为使用案例教学只是由于学科发展不完善所引起的，可能会显得太过草率，毕竟有些管理实践能力的培养，是离不开案例研讨这种模拟演练方式的，这正如人们不可能仅仅通过阅读各种详细的操作手册就可学会驾车、游泳等技能一样。

但是，在此必须指出，战略管理的案例教学也有其局限性，这是由传统案例教学所隐含的前提假设所决定的。通常认为，通过大量的案例讨论可以迅速帮助学员成长，使其今后在实践中遭遇类似困境时，可以做到像有经验的经理那样行事。但这一假设是有前提的，即"类似案例中的情况，在未来会再次出现"，而这显然是靠不住的。一方面，案例不可能穷尽产业环境的所有情形；另一方面，新出现的产业会突破原有产业的发展定式。所以，现代案例教学更强调通过案例讨论，培养学员解决问题的思路、方法与技巧。但即使如此，也仍需看到，案例教学并不能完全取代理论教学，这两者存在着相辅相成的作用。如果教师在组织教学的过程中能注意加强学员之间的交流，促进共同提高，培养学员的组织学习能力，则案例教学所提供的过程体验本身就极具价值。

第二，就可供战略课程选择的案例而言，至少存在着这样两种典型的风格：一是哈佛式的冗长而细节俱全的案例，二是德鲁克所倡导的短小精悍的案例。哈佛式的案例非常注重为学员提供大量的原始资料，并以此作为分析的基础，这使得案例分析成为一项异常艰苦的工作；而德鲁克式的案例十分强调企业经营管理中的人性因素，要求人们超越事物的细枝末节和数据表象，去发现解决各类问题的一般性原则。从教学的组织来看，哈佛式的长案例也存在着问题，如不利于学员掌握要点，无助于教师的备课，甚至还需要去哈佛商学院接受专门的特别培训，才能把握好哈佛式案例教学的特点。当然，这可能也只是哈佛商学院为进行其案例的市场推广而使用的一种技巧。

问题的关键还在于，哈佛式的案例这种人为增加的复杂性，与学员今后实际工作时可能面临的决策环境与决策情形并不相符。对此，可做一个形象的比喻，提供冗长而复杂的案例背景，要求学员在很短的时间内迅速熟悉案例并开展深入分析，就如要求学员在一个陌生的书库中很快找到一本含有某段文字的藏书，显然这是十分困难的。但如果要求他在自己的书房里找到某本书中的一段话，相对来说就容易得多。那么，这种花在陌生书库中找书的时间代价，最终对学生来说是否绝对必要呢？实际上可能太过浪费。必须看到，学员解决实际企业战略问题时，所面临的只是从自己书房中找书的情形，也就是至少会在对企业内外部环境有所了解的基础上进行，而绝对不会一下子就去处理一个非常复杂、谁也不知道的问题。

不能否认，哈佛式的案例与德鲁克式的案例各有所长。哈佛式的案例资料完备，可以为学员提供一个企业实际经营状况的全貌，有助于培养和锻炼学员从复杂的背景资料和纷乱的信息中抓住主要矛盾，把握关键要素，从而有效地解决实际问题的能力。德鲁克式的案例往往撷取的是企业全貌的缩影或某个侧面的情况，这既为学员了解企业实际经营管理情况提供了机会，又可以使他们在较短的时间内接触更多、更广泛的案例，提高对于各类案例的适应能力，免使他们陷入繁杂的数据资料之中而不知所措，从而能更快地抓住问题的实质，通过案例分析从多个侧面掌握战略管理的基本原理、技能与方法，最后达到融会贯通、举一反三之目的。[6]

第三，就案例教学与理论教学的关系而言，理论教学为案例教学提供了分析的基础和框架，而案例教学有助于加深对于理论教学内容的理解。在具体教学中，存在着这样三种处理方式：一是讲授部分理论概念，利用这些概念分析几个案例，接着再讲授部分理论概念，并据此再分析几个案例；二是先分析几个案例，使学员获得企业经营管理实践的感性认识，再回过头来讲授部分与此案例分析有关，甚至是从中提炼出来的理论概念，也就是遵循案例、理论、再案例、再理论的做法；三是先讲授完课程的所有理论内容，接着再将剩下的时间全部用于案例分析。也许更好的情况是，利用案例与理论教学的不同特点，使这两者形成相互补充的关系。例如，有些内容更适合理论阐述，有些内容更适合案例教学，各取其最佳形式进行组合；还有通过案例教学的过程参与体验，直接使学生掌握分析问题的思路与方法。

总之，战略管理案例教学，可以灵活采用哈佛式或德鲁克式的两类不同的案例，适当安排理论教学与案例教学的关系，不存在统一的模式与最佳的方法。在此，教师也需要有一点顾客导向的思想，要以教学效果得到绝大部分学生的认可为目标。至于具体做法，应贯彻"人所欲"与"己所欲"相结合的原则，每位教师可根据自己的个性特点、讲课偏好与学员情况，确定自认为最恰当的方式。对学员来说，学会欣赏多样化的不同风格老师的讲课方式，从中吸取对自己有用的东西，可以避免因受风格统一的标准化教学的影响可能产生的思维定式情况。当然，无论采取什么做法进行案例教学，都必须重视教学过程的组织实施工作，根据实施情况有针对性地对教学进行检查与考核，充分发挥教师的组织、引导作用，激发学员的主动参与、积极投入精神。否则，将不可能实现预期的教学目标，从而也达不成预期的教学效果。

C.2 案例教学组织实施

做好案例教学过程的组织实施，主要需解决这样几个问题：一是如何对学员进行分组；二是如何安排分组讨论；三是如何活跃课内的发言气氛；四是对本书的教学而言，需要考虑附录D中案例的选取与教学内容的适当匹配。

第一，学员分组。为了便于案例讨论的组织，可将学员分成多个小组。通常来说，一个小组的成员以 5～7 人为宜，人数太多会减少每个人发言的机会，从而不利于思想的充分交流；人数太少则可能形成不了讨论气氛，不利于集思广益。小组成员的构成最好多元化些，注意尽量不要将有相同背景或来自相同单位的人员分在同一小组内，以促进小组成员之间的经验分享与互补交流。此外，对于脱产学习的学员，可以采取固定分组的方式；而对于在职学员，考虑到来源分散，可以采取动态分组的做法，也就是根据每次上课时座位相近的原则分组。采用按座位相邻原则随机分组的做法，有一个附带的好处，就是在缺乏专用案例讨论室的情况下，即使所有学生都只能集中在一个教室里，仅需让左右相邻与前后相近的人聚到一起，就可作为一个小组展开案例讨论。当然，还有一种做法，就是根据上课教室的座位布局，事先给每位学员按小组顺序排定座位，要求在整门课的上课期间，一直按此座次就座。这样做的好处是，在班级人数较多时，有利于老师迅速定位与熟悉学员，根据座位了解学员的出席情况，有针对性地安排课内发言。可能潜在的问题是，由于限制了学员在上课期间的自由就座，实际上也相对减少了学员在分组讨论中接触更多同学并与其交流的机会。

第二，分组讨论。采取固定分组的脱产学员，可以要求课内讨论前先预习案例，并组织一次课外预讨论。对于动态分组的在职学员，基本上不可能事先组织课外讨论，尽管也可以要求课内讨论前预习案例，但考虑到受各人平常工作任务负担不同的影响，总有些人无法安排时间事先预习，所以建议在实际课内讨论前，给所有学员留出一定的案例预习时间，而为了尽量缩短这些预习可能占用的时间，此时最好采用德鲁克式的短案例。此外，为了保证各小组讨论的质量，每个小组均应确定一名比较热心负责的同学作为协调人，由其召集并组织小组的讨论，共同推选每次讨论的小组发言代表。小组发言代表的职责在于，根据小组学员对于案例的课内或课外讨论情况，准备案例讨论的小组汇报提纲，并在课内做全班交流发言。这里需要特别说明，案例讨论的发言代表，应该由不同的学员轮流担任，以确保有尽可能多的学员参与课内交流发言；每次的发言代表最好是对案例背景较为熟悉的学员，这样可在课内交流中为整个班级提供更多的经过实践考验过的经验分享与精彩思路。

第三，课内发言。案例讨论效果的好坏，关键在于课内发言的组织。由于课堂讨论的效果会随发言人数的增加而提高，教师可以采取要求组长在课堂内汇报小组讨论情况、让学员自愿举手发言或随机抽查学员发言等多种形式，促使学员积极参与讨论，锻炼学员的口头表达与随机应变能力。为了活跃案例讨论的课堂气氛，防止出现有的学员发言特别多，有的学员发言特别少的情况，需特别注意增强平常发言不够大胆的那部分学员的发言勇气和信心。建议采取这样的做法：在每次提出问题，准备自愿或抽查发言前，先给学员留出几分钟的思路酝酿或相互议论的时间，以使大家心中有所准备。作者的教学经验表明，正是有了这样的短暂思考准备，即使平时不敢或不太愿意发言的学员，也能比较从容地开口发言，从而在发言中锻炼与提升了自己的口头表达能力。当然，讨论的热烈程度有时还与案例所提出的问题是否适当、能否唤起学员的兴趣相关，因此，对于案例的提问，教师应事先做精心准备。

为了提高整个班级学员之间交流发言的效果，促进讨论的良性互动，教师需有意识地提醒学员，注意学习如何进行建设性沟通。这需要把握以下几个方面的沟通要点：一是不要批评指责别人的发言，只提出自己更好的建议；二是尽量对事不对人，就前提假设而不就结论本身提出看法；三是分析中不要采取简单的对与错的二分法，要通过改变假设，发现与吸取别人观点中的合理成分。对每个学员来说，均需加强自我约束，不要试图以个人观点控制全班的交流讨论，要给他人留有充分表达自己观点的机会，学会在相互交流、观察倾听中提升自己。如果班里存在个别学员总抢着发言的情况，建议任课教师采取指定学员而不是自愿举手的发言方式。为了更好地吸引听众的注意力，每个学员发言时，要求直接切入主题，既不要死记硬背、照本宣科，也不要海阔天空、胡吹乱侃，最好准备一个发言提纲，写下发言要点。

第四，具体地就本书附录 D 中的六个案例而言，从作者写作的角度考虑，其与课程内容有着一定的匹配关系。亚德公司的案例配合第 1 章的教学，着重关注公司发展目标与瓶颈制约问题，例如，想不想、该不该、能不能做大？做大的瓶颈是什么？如果这一瓶颈就是创业者本身的管理能力，可采取什么措施？也许关键就在于管理者的自我修炼，以便具有管理更大公司的能力，或者通过经营模式的转换，做到公司人员规模基本不变而业务做大。智仪公司的案例配合第 2 章的教学，关注公司整体优势能否分拆、如何传承的问题。此时，如果相关主体缺乏对于企业定位所涉的事实规律与价值观念的认同、协调甚至相互谦让，将不可能有效地解决由权力交接、角色转换所引发的情感、理智、体验等方面的矛盾冲突，纵使公司的产权清晰也无济于事。商城公司的案例配合第 3～5 章的教学，着重讨论区域钻石模型与企业优势/实力的关系，试图阐明产业集群对于单一企业经营的作用以及其中所潜在的集群升级问题，说明企业的经营优势可能源自企业所在外部环境。络绎控股的案例配合第 6 章的教学，重点讨论企业做大后所面临的各种矛盾冲突与管理协调难题。思盟集团的案例配合第 7 章的教学，重点探讨同行企业之间存在着跨期多点市场交锋的情况下，如何增强自身市场力量，引导行业良性循环，走出恶性竞争的误区，或者做到"胜敌而益强"。松泉医院的案例配合本书第 4 篇的教学，说明对任何一个组织来说，需要根据其自身组织的特点，明确其所应该追求的目标或成果到底是什么，否则员工行为将无从聚焦，其整体战略的制定及实施行动的协调更无从谈起。

C.3 案例教学效果调控

案例教学效果的调控，主要涉及两个方面的因素：一是就学员所扮演的角色而言，关键在于如何调动学员的学习积极性，也就是根据学员的讨论参与以及学习掌握情况，对其进行适当的评分；二是就教学活动而言，关键在于如何促使案例教学各项活动的正常开展，以使学员在过程体验与内容学习中，得到实际工作能力的提升。

第一，为使讨论有人负责，需在小组协调人的组织下，对每次讨论指定小组发言代表；为使小组成员配合发言代表，发言代表可让小组成员轮流担任；为使小组成员关心并积极参与小组讨论，在进行班级交流发言时，要在各小组之间形成一定的竞争压力。为此，在评价考核中，可以采取这样的做法，对于小组发言代表，要求在组织案例讨论时，准备好课内发言汇报提纲，提纲需要包括小组成员名单、发言内容提要等。教师根据小组代表的口头汇报与书面提纲，对各小组进行评分，这一评分将影响小组所有成员的成绩，以此促使小组成员积极配合、主动协助发言代表准备发言提纲，发言代表为对小组成绩负责，想方设法主持好小组的案例讨论，写好发言提纲。

在有可能安排课外讨论的情况下，还可以对小组的每一成员提出具体要求，如在课前准备好案例分析发言提纲，在课内讨论中，通过随机抽查各人的案例分析发言，以此作为个人平时成绩的一部分。这样做，既有助于提高学员对于课外、课内讨论的参与度，又可促使学员上课时集中注意力。同时，由于发言有准备，可使每个学员做到言之有物，从而提高课内案例讨论的效率与效果。对于各小组之间的关系，可依据各小组发言代表的发言和小组成员参与的辩论，最后评定各小组的相对成绩，以此强化课内讨论中各小组的团队意识，增强集体责任感，促使各小组的学员在小组讨论及全班交流中积极发言，从多个角度对小组的观点进行补充，以使案例所涉问题得到更为全面、充分的阐述与论证。

在具体操作上，对于采用课内讨论的案例，可在小组讨论结束后，紧接着安排课内交流发言；而对于采用课外预先讨论的案例，建议在开始课内的小组代表及个人发言前，先分组稍微预习一下，以便让所有的学员重新熟悉案例情况，进入准备讨论的状态。这样，无论是原来就善于表达、乐于发言的学员，还是相对来说平常显得有点不善言辞、怯于正式发言的学员，因为有了书面提纲、思路预演等充分准备，均可做到有信心和勇气而大胆发言，从而保证了绝大多数学员的参与，有助于课堂讨论气氛的活跃。这也从根本上防止了课内讨论可能出现的尴尬情形，例如，要么大家毫无准备胡乱发言；要么极度冷场几乎没有人发言；要么只是少数几位能言善辩、有急智的学员在发言，其他学员保持静默，成为案例讨论的局外人。

第二，就教学活动而言，对于案例教学可以分为案例讨论组织、案例分析报告撰写、全班课内发言交流等，这其中的每一项活动都有着特定的教学目的，可以采取相应的控制措施。进行案例分组讨论，要求小组代表记录小组讨论中各成员的发言情况，可以促使学员事先认真阅读案例资料，积极参与小组内的案例讨论；撰写案例分析报告，有助于培养学员的知识综合运用与书面表达能力；教师在课内随机抽查各学员的发言情况，并据此记录平时成绩，有助于提高学员对于讨论的参与度，锻炼学员的口头表达与思辨能力。

参加小组讨论，可使学员掌握人际沟通与相互激发的技巧，学会利用小组的集体智慧，更有效地解决案例所提出的问题；通过发言汇报提纲的撰写，可促使学员做好课前准备，锻炼文字组织与表达能力，增强从纷杂的案例表象中抓关键要素与弄清问题实质的本领。在这里，由学员自行组织小组案例讨论，有助于锻炼学员的会议组织与时间管理等小组活动技巧；课内理论讲授与案例讨论相结合，有助于促进理论与实际的紧密结合；课堂讨论的随机抽查会产生紧张感，有助于拓宽学员的思路，促进想象力和创造力的发挥；教师对课内讨论只起引导作用，重在弄清分析的思路与前提，而不对有关问题做结论性的评价，有助于学员更自由地表达和交流各自的观点。

综上所述，搞好战略管理案例教学的关键在于，处理好理论教学与案例教学的关系，组织好案例的课外或课内讨论，运用适当方法对教学对象与有关活动加以调控。案例教学的目标在于，使学员在过程体验中掌握群体讨论的组织技巧，提升分析与解决实际管理问题的能力。对教学活动过程与活动效果进行检查和考核，只是加强案例教学效果控制，实现最终教学目标的手段，应该认识到，在实际操作中，往往是你"检查和考核什么，最后就能得到什么"，从这一最基本的管理原理可以看出，检查和考核教学效果的关键在于检查和考核的标准与方式的确定，因此，为了保证取得满意的教学效果，教师必须事先对此慎加考虑。

C.4 案例教学成功关键

就战略课程的案例教学而言，其成功的关键在于以下几点。第一，在指导思想上，必须保持开放心态。应该看到，对于同一战略问题，在不同的情形下，可能存在着不同的解答。若在案例讨论前，教师心中预设了标准答案，则在无意中就会将学员提出的不同看法当成错误的结论来加以评述。这样，学员很快就会看出，教师让大家进行建设性发言是假，想论证心中早就存在的答案是真，从而在自己有不同看法时，也不再积极发言，以免自讨没趣找批评，而是等着听教师谈结论。许多情况下，案例教学的课内讨论气氛不活跃，其问题的关键就在于，教师自己放不下面子，心中存有成见，总想为学员提供最终的标准答案。这样做，一方面，无形之中增加了自己组织案例讨论的压力，因为教师一人的思考怎么也比不上全班学员的共同思考，更何况参加战略课程学习的许多人，本来就是富有实战经验的管理者；另一方面，无意中制约了学员思想的自由表达。实际上，在战略案例讨论，甚至整个课程教学中，教师最应该扮演的角色是苏格拉底所说的思想的"催产婆"，而不是人们通常所认为的以"传道、授业、解惑"为己任的"教师爷"。

第二，课堂讨论的气氛如果不活跃，教师必须先从自身找原因，而不要主观地认为这些学员没有想法，希望自己多讲点儿，结果使得学员更没时间发言，也更不愿意发言，客观上造成了信啥有啥的"自我实现预言"的效果。活跃讨论气氛，必须注意将学员从"要我学"变成"我要学"，关键在于激发学员的参与精神。教师可以更多地采用带有正面暗示与激励作用的启发语，例如，对于学员所谈的看法，如果认为很有见地，可以做这样的回应："说得好！还有什么其他建议？"如果认为存在问题，可以做这样的回答："这个观点很特别，你是从什么角度出发得出结论的？"千万不要简单随意地做出武断回应："你的说法不对！"应该说，战略课程案例教学中所使用的这种交流提问方式，也是需要学员细加体验和掌握的重要技巧之一。

第三，必须明确前面提到的对于案例教学效果的考核，对学员发言的成绩做记录，实际上只是一个手段，其目标在于促进大家积极参与讨论。要防止引导失当，结果出现矫枉过正的情况，也就是大家过分关注成绩，而因此忘记了案例讨论的本来目的。特别是在全体学员非常活跃，大家积极参与课内发言的情况下，教师也许不必再对每一位发言者记成绩。此时，教师即使记录课内发言的情况，其主要目的也只是记下到底谁发了言，以便安排不同的学员轮流发言，防止出现个别学员总是争先发言，从而出现客观上的"一言堂"。

第四，战略案例讨论可以综合运用所学的各种管理知识，而不只是局限于战略理论。战略案例教学的目的在于，增强学员解决实际战略问题的能力。从这一角度看，开展战略案例教学的最好做法，是促进学员将所学的战略理论知识直接运用到自身实践中去。因此，作为战略案例教学的延续，建议布置这样的课外作业，即学员结合课内理论教学内容，联系自身工作或生活实例，撰写1～2篇战略随笔，谈谈对整个课程教学的正面肯定或负面否定的看法，或者更进一步，结合课程进度，通过渐进的分析整理，最终完成一篇所在单位的战略咨询报告，在此过程中提升学员实际的战略制定与实施能力。对教师来说，若能视这类文章为学习提高的资料，注意从中吸收学员的实践经验，必将有助于改善自身的战略实践能力，积累鲜活的第一手战略教学素材。作者的经验表明，一般情况下，在职学员完成的此类作业中，至少有5%左右在经过跟踪调查、修改补充后，可以成为很好的战略案例素材。

第五，活跃课内气氛，应该贯穿于战略教学的全过程，而不仅仅限于课内的案例讨论。战略需要思维创新，在很多情况下，促进学员之间相互学习、交流提高，要比教师单向的知识传授重要得多。因此，战略教学特别需要强调学员的过程参与，这就是从传统的以教师为中心，向以学员为中心转变，将学员看成是顾客、朋友与伙伴，教中学、学中教，实现教与学的共同提高。要达成参与式教学的相互学习的目标，必须避免出现有些人只说不听，还有些人只听不说，要营造人人敢说、能说、有话说的气氛。在这里，教师要特别注意自己授课的艺术，更多地采用苏格拉底的反诘法，以此激发学员的参与热情，做好课内讨论的组织引导工作，使学员在发言上真正做到"有准备、无定式；少批评、多建设；拓视野、消成见。"

资料来源及注释

[1] CHRISTENSEN C R, ANDREWS K R, BOWER J L, et al. Business policy: text and cases [M]. IRWIN R D, Inc.,1982: XI.

[2] WHEELEN T L, HUNGER J D. Strategic management and business policy [M]. Addison-Wesley Publishing Company, Inc., 1983: 3-4；CERTO S C, PETER J P. Strategic management: concepts and applications [M]. Random House, Inc., 1988: 4-5.

[3] DITTRICH J E. The general manager and strategy foundation [M]. John Wiley & Sons, Inc., 1988: 2.

[4] CHRISTENSEN C R, ANDREWS K R, BOWER J L, et al. Business policy: text and cases [M]. Richard D.Irwin, Inc., 1982.

[5] MINTZBERG H, AHLSTRAND B, LAMPEL J. Strategy safari: a guided tour through the wilds of strategic management [M]. Free Press, 1998.

[6] 塔兰特.杜鲁克：开创企业社会的人 [M]. 美国驻华大使馆新闻文化出版处，1985：188.

附录 D　战略教学案例六则

说明：本附录中所有案例的基本素材，主要源自作者的战略咨询实践，其中所描述的背景信息，都是基于真实企业的情况提炼而成的。这里需要说明，所有的案例都是专为教学需要而写，作者无意对有关当事人的言行做是非优劣的主观评判，案例所涉及的地名、厂名、人名及相关数据等，均已做技术性处理，如有相符纯属巧合。案例的整理编写，还参阅了报刊文献及相关企业的介绍资料，出于对事不对人的考虑，除其中已注明出处的外，恕不在本书中逐一详列。

D.1　亚德公司创业管理

亚德公司为民营高科技股份制企业。该公司的董事长兼总经理陈健，毕业于师范大学物理系，曾担任过数年的中学教师，参加过校办工厂的经营。陈健在对经商有了一些感性认识后，于而立之年辞职，自己下海办起了企业。当初，与陈健一起创办企业的还有他的朋友张明、李俊，张明为陈健的大学同班同学，也是中学教师，而李俊则为陈健的高中同学。尽管当时企业实际投入运作的 5 000 元资金全部都是由陈健个人借款筹得的，但是三人口头商定的结果是，陈健、张明、李俊各占 50%、30%、20% 的股份。

创业初期，企业由陈健任经理，负责全面工作；张明作为技术主管，负责技术与生产事宜；李俊为营销主管，负责产品销售事宜。企业经营的业务主要就是工业生产用除尘仪的生产与销售。企业开办之初，陈健利用自己在大学所学的物理专业知识，在剖析市场中现有除尘仪的基础上，很快研制出了自己企业的产品，并申报获得了 5 项国家专利。同时，陈健还利用自己与张明曾担任过教师的优势，找来市场营销培训教材，采取为学员提供免费培训的方式，吸引了许多高中毕业生前来企业参加学习，最后从中择优录用了 15 名学员，作为企业生产与营销部门的新员工。

在企业开办的前几年，整个企业只有不到 20 人，创业者与员工经常聚集在一起，气氛轻松融洽，大家相互信赖，非常齐心团结。正是由于企业上下的和衷共济，陈健个人的企业家才能与营销天赋充分展现，再加上企业产品的技术性能优越，适销对路，使得企业的产品市场不断扩大，规模与利润迅速提升。到了第 5 年，企业的资产就超过了 3 000 万元，年销售额逾 5 000 万元，员工人数增加到了近 300 人，其中大学本科及研究生毕业的达到 50 人，营销业务员 95 人，企业按有关规定更名重新注册登记为现在的亚德公司。但是对公司总经理陈健来说，企业发展的喜悦并没有冲淡他对于公司未来发展的困惑，在此过程中他遇到了许多令其挠头的新问题。

最早的问题出现在公司重新注册登记前，当时担任企业技术副总的张明不辞而别，与他在社会上结识的朋友合伙开办了新企业，通过改头换面，移植在亚德公司积累获得的技术，生产与亚德公司直接竞争的产品。导致这种情况的起因在于，尽管创业初期，陈健与张明、李俊曾经达成关于公司股份分享比例的口头协议，但实际上由于陈健一心想着做大规模，从未真正关注过这一比例以及与此相关的股东参与决策、分红等权益的兑现问题。陈健理所当然地认为，做大公司也是张明、李俊的共同心愿；而张明、李俊则认为，陈健独揽公司的技术、生产、营销等大权，其夫人又一直担任公司的财务主管，加上当初的口头协议不等于正式法律文件，他们心中总是担心这些股权最终会变成永难兑现的空头支票。

正是由于这种双方内心深处看法的不同，再加上各自忙于所分管的不断发展壮大的公司业务，客观上减少了他们之间沟通交流的时间，致使张明产生了离开公司自己创业的想法。张明觉得，除尘仪产品的市场前景良好，自己掌握了关键的生产技术，市场营销可请人来做，与其再这样不明不白地干下去，还不如自己早点出去办企业。就这样，初始处于萌芽状态的离心想法，结果慢慢酿成了最后的真正分手行动。在张明不辞而别并开办了与亚德公司相竞争的企业后，陈健觉得大家朋友一场，还是好聚好散。为此，他主动找到了张明，与其达成正式协议，给了他 80 万元现金作为补偿，算是终止了以前口头达成的所有股份协议。通过这件事，张明对陈健有了更多的了解，感到陈健还是很有人情味的。

张明离开亚德公司，自己办企业，不到半年就由于经营不善出现了亏损。失败的惨痛教训使张明认识到，自己熟悉技术但并不具备对于企业的整体管理运作能力。后来，他找到了陈健，表示希望回到亚德公司工作。碍于过去双方的朋友交情，还有，公司也确实需要像张明这样有经验的技术人才，陈健接受了张明的请求。张明回到了新注册的亚德公司，只是他原先曾担任过的副总不能再当了。经过此事，陈健与张明尽管仍在同一个公司工作，但他们之间的关系却发生了微妙的变化。此外，作为公司营销副总的李俊，对于张明回公司一事，内心也产生了些许失衡——自己与张明一样，也是公司的创业"元老"，而张明仅仅因为一出一进，就比自己多得到了公司的80万元现金补偿，尽管说起来，今后自己也许能从公司得到远比张明高得多的回报，但这毕竟还是不确定的事情。

　　接着出现的问题是市场营销方面的。自创业以来，陈健一直非常重视产品的营销，亲自主抓市场的推广工作。随着公司规模的扩大，陈健的头衔从原来的经理变成了现在的总经理，他所直接管理的营销队伍人员从5人增加到近100人，这些人员广泛分布于公司设在全国各地的营销办事处。最近，陈健似乎突然发现，公司的营销人员有些散漫，对公司的一些做法有异议时，也不像从前那样直接找他本人进行沟通，而是常常采取背后议论的做法。在以前，这种情况几乎是不可能出现的。陈健好像感到自己正在慢慢失去对于市场营销的控制，逐渐脱离了公司产品的顾客，丧失了当初创业时所具有的那种对于顾客真实需求的市场直觉。

　　更为严重的是，面对不断增加的应收账款，最近公司开展了一次大范围的催收清理工作。结果发现有的外地营销办事处以及个别营销员明目张胆地违背公司的财务制度规定，私自截留公司产品的销售回款，进行体外循环——先从顾客那里将款收到自己手中，私底下挪用进行个人炒股、投资等，而对公司内部却声称应收款尚未收到。有许多名义上的逾期应收款，实际上已成为公司的坏账损失，就是由这些营销员的违规操作与投资失误造成的，更有甚者是由极个别营销员携款潜逃造成的。显然，如何加强财务管理与风险控制，管理日益扩大的营销队伍，已成为公司的一个重要课题。

　　更令陈健焦急的问题是公司人才紧缺。随着公司的发展，各方面的管理事务急剧增多，如市场布局及销售政策调整、生产规模扩大导致的厂房设备投资、新产品开发的组织与协同等，这其中的每一项都占用了陈健的大量精力，他觉得自己有点穷于应付，根本不像刚创业时那样游刃有余、自然洒脱。尽管与公司内其他人相比，陈健的营销业务做得非常优秀，但从内心深处看，他觉得自己更喜欢搞技术开发，无意中也因此在新产品的研制上投入了大量的精力。陈健曾对公司内负责新产品研发的高级工程师说，每每看着自己的创新设想最终变成一个个能满足市场需要的现实产品，心中总有说不出的快乐。

　　创业初期，陈健自己经常深入一线，直接从事产品销售工作，对顾客需求有深切的感受，再加上公司总共没有几位营销员，大家相互之间经常聚会，对市场的脉搏与节奏把握得非常准。现在随着公司的不断发展壮大，他总觉得有点高高在上，缺乏对顾客的直接了解。为了弥补这一缺陷，他想将分布于全国各办事处的负责人每月召回公司总部开一次碰头会，以便了解公司产品的市场竞争及顾客服务情况，但又觉得这样做可能会增加往返机票等支出，似乎成本太大，还不如目前这样每年只开一次公司的营销总结表彰会来得更经济可行。

他也想找个助手来全面负责公司的经营管理事宜，以便自己能集中精力做点自己喜欢的新产品开发工作，而且随着公司的发展，确实也非常需要进一步加大新产品的开发力度了，但仔细分析自己公司现有的人力资源状况，他又觉得目前根本没有可用之人。创业者中，张明作为一个曾经离开公司又回来的人，双方的相互信赖关系已遭破坏，不论其能力如何都难以再重用；李俊只有高中毕业文化，似乎难以担当有着高技术背景的公司的全面领导重任。

陈健也想从公司近年招聘来的大学本科毕业生及硕士研究生中挑选合适的人选加以培养，希望通过几年的实践锻炼与考察能找到合适的助手，但这又有点远水难解近渴。他还试图利用各类管理技法加速公司内部的人才培养，例如，前些日子，他参加了一个由境外机构举办的"管理培训营"活动，似乎看到了希望，回到公司后，马上运用刚学到的如何开展创造性讨论的方法，组织了一次中层干部参加的公司发展战略研讨会，只是结果令其非常失望。陈健发现，那些在管理培训营中很能激发参与者发言的技法，用到亚德公司的内部讨论会上却毫无作用，与会者还是一如既往，似乎更喜欢听他做报告、谈高见，几乎没有谁愿意多发言，即使有个别人发了言，所提出的建议也没有自己所希望的那样精彩。

还有令陈健觉得比较棘手的问题是整个公司的管理运作。随着公司规模的扩大，陈健明显感到，原来采取的事必躬亲的做法已越来越不适用了，他也清楚大企业不能这样管理，但苦于找不到更为有效也更具操作性的可行方法。例如，想通过授权以减轻自己的工作压力，却发现公司中无人堪当重任；想进行组织结构调整，却不清楚调整的标准与依据是什么；想加强公司团队建设，却缺乏整合多元化员工队伍的有效方法；想充实管理队伍的人数与加强管理过程的监控，却因此降低了管理运作的效率，增加了内部考核的操作成本。

陈健想请管理顾问公司来帮助解决公司存在的管理运作问题，但面对众多的管理顾问公司，却不知选哪一家好。请国内的公司，总觉得这些公司自身也是近几年才发展起来的，其经验与实力不可能很强，担心会花了钱最后买来个中看不中用的"花瓶"——方案没搞好，反而增加了公司的支出，使自己赔上许多时间，更有甚者还可能造成员工思想混乱与人心浮动，最终影响公司士气。若请国外的公司，一方面，收费标准很高，似乎难以承受；另一方面，担心万一最后做出的方案看起来非常先进而实际上不能用,届时自己还不能随便指责,否则可能会被不明就里的人斥为没水平而弄不懂人家的方案。

陈健还曾想到,通过争取公司上市,增强自身资本实力,引进职业经理人,建立现代企业制度,改善公司外审内控,以寻求更大的发展机会。但问题在于,上市要对众多的利益相关者负责,需要严格遵守有关规定,而熟悉与掌握这些新的规则,尽管从长期看会有助于降低公司的经营风险,为公司持续健康发展提供保障,但在短期内却必然会引起监管成本的显著增加。当然,亚德公司也可选择在监管稍微宽松些的地方上市,只是伴随着这种宽松,也可能存在着混乱,有时资本逐利行为甚至会导致公司控制权旁落。

陈健有时冷静下来思考公司的未来发展,会觉得,目前似乎没有必要考虑上市之事,毕竟公司眼下并不缺资金,而是缺好的投资项目与清晰的业务方向。公司面临的最大挑战在于,能否找到更好的业务经营模式,以做到在公司人员规模不增大的情况下实现营业额与利润的向上突破,或者能否通过某种方式的修炼进一步提升自己的管理能力,以应对不断增大的公司规模。但考虑不上市的选择,他心中也有犹豫和担心,万一自己的竞争对手捷足先登上市了,结果使得自己公司在业内的知名度与规模排名下滑,就有可能在无形中影响到公司的品牌形象与顾客认同,并对公司产品的未来销售与盈利产生一定程度的不利影响。

事实上,从最近这些年的公司业绩看,情况还是很不错的。公司申请与获批的专利数不断增加,就盈利而言,即使受市场竞争加剧的影响,利润率的水平较此前出现了一些下降的苗头,公司每年的利润总额还是比较稳定,甚至略有提升。对于公司未来的发展,到底应该做大做强,还是做专做精,陈健内心并未仔细考虑过,所以不清楚自己骨子里到底喜欢怎么做,自己的公司以及市场到底适合怎么做,只是心中时有这样的感觉,公司的成长似乎没有前些年那样快速,管理好像也不如从前那样得心应手了。显然,这种情况在许多公司的创业成长过程中普遍存在。

试分析:亚德公司当前出现的各类现象背后的深层原因是什么?其中存在的主要问题是什么?可以采取什么措施来改进该公司的经营,从而实现公司的长期稳健发展?

D.2 智仪公司深层发展

智仪公司是一个家族性企业。公司拥有几项国家专利,生产高技术电子类产品,由于产品对路,市场旺销,年销售额达到数亿元。这对于一个只有600名员工,创业不到8年的生产制造型公司来说,业绩已是相当不错了。目前公司的产品特色明显,盈利水平较高,积累增长迅速,资金周转良好,几乎不需要银行贷款，股东权益已达 8 000 万元。从当前的情况看，公司的经营并未遇到特别的困难，似乎一切都非常顺利，只是一考虑公司的长期发展，创办者张城却不无担忧。

张城目前担任智仪公司的董事长兼总经理，公司内外的经营管理一把抓，所有大小事情几乎都由他说了算。张城在公司里的绝对权威，是由其作为一家之主的地位以及在公司发展中所起的特殊作用决定的。张城早年毕业于国内某重点大学，主修无线电专业。大学毕业后，他先后当过大学教师，担任过国有企业技术副厂长等职，退休前曾任地方政府官员，退休后闲来无事就领着儿子、女儿、女婿办公司。可以毫不夸张地说，如果没有张城当初的专业背景、人脉关系与市场开拓，就不可能有智仪公司的起步、发展及今天的强大实力。

在家中，张城作为父亲，是一位非常民主的长者，很有自知与知人之明，这可从他对公司的股权设置与管理分工的周详考虑得到印证。当初公司刚开张，儿子张亮还在读大专，女儿张妮正忙于照顾出生不久的小孩，主要是由女婿赵林协助张城创业，为此，张城采取了自己与女婿各占公司 50% 股份的做法。后来，儿子与女儿相继加盟企业，张城又将自己手中占整个公司 25% 的股份转给了儿子。因此，目前智仪公司的产权结构是清晰的，张城、张亮、赵林（张妮）分别占 25%、25%、50% 的股份。

具体在公司的管理分工上，张城自己全面负责，而让儿子张亮牵头产品开发，女儿张妮主抓车间生产，女婿赵林分管市场营销。张城做这样的安排是基于如下考虑：儿子为人厚道，受公司科技骨干人员的拥戴，年轻又是大专毕业，可以通过学习进一步提高专业水平；女儿泼辣干练，精于和公司里文化层次相对较低的工人打交道，抓生产管理点子较多，尽管会得罪人但也无碍大局；女婿性格内向，办事实在，跟着张城多年跑市场，已能在产品市场营销上独当一面。

张城作为一位非常典型的学者型企业家，经常结合自身实践中遇到的经营管理问题，广泛阅读相关理论书籍，不断反思与探求公司管理之道。经过多年的经营实践与理论探索，张城总结出自己的公司前期成功的关键要素在于，适销对路的产品，扎实的专业知识，很强的社交能力，全家人的共同努力，再加上宏观经济调控提供的市场机会。张城深知，伴随着公司产品市场竞争的加剧、产销规模的不断扩大，公司必须认清现状，进一步理顺内部管理关系，从长期发展的角度出发，强化核心竞争能力，以形成能为公司持续发展提供保障的经营优势。

为此，张城做了这样几方面的长期构想：第一，考虑到智仪公司目前地处距省城几百千米的山区农村，当地经济不发达，就业机会少，就地招聘的工人成本低，稳定性高，并且民风朴实，比较容易管理，未来可继续以此作为公司发展的"生产基地";第二,逐步将公司的"销售中心"移向省城,以树立公司良好的对外形象,并为下一辈人事业的拓展创造更大的空间;第三,在省城高新技术园区购地筹建"技术中心",以吸引并留住优秀的技术人才,增强公司产品的技术开发后劲。

根据以上构想,目前智仪公司已在省城注册成立了新公司,作为"销售中心"的雏形;在省城高新技术园区投资上千万元购地,拟建造公司总部,为筹建"技术中心"做准备;张城自己将继续坐镇"生产基地",做更大范围的遥控指挥。随着长期构想逐步成为现实,张城又开始思考"生产基地""技术中心""销售中心"的管理运作模式,以及如何在这三者之间建立相互协调机制的问题了。

在管理运作模式上,张城发现原来十分有效的集权管理方法开始失灵了,层层请示等待拍板既贻误市场机会,又不利于下属工作积极性与主动性的发挥。而且下属上交请示的问题往往是临时冒出来的,有时连张城自己处理起来也觉得十分棘手,更为严重的是这种请示常常会打乱张城的重要计划,使其疲于应付。以前,张城经常活跃在产品销售第一线,参加同行的产品订货会,与顾客谈生意等,现在由于内部管理事务的增多,销售几乎全都由女婿赵林负责,自己基本上坐镇家中而难以出门了。

近期令张城深感头疼的是,因为公司的生产能力跟不上市场需求的快速发展,引发了几起由于供货不及时而导致的违约赔款事件。分析原因,主要有:第一,市场竞争越来越激烈,大订单对公司的市场份额影响很大,尽管争取大订单的代价不断提高,但仍必须努力争取;第二,大订单顾客所提出的时间很紧的集中供货要求,对公司相对固定的生产能力构成了空前严峻的挑战;第三,从公司的生产供应保证体系看,由于产品生产所用的许多元器件需进口,其价格、质量、供货等随国际市场行情波动,极不稳定且很难加以控制。

此外,对张城个人来说,随着年龄的增大,面对日复一日似乎永无止境的紧张工作,经常是穷于应付各种急迫的事情,似乎也没有了创业时的激情。他回想自己走过的人生旅程,"官"也当过了,钱也赚够了,花甲之年早就过了,不禁自问:"现在还这么操心到底是为什么?"因此内心深处不时会闪现出这样的念头:与其再这么忙碌下去,还不如及早从经营事务中超脱出来,像自己的几位创业并交班成功的儿时朋友一样,自自在在地颐养天年过点轻松日子。但一考虑到如何淡出公司,怎样采取分权管理,张城马上又陷入了公司接班人的选择与培养的难题之中。

对智仪公司来说,接班人的选择问题十分紧迫、非常重要而又相当敏感,也是令张城最感困惑的难题。选择接班人一般有两种途径,一是从外部招聘能人,二是从内部考核选拔。在我国市场经济发展尚不完善的环境下,考虑当地的具体情况,张城认为,智仪公司作为一个家族性的企业,目前就让外部能人来管理,既不现实也难以被自己的儿子、女儿及女婿接受。而从内部产生,可供张城选择的人选似乎就只有儿子张亮、女儿张妮与女婿赵林三个人。

从年龄上看,张亮已过而立之年,张妮与赵林正年届不惑,这既可喜又可忧。可喜在于,他们都已比较成熟,对于如何搞好公司经营有着各自的独立见解;可忧在于,他们之间有点互不服气,经常因为看法不同引发矛盾冲突。对于冲突,在女儿与儿子之间,由于姐弟关系相对容易化解,争吵过后也就放下了;但在儿子与女婿之间则不然,往往会在成见的作用下,慢慢演变成暗地里较劲。例如,每当赵林与张城在经营思路上产生正常争议时,儿子心里总觉得这是对父亲的不尊重;而一旦张城支持张亮的某些正确做法,赵林心里又会感到这是有意偏袒。

张城觉得,张亮、张妮与赵林三个人实际上是一个非常好的互补团队,如果能相互尊重,相互信任,同心协力,团结起来,可为公司未来发展提供强有力的保障。但如果他们三人貌合神离,冲突严重到甚至闹分裂,为意气或为私利而各自独立重新创业,相互竞争,则有可能使公司多年积累起来的规模及品牌优势毁于一旦。张城心中清楚,目前在儿子与女婿之间已隐约产生了一些不和谐,此时如果贸然宣布其中一位为接班人,马上就有可能在公司内部引发一场关于经营管理控制权的争斗战。

对张城来说,在选择公司接班人的问题上,并没有儿子必须优先于女儿、女婿的封建世袭思想。他觉得,如果儿子、女儿与女婿三人之间能精诚团结,相互学习,提高自身经营素质,谁接班,自己都是无所谓的。因为对智仪公司的经营来说,只要能得到其余二位的支持,三人中的任何一位接班都能胜任。因此,他希望从有利于公司长期发展的角度出发,遵循公平、公正、公开的原则来选拔接班人。他还希望最好能在不挑明的情况下,潜移默化地平稳完成权力过渡。但鉴于目前儿子、女儿、女婿这三人在公司中的微妙关系状况,要做到这一点显得十分困难。

显然,张城当初没有注意到,应该有意无意地在经营实践中关注公司接班人的培养问题,更没有从股权设置初始考虑接班人的产生机制,是造成今天局面的重要原因,现在仅仅停留在后悔上是无助于问题解决的。为此,针对上面提到的种种问题,张城特别聘请了多位管理顾问来公司考察,让他们为公司的未来发展出谋划策。顾问们通过查阅公司历年经营资料,对公司有关人员进行访谈,在摸清公司情况的基础上,为智仪公司构想了以下五种解决方案。但是看了这些方案后,张城心中似乎更没谱了,他觉得这些方案各有利弊,真有点让人知道得越多就越难决策的感觉。

方案 A：从股权结构调整入手，先以对"骨干技术人员"及"主要管理人员"实行业绩挂钩股权奖励需要为名，设立公司职工持股会，由持股会利用公司利润按统一比例从各持股人手中回购占公司总股本 20%～30% 的股权。然后，对持股会所有的 20%～30% 股权实行按职务、责任、贡献挂钩分配。对挂钩分配得到的股权，开始时可以只享有分红权而没有所有权与处置权，经过 2～3 年后可同时享有分红权、所有权及处置权。最终达到这样的目的，使张城自己的持股比例提高，只要他支持谁，谁就能在股东会中起到控股作用，以使得未来公司接班人的选择可以通过股东会选举的形式来进行。

方案 B：从张城个人影响力入手，利用其目前在公司中的权威作用，暗地里有意识地"钦定"一位接班人，并努力在公司中树立该接班人的威信，使该接班人逐步得到全体职工特别是骨干技术人员与管理人员的认可。这样，自然而然地逐渐形成新的领导核心。但这种做法不符合《公司法》的精神，因为该公司各股东持股比例明确，从理论上看接班人的遴选需要通过股东大会选举。如果儿子、女儿与女婿三人内心深处都希望能由自己掌控公司命运，并且儿子与女婿都没有退让的意思，而女儿的态度更倾向于自己的丈夫，则事情就比较难办了。

方案 C：以张城关于公司目前及未来发展的构想为基础，对公司股权及组织进行战略性改造，将其明确分为相对独立运行的三部分——"生产基地""技术中心""销售中心"。调整公司股权结构，使这其中的每一部分都有一位控股者，而同时又在各部分间实行相互参股，通过股权纽带保证相互配合、利益共享、协调发展。对于各部分进行战略重组的具体设想如表 D-1 所示。

表 D-1　智仪公司战略重组结构表

持股人	生产基地	技术中心	销售中心	持股合计	
	控股者：张城（过渡）	控股者：张亮	控股者：赵林及张妮	数量	比例
张城	800	100	100	1 000	25%
张亮	100	800	100	1 000	25%
赵林及张妮	600	600	800	2 000	50%
持股合计	1 500	1 500	1 000	4 000	

方案 D：在张城的主持下，聘请外部技术及管理专家担任公司的董事，介入公司的经营决策，请他们在倾听公司职工意见、逐步了解实际情况的基础上，以旁观者的身份提出合适的接班人人选，并协助解决公司目前所存在的产能与需求不匹配的问题。这种做法，关键在于请怎样的专家，所请的专家能否得到儿子、女儿与女婿的共同认可。否则，尽管专家提出的建议是比较客观的，但如果各人带有成见，做主观武断理解，最终还是无法达成共识的。更何况专家的聘请，从制度要求看，实际上也是需要张城、儿子、女儿与女婿这些股东集体决定的。

方案 E：采取市场化的产权交易方式，对公司股权结构进行调整。首先，张城利用自己目前具有的影响力，要求张亮、张妮、赵林各拿出 5% 的股权作为转让之用。其次，将张城原有的 25% 股权与张亮、张妮、赵林三人拿出的 15% 股权两部分相加共 40% 的股权，按照竞价的方式在公司现有股东间进行拍卖转让。最后，由出价最高者获得 40% 的转让股权，这样加上其原持有的 20% 股权，就能成为公司的绝对控股股东。这种做法的最大好处是，将张城的成功退出、产权调整、接班人遴选几件事一并解决，且由于股权竞价转让，出让者可获得经济利益，比较容易接受，受让者需要承担未来的经营风险，自然会慎重考虑该如何出价。

根据以上情况，请回答：为什么在产权清晰的情况下，仍无法有效地解决公司的深层发展问题？对智仪这样的高技术公司，分割成"生产""技术""销售"三部分职能，在管理运作上是否可行？采取这一做法对公司持续经营优势的培育是否有利？就智仪公司来说，做这样的划分能否有效地解决其深层发展问题？该如何看待公司发展过程中所出现的生产能力与需求增长不匹配的情况？是马上着手扩大生产能力，还是人为地保持相对缺货？国家宏观调控所带来的市场机会能否持续？如果不能持续，则智仪公司拟采取什么应对措施？从长期来看，如何有效界定企业核心人员之间的产权，促进这些人员之间的相互信任、积极投入？如何建立经营管理者优胜劣汰的环境，并使其中最有能力的人获得最大的利益回报？如何在公司内形成良好的文化价值观，以促进骨干人员的精诚合作，确保公司的长期稳健发展？

D.3　商城公司成功之谜

商城公司所经营的市场，位于我国东南沿海 Z 省，水陆空交通运输便捷，主要从事日用小商品的批发与零售经营。公司的雏形产生于 1972 年，1973～1982 年自发成长，1983～1992 年得到当地政府的精心培育与支持，1993～1995 年大力扩张与完善，1996 年市场总体结构基本定型。2000 年以来，又经过了数十年的提升与发展，市场的经营面积达到 400 余万平方米，雄居全球单体小商品市场首位。

从公司管理演变的角度看，1995 年，经有关部门批准，以定向募集方式正式成立中国商城股份有限公司（以下简称"商城公司"），吸纳了许多作为商城主体的有实力的个体经营户入股，从而使其具备了分户经营的个体商贩与大型股份公司联合股东的双重身份。与一般的直接从事商品买卖经营的商业类股份公司不同，商城公司主要负责商城运作与提供配套服务，并先后涉及房地产开发、小商品内外贸、宾馆餐饮、广告信息、产权交易、公路投资等经营领域。

商城公司成立以来，在推进市场发展方面，率先举办了全国小商品博览会，尝试进行具有商城公司特色的连锁配送经营，创办《商城动态报》为全国各地的市场提供信息服务。为提升市场档次，商城公司还在市场内开辟精品交易区，实行扶优助强政策，倡导"总经销""总代理"等模式。通过服务市场、配套市场、发展市场、经营市场，商城公司自身也获得了迅速发展，到2000年底，公司总资产与所有者权益就分别从组建时的2亿元与1.5亿元增加到了10亿元与5亿元。后来由于公司股票的成功上市发行，更是进一步增强了商城公司的资本实力。

商城公司作为Z省由"市场大省"向"市场强省"转变的龙头企业，主要负责商城经营环境与配套设施的提供与服务。从建设市场、服务市场、宣传市场的角度看，公司的服务对象除了市场内的众多经营户，如各总代理商、总经销商、在市场内设点的企业、个体批发商和个体经销商外，还包括与市场存在着各种联系的上下游经营户、其他配套管理服务部门以及来市场参观访问的各级政府领导等。

作为市场经营主体，商城公司的直接收入源自为场内经营户提供配套服务所收取的摊位租金。尽管来市场购买商品的顾客并不是公司直接的用户，公司仍需特别关注这些用户在市场内所得到的服务，因为通过对直接购物的用户的服务可以达到间接为市场内经营户服务的目的。如何营造大中小各类客商云集、互惠共存的经营环境，这不是追求各自利益的单个经营户所能考虑的，需要商城公司从市场整体角度出发来积极创造条件，增强市场人气。

与商城存在着各种各样联系的人群，涉及为商城的服务对象配套的所有上下游环节，其他参与市场配套管理服务的部门，全国同类市场的经营者与当地政府，来商城访问参观的各级领导，国内外新闻媒体，路经商城公司所在地的旅客等。这其中的每一部分都会对市场的建设与服务提出不同的想法与需求，商城公司可以通过提供相关的配套服务及协调组织，乃至借此宣传市场，提高市场的知名度与美誉度，或使其中的某些潜在用户变成现实用户，增加市场用户的总量。

商城公司的经营规模，已连续23年居全国各类专业市场之首。目前市场内共有商位6.6万余个，日客流量20多万人次，来自世界各地的10万余家生产企业、6 000余个知名品牌，常年展示170万种商品，商品销往215个国家和地区。到了2013年，市场内各类商品的成交额683.02亿元，[1] 借助市场平台出口商品近200亿美元。其中的某些名牌产品，仅在商城公司市场上的销量就相当于上海及周边地区大商场销量的总和。正因为如此，有人甚至认为，占领了商城公司的市场，也就掌握了通向全国乃至世界市场的金钥匙。这种优势又进一步带动了包括全国同类市场、政府各级领导、旅游参观者在内的众多市场人气，吸引了更多的来自世界各地的商人云集商城市场。

商城公司的市场内出售的商品，其价格与国内其他地区的市场相比，基本上处于同类商品的最低水平，也因此自然确立了市场作为具有全国乃至世界影响的小商品流通中心的地位。市场内信息灵通，商品辐射全国，出口世界各地。存在于市场内的异常敏捷快速的信息交换机制，提高了企业产品的更新换代速度，吸引了全国甚至全球有实力的经营者进场，从而使得市场商品的价格优势，逐步从初始起步阶段的源自政府税收政策优惠，以及对于联托运等配套服务的管理，转向了由市场竞争与辐射力所带来的企业机制灵活，以及总代理或总经销的优势。

此外，商城公司所在地的政府长期坚持"兴商建市"的政策，政府各层次领导与全市百姓就此达成的共识对商城公司市场的繁荣发展起到重要的作用。市场建设初期，当地政府在经济政策、配套服务方面的支持，此后对于餐饮、交通、联托运等市场配套服务功能的管理整顿，对于市场的大力宣传与积极肯定，更巩固与加强了市场在全国的地位。这种根植于当地政府各级领导及市民心中的价值共识，成为促进市场管理创新的强大的内在推动力；再加上当地百姓所特有的经商传统与经营头脑，结果就形成了商城公司发展的"天时、地利、人和"的综合优势。

随着市场规模的不断扩大，其内涵也在不断提升，从早期的只是简单遮风挡雨的摊位店铺，到各种分工精细的专业街，再到注重品质的名品精品屋，直至新近建成的有着许多全球顶级品牌入驻的国际商贸城。目前的商城公司，实际上已经基本实现了对高中低端各类小商品市场的全方位覆盖，公司的市场定位目标也正在逐步从20世纪的"买全国货，卖全国货"，向着成为"买卖世界货"的小商品流通、研发、制造中心转变。正是这种强大市场力量的作用，使得商城公司所在地——一个县级市获得了地级市的经济社会管理权限，成为全国首个设立出入境管理局的县，2011年3月还被国务院批准成为国家第10个、首个设在县级市的综合配套改革试验区，[2]这些都为商城市场的进一步发展提供了更大的空间与可能。

商城公司所经营的市场的良性发展，对推动当地经济的繁荣增长具有十分重要的影响。如何保持商城公司的发展势头，成了当地政府及商城公司领导十分关注的问题。回顾整个市场的成长，其中经历了"从无到有""莫名其妙""点石成金"的过程；展望市场未来的趋向，商城公司仍然面临许多挑战，亟须解决一些十分棘手的难题。例如，如何控制无序上涨的场内摊位转包租金，以降低实际入场经营户的经营成本？在这方面，公司曾经采取过这样的做法：对于品牌经营者，公司根据其工商营业执照、完税凭证、经营年限等，区别新、老经营户的不同情况，2～5年重新签订一次租赁合同，以此防止与减少摊位炒作现象。但这还是无法杜绝实际上存在的私下转让行为。[3]

另外，为提升进入市场的产品的档次，商城公司还曾尝试过这样的做法：对某些高端产品厂家以低于市场招标价近一半的价格提供特别优惠的摊位资源，以便吸引这些厂家来市场内设摊经营。但后来却发现以优惠价得到摊位资源的高端产品厂家，由于曲高和寡，在商城市场缺乏充足的客源，最终无法持续盈利经营，只好通过将摊位按市场价转让给其他中低端产品厂家而盈利退出。最后出现的实际情况是，高端厂家享受了优惠，却并未对市场做出实质贡献，而对市场做出贡献的真正经营者，不仅没有享受到任何的优惠支持，反而要向转手摊位者支付较高的市场价才得以设摊经营。[4]

管也不行，不管也不行。如果放任市场摊位无序转让，不断急剧上升的摊位租金可能很快就会将市场的低成本优势消耗殆尽。更大的挑战还在于，最近与商城公司在地理位置上紧邻的另一个市，决定投资55亿元，在距商城公司国际商贸城只有6千米的地方兴建世界贸易城，其首期推出的4 000间左右的店铺，面积为13.5～36平方米，一次性买断50年经营权，售价仅为8.1万～58万元，而相近的商城公司市场中的9平方米摊位的年租金就在10万元左右，因此，几天之内就有上万人报名预订世界贸易城的摊位。[5] 面对这种新情况，到底该如何应对？商城公司领导心中没底。

有人认为，大树底下不长草，同业必相残，两强相斗必有一伤；另有人认为，独木难成林，店多才成市，市场越大，人气会越旺。当然，最终的关键在于，商城公司该如何提升自己的竞争实力。例如，伴随着商城市场从无序到有序的成长壮大，如何扭转人们过去长期形成的商城公司市场的商品均不属于优质品的观念定式，在人们心目中树立各档商品种类齐全、货真价实的商城新形象？如何协调好工商、金融、税收、公安等部门的工作，处理好各职能部门责权利的关系，提高市场的整体管理效能，形成更为有效的运作机制？

对于商城公司的未来发展，公司领导通过多方听取有关专家建议、反复论证，在加强主业的思路与操作上达成了很好的共识，即从作为全国专业市场龙头的地位出发，继续围绕建设市场、服务市场、发展市场这一中心，充分利用公司的现有优势，协助政府搞好市场规划，降低市场经营成本，给顾客提供优质的服务，改善场内外各类经营户的经营环境，以提高整个市场的持续竞争力。但在新业务开拓的思路与操作上，对如何利用公司已有的独特竞争优势，确保新业务能形成持续的竞争优势，为公司进一步发展奠定基础等问题，却存在着不同的看法与建议。

第一，有的公司高层领导提出，从直接参与经营的角度考虑，商城公司可以利用地处市场中心的信息便利，不断选取市场内畅销的商品，与场内经营户一样开展商品批发及零售经营。在具体做法上，可以采取这样两种方式介入：一是直接在市场内设点或组货向采购者推出商品；二是选择市场上有利可图的商品，直接生产该商品，向市场的经营户供货。在具体商品的选择上，商城公司可以定位于那些对个体经营户来说无法搞或不愿搞的业务，并通过规模经营取得效益。

第二，另有公司高层领导认为，我国中西部地区目前还相对落后，生活水平相对较低，商城公司发展过程中所积累的办市场的经验具有普遍意义，可以通过管理输出，组织力量到这些地区开办分市场。取得成功经验后，进一步将分市场向全国各地拓展，并以连锁分市场为基础，建立面向全国的商城公司物流配送中心，针对城市便利店提供品种齐全的日用工业消费品的连锁配送服务，争取形成全国性的功能完备、高效低耗、辐射广阔、方便快捷的大型物流网络体系。此外，也可以利用公司实力，加快国际化发展的步伐，到南非等地建设商城公司国外分市场，在"请进来"的基础上，真正实现市场的"走出去"。

第三，还有公司高层领导觉得，商城公司长期以来一直靠市场摊位租金收入，似乎没有其他叫得响的主业。现在眼看着市场就在面前，公司又有充裕的资金，为什么不凭此闯出一条实业路子，建立一个响当当的公司品牌？具体的操作建议包括：依托市场商品信息优势，构建著名的网上商品交易市场，吸引经营户上网经营；投资建立发展前景良好的生化生产企业，拓展新兴产品市场；直接出资创建共享品牌，选择市场内产品过硬、想创品牌而又感到实力不足的中小经营户，允许他们有偿共享商城公司品牌的使用权。

面对以上各种设想，老李作为商城公司的新任董事长，感到有点无所适从。乍一看，这些建议似乎都很不错，但仔细推敲，却又发现都不同程度地存在着这样或那样的问题，对于如何促进市场中有形的商人、商品、商场与无形的信息、网络、机制的互补发展，如何更好地迎接近邻地区最近出现的"世界贸易城"的挑战，更没有给出切实有效的应对措施。

根据案例所提供的情况，请分析：商城公司赖以生存发展与成功经营的真正基础是什么？在此基础上，可采取哪些措施来显著提升商城公司主业的经营水平，以应对"世界贸易城"可能带来的市场影响？在新业务拓展上，商城公司有关高层领导提出的几个方面的建议，要想真正付诸实施并取得成效，将会面临哪些具体的运作问题？

D.4 络绎控股多元经营

络绎控股作为一家大型民营企业集团公司，其前身为始创于 1972 年的社办小厂，当时只有 5 名员工、3 000 元资金，主要生产铁制农具。经过近 40 年的发展，公司先后获国家一级企业称号，被批准为省级计划单列集团，被确认为国家 120 家试点企业集团、520 户重点企业之一。公司拥有万余名员工，下辖 100 多亿元资产，控股数家上市公司以及其他 30 多个经济实体，在 2010 年就实现全球营收 500 多亿元人民币，利润近 40 亿元人民币。公司当前的业务主要分为四大块：一是以上市的络绎股份公司为代表的生产制造体系，围绕 W 类产品生产形成了系列化的设计、制造、销售运作能力；二是以络绎美国公司为龙头的跨国经营体系，在欧美多个国家设立、购并、参股了 15 家公司，形成了覆盖全球 50 多个国家和地区的国际营销网络；三是以络绎财务公司为核心的金融服务体系，利用集团综合优势，积极参与保险经纪、期货保值、信托投资、租赁典当、基金管理等领域的经营；四是以络绎控股发展部为主体的资本积累与产业培育体系，通过实业、股权、不动产投资等方式，探索集团未来多元发展的新机会。

络绎控股作为一家涉及跨国业务的多元化企业集团公司，随着经营领域的拓展，经营范围与规模不断增大，在战略思路与管理操作上遇到了一系列新的挑战。就生产制造体系而言，由 15 家独立核算企业组成，每个企业都有自己完整的产供销体系，拥有生产经营的自主决策权。随着业务的扩大，集团整体的市场影响力越来越大，但也出现了一些不协调的情况，如集团内部各企业为争市场，相互之间形成了一定的业务交叉。这主要表现在，W 类产品存在多个系列，而每个系列有多家企业介入；各企业针对市场需求自主开发成功的更新换代产品，投放市场后却对原来生产该产品的企业构成威胁；还有 W 类各系列产品的客户类型较多，需求各有特色，其中有些属于整机生产厂，有些属于子系统生产厂，还有些大客户在全国各地都有生产点，希望集团能提供全面、系列的配套设备。为解决各企业在产品开发及市场销售上所出现的矛盾，公司曾专门成立统一的技术中心与营销中心，以加强对各企业产品研发与市场开拓的协同管理，增强集团在广告、定位、渠道、系统配套方面的整体力量。但是，运作一段时间后，却发现有了组织机构并不等于问题就得到了解决。

例如，关于营销中心的运作，就涉及这样几个层面的问题。其一，营销中心与各企业自主销售之间的关系如何处理？出于市场平衡切换的考虑，也顾及新建营销中心的力量与经验不足，在销售上集团先是采取了企业与中心两条腿走路的做法。结果发现，营销中心能销的产品，各企业自己原有的渠道也能销，各企业销不动的新产品，营销中心也销不动。其二，从市场响应速度看，增加营销中心环节，会切断各企业与顾客的直接联系渠道，从而使得各企业对于市场需求变动的感知力下降。这实际上增加了整个集团的市场风险集中度。其三，在营销中心的人员安排上，如果只是将各企业原有的有经验的销售人员抽调到营销中心，再重新进行调配安排，那么有可能造成市场联系的混乱。其四,更为重要的是,为了加强多企业、多产品的市场控制,将产品定价权统一划归营销中心,但是这种做法对那些需要根据顾客要求灵活定价的新产品来说显然不太可行。事实上,考虑到 W 类产品面对的是一个竞争激烈的市场,各生产企业定价权的丧失,也就意味着市场适应性的降低。其五,由于集团对各生产企业的考核主要涉及销售收入与利润两项指标,各企业受市场需求及利益导向驱动,从原有相互补充的产品定位逐渐演变成了相互替代的产品定位。其六,由于以上原因,原来指望通过营销中心加强对重点客户的系列化服务成为一句空话。营销中心既无权力也无能力做这件事,更由于集团长期采取的就是灵活分权的管理方式,缺乏培养跨企业综合性管理人才的土壤与机制,一时还找不出能整合各企业营销力量的中心主任的合适人选。

再如,关于技术中心的运作,尽管组织申报了国家级技术中心,在硬件投入上,购置了相应的实验与检测设备,但从管理机制看,至少还存在着这样两方面的问题。第一,从项目提出、评审、资助、完成,到最终实现预期效益,缺乏相应的组织管理考核制度。就项目提出而言,有市场反馈与技术跟踪两种途径。其中,市场反馈源自顾客需求的调查,可通过各企业的业务员直接收集市场信息,这类信息更多地基于现有技术的拓广;技术跟踪源自集团技术中心组织专门人员进行的超前研究,以作为集团未来技术开发的储备。完成提出的项目,需要提供经费保障,调动各方面的技术力量。如何将这些思路变成顺畅的操作流程,似乎尚有许多工作可做。第二,集团技术中心与各企业自主开发之间存在着分工合作关系的处理问题。一种观点认为,由集团技术中心负责大型的跨企业的项目开发,而让各企业负责各自所在领域的专业化项目开发。但问题在于,综合项目开发是以专业能力储备为基础的,如何保证技术中心的人才具有比各企业技术人才更强的能力?如何协调各方面的研发力量?另一种观点认为,研发工作具有规模经济性,技术人才与知识积累需要达到临界规模,最终才能产生创新突破,所以,建议将各企业的技术人员集中到技术中心,统一按照项目制的管理方式组织研发。但这种做法可能会破坏集团经长期发展所形成的各企业自主开发、多源头创新的机制,从而降低集团多样化演化的活力,削弱集团抵御市场不确定的抗风险能力。

就集团的产业培育而言,络绎控股公司发展部新近运作了一个项目,即通过收购成为一个软件企业的控股者。络绎控股公司在深入了解软件企业的运行后,发现这种新兴的高技术企业与公司传统的生产制造企业相比,在管理上存在很大的差异。例如,对公司管理层的考核,制造业可以考虑资产回报或增值,但对软件业来说,增值也许并不重要,关键在于如何留住骨干员工。在制造业,产出衡量非常清晰,对于员工考核可以做得很细,甚至能让员工知道每操作一次机器自己可以得到多少奖金;但在软件业,情况却有很大的不同,软件程序员如果对领导不满意，可以将一个本来很简单的程序变成一个包含长而杂的代码从而让他人无法看懂的迷宫，使得公司产品的售后维护服务离开他就玩不转。为了防止产生这种对于个人能力的依赖现象，该软件企业曾经采取每个项目设 A、B 角的开发方式，引进相互竞争的机制，但结果却由此引发了另外的问题，即破坏了员工之间相互技术交流与知识共享的氛围，不利于工作配合与企业整体技术水平的提升。显然，达不到最小临界规模的技术开发团队，是起不到增强企业整体实力的作用的。

事实上，这种对于业务骨干的依赖情况，在集团的其他业务领域也不同程度地存在，只是不像软件业那样表现得如此突出而已。这主要是由于，在络绎公司的其他业务领域，员工个人能力的发挥在很大程度上依赖于公司整体的资源、能力、信誉的支撑。例如，生产制造体系中的工艺技术、工厂规模、专用设备、专利技术、销售网络、售后服务、批量采购、物流配送等，跨国经营体系中的品牌、规模、资金优势等，金融服务体系中的经营资质、财务实力等，这些都使得员工个人在离开公司后很难做成原来可做的业务。当然，仅仅依靠这些条件，还是不足以应付同行未来的猎头行动所可能引发的人才流失问题。事实上，最近几年随着公司经营规模与业内影响的扩大，公司业务骨干正逐渐成为猎头公司高薪搜寻的对象，为此，公司制定了多种与业绩挂钩的现期或递延报酬奖励办法，如红包、股权、期权、年资等激励，试图以此留住骨干人才。但在操作上却遇到了个性化操作的难题，即如何具体量化个人的贡献。显然没有差别不行，但要有差别，到底多少为宜？怎样才能获得人们的认同？

当然，公司留人的关键还在于整体经营风险的控制。一旦公司真正面临经营危机，业务急剧下滑时，可能所有与未来挂钩的留人机制都将失效。如果公司的未来已变得不可预期，甚至根本没有指望时，又有谁会诚心留在公司呢？而从风险控制看，目前最令络绎控股公司挠头的是金融服务体系的有关业务，其风险控制对人的素质与能力的依赖非常强，显然简单地采取人盯人的办法是行不通的。因此，需要完善管理制度，明确岗位分工与个人责任，形成相互制约关系。但关键在于，公司多业务发展，各类业务、各级岗位之间如何事先划定责任标准，事中如何有效调控，事后怎样考核，这些似乎都没有标准可循。如果仅仅担心管理失控，人为地不适当地增加监控环节，结果就有可能造成员工因"规章太多、无所适从"，反而降低了企业整体运行效率。显然，这并不是公司所希望的。

根据以上对于络绎公司的描述，请分析：如何处理公司生产制造体系各企业在产品与市场上的相互关系？如何明确公司营销中心与各企业的职能定位？如何确保技术中心的有效运作？如何充分发挥软件企业骨干员工的作用？如何加强公司整体经营风险的控制？

D.5 思盟集团竞合互动

思盟集团的前身思盟水泥厂，是国家"一五"时期投资兴建的一家大中型水泥企业，主机设备采用引进的湿法回转窑水泥生产线，此后经过多次扩建改造，形成了现在的4条湿法、1条干法共5条生产线，可年产水泥120万吨。1995年经股份制改造，在原先思盟水泥厂的基础上，正式组建思盟集团，注册资金1.5亿元，资产规模达4亿元，占地逾百万平方米，共有职工2 500多人。

集团正式成立以来，通过投资、控股、参股等多种形式的相关拓展，在做好水泥生产主业的基础上，经营领域涉及轻型墙体、机电工程、汽车运输、物业管理、水泥制品、耐磨材料等多种业务，发展态势良好。集团的主要产品为"思盟牌"525#和425#普通硅酸盐水泥，其中的525#水泥曾获国优金奖，被用于多项国家重点工程，基本上定位于优质优价的顾客市场。

集团的水泥销售对象主要分为传统市场与工程项目两大类，其中传统市场是指水泥零售商，工程项目是指大型建筑工地。水泥零售商主要通过集团的货运司机及设在各地的办事处供货，价格基本上"随行就市"；大型工程项目则采用竞投标方式，由于竞争激烈往往即使最后中了标也不会有多大利润，但能借此扩大集团的影响，间接推动其他市场的销售。

此外，大型工程项目对于水泥产品的购买往往是一次性的，并会对集团的集中供货能力提出较高的要求；零售商对于水泥产品的需求，关键要看集团产品在最终顾客心目中的信誉如何，如果顾客认可易销，自然也愿意经销。考虑到水泥产品科技含量不高的实际情况，各企业产品的内在质量不存在显著差异，所以，市场需求比较容易受到价格波动的影响。

在思盟集团的水泥产品市场上，除了有许多实力很弱的小水泥厂外，主要竞争对手有两个——五岳集团与滨江集团。五岳集团年产水泥150万吨，在地理位置上靠近水泥生产的原材料及燃料产地，有一定的采购成本优势；滨江集团为上市公司，年产水泥200万吨，在工艺上采用先进的干法生产技术，有明显的规模节能优势。这两个集团都是最近几年建设发展起来的，尽管其产品质量均属一流，但其品牌尚未被顾客充分认识，所以主要依托其先天成本优势以价格优惠与思盟集团相抗衡。

唯一值得庆幸的是，水泥作为典型的"粗、笨、重"产品，其市场的销售半径受到了运输成本的严重制约，在各企业之间成本不存在巨大差异的情况下，相互之间很难进行跨地区长距离的市场渗透。从目前各企业的区域市场分布来看，如图D-1所示，思盟集团的市场主要集中在盟城市及以南地区，五岳集团的市场主要集中在岳城市及以西地区，滨江集团的市场主要集中在江城市及以北地区，基本上按照各自所处的地理位置分布。

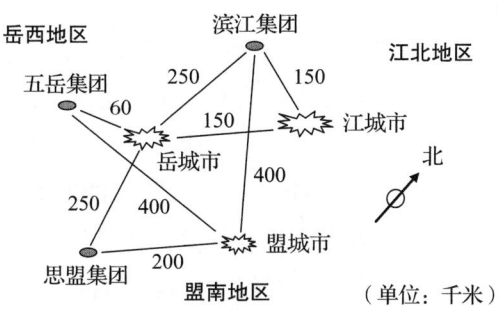

图 D-1　各集团市场地理分布示意图

长期以来，思盟集团的水泥产品在盟城市及以南地区享有良好的品牌声誉，这在很大程度上带有主观感觉的成分，主要是借助于顾客的口碑逐渐形成。这种口碑的形成过程非常特别，主要是由盟城市作为三面环山、一面为海的地理位置所决定的，原来与其他地区水泥厂的水陆交通均十分不便，当时只有思盟集团的水泥产品就近通过公路翻山越岭进入该市，并在长期使用过程中慢慢地在顾客心中留下了质量过硬的印象。

正是由于顾客的认可，思盟集团水泥产品的每吨售价在盟城市一直比同类产品高出 10 元左右，但销售状况仍然很好，甚至有时当思盟集团产品缺货时，顾客宁愿持币等待也不愿购买其他企业的同牌号价格较低的产品，使得集团在该市获得了较好的回报。当然，在盟南地区市场，思盟集团的产品尽管也被顾客所认可，具有很大的品牌影响力，但受当地经济发展水平较低所限，市场销售总量一直处于低位徘徊状态。

就各区域市场的容量以及各生产企业的销售情况而言，按上一年度销售量的资料初步统计，盟城市——思盟集团 45 万吨，五岳集团 10 万吨，滨江集团 10 万吨，其他企业 15 万吨；岳城市——五岳集团 50 万吨，滨江集团 20 万吨，思盟集团 20 万吨；江城市——滨江集团 60 万吨，五岳集团 30 万吨，思盟集团 15 万吨。近年来，随着公路改造、等级提升与铁路的提速，这三个城市之间的公路、铁路交通日趋方便，原先由于受运费高昂制约所造成的地理区域分割正在慢慢地被打破，各企业及各市场之间的联动效应明显加强。

从思盟集团的角度看，在这三个市场的盈利情况为，盟城市盈利较好，岳城市基本持平或微利，江城市处于亏损边缘。按照思盟集团的市场战略构想，江城市的布局主要用来调节集团固定生产能力与淡旺季不平衡需求的关系。这是由于水泥产品的使用，通常为露天作业，受气候条件影响，市场存在着淡旺季需求变动，而水泥生产工艺流程具有连续性，产成品存放过久容易引起质量下降，大量存放会增加库容成本。因此，为缓解市场需求波动与生产能力稳定的矛盾，思盟集团在江城市的425#散装水泥售价有时甚至会低于集团所在地的现金提货价。

随着运输行业竞争加剧带来的运费下降，各水泥生产企业之间成本水平差异的增大，原来较为封闭的区域市场呈现出了越来越开放的局面。面对这种市场环境的变化，最近一个时期以来，思盟集团遇到了许多新的战略挑战。

第一，滨江集团凭借其上市公司的实力优势，拟增加其产品在盟城市的销售量。由于该集团在盟城市没有散装水泥中转仓库，考虑到思盟集团在盟城市的水泥中转仓库能力有较大的富余，于是向思盟集团提出希望租用中转仓库的请求。鉴于双方存在的微妙关系，思盟集团的盟城中转仓库不知到底该不该接受滨江集团的租用请求。

第二，在岳城市，思盟集团长期以来一直租用原属于省物资公司系统的国有散装水泥中转库进行中转。但最近出了点新情况，这一原属于省物资系统的中转仓库被整体转让给了五岳集团，这意味着思盟集团在岳城市的水泥销售需要通过其同行企业——五岳集团的中转仓库中转。尽管目前五岳集团的有关领导明确表示，今后仍将继续长期提供思盟集团的中转服务，并保证绝不提高每吨水泥的中转费用；尽管思盟集团领导也清楚，该中转仓库的能力完全可以满足整个岳城市当前甚至今后近20年内市场增长的周转要求，但对于五岳集团领导的承诺，心中总觉得没底，担心会受制于人，很想在岳城市投资建设自己的中转仓库。

第三，考虑到五岳集团与滨江集团都在加大盟城市市场开发的力度，思盟集团有人提出采取有限度的反击措施，即用少量的产品以较低的价格冲击这两个集团的"后院"——岳城市与江城市的市场，使其首尾难以同时兼顾，从而放弃对于盟城市市场的进攻，最终重建能使各方相安无事的双赢格局。但思盟集团也有人担心，万一这样做引起五岳集团与滨江集团的进一步反击，也在自己的后院——盟城市的市场上大幅度降价，则很有可能带来竞争升级、市场失控的互损结局。

第四，相对于五岳集团与滨江集团来说，思盟集团一直重视市场网络建设，在营销方面存在着明显的优势。近年来，集团通过狠抓基础管理、成本挖潜，产能效率与竞争实力有了明显提高，但如何将这些提高转变为市场优势，有人提出两种选择：一是正面出击成熟市场，进一步加强盟城、岳城、江城三市的市场网络建设，提高集团产品的销售量；二是回避直接市场冲突，向盟南地区等潜在市场进军，为集团的未来发展做好市场储备。当然，这里面临的主要挑战是，在实体产品差异并不十分显著的市场上，如何培养与扩大思盟集团自己的忠诚顾客群，为集团做强、做大、做深、做透主业奠定基础。

试就以上四个方面的战略决策问题，进行长短期效应分析，说明各种选择可能存在的利弊得失。在弄清各种选择对于各个市场可能产生的潜在互动影响的基础上，提出你的综合战略对策，并详细阐述你的提出依据、操作步骤与成败关键。

D.6 松泉医院业绩衡量

从理论上讲，毫无疑问，医院工作应该贯彻救死扶伤的人道主义精神，但在实践操作中，要真正做到这一点，却并不那么容易。现实中，由于担心患者无力支付医疗费而见死不救的现象，即使在美国这样的经济发达国家也屡见不鲜。尽管美国政府早在1986年就已制定法律，要求对每一位进入急诊室的患者给予病情检查，并不得在病情不稳定的情况下将其转移。该法律还规定，医院不得因查验患者是否有医疗保险而耽误诊治工作。但据美国"公民"组织1997年公布的一份调查报告称，在美国近700家医院中，经常发生拒收可能无力支付医疗费的患者的情况，其中被拒的急诊患者，多数为无医疗保险的穷人。[6]

我国某地曾有医院发生这样一件事，该院外科医生花费一万多元医药费，抢救了一名身无分文的病危乞丐。结果由于经费没落，医院只得采取医院承担70%、外科部承担30%的做法，致使外科20位医生平均每人扣减奖金150元，客观上造成了医院与外科医生实现了人道主义，不仅没有得到应有的肯定，反而还受到了经济上的牵累。由此可见，如果没有其他经费来源的支持，医院是不可能无限承受此类社会善行的成本的，医院有必要从就诊者那里获得正常的补偿，以维持其日常运行与持续发展。

医疗服务作为一种稀缺的社会资源，不可能免费提供，必须按照其所提供的服务数量与质量，向受益者收取合理的费用。这里的合理费用，对公立医院来说，至少应该包括医生劳务、药品、管理费等方面的成本开支，对私立医院来说，可能还需在此基础上考虑适当的盈利。但是，要想真正弄清医生服务收费的依据与标准，实际上非常困难，其关键在于服务是无形的，其价值常常很难准确衡量。而且从客观效果来看，对于许多疾病目前还不可能手到病除，一方面，患者对于病情的主观描述可能有偏，从而导致医生判断的失误；另一方面，医学本身发展的不完善，难以完全排除患者的肌体差异及人为因素对于治疗过程的影响。

当然，从主观努力来看，诚如特鲁多医生的墓志铭所指出的，医生"有时是治愈，常常是帮助，总是去安慰"。[7] 显然，这对医生职业提出了与人们通常的理解有所不同的要求，不仅需要具备有关疾病及其治疗方法的知识，还需掌握引发患者积极心态与自我康复能力的技巧。国内外医生所受的教育，[8]

致使医生在处理医患关系，加强与患者有效沟通，以提升患者积极乐观精神方面尤显不足。再加上患者在医患关系中更多处于被动地位，某些医生个人的医术与医德存在问题，医院各科室及医生甚至还受到业务收入增长考核指标的影响，[9]使得在对患者的检查、治疗、手术、用药等方面很难杜绝过度诊疗现象，结果在有意无意中加重了患者及其家属的物质与精神负担。

美国联邦调查局2002年11月3日公布的一份书面调查表明：美国加州雷丁医疗中心的两名医生，为赚黑心钱而给"无辜"患者动刀，自1998年以来，给几百名患者施行了"不必要"的心脏手术，结果造成167名患者在手术后死亡。据负责此案的联邦调查人员介绍，仅仅在过去4年里，这两名医生就大约给25%~50%的患者进行了不必要的心脏手术，其中一名医生，仅2001年就单独进行了876例心脏导管插入手术，这个数字是通常情况的4~5倍。这使得很多根本没有心脏病的人不幸成为这两名医生刀下的牺牲品。[10]在我国，由于医患双方所掌握的信息不对称，患者对于名医的需求近乎无弹性，有些医院开设相对限号、较高收费的专家门诊，结果引得患者或其家属在网上预约或线下排队"挂号"，[11]因此增加了顾客的成本，降低了顾客满意度。

从患者对于医生服务所表现出来的通常是一种相对缺乏弹性的需求来看，医院显然是属于一种具有一定垄断力量的组织，难怪有患者夸张地形容某些医院为："态度像冰霜一样，看病像审讯一样，收费像奸商一样，卡要像贪官一样。"[12]对于这种情况，从医院的角度看，加强医德教育，提升医生医术，改善医生待遇，都是十分必要的。有些医院只是简单地采取对医生实行按处方额等挂钩奖励的做法，在创收的名义下，放任医生以多治疗、多检查、多开药、多收费等形式侵害患者利益，这终将会受到社会舆论及患者的谴责，并面临着可能被市场竞争淘汰的局面。

最近这些年来，随着我国公有制医院一统天下格局的被打破，城镇个体诊所与股份制、股份合作制、中外合资合作等多种形式的医疗机构迅速发展，再加上企业大病统筹、医疗商业保险、医疗风险保险、城乡居民医保统筹等社会保障体系的不断建立与完善，各级各类医院遇到了越来越严峻的市场挑战。例如，某省会城市28家企业的近50万名职工与家属，联合举行大病的单病种医疗费招标，30个病种的标底，在保证疗效的前提下，按上一年度全省三级医院同病种人均住院费下浮30%确定。某市级医院对临床上常见、多发的50种疾病，实行限时限价治疗，并确定相应治疗方案的最高价，然后让患者根据自身经济状况，自主选择高、中、低档次的药品。

为应对以上诸多挑战，医院必须从改善自身的经营水平入手，通过加强内部管理，减缓甚至消除许多医院普遍存在的"四长一短"（挂号、候诊、交费、取药所花的时间长，医生实际看病所花的时间短）现象，在确保服务质量的基础上，努力降低病患者的经济负担。[13] 如何做到"一切以患者为中心"，为患者提供经济有效的诊治方案，以最低的支出实现治愈目标，是一个处于竞争环境中的医院所需考虑的问题。例如，医院能否从方便患者出发，调整好各职能部门的空间布置，以简化患者就诊流程，使危重病患者得到迅速治疗；提高医疗水平以减少不必要与不合理用药，降低患者的诊治费用；通过增加门诊人次、加强出院患者与床位使用周转率等，改善与提高医院各类资源的利用效率，降低医院的经营成本。

还有些医院在其内部引进竞争机制，加强对于医生行为的约束，使医术与医德的同步提升或改善从自律变成了他律。具体做法是，吸收全院医生、护士、麻醉师等参加评选，将医生按水平从高到低分成三级、二级、一级，根据各级别医生工作的质与量的不同，从高到低按 5∶3∶2 的比例进行奖金挂钩，并以此为基础，在住院部成立多个医疗组，每个医疗组 10 人左右，由一名三级医生和若干名二级医生及若干名一级医生组成。最后，将负责各医疗组的三级医生的业务等情况对外公布，采取由患者自主选择医生的做法。[14] 这样做的结果是，通过引进内部竞争机制，将责任与奖金挂钩，增强了三级医生的责任心，使得他们开始重视回头客与引荐率，促进了医疗质量的提高。当然，这也引发了一些其他方面的问题，如由于患者对疾病不了解，常常小病也去找专家，造成专家门诊人满为患。如此，一方面增加了患者的费用，另一方面也不适当地占用了名医的时间。还有一个问题，在个人学习积极性提高的同时，由于医生分级的竞争，可能会妨碍不同医疗组甚至同一医疗组内医生间的医术交流。

以上情况表明，医院是一个非常特殊的组织，它同时具有学术性与服务性组织的双重特征。正因为如此，既有人认为医院必须实行专家治理，也有人觉得需要引进职业经理人。在这样的背景下，处于某省会城市，投资几亿元人民币的中外合资松泉医院于最近正式建成。医院将在 1～5 年的时间内，开设内科、外科、妇科、儿科、口腔科、放射科、检验科、病理科等八大系列与所有 500 张床位，达到约 800 名工作人员的规模。现在如果请你出任该医院的院长，你觉得今后该如何衡量自己的工作业绩？该追求怎样的成果？对整个医院来说，又该怎样衡量其经营业绩？该追求怎样的成果？

资料来源及注释

[1] 龚望平. 义乌小商品城成交额净增百亿 连续 23 年全国第一 [EB/OL]. （2014-01-03）[2022-03-01]. https://zjnews.zjol.com.cn/system/2014/01/03/019790766.shtml.

[2] 谢云挺. 国务院正式批复浙江义乌市国际贸易综合改革试点 [EB/OL]. （2011-03-09）[2022-03-01]. http://news.ifeng.com/gundong/detail_2011_03/09/5058651_0.shtml.

[3] 陶喜年，金晓英.义乌一商场租金三年涨七倍、不少经营户不堪重负欲撤退[N].杭州：青年时报，2006-10-09（7）.

[4] 陶喜年.义乌商城低价摊位费作绣球、温州眼镜重返义乌市场[N].杭州：青年时报，2006-10-19（26）.

[5] 陶喜年.投资55亿元兴建世界贸易城、东阳要与邻居义乌"PK"小商品市场[N].杭州：青年时报，2006-09-07（12）.

[6] 新华社专电.美国"公民组织"披露医院见死不救屡见不鲜[N].杭州日报·下午版，1997-12-17.

[7] 無名圖書館茶童.有时治愈 常常帮助 总是安慰[EB/OL].（2013-08-30）[2022-03-01]. http://blog.sina.com.cn/s/blog_677a0ff00101n6qq.html.

[8] 韦尔.不治而愈：发现和提高人体自我康复能力[M].洪漫，刘立伟，译.北京：新华出版社，1998.

[9] 李芃.浙江医药反贿赂：一科室月度药品回扣约25万[N].21世纪经济报道，2011-08-24.

[10] 佚名.美医生为赚黑心钱、给"无辜"病人动刀[N].上海：新闻晨报，2002-11-05（4）.

[11] 李康，许唯放.漏夜排队"等"专家[N].杭州：今日早报，2002-10-09（6）.

[12] 汪金友.尝到了"上帝"的滋味[N].科技日报，2000-08-17（2）.

[13] 高柱.首家不挂号医院现身蓉城[N].工人日报，2007-02-03（1）.

[14] 许唯放.时尚关注：病人选医生[N].杭州：今日早报，2002-07-23（6）.

结　语

本书从人的观念及其行为入手，提出了基于实践问题的战略管理综合分析框架。贯穿全书的核心是"为什么"之问，对人、事、物多问一个"为什么"，将有助于人们厘清事物本质，把握发展方向。

本书的观点阐述，尽量采取旁观者的角度，力图将各类表述的隐含假设外显，从最源头的基本假设开始讨论，以最大限度地减少个人的主观价值判断对于内容表述可能产生的负面影响。

写到此，在本书即将脱稿之际，回顾本书开篇的"自序"中所提出的问题"战略到底是什么"，现在应该可以回答，企业战略就是通过取舍决策与活动组合，创造顾客所需的特色。

具体地说就是，专注特色为顾客，淡定取舍抗诱惑，互惠组合消瓶颈。进一步看，战略管理过程需以"三心二意一平衡"为指导，聚焦于"建设并扩大或稳定使企业盈利的回头及引荐型顾客群"。

在这里，"三心"是指平常心为人，以防止因一时的情绪冲动而丧失原本的冷静理性；敬畏心做事，对未来变化保持警觉，小心驶得万年船；进取心修行，注意到过去的经验可能过时，不断更新做事能力。

"二意"是指，重视顾客意，把握当前及潜在顾客的需求与偏好变化；兼顾企业意，明确自身的使命宗旨与目标定位，以形成顾客（"人所欲"）与企业（"己所欲"）的双向平等、互赖共生关系。

"一平衡"是指，确保业态的长短期、跨职能、上下游的现金流平衡。注意到企业或人生都是过程，必须处理好不同时期的投入产出关系，以使企业的收、付、存以及人员的忙闲时间有一个合理的时序分布。

注意到企业发展受众多因素的影响，如先天禀赋、后天积累、环境机遇等，既非完全可控，也没绝对规律，理论上无定论。因此，探讨企业战略问题，要对实践多一份敬重，对理论少一点迷信。

对管理来说，行胜于言，坐而论不如起而行。行动，需借助项目来推进；项目，需经由流程、组织、人员来完成。战略项目的本质就在于，通过"三高"修炼，解决"三做"决策，实现"三活"目标。

基于以上考虑，对于本书提出的战略管理的研究与实践体系，可做如下图所示的概括。

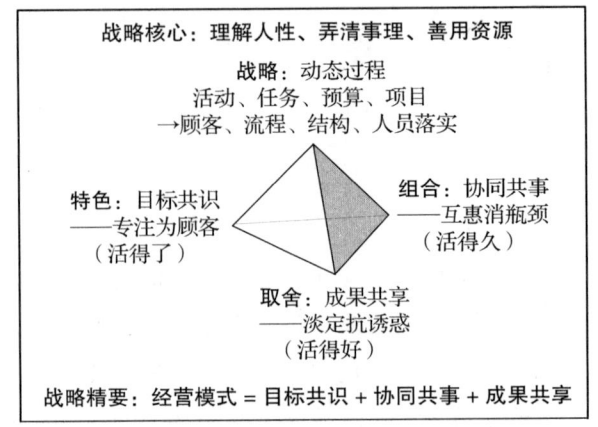

言及此，就是目前作者探索战略管理所得到的全部感悟，谨与各有缘者分享，不当之处，敬请各位不吝指正！